U0474470

卓越教师 教学主张丛书

厦门市卓越教师培育项目成果
西南大学教育学"双一流"学科建设实践成果
总主编 陈 珍 朱德全

2023年度全国教育科学规划教育部重点课题
"重大主题教育融入小学跨学科主题学习的长效机制研究"成果
（课题批准号：DHA230382）

简·美

小学英语教学探赜

黄 芸 著

西南大学出版社
国家一级出版社 全国百佳图书出版单位
· 重庆 ·

图书在版编目(CIP)数据

简·美:小学英语教学探赜 / 黄芸著. -- 重庆:西南大学出版社,2024.10. —(卓越教师教学主张丛书)-- ISBN 978-7-5697-2610-7

Ⅰ. G623.312

中国国家版本馆CIP数据核字第2024U0E986号

简·美:小学英语教学探赜
JIAN·MEI:XIAOXUE YINGYU JIAOXUE TANZE

黄　芸　著

责任编辑:张　琳
责任校对:吴　欢
封面设计:闽江文化
版式设计:散点设计
排　　版:杜霖森
出版发行:西南大学出版社(原西南师范大学出版社)
　　　　　地址:重庆市北碚区天生路2号
　　　　　邮编:400715
　　　　　市场营销部电话:023-68868624
印　　刷:重庆紫石东南印务有限公司
成品尺寸:170 mm×240 mm
印　　张:20.25
字　　数:388千字
版　　次:2024年10月　第1版
印　　次:2024年10月　第1次印刷
书　　号:ISBN 978-7-5697-2610-7
定　　价:59.00元

编委会

总主编
陈 珍　朱德全

副总主编
洪 军　刘伟玲　庄小荣　潘世锋　罗生全　周文全

执行主编
范涌峰　魏登尖

编委（以姓氏笔画为序）
王天平　王正青　牛卫红　艾 兴　叶小波　朱德全
庄小荣　刘伟玲　陈 珍　陈 婷　范涌峰　罗生全
周文全　郑 鑫　赵 斌　侯玉娜　洪 军　唐华玲
　　　　　　　　韩仁友　潘世锋　魏登尖

总序

习近平总书记在2024年全国教育大会上指出,要实施教育家精神铸魂强师行动,加强师德师风建设,提高教师培养培训质量,培养造就新时代高水平教师队伍。《中共中央 国务院关于弘扬教育家精神加强新时代高素质专业化教师队伍建设的意见》指出,要加强中小学学科领军教师培训,培育一批引领基础教育学科教学改革的骨干。强化中小学名师名校长培养。

厦门市历来重视名师队伍的培育培养工作,根据教师专业成长规律,经二十年探索,逐步形成了"骨干教师—学科带头人—专家型教师—卓越教师"的金字塔式名师阶梯成长体系。自2021年起,厦门市教育局与西南大学开展战略合作,共同推进厦门教育高质量发展和教师队伍建设。"厦门市首期卓越教师培育项目"是由厦门市教育局与西南大学教育学部联合倾力打造的精品培训项目,也是厦门市迄今为止最高层次的教师培训项目。该项目旨在打造一支具有教育情怀、高尚师德,富有创新精神,具有鲜明教育教学思想和教学主张,在教育教学和教育科研上发挥领军作用的高层次教育人才队伍。项目以产出导向为理念,坚持任务驱动,通过个人自学、高端访学、课题研究、讲学辐射、挂钩帮扶、发表论文、出版专著、提炼教育思想、推广教学主张等方式优化培育过程。

三年琢磨,美玉渐成。通过三年的探索,围绕成为"有实践的思想者"这一核心目标,每一位卓越教师培育对象形成了特色鲜明、理念前沿的教学主张,并以教学主张为中心形成了一本专著,从而汇集成目前呈现在大家面前的"卓越教师教学主张丛书"。本丛书,既是"厦门市首期卓越教师培育项目"三年实施成果的沉淀,是每一位卓越教师培育对象思想的结晶,也是西南大学教育学"双一流"学科建设的实践成果。

仔细阅读本丛书,可以欣喜地看到,卓越教师培育对象们不仅能敏锐地捕捉到教育教学领域的难点、热点问题,揭示其中的本质规律,还能结合本地教学实际智慧地提出解决方案。总体来说,本丛书有以下三个方面的特点。

一是有较浓厚的学术气息。29位培育对象中有获得国家、省级基础教育教学成果奖的教师,有正高级教师,有省特级教师,但他们还在不断突破,追寻对教育教学本质的理解,追寻从实践到思想的蝶变,追寻高水平的专业表达。他们从实践中提炼出主张,再用主张引领实践,他们在书稿中融入了理论的阐释,学会了建构模型,并借助模型简洁地表述自己的教育教学思想,读起来不生涩也不单调。

二是有较强的系列探索味道。《义务教育课程方案(2022年版)》提出,应做好学段间的教育教学衔接。29位培育对象中,既有教育科研专职人员和学校的管理者,也有班主任、一线教师等,研究成果覆盖了小学、初中和高中的大部分学科,最终形成了29本培育对象教学主张的专著和1本全景式呈现卓越教师培育的经验和初步成效的论著。因此,本丛书既有基于教育者几十年教学实践的思想提炼,又有深入课堂的案例剖析,可以"用眼睛来读",作为教师专业发展的自读文选;也可以"用行动去做",作为教学范例直接进入课堂实践,在行动研究中孵化、创生;也适合专门研究者或管理人员参阅,从中窥探从小学到高中的教育教学重点与发展脉络。

三是有鲜明的课程育人特色。本丛书的撰写以学科课程为载体,以学科课程核心素养为目标,积极探索新时代背景下的育人方式变革,寻求育人最佳路径,以德施教,立德树人。因此,单看每本专著,已能感受到其中鲜明的课程育人特色,综合丛书来看,这一特色更加明显。

期盼厦门市首批卓越教师培育对象大力弘扬践行教育家精神,追求卓越的步伐永不停留,不断完善、应用和推广自己的教学主张和教学成果,为厦门教育做出更多更大的贡献。也期盼本丛书能为广大中小学教师深化教学改革提供参考,为教育学"双一流"学科服务教育实践提供借鉴。

是为序。

陈 珍

(中共厦门市委教育工委书记、厦门市教育局局长)

朱德全

(西南大学教育学部部长、西南大学教育学一流
学科建设"首席责任专家"、国家重大人才工程
特聘教授、国务院学位委员会学科评议组成员)

序

在《中共中央 国务院关于深化教育教学改革全面提高义务教育质量的意见》《关于进一步减轻义务教育阶段学生作业负担和校外培训负担的意见》等政策背景下,在《义务教育课程方案(2022年版)》和《义务教育英语课程标准(2022年版)》的要求下,"减负增效""简约高效"成为重要议题,提升学生的核心素养是必然趋势。

黄芸老师的教学主张——"简·美"英语,是她在24年教学实践中,经过扎实、深入、系统的研究而梳理提炼的,旨在通过教师简约高效的教学方法与策略的实施,实现教学效益的最大化,使学生体会到英语学习的"会学之美""善学之美""思学之美"和"品学之美",促进学生语言能力、学习能力、思维品质和文化意识等核心素养的提升,真正实现"减负提质"。

该书从理论概述、理论基础、范式建构、实施策略、实践案例、教学保障六个方面入手,全面而系统地介绍了"简·美"英语的教学主张,展示了黄芸老师深厚的研究底蕴和丰富的实践经验。"理论概述"呈现了"简·美"英语教学主张与政策文件、课改要求、现实需求等的适切性;"理论基础"从哲学、教育学和心理学的角度剖析了"简·美"英语教学主张的理论依据;"范式建构"为一线教师提供了可操作、可借鉴、可运用的、翔实的"简·美"英语课堂教学实践操作体系;"实施策略"紧扣"简·美"英语教学主张的四个维度,为教师指明了优化教学方法,实现教学效益最大化的实施路径;"实践案例"以故事课、大单元教学和跨学科主题学习活动案例为抓手,提供了"简·美"英语课堂教学实践的样例;"教学保障"从教师素养的提升、课程资源的开发和协同机制的运行,阐述"简·美"英语良性开展的举措。

  黄芸老师对"简·美"英语教学主张的阐释,既是理论研究,也是实践探索,形成了来自实践又指导实践的诸多教学方法与建议,值得广大一线教师学习与借鉴。

福建省小学英语学科英语教研员
福建省普通教育教学研究室

西南大学教育学部教授、博导,课程教学研究院院长

目录

第一章 "简·美"英语的内涵概述

第一节 研究背景 ···003
第二节 "简·美"英语的研究历程 ·····················012
第三节 "简·美"英语的价值意义 ·····················027

第二章 "简·美"英语的理论基础

第一节 "简·美"英语的哲学基础 ·····················033
第二节 "简·美"英语的教育学基础 ··················036
第三节 "简·美"英语的心理学基础 ··················046

第三章 "简·美"英语的范式建构

第一节 "简·美"英语的内涵界定 ·····················055
第二节 "简·美"英语的操作模式 ·····················072
第三节 "简·美"英语的要素分析 ·····················082

第四章 "简·美"英语的实施策略

第一节 以"简·取"实现"会学之美"的策略 ·········· 129
第二节 以"简·思"实现"思学之美"的策略 ·········· 141
第三节 以"简·品"实现"品学之美"的策略 ·········· 175
第四节 以"简·评"实现"善学之美"的策略 ·········· 192

第五章 "简·美"英语的实践案例

第一节 故事教学中"简·美"英语的实践案例 ·········· 205
第二节 对话课教学中"简·美"英语的实践案例 ·········· 217
第三节 跨学科主题学习中"简·美"英语的实践案例 ·········· 239
第四节 大单元教学中"简·美"英语的实践案例 ·········· 259

第六章 "简·美"英语的教学保障

第一节 教师素养的提升 ·········· 289
第二节 课程资源的开发 ·········· 297
第三节 协同机制的运行 ·········· 301

参考文献 ·········· 306

后记 ·········· 311

第一章

"简·美"英语的内涵概述

第一节 研究背景

陶行知说过:"凡做一事,要用最简便、最省力、最省钱、最省时的法子,去收最大的效果。"由此,"简·美"英语孕育而生。"简·美"英语是以体系来诠释无章,以整合来诠释杂乱,以浅显来诠释深奥,它是丰富以后的简约,是博大以后的凝练,是深入以后的浅出,是以化繁为简、大道至简为境界。"简·美"英语指向学生核心素养的提升。

"简·美"英语是以简约高效的方法,将教、学、评融为一体,由"简·教"实现"美·学"的育人途径。"简·教"指向教师的教学方法与教学策略,即为了达成学生核心素养提升的目标,实现教学效益最大化而采用的简约高效的方法与策略。"美·学"指向学生的学习目标与愿景,即教师采用简约高效的教学方法与策略,在实现教学效益最大化的过程中,让学生体验到英语学习的"会学之美""善学之美""思学之美""品学之美"。"简·教"与"美·学"均包含了四个维度的内容。"简·教"包含"简·取""简·评""简·思""简·品"四个维度。相对应的,"美·学"包含"会学之美""善学之美""思学之美""品学之美"四个维度。"会学之美"是"懂学之方"的美;"善学之美"是"识学之趣"并"学之有法"的美;"思学之美"是"善思于学"的美;"品学之美"是"悟学之意"的美。"简·教"与"美·学"的四个维度分别指向英语学科核心素养的四个维度。"简·取"与"会学之美"指向"语言能力"的提升,"简·评"和"善学之美"指向"学习能力"的提升,"简·思"和"思学之美"指向"思维品质"的提升,"简·品"和"品学之美"指向"文化意识"的培育和增强。"简·教"与"美·学"四个维度之间是相互关联、相互促进、相互渗透、融合互动、协同发展的。

"简·美"英语提出的背景,包括政策前沿性、课改指向性和实践需求性三个方面的具体内容。首先,"简·美"英语的提出契合了国家前沿的教育政策。2019年6月,《中共中央 国务院关于深化教育教学改革全面提高义务教育质量的意见》(以下简称《意见》),对义务教育质量的提升做了全面的部署。2021年7月,中共中央办公厅、国务院办公厅印发《关于进一步减轻义务教育阶段学生作业负担和校外培训负担的意见》(以下简称《双减》),对减轻学生过重的学业负担,提升课堂教学质量提出新的要求。其次,"简·美"英语的提出具有课改指向性。《义务教育课程方案(2022版)》和《义务教育英语课程标准(2022版)》中对优化课程设置、优化课堂教学、提升学生的核心素养有明确的要求。特别是《义务教育英语课程标准(2022版)》对教学内容的选择、教学评价的设计、思维品质的提升、文化意识的培育等有非常详细的要求。最后,"简·美"英语的提出具有实践需求性。在现实的小学英语课堂教学中,虽然教师也尽力按照《义务教育英语课程标准(2022年版)》的要求进行课堂实践,但在教学内容的选择、教学评价的设计、思维品质的提升、文化意识的培育四个方面依然存在若干问题。

"简·美"英语正是针对小学英语教学现实存在的问题而衍生的。"简·美"英语的四个维度,"简·取""简·评""简·思""简·品"亦是针对教学内容的选择、教学评价的设计、思维品质的提升、文化意识的培育而提出具体的实施策略。

一 政策前沿性

2019年6月,《意见》的颁布,对义务教育阶段全面提高教学质量做了全面的部署。《意见》对教学内容、教学评价、思维品质、文化意识四个方面均有相应的要求,为"简·取"(教学内容的结构化选取)、"简·评"(一体化主题评价的设计与实施)、"简·思"(高阶思维的无痕训练)、"简·品"(文化知识的无痕感悟)四个维度做了宏观方面的指导。

在基本要求方面,《意见》指出:"树立科学的教育质量观,深化改革,构建德智体美劳全面培养的教育体系,健全立德树人落实机制,着力在坚定理想信念、厚植爱国主义情怀、加强品德修养、增长知识见识、培养奋斗精神、增强综合素质上下功夫。坚持德育为先,教育引导学生爱党爱国爱人民爱社会主义;坚持全面发展,为学生终身发展奠基;坚持面向全体,办好每所学校、教好每名学生;坚持知行合一,让学生成为生活和学习的主人。"以上要求与"简·美"英语的宗旨和总体目标是一致的。"简·美"英语的总目标就是在小学英语教学中,通过简约高效的方式,让学生在结构化学习中有体系地形成语言意识,积累语言经验,进行有意义的沟通与交流;让学生在一体化主题评价的多维激励下,学会主动学习、自主探究和自我管理;让学生在思维品质的无痕训练中,逐步发展逻辑思维、辩证思维和创新思维等高阶思维;让学生在共情共鸣的体验感悟中,形成健康向上的审美情趣与正确的价值观,坚定文化自信。

在教学内容方面,《意见》指出:"提升智育水平……充分发挥教师主导作用,引导教师深入理解学科特点、知识结构、思想方法,科学把握学生认知规律,上好每一堂课。""优化教学方式。坚持教学相长,注重启发式、互动式、探究式教学,教师课前要指导学生做好预习,课上要讲清重点难点、知识体系。"以上内容强调了知识结构和知识体系的重要性,这也是"简·美"英语中"简·取"的要素之一。无论上哪一种课型,新授课、复习课、跨学科主题学习、项目式学习等,教师都要注重引导学生主动梳理知识体系结构,并为学生的知识脉络搭建适当的语言支架、经验支架、运用支架等,促进学生知识结构的应用迁移。

在主题评价方面,《意见》强调:"建立以发展素质教育为导向的科学评价体系。"这和"简·美"英语中"简·评"的理念一致。"简·评"是教师通过设计和实施一体化主题评价工具,从多个维度激励学生主动学习、认识自我、调整学习策略、改进学习方法,以达到一评价、多维度、多功能、大效果的功效。一体化主题评价工具是一种紧扣单元或课时学习主题,融激励兴趣、突出教学重点、突破教学难点、巩固所学、辅助板书、搭建学习支架等功能于一体的、贯穿教学始终的课堂教学评价。它有助于学生在课堂学习中不断体验到学习的进步与成功,获得成就感;能促使学生更全面地认识自我、发现自我,保持并逐步提高对英语学习的兴趣,主动而适度地调整自己的学习策略和学习方法。

在思维品质方面,《意见》强调,"提升智育水平。着力培养认知能力,促进思维发展,激发创新意识""坚持教学相长,注重启发式、互动式、探究式教学……探索基于学科的课程综合化教学,开展研究型、项目化、合作式学习。精准分析学情,重视差异化教学和个别化指导""引导学生主动思考、积极提问、自主探究""充分发挥教师主导作用,引导教师深入理解学科特点、知识结构、思想方法,科学把握学生认知规律,上好每一堂课""突出学生主体地位,注重保护学生好奇心、想象力、求知欲。"该项要求与"简·美"英语中"简·思"的要求相符合。"简·思"就是要借助各种思维导图和开放性的问题链,让学生在学思活动中发展思维,特别是促进分析、综合、创造、批判等高阶思维的发展,并在思维发展中推进语言的学习,逐步发展逻辑思维、辩证思维、创新思维和批判性思维,使思维体现一定的敏捷性、灵活性、创造性、批判性和深刻性,提升学生发现问题、分析问题和解决问题的能力。

在文化意识方面,《意见》强调,"着力在坚定理想信念、厚植爱国主义情怀、加强品德修养、增长知识见识、培养奋斗精神、增强综合素质上下功夫。坚持德育为先,教育引导学生爱党爱国爱人民爱社会主义。""突出德育实效""增强美育熏陶""加强劳动教育""深化课程育人、文化育人、活动育人、实践育人、管理育人、协同育人""大力开展理想信念、社会主义核心价值观、中华优秀传统文化、生态文明和心理健康教育。加强爱国主义、集体主义、社会主义教育……加强品德修养教育,强化学生良好行为习惯和法治意识养成""突出政治启蒙和价值观塑造"。这和"简·美"教学中"简·品"的理念一致。"简·品"是通过体验感悟,让学生潜移默化地产生共情与共鸣,从而感悟文化知识。文化知识既包括物质文化的知识,又包括非物质文化的知识。"简·品"旨在通过文化知识的感悟,无痕实现课程育人、文化育人、活动育人和实践育人,帮助学生涵养品格,形成正确的价值判断。

此外,《双减》文件的颁布,是针对目前中小学生负担太重、短视化、功利性问题没有根本解决的现象提出的。《双减》强调:"全面压减作业总量和时长,减轻学生过重作业负担""提升学校课后服务水平,满足学生多样化需求"。《双减》要求最后的落脚点就是课堂教学,这是教学的主阵地。要提升课堂教学质量,让学生在校内学足学好,就要提升课堂教学的效率,让课堂化繁为简。因此,"简·美"英语是顺应《双减》而产生的,它以简约高效的方式,实现教学效益的最大化,从而减轻学生过重的教学负担,提升教学质量。"简·美"英语以体系化的结构性教学代替杂乱无序的碎片化教学,以结构化知识脉络的梳理和应用,促进学生知识体系的应用迁移,让学生的学习更具主题性和系统性;以紧扣教学主题的形成性和综合性的课堂一体化主题评价代替杂乱无序、浅层肤浅的激励性评价,让学生更积极主动地调整学习方法和学习技能,让学生的学习更具主动性、调适性、针对性和个性化;以开放和无痕的高阶思维活动取代无思维含量的活动或者低阶思维的活动,使学生的思维发展更具深刻性、批判性和创造性;以在身临其境中对文化知识、文化背景等的共情与共鸣引发的体验感悟,取代生搬硬套的说理教育和无情境强灌的文化渗透,让学生的学习更具自主性、具身性、人文性和价值性。

二 课改指向性

《义务教育课程方案(2022年版)》指出:"坚持目标导向……全面落实有理想、有本领、有担当的时代新人培养要求……将社会主义先进文化、革命文化、中华优秀传统文化、国家安全、生命安全与健康等重大主题教育有机融入课程,增强课程思想性。""坚持问题导向……提升课程科学性和系统性……减负提质……增强课程指导性和可操作性。""坚持创新导向……强化课程综合性和实践性……着力发展学生的核心素养。凸显学生主体地位,关注学生的个性化、多样化的学习和发展需求,增强课程适宜性。"

"简·美"英语是让学生在简约高效的学习过程中,紧扣主题,依据话题之间、知识脉络之间的联系,结构化地整合学生的所学,包括学生生活经验、知识积累、新旧知识关联等,形成结构化认识,并有逻辑、有体系地迁移和应用知识,体现课程的结构化、系统性和可操作性;在主题综合评价中,适时而科学地调适自己的学习状态、学习策略、学习方法等,实现乐学、善学、会学,体现课程的适宜性;在高阶思维训练的活动中,潜移默化地提升思维的深度和增强思维的深刻性、批判性和创造性,并有创造性地解决实际问题,体现课程的实践性和综合性;在体验感悟多种文化的过程中,通过共情与共鸣,悄然无息地了解文化知识,形成价值判断,增强文化意识,体现课程的思想性。

小学英语教学要以立德树人为根本任务,突出对英语课程育人价值这一核心要素的把握。"简·美"英语是依据这个总原则制定的,针对教学内容、教学评价、思维品质、文化意识四个方面的内容,从"简·取""简·评""简·思""简·品"四个维度做出分析。

在教学内容方面,《义务教育英语课程标准(2022年版)》强调:要以主题为引领选择和组织课程内容。"内容的组织以主题为引领,以不同类型的语篇为依托,融入语言知识、文化知识、语言技能和学习策略等学习要求,以单元的形式呈现。""推动实施单元整体教学。教师要强化素养立意,围绕单元主题,充分挖掘育人价值,确立单元育人目标和教学主线;深入解读和分析单元内各语篇及相关教学资源,并结合学生的认知逻辑和生活经验,对单元内容进行必要的整合或重组,建立单元内各语篇内容之间及语篇育人功能之间的联系,形成具有整合性、关联性、发展性的单元育人蓝图;引导学生基于对各语篇内容的学习和主题意义的探究,逐步建构和生成围绕单元主题的深层认知、态度和价值判断,促进其核心素养综合表现的达成。""深入开展语篇研读……明确主题意义,提炼语篇中的结构化知识。""引导学生整合性地学习语言知识和文化知识,进而运用所学知识、技能和策略,围绕主题表达个人观点和态度,解决真实问题。"以上要求为"简·取"指明了方向。"简·取"就是在学生认知逻辑、生活经验、学习经验的基础上,教师深入解读和分析单元内各语篇及相关教学资源的内在联系,紧扣单元主题和课时主题,以主题为核心,以主题意义探究为引领,梳理相关内容(已知和新知)的教学主线,建构相关主题下的知识体系脉络,对教学内容进行有体系、有逻辑的整合或重组,提炼结构化知识,促进学生对知识结构的应用迁移和对单元主题的深层认知、态度认识和价值判断。

在教学评价方面,课堂教学评价是英语课程的重要组成部分。科学、合理、有效的评价体系是实现英语教学目标的重要保障。《义务教育英语课程标准(2022年版)》强调:"教师要准确把握教、学、评在育人过程中的不同功能,树立'教—学—评'的整体育人观念。""坚持以评促学,以评促教,将评价贯穿英语课程教与学的全过程。注重发挥学生的主观能动性,引导学生成为各类评价活动的设计者、参与者和合作者,自觉运用评价结果改进学习。注重引导教师科学运用评价手段与结果,针对学生学习表现及时提供反馈与帮助,反思教学行为和效果,教学相长。""建立主体多元、方式多样、素养导向的英语课程评价体系。""使评价镶嵌于教学之中,成为教学的有机组成部分。""教师应根据学生回答问题、小组讨论、综述观点、自评互评、随堂检测等环节的具体表现,以口头、书面、和肢体语言等反馈方式和量表等评价工具,评价学生对课堂任务的兴趣和投入程度、对任务的适应和完成程度、在解决问题过程中的能力和情感发展水平等,给予学生有针对性的鼓励、指导或建议,并基于学生在具体任务中的学业表现调整下一阶段的教学目标,改进教学方式和方法,提高教学效率。"以上要求为"简·评"指明了方向。"简·评"是减掉单一维度的、无序的、浅层的、杂乱的评价手段,通过紧扣主题的、多维度的、有体系的一体化主题评价的设计与实施,多渠道、多维度、多方面科学地激励学生,不仅激发学生的学习动机,使他们乐学;还能通过评价,凸显教学重点,突破教学难点,另辟教学素材,使学生会学;更能通过评价,引导学生适时调整学习策略和改进学习方法,提高学习效率,使他们善学,以实现一评价、多功能、大效果。

在思维品质方面,《义务教育英语课程标准(2022年版)》指出,"思维品质指人的思维个性特征,反映学生在理解、分析、比较、推断、批判、评价、创造等方面的层次和水平""提升思维品质。能够在语言学习中发展思维,在思维发展中推进语言学习;初步从多角度观察和认识世界、看待事物,有理有据、有条理地表达观点;逐步发展逻辑思维、辩证思维和创新思维,使思维体现一定的敏捷性、灵活性、创造性、批判性和深刻性""践行学思结合、用创为本的英语学习活动观……坚持学思结合,引导学生在学习理解类活动中获取、梳理语言和文化知识,建立知识间的关联"。这些要求为"简·思"指明了方向。布鲁姆将思维过程具体分为六个教学目标,即记忆、理解、应用、分析、评价和创造。其中记忆、理解、应用属于低阶思维,是较低层次的认知水平,主要用于学习事实性知识或完成简单任务的能力。分析、评价和创造属于高阶思维,即从浅层次信息的获取与分析转为深层次的理解与应用,使学生从强迫式的知识技能习得转向有意义的思维学习,利于深度学习的发生及智慧教育环境的构建。[①]在英语教学中,无论是在学习理解活动、应用实践活动还是迁移创新活动中,思维品质的培养贯穿始终。"简·思"强调教师紧扣单元主题这个主线,抓住主题意义探究这个核心,利用教材整合的契机,利用课堂提问的艺术,利用教学留白艺术的创造,利用文化感悟的触动,利用主题意义探究的实践,利用结构体系的梳理,利用脉络支架的搭建等环节,有主题地、有体系地、有条理地、有层次地训练学生的思维品质,特别是促进学生高阶思维的发展,以促进学生学会发现问题、分析问题和解决问题,对事物做出正确的价值判断。

在文化意识方面,《义务教育英语课程标准(2022年版)》强调要培育学生的文化意识。"文化意识指对中外文化的理解和对优秀文化的鉴赏,是学生在新时代表现出的跨文化认知、态度和行为选择。文化意识的培育有助于学生增强家国情怀和人类命运共同体意识,涵养品格,提升文明素养和社会责任感。""文化知识既包括饮食、服饰、建筑、交通,以及相关发明与创造等物质文化的知识,也包括哲学、科学、历史、语言、文学、艺术、教育,以及价值观、道德修养、审美情趣、劳动意识、社会规约和风俗习惯等非物质文化的知识。文化知识的学习不限于了解和记忆具体的知识点,更重要的是发现、判断其背后的态度和价值观。""引导学生在学习和运用英语的过程中,了解不同国家的风土人情、文化历史,以及科技、艺术等方面的优秀成果,进行中外文化比较分析,拓宽国际视野,加深中华文化理解,增强中华文化认同感,逐步树立正确的世界观、人生观和价

---

① 王天平,蒋花,杨玥莹.深度学习对布鲁姆认知教育目标认识的异化样态及其复归策[J].教育与教学研究,2022(11):17-26.

值观。"这些要求为"简·品"指明了方向。"简·品"是指对文化知识的体验和感悟。"简·品"减掉与主题意义无关的、浅层的、贴标签的、口号式的、生搬硬套的文化渗透,引导学生在主题意义探究的过程中,接受文化熏陶,理解文化知识,感受风土民情,明白社会规约,感知和体验多样文化,引发共情与共鸣,从而涵养品格,提升文明素养,增强社会责任感。

三 实践需求性

《意见》《双减》《义务教育课程方案(2022年版)》《义务教育英语课程标准(2022年版)》等文件均对英语教学提出了指导性的意见,但课堂实践并没有那么容易。

在现实教学中,在教学内容的选取方面,教学内容无主题、杂乱无序组合,导致学生的学习脱离主题,语言输出凌乱;教学内容无主线、碎片化呈现,导致学生的学习都是拼盘式的堆砌,语言输出无逻辑、无主次、无秩序;教学内容无体系、新旧知识关联度差,导致学生不擅于梳理和把握新旧知识的联系,不能较好地温故知新,也不懂新旧知识的有机整合和融通,更不懂得将新旧知识有体系地关联、融合、应用与迁移。以上存在的问题,导致学生无法有主题地、有逻辑地、有体系地将新旧知识有机整合在一起,学生对知识温故知新、学以致用、举一反三、迁移运用、拓展延伸的能力较差。

在课堂评价的设计方面,部分教师的评价内容仅限于学生知识的掌握,忽略了评价内容的多维化,导致学生在评价活动中只关注知识,或者过多关注知识,忽略语言能力以外的学习能力、文化意识、思维品质等的全面发展;部分教师的评价功能仅限于激发学生的学习兴趣,真正仅限于激发学生的浅层的兴趣,忽略了学生深层学习动机和内驱力的激发,忽略了评价功能的多面化,导致评价功能单一,学生对所学知识的掌握程度、学生对学习方法和学习策略的适时调整程度等,很难通过评价手段得到显性的体现和挖掘;部分教师的评价方式单一或零散,忽略了评价方式的多样化和主题化,导致学生对课堂评价兴致不高,评价激励的效果差,而无主题的评价,杂乱无序,也使得学生云里雾里,摸不着头脑;部分教师的评价工具浅层或随意,忽略了评价手段的深度化和体系化,削弱了以评促学、以评促教的效果。

在思维品质的训练方面,部分教师设计过多无思维含量的活动或者过多低阶思维含量的活动,导致学生的分析、综合、评价、创造、批判等高阶思维无法得到较好的训练和提升。此外,在英语教学中,教师设计的问题与思维品质的提升没有密切关联。部分教师设计的问题,没有紧扣主题和教学主线,导致问题碎片化,无序、杂乱、随意,导致学生的回答不知所云,无法突出重点和突破难点;部分教师设计的问题,蜻蜓点水,深度不够,导致学生的思维停留于表层,思维的深刻性无法得到训练;部分教师设计的问题,控制性太强,导致学生无法开放性、个性化地回答问题,限制了学生的推理、分析、综合、评价、创新等思维的发展;部分教师以教材、教案和教师为权威,忽视课堂中学生的现场生成、教材中的不合理之处,以及学生个性化思维的训练和个性化想法的表达,导致学生无法对教材、课堂中教师或同伴的观点进行合理、科学、个性化、有针对性的批判分析与表达,严重忽视了学生批判性思维的发展。

在文化意识的培育方面,部分教师没有紧扣主题,挖掘主题意义,导致学生对主题意义的梳理和提炼词不达意或偏离中心;部分教师对文化知识了解不够,或过多关注物质文化的知识,如饮食、服饰、建筑、交通等知识,或过多关注非物质文化知识,如道德修养、风俗习惯等,导致学生文化知识的获取不全面;部分教师对主题意义的梳理,过分拔高或上纲上线,忽略真情实感的体验,弱化了文化知识的生活性和真实性;部分教师对主题意义的探究,没有循序渐进和潜移默化,而是非常突兀或干脆由教师自己归纳,进行灌输式教育,没有考虑到学生的真实体验,让学生共情共鸣;部分教师过于强调文化知识的学习和记忆,弱化了引导学生发现、判断文化知识背后的态度和价值观,导致学生主题意义探究、感悟和梳理不到位。

以上种种存在的问题,亟须解决。"简·美"英语就是为解决以上问题而产生的。"简·美"英语是减掉无主题的、无主线的、无逻辑关系的、杂乱无序的教学内容,紧扣单元主题,实施结构化教学,促进学生知识结构的梳理、应用和迁移;减掉无主题的、单一维度的碎片化评价,以具有多维度、多功能的主题式评价,激发学生的学习动机和主动调试学习方法的能力;减掉无思维含量的、低阶的、碎片化的思维活动片段,以高阶思维发展为核心,通过开放问题链的引导,促进学生高阶思维的发展;减掉无生活情境的、无体验感受的、乱贴标签的、浅表无内涵的文化渗透,以主题意义探究为引领,引导学生通过真实的体验感悟,引发共情与共鸣,由此无痕地融合文化知识,从而实现英语学习的"体系美""驱动美""思辨美""感悟美"。

第二节 "简·美"英语的研究历程

虽然国外当前没有明确提出简约教学或简美教学的概念,也没有对其进行独立的研究,但不少理论都为"以简约为美"或"简约化教学"提供了思路。奥卡姆认为"如无必要,勿增实体"。欧洲现代主义建筑大师密斯·凡·德·罗的名言"Less is more(少即多)"被认为是代表简约主义的核心思想。费米认为,只有简化的思维才是最经济的思维,也是最优化的思维,他教育学生遇到问题时,把难题分解成简单的问题,就能从各种复杂的概念和难题中抽取出问题的本质,从而迅速解决问题。[1]尤·克·巴班斯基.M.M.波塔什尼克的"教学过程最优化"指所选择的教学教育过程的方法,可以使师生耗费最少的必要时间和精力而收到最佳效果。[2]还有奥苏贝尔的有意义学习理论、布鲁姆的有效教学理论等,都为"简·美"教学提供了理论基础。国内"简·美"教学的研究历程大致包括简约教学、简实教学、简美教学三个阶段。

一 简约教学的相关研究

简约,从哲学角度来看,需要从繁杂的表象中抽取出事物的本质,用最易于别人接受的思维来化解难题;从艺术角度来看,有着简洁、经济的表现形式,同时内涵丰富,追求美感。由此可见,简约,不是简单,而是指简洁的形式和丰富的意蕴。简约思想之于教育教学,最早可追溯到中国第一部教育论著《学记》,其第十章《善教者使人继其志》中有"约而达,微而臧"的论述。苏轼在《杂说·送张琥》中有云"博观而约取,厚积而薄发"。

---

[1] 孙美虹.小学数学简约教学探究[D].福州:福建师范大学,2014:4.
[2] Ю.К.巴班斯基,M.M.波塔什尼克.教学教育过程最优化问答[M].冯克难,等译.北京:教育科学出版社,1986:1-3.

(一)简约教学的内涵演进

简约教学亦称为简约化教学、简约课堂等,虽然表述略有不同,但表达的基本意思是相同的。相关研究论文是从2009年开始出现的。《精于心·简于形——简约化数学课堂教学的思考与实践》是最早以"简约化"和"简约教学"为关键词的教学论文。此后,相关简约教学的研究逐渐多了起来。其中,在数学学科领域,许卫兵(2011)撰写了关于简约化教学的第一本著作《简约数学教学》,使他成为简约化教学理念的主要代表人物。他认为,简约数学教学是面对数学课堂教学的情境创设、素材选择、活动组织、结构安排、媒体使用等教学要素,教师做到精确把握和经济妙用,将课堂变得更为简洁流畅、丰富深刻,更进一步达到优质和高效,最终的目标是要实现学生数学素养的提升和学力的发展,以及健全人格的形成。[1]之后众多学科关于简约化教学的研究与许卫兵提出的定义相承接。徐长青(2013)指出,简约教学是基于学生的知识与学习经验,运用一定教学策略,围绕学生困惑之处对课堂教学的情境创设、内容选择、活动细化、结构设计、媒体使用、学法指导等多方面进行简约化处理,以求教学内容和方法的最大程度的整合优化,使课堂简洁、明了、自然、高效。[2]许卫兵(2014)再次对简约教学中教学要素的内涵做了补充[3]。这里的教学要素既包括教材研读等显性要素,也包括师生关系等隐性要素。简洁、清晰与流畅是简约课堂的外在特征,包括教学内容和环节简洁明了,教学目标和思路清晰到位,教学运行与学习过程自然流畅等。丰富与深刻是课堂所蕴含的内在品质和价值追求,即思维的丰富、情智的发展、主体的张扬、教学技艺的精湛、教学思想的深刻、学科本质的凸显等。此外,教学的意义是在教学过程中生成的,给教学以情感、思想、精神、人格等方面的"形而上的关怀"。周红梅(2014)指出,简约教学指高度概括性的教学设计和实践过程,它不仅表现在形式上的简洁明了,还体现在教学内容、教学方法和思维训练上的深入浅出、通俗易懂。[4]李勤(2015)指出,思想政治课的简约教学,是教师在思想政治课教学中,运用简约智慧,精确把握和妙用影响教学的各种要素,使教学形式简洁,教学过程务实,教学结果有

---

[1] 许卫兵.简约数学教学[M].南京:江苏教育出版社,2011:43.
[2] 徐长青.在返璞归真中见实效——基于"简约教学"模式与策略的研究[J].江苏教育报,2013(4):3.
[3] 许卫兵.你就是我心目中的棉花糖——简约课堂寻路[J].人民教育,2014(14):39-41.
[4] 周红梅.简约:幼儿园教学的新视角[J].现代中小学教育,2014(6):94-96.

效,真正促进学生思想政治基础学力和核心素养的养成。[1]丁卫军(2015)在《简约语文课堂:走向内在的丰富和诗意》一书中指出,简约语文指向语文教学的基本规律,立足语文学科的基本特点,以精心提炼有用、精要、好懂的语文知识要点作为支架,充分发掘、合理协调、科学使用各种教学资源和手段,遵循语文教学的基本规律,要求完成教学目标的制定、教学方案的设计、教学活动的落实以及教学结果的评价,通过聚焦、选择、整合等策略,建构一种实在灵动、素朴本真、高效丰美的语文课堂,从而提高课堂教学效益,减轻学生负担,增强学生语文能力,发展语文素养。[2]孙天山、王良洪(2017)指出,简约教学是一种以学生为主体,追求教学本质、内涵的教学方法。教学中的"简约"不是简单地做"减法",搞"瘦身",而是要去粗取精、博观而约取,是在课堂教学中尽量排除一些形式化的、不必要的东西,以时间、精力及资源的"下限",去换取质量、效果和品质的"上限",使教师和学生在低能耗、低成本的教学过程中获得最优化和效果的最大化。[3]赵文文(2019)提出,简约教学是用一种高度压缩的方式进行教学,教学过程中采用简约的教学方法,浓缩教学知识,减省冗余教学环节,突出教学重点,并鼓励学生自学。[4]赵文静(2020)指出,简约课堂是指教师运用自己的智慧和创造力,在教学实践过程中对教师的教学设计、教学环节、辅助教学的手段和方法、学生任务等方面进行简约化处理。这种处理不仅形式简洁,更体现学生思维训练的深入浅出和通俗易懂。[5]陈敏婕(2023)指出,"简"是数学之道、教学之道,以"简"的视角,实现"自然领悟"的目标,即简中求道。数学课堂教学中的"大道至简",意即由教师搭建简单的平台,让学生的数学思维自然流淌,实现知识与方法的自然建构。[6]

根据研究者对简约教学所下的定义,可概括一些共同之处。首先,简约教学对课堂教学的各个要素进行了简化,包括教学素材、教学环节、教学方法、教学媒体、教学语言等各个方面。其次,简约教学强调教学的务实性和高效性。最后,简约教学的最终目的指向学生的发展,提倡教学为发展学生能力、培养学生素养服务。

---

[1] 李勤.思想政治课简约教学撷谈[J].中学政治教学参考,2015(13):24-25.
[2] 丁卫军.简约语文课堂:走向内在的丰富和诗意[M].南京:江苏凤凰教育出版社,2015:9.
[3] 孙天山,王良洪.简约教学的内涵解析[J].课程教材教学研究(中教研究),2017(Z4):41.
[4] 赵文文.刍议新时期小学数学如何在简约教学中体现数学核心素养[J].课程教育研究,2019(35):117.
[5] 赵文静.小学数学简约课堂研究[D].西安:陕西师范大学,2020:11-12.
[6] 陈敏婕.大道至简:复习课教学的应然追求[J].中学数学教学,2023(5):28-30.

(二)简约教学的意义价值

简约教学在新课改进入反思阶段后受到了关注,它的理念与新课改的理念本就高度契合,这对于改进当前的教学来说有非常重要的意义,这一点毋庸置疑。潘健(2010)认为,实行简约化教学是从教学规律出发,对于改善和提高教学质量必定会有所帮助;面对基础教育课程改革的新要求和新理念,简约化的教学无疑对促进学生的全面发展有积极的作用;对于当下教学中重形式、轻内容、重手段、轻目标的情况,简约化教学的实施可以很有效地改善这一现状;教学做到简约化有利于将师生从过重的教学负担中解救出来,改善其生存状态。[1]邵志萍(2013)认为简约课堂有利于提高学生的课堂学习效率、有利于促进教师的专业化发展、有利于提升学校的办学品位和质量。[2]郭有吉(2013)指出,课堂教学是英语教学的重要组成部分,是连接教和学的一座重要桥梁。只有完善课堂教学,才能把握师生互动的节奏,提高教学效率,避免英语教学"耗时多,效率低"的问题;才能提高学生英语学习的兴趣,发挥学生主动性,使其获得英语知识活用的能力;才能使教师、学生摆脱"题海战"的阴影,实现真正意义上的生本化课堂教学。[3]于严青(2015)从学生、教师、教学三方面论述了思想政治课中教学做到简约化的价值,即简约化教学有助于考虑学情,对学生自主学习意识、能力的培养和提高有切实的帮助;对教师而言,简约化教学是对自身教学能力的磨炼,能够推动其专业化发展;简约化教学还可将教材内容与课时安排的矛盾妥善化解,增强教学实效。[4]李勤(2015)指出,简约教学是顺应社会发展大势的需要,是教学回归本真的应然要求,也是思想政治课特质的呼唤。[5]王秋林(2016)指出,追求简约的小学英语课堂是对英语学习本质的回归,是关注学生学习需求和着眼于高效课堂的追求。[6]王斌(2022)指出,简约数学内容有益于构建学生知识网络体系,教学手段简约有助于发展学生数学思维能力,教学评价简明有利于个性化发展核心素养。[7]陈敏婕(2023)指出,简约教学模式

---

[1] 潘健.简约化教学探析[J].中小学教师培训,2010(4):32-34.
[2] 邵志萍.高中思想政治课简约课堂的构建[D].济南:山东师范大学,2013:8-9.
[3] 郭有吉.小学英语简约化课堂的实施策略[J].小学教学研究,2013(22):58-59.
[4] 于严青.高中思想政治课简约化教学研究[D].扬州:扬州大学,2013:17-19.
[5] 李勤.思想政治课简约教学撷谈[J].中学政治教学参考,2015(05):24-25.
[6] 王秋林.简约与丰富之间的平衡——小学英语课堂教学的优化策略例谈[J].山西教育(教学),2016(8):17-18.
[7] 王斌.小学数学简约教学中核心素养培养的路径[J].亚太教育,2022(18):45-47.

是对导学案等形式知识碎片化的填补,让零散的知识性的讲授成为有机整体。简约的教学模式、简约的问题情境,给课堂教学"瘦身",为学生思考"留白",既可以为实质目的的实现预留时空,又能为知识的掌握、能力的发展创设平台。尊重学生的认知规律,简约而不简单,让原本枯燥无味的复习课也灵动起来,以达到"大道至简"的教学境界。①

从以上研究可以看出,研究者在论述简约教学的意义时基本都是从学生、教师与教学三个角度出发的。简而言之,简约教学可以促进学生的能力发展,有助于教师的专业发展,有利于提高教学质量和效率。但也有研究者从其他角度予以思考,比如其对于推进新课程改革、提高学校办学品位和质量等方面的意义。

(三)简约教学的实施策略

在英语学科简约教学方面,宋毅(2012)指出:小学英语课堂教学要达到简约、高效,就要有简明的教学目标,让学生学得轻松;简约的教学环节,让学生学得清楚;简化的教学手段,让学生学得宽松;简省的教学内容,让学生学得扎实;简练的教学语言,让学生学得明白。②沈小兰(2013)指出,要创造简约的小学英语课堂,一是了解我们的教学出发点,有效地预测学生需要什么;二是盯准我们的教学落脚点,有效地控制学习中发生的一切。③薛璇瑜(2014)指出,简约是一种境界、一种韵味、一种教学的智慧。简约的小学英语课堂是指对课堂教学的目标、内容、手段、语言、评价等教学要素进行精妙的把握和设计,使英语课堂变得更简洁。④仲丽(2015)指出:小学英语教学应该走"简约"的道路,通过对课堂教学目标、内容、环节、用语等教学要素进行精妙的把握和设计,以达成"简约"的目的,使英语课堂变得更简洁、清晰、流畅、自主、凝练和深刻,实现高效英语课堂教学。⑤费玉婷(2015)、宋琳(2018)以小学英语复习课为例,阐述了梳理良好的认知结构,帮助学生加深理解、增强记忆,使知识条理化、系统化,让复习课简约有效的具体做法。⑥⑦王秋林(2016)指出,小学英语简约教学可以通过简

---

① 陈敏婕.大道至简:复习课教学的应然追求[J].中学数学教学,2023(5):28-30.
② 宋毅.例谈小学英语课堂教学的简约与高效[J].教育实践与研究(A),2012(10):26-28.
③ 沈小兰.让小学英语课堂变得简约与高效[J].英语画刊(高级版),2013(11):48-49.
④ 薛璇瑜.走向简约 彰显高效[J].河北教育(教学版),2014(9):38-39.
⑤ 仲丽.简约,英语课堂的应然追求[J].基础教育研究,2015(22):39-40.
⑥ 费玉婷.构建简约有效的小学英语复习课[J].校园英语,2015(10):186.
⑦ 宋琳.谈小学英语复习课教学如何简约高效[J].校园英语,2018(7):167.

约教学情境、丰富语言场景,简约教学媒体、丰富学习内容,简约教学活动、丰富语言活动三方面进行。[1]倪恩兰(2018)提出当下小学英语写作教学在战略层面需要优化"简约""地气"两方面的内涵建设。[2]赵锐(2017)指出,英语教学中,语篇教学能够有效促进学生英语素养的提升。英语语篇教学要想走出"花"而"杂"的误区,就要在教学内容、教学情境、教学课件上要追求"简洁"化。[3]丁筛成(2019)指出,小学英语课堂教学要运用简单的语言、易操作的手段、有效的流程去呈现重点学习内容。课堂追求"简约",学生在整个学习流程中要明确自己的任务,对学习目标、学习内容、学习手段、学习流程和教学用语有一个完整认识。[4]顾颖(2019)指出,可以运用简单的形式,实现课堂导入目的;依托简洁的素材,丰富课堂学习内容;借助直观的手段,提高课堂教学效率;通过直接的方式,优化课堂评价效果等方式实现小学英语的简约教学。[5]华灿玉(2020)指出:要培养学生自主、合作、探究学习,实现学生综合语言运用能力的发展,就要扎根常态课堂,不断提升自身素养,挖掘教学资源,提升课堂效率。[6]李丽美(2020)指出:小学英语简洁高效课堂的构建必须要明确课堂的学习目标;要彰显课堂的生动情境;彰显简约的设计流程,最终实现小学英语课堂教学的新方向。[7]

除了小学英语课堂追求简约教学以外,其他学科也在简约教学方面进行了诸多研究。诸多学者均认为,简约课堂要从教学目标、教学内容、教学方法、教学手段等下功夫。

在教学目标方面,李勤(2014)认为,教学目标具有定向功能和调控功能,统率着教学的全过程。实施思想政治课简约教学,首先要有简明的教学目标。好

---

[1] 王秋林.简约与丰富之间的平衡——小学英语课堂教学的优化策略例谈[J].山西教育(教学),2016(8):17-18.
[2] 倪恩兰."简约"与"地气":新课程标准背景下的小学英语写作教学反思[J].新课程(小学),2018(11):136-137.
[3] 赵锐.让英语语篇教学回归"简约"[J].小学教学参考,2017(36):63.
[4] 丁筛成.追求"简约",构建实践英语课堂[J].内蒙古教育,2019(18):66-67.
[5] 顾颖."简约"教学,让英语课堂更有实效[J].小学时代,2019(33):33-34.
[6] 华灿玉.扎根常态课堂 追求简约有效——小学英语课有效性的若干思考[J].学苑教育,2020(25):23-24.
[7] 李丽美.小学英语简洁高效课堂的构建对策[J].当代家庭教育,2020(5):173.

的教学目标，表述简洁不烦冗，内容聚拢不散乱，三维关联不牵强。[1]刘金虎（2015）提出，推进简约课堂，必须简明教学目标。首先，三维目标要集中整合，删去细枝末节。其次，阶段目标要阶梯分明、循序渐进，最终实现知识迁移，有效利用知识解决实际问题。最后，要重点、难点和考点突出。[2]于严青（2015）指出，简约教学要把握学生发展实际，设定教学目标。简约化教学需要基于学生"最近发展区"实际设定适度的教学目标，去除不切实际的、高高在上的"大"目标，要追求目标的适应性、具体性和层次性，同时把握每节课时需要重点完成的教学目标，切勿浮光掠影、面面俱到。[3]刘岳、康翠（2015）指出，目标为本的简约课堂教学模式，即确立目标，导向目标，评估目标。[4]江宗健（2021）指出，教学目标是掌控教学的重要抓手，也是简约教学立意统一、内容聚焦、环节简化的现实依据。[5]

在教材解读方面，林雪芬（2019）指出简约教学是实现课堂深度学习的前提，教师要对教材作深入的研究与解读，对教学内容进行适当的筛选提炼、优化整合，力求教学内容少而精，教学素材单而丰，把课堂时间和空间尽可能多地留给学生，引导学生积极参与、深入思考，让学习在课堂上真正发生。[6]

在整体教学策略方面，胡唐明（2012）认为：简约建构课堂教学的基本过程是优化组合，即课堂教学目标和任务的简约建构、课堂教学方法和手段的简约建构、课堂教学内容和流程的简约建构。[7]苏鸿（2013）主编的《高效课堂》中"上课的教育智慧"的章节对简约化教学做出了专门的论述，强调要让课堂回归"简约"，分别要从教学目标简明、教学内容简约、教学过程简化、教学方法简便、教学语言简练五个方面对简约化教学提出要求。教学目标方面，要求教师克服目标"虚化"的现象，注重三维目标整合；教学内容上，要求教师考虑学生实际需要；教学过程上，要求教师围绕重点板块来组合次要板块；教学方法上，倡导最简易、最实用的方法，实现教学最大有效化；在教育语言上，要求教师学科语言

---

[1] 李勤.简约课堂：从简明目标入手——从一份教学目标设计说起[J].中学政治教学参考，2014(16)：17-18.
[2] 刘金虎.初中历史简约课堂的构建[J].中国教师，2015(13)：45-51.
[3] 于严青.高中思想政治课简约化教学研究[D].扬州：扬州大学，2015：31.
[4] 刘岳，康翠.初中数学简约课堂教学的探索与实践[J].教学与管理，2015(25)：41-44.
[5] 江宗健.基于掌控教学的简约课堂样态[J].中学政治教学参考，2021(27)：63-64.
[6] 林雪芬.简约教学 深度学习[J].福建基础教育研究，2019(6)：79-81.
[7] 胡唐明.简约哲学视野下的课堂教学建构[J].中学地理教学参考，2012(Z1)：34-36.

要专业规范,提问语言要明确直接,过渡语言要自然流畅,评价语言要扼要坦然。[1]马国顺(2013)在《教学设计的智慧》中指出,简约课堂的理念是指教师对课堂教学的情境创设、素材选择、活动组织、结构安排、媒体使用、语言表达等教学要素的精确把握和经济妙用,从而使课堂变得更为简洁、清晰、流畅、丰富、深刻,以实现课堂教学的优质和高效。[2]吴婉卿(2013)提出,简约课堂要做到如下四个方面:"精",即教学内容的精选;"实",即教学目标落实到实处;"活",即灵活使用教材和选择教学方法;"近",即教学内容联系生活实际,再现生活情景。[3]赵晨(2013)提出简约化教学具有精致性、独创性、自然性和可操作性,能够满足学生情感需要、提升教学艺术、促进有效教学、深化教学意义,并且从化学简约化教学的准备、展开、深入、升华四个阶段具体论述了教学策略,涉及教学目标、教学环境、课堂语言、多媒体使用、教学情境五个方面的详细内容。[4]李惠婷(2016)指出,简约教学在高中历史课堂的实施,要对知识内容进行"点"化处理;对知识结构进行"线"性处理;对整体框架进行"面"上处理;对教学环节设置简约;对教学辅助手段应用简约。[5]陈建云(2017)以人教版高中历史《罢黜百家,独尊儒术》为例,从简明教学目标、简练教学内容、简化教学环节、简便教学方法等方面,探索简约历史课堂教学的基本操作策略,从而实现目标合理而不失精准、思维深透而不失张力、过程严谨而不失灵动、操作平实而不失创生的优质课堂。[6]汤国荣(2019)指出,地理核心素养引领下的高中地理教学,需要追寻"简约而不简单"的课堂教学,要做到以下几点,即教学目标设定简约明了、教学情境设置简约真实、教学环节建构简约高效。在"简约"的教学过程中却蕴含着"不简单"的地理核心素养落实和地理思维的锤炼,构建起回归本原、走向本真的地理课堂生态。[7]卢秀丽(2019)指出,打造"简约课堂"是指在课堂上将一切与教学和学习无关的事情都排除在外,这就要求教师要做到明确教学目标和计

---

[1] 苏鸿.高效课堂[M].上海:东华师范大学出版社,2013:83;87.
[2] 马国顺.教学设计的智慧[M].长春:吉林大学出版社,2010:35.
[3] 吴婉卿.简约课堂四件"宝"[J].新课程学习(上),2013(3):104.
[4] 赵晨.高中化学简约化教学的理论和实践研究[D].福州:福建师范大学,2013:11-12.
[5] 李惠婷.简约教学在高中历史课堂的有效实施[J].福建教育学院学报,2016,17(3):83-84.
[6] 陈建云.历史课堂教学中实施简约教学的探索与印证——以人教版《罢黜百家,独尊儒术》一课为例[J].中小学教师培训,2017(8):58-61.
[7] 汤国荣.走近地理核心素养的简约教学[J].地理教学,2019(16):9-12+27.

划,合理选择教学内容,灵活备课,选择有趣的教学模式和教学方法,将对学生有益的知识传授给学生。①瞿春光(2020)以"气温的影响因素分析"为例,在充分理解概念的基础上建构主要地理过程,借助地理过程再逐级、轻重有度地分析影响因素,从而更有利于学生构建知识网络、增强地理逻辑思维,从而达到真正简约教学的目的。②杨秀琴、白强(2021)指出,中学简约语文,首先要科学制定教学目标,具体包括矫正教学展开方向,简约教学目标;确立教学切入视角,简约教学内容。其次要精选教学方法,突出教学重难点,促进语文教学高效、实效,具体包括教学方法科学简便,提升学生学习效率;打破常规,突出教学重点难点。最后要增强课堂朴素真实性,聚焦妙处以读促悟,让语文教学"返璞归真"、蒙以养正,即增强课堂教学的朴素性和真实性以及课堂教学应聚焦妙处,以读促悟。③王斌(2022)指出,简约数学课堂,要通过精简数学教学内容,架构数学知识模块;简化课堂教学流程,培养逻辑推理能力;简明数学教学方法,发展直观想象能力;简洁课堂教学评价,促成学生数学思维,从而促进学生核心素养的发展。④

在教学模式方面,江宗健(2021)指出,当前,简约课堂主要有建模型课堂、核心概念建构型课堂、核心观念建构型课堂、"说好中国故事"型课堂等新样态。⑤许卫兵(2014)提出了简约课堂的教学范式,即简约课堂要从教学策划、教学实施、教学评价入手。在教学策划方面,教学目标要形简义丰,教材研读要简捷思维,教学素材要简练选择,教学情境要简约创设,练习安排要简化策略,教学结构要简妙设计。在教学实施方面,要从教学预案的执行、自主学习的展开、教学语言的优化、教学媒体的应用、教学主旨的凸显、课堂评价的定位入手。在教学评价方面,要聚焦简洁的形式、丰富的意蕴、灵动的创造、充分的自主、优质的效果。⑥

---

① 卢秀丽.在"简约课堂"中发展学生的核心素养[J].新课程导学,2019(27):93.
② 瞿春光.基于地理概念与过程的简约教学——以"气温的影响因素分析"为例[J].地理教学,2020(18):37-39.
③ 杨秀琴,白强.中学语文教学"返璞归真"实践路径论析[J].教学与管理,2021(33):78-81.
④ 王斌.小学数学简约教学中核心素养培养的路径[J].亚太教育,2022(18):45-47.
⑤ 江宗健.基于掌控教学的简约课堂样态[J].中学政治教学参考,2021(27):63-64.
⑥ 许卫兵.你就是我心目中的棉花糖——简约课堂寻路[J].人民教育,2014(14):39-41.

在教学内容方面,李勤(2015)认为,要精选教学案例,深入挖掘案例的学科思考价值,减少案例中不必要的信息对学生造成干扰,将不必要花费的时间节省下来,留给学生思考、讨论、体验,以提高教学的实效。[①]许卫兵提出,取用教学素材要做到经济和精练。选材要"少",选择展示的材料要有典型性和扩张力,要灵活变化和高效使用精选的素材,使课堂充满活力;用材求"丰",努力做到一"材"多变、一"材"多用,使每一个素材都能发挥出最大的效益;组材求"优",将材料组合成为一个有机的整体,切忌将素材随意杂乱无章地拼凑。[②]常思琪(2021)提出,教学要精简内容,这个选择的合适与否,直接制约着课堂教学效率的高低。教学内容的简约需要教师根据课程标准,结合学情,研读教材,对教材内容进行合理筛选,去粗取精,整理合并。首先,教师要精准设计教学内容,找出教材中折射出的重点所在,抓住课程的本质内容。其次,要避免将教材神圣化。最后,简约的教学内容需要有效整合教学资源,实现资源的重组与优化,凸显资源的简约性和实效性。[③]

在教学语言方面,洪宗相(2015)提出,要实现课堂教学的简约化,教师的语言简约化的体现是深刻、独到、广博和启发。深刻,体现在设置启迪性问题,分析问题一针见血。独到,体现在能个性化对待问题和处理问题。广博,体现在有限时间内用有限的语言,将复杂问题说明白。最后是启发。[④]李勤(2019)认为,教师要切实把学生当作课堂的主人,力求语言精练,将时间和空间留给学生[⑤]。

在教学评价方面,孙美虹(2015)认为,教学评价应该简明扼要,要能够引发学生思考哪些地方做得好,哪些地方有待改进,而不是笼统地赞美就可以了。[⑥]

从以上简约教学的实践策略研究可以看出,简约教学的实践方法基本上集中在教学目标、教学内容、教学媒体、教学语言、教学环节以及教学方式方法等几个方面。

---

① 李勤.思想政治课简约教学摭谈[J].中学政治教学参考,2015(13):24-25.
② 许卫兵.简约:数学课堂教学的理性回归[J].课程·教材·教法,2009,29(5):42-46.
③ 常思琪.教学之"简"及其意蕴[D].太原:山西大学,2021:26.
④ 洪宗相.简约化教学的三个维度[J].教学与管理,2015(10):34-36.
⑤ 李勤.简约教学研究的误区及矫正[J].江苏教育研究,2019(25):3-6.
⑥ 孙美虹.小学数学简约教学探究[D].福州:福建师范大学,2014:32.

二 简实教学的相关研究

"简实"一词出自宋代罗大经《鹤林玉露》卷十:"建炎中,大驾驻维扬,康伯可上中兴十策……五请删内侍百司州县冗员,文书务简实,以省财便事。""简实"在《辞海》里的解释是"简要切实,简明真实"。"简约"和"简实",其共性都包含"简","简实"不仅包含了"简约"的内涵,同时强调了"实",即结果的切实和真实。

(一)简实教学的内涵界定

李勤(2018)在"简约教学"的基础上,提出了"简实教学"。他在《高中思想政治简实教学实践研究》的硕士论文里,把"简实"定义为通过简约、务实的处理,使原本繁杂的事物变得简要切实,简明真实。他对简实教学的界定如下,教师在实施教学的过程中聚焦学生核心素养的培养,运用简约务实的思维和方法对教学过程的诸要素进行去烦琐化的处理,使教学过程呈现出简约、真实之美,更好地体现和落实学科教学在促进学生发展中的独特教育价值,提升学科教学为学生核心素养发展服务的能力和品质。他指出,在简实教学中,"简"和"实"都围绕促进学生发展这个教学主旨。[1]"简"侧重于对教学形式的要求,倡导教学内容的呈现和教学活动的组织形式等均采用简明务实的方式,使教学资源的耗费最大限度地节省,从而追求其教学价值的最大化。"实"侧重于对教学的质量和效果的要求,即学生潜能得到最大的激发,学生素养得到较好的培育,学生在学习中能全面而有个性地成长。"简"和"实"相互支撑,共同作用,提升教学的品质,高质量服务和促进学生成长。陈言利(2021)指出,简实教学的"简"指的是教师在删繁就简,以简驭繁,向课堂要效率的思想指导下,摒弃冗余的课堂要素,去除一切不利于教学实效的形式,致力于以最小的要素投入换取最大的教学实效。简实教学的"实"指的是教学效果。"简"与"实"的关系是形式与内容的关系,即教学形式与手段要求"简",教学内容与效果要求"实"。"简"指向的是手段,"实"指向的是目的。[2]

---

[1] 李勤.高中思想政治简实教学实践研究[D].扬州:扬州大学,2018:10.
[2] 陈言利.高中政治课堂中的简实教学探析[J].广西教育,2021(6):94-95.

(二)简实教学实施的必要性

简实教学是回应基础教育课程改革的需要而产生的,对提升课堂教学的品质,达成育人目标有促进作用。李勤(2019)指出,简实教学走出功利主义价值误区,以学生发展为目标;简实教学走出技术主义操作误区,以学生学习为核心;简实教学走出形式主义表现误区,以学有实效为根本。简实是思想政治课教学的应然要求,是匹配思想政治学科特质的要求,是素养教育时代教学改革的要求,是基于教师专业化发展的要求。①

(三)简实教学的实施策略

李勤(2018)以高中思想政治简实教学为例,从准备策略和实施策略两个方面入手阐述简实教学的策略。准备策略包括简实教学目标描述要简洁不烦冗、内容要集中不散乱、逻辑关联不牵强、指标要可测不模糊。案例选择要精选,充分挖掘其中的学科素养;情境选择要优化,有效承载并促进学科素养。同时还要注意学习方案的编制和完善。实施策略方面,教学设计要控制讲授,教学过程要坚持问题导向,精心设计练习。教学过程要预设与生成适配,独立与合作共生,传统与现代调和。②李勤(2019)指出,高中思想政治简实教学,要注意以下几点:教学方法无优劣,精于选择;教学策略有讲究,巧于整合;教学理念有新旧,勇于转型。③李勤(2020)以任务驱动式、主题探究式、学案导学式的同课异构为例,提出教学设计简中求丰,突出学为中心;教学资源虚中取实,突出育人为先;教学实施实中留虚,突出无中生有的具体措施。④李勤(2020)指出,简实教学是思想政治课教学的应然样态和实然追求,教材是最基本的教学资源,追求简实教学,必须从研读教材起步,采用换角色读、个人自研与集体研读结合等方法,全面、准确、深度阅读教材,推动学科教学向学科育人转变。⑤陈言利(2021)提出,高中政治课堂中简实教学的实践路径是确定简实的教学目标,设

---

① 李勤.简实:思想政治课教学应有的样态[J].教学月刊(中学版),2019(9):22-26.
② 李勤.高中思想政治简实教学实践研究[D].扬州:扬州大学,2018.
③ 同①。
④ 李勤.用"异课同构"探寻简实教学范式[J].江苏教育研究,2020(28):7-11.
⑤ 李勤.简实教学从研读教材起步[J].思想政治课教学,2020(7):20-23.

计简实的教学环节、选择简实的教学素材,使教学呈现简约、真实之美。[①]沈喆(2022)以精卫填海为例,提出了通过设疑激趣亲文本、读书百遍品其义、品味语言感神奇、讲好故事悟智慧的简实方法学习文言文的具体举措。[②]

以上研究表明,与简约教学相比,简实教学不仅研究简约教学的策略、方法和范式,继承简约教学的简约高效的亮点,更突出"实"字。"形简质实"是简实教学的精髓所在。简实教学更倾向于务实的教学,致力于通过简约有效的教学方法,着重突出教学目标和教学效果的达成,即突出从学生成长的根本找生长点,突出从学生核心素养养成上找落脚点,突出从学生的可持续发展上找着力点,让课堂教学更有实效地推动学生核心素养的形成。

三 简美教学的相关研究

简美教学是在简约教学、简实教学的基础上,进一步衍生出来的。它不仅强调"简",即简约高效,继承了简约教学的策略、方法和范式,还强调了"实",即真实和切实,继承了简实教学中切实促进学生核心素养落地的目标,此外还强调了"美",即教学中因为简约高效和实实在在的学习而产生的学科教学之美、学科学习之美和课堂的意境之美。

(一)简美教学的内涵界定与意义

邱彩萍、陆艳娇(2021)指出,"简"即简约,是课堂的精致简约、化繁为简、高效整合。简美语文中的简约,是一种匠心独运,需要精湛的设计;是一种大智慧,需要教学的灵动调控;是一种博取厚积,需要高效的整合。简美语文追求的是文本解读的简约,从复杂的主题解读中拎出简明的、为学生可理解的主题思想。简美语文追求的是教学目标的简约,从学情出发,确定教学目标的基本依据。简美语文追求的是课堂提问的简约,引导学生从整体上关注课文,克服"碎问"的弊端。简美语文追求的是课堂活动形式的简约,用听、说、读、写,解决字、词、句、篇。"美"是课堂的实在灵动、素朴本真、高效丰美。简美语文呈现共生

[①] 陈言利.高中政治课堂中的简实教学探析[J].广西教育,2021(6):94-95.
[②] 沈喆.简实扣要素,趣教文言文——《精卫填海》教学例谈[J].七彩语文,2022(44):23-25.

性、简约性、审美性的基本特征。简美语文立足儿童化解读,凸显学生个体的人性之美;关注品质感表达,呈现文本语言的自然之美;开展研究性学习,实现语文学习的品质之美。[①]左霞(2019)指出道德与法治课堂教学的境界是"简、美、润"。"简"即大道至简,返璞归真;"美"即各美其美,美美与共;"润"即润物无声,德行生长。[②]

(二)简美教学的实施方法

杨兆玉(2010)指出,在课堂教学中要注重教学结构、教学过程、问题设计等方面的整合与简化,整体把握语文教材的教学内容编排体系,按照"整体—部分—整体"教学原则整体设计流程,才能有效避免教学中的烦琐复杂,实现语文教学实效性的提升,即"简"。而追求语文课堂的美具体表现为教师的语言美、形体美,以及课堂的意境美等。因此,教师应用美学的眼光善待语文教学,充分挖掘教材之中美的因素,用美的教学手段引导学生在有限的课堂教学时空中得到美的陶冶、美的净化、美的升华,从而去发现美、欣赏美、创造美。[③]翁欣(2015)指出,语文教学追求"至简至美"。要凭借简明的教学目标、简约的教学内容、简化的教学环节、简便的教学方法,达到真、纯、实、活的教育境界。学生不同年龄阶段的认知水平、理解能力和生活经验不同,要在短时间品赏语文的韵味,感悟语言魅力,要求教师必须简化教学步骤,力求以最简约的教学形式、最简便的教学方法、最简明的教学语言,达到最佳的教学效果。[④]邱彩萍、陆艳娇(2021)提出了简美语文的教学模式、教学设计、教学流程和教学评价。简美语文的教学模式,以发展学科关键能力为目标,以学生体验、探究、反思为主要学习方式,在听、说、读、写中培养学生的审美感知能力。简美语文的教学设计要兼顾意象与趣味,兼顾整体与部分,兼顾齐整与变化,兼顾创造与想象。简美语文的教学流程是课前先学——学生自知、自问,带着准备和问题进课堂;课堂共学——学生自悟、自研,在探究中从已知走向新知;课后延学——学生自创、自得,在实践中从新知走向深知。简美语文的教学评价有"温度""宽度""深

---

① 邱彩萍,陆艳娇.简美语文,求简亦尚美[J].教育研究与评论,2021(3):92-96.
② 左霞.简·美·润:道德与法治课堂教学三境界[J].中学政治教学参考,2019(17):30-31.
③ 杨兆玉."活、实、简、美":语文课堂有效教学的四字追求[J].考试周刊,2010(12):59.
④ 张嵘,翁欣.翁欣:语文教学追求"至简至美"[J].天津教育,2015(10):44.

度"。[①]陈红霞、郑百苗(2006)以《小镇的早晨》为例,阐述"简美"语文中语文是简单的,语文是真诚的,语文是快乐的具体体现。[②]

以上研究发现,相对于简约教学、简实教学而言,简美教学的研究较少,大部分研究基本上是孤立地分析"简"与"美",并没有将"简"与"美"融合在一起进行研究,即对简美教学的整体内涵界定、简美教学中"简"与"美"的关系、简美教学中"简"与"美"融合的措施,简美教学的实施路径等均没有较深入的研究,而且涉及的学科案例也非常少,基本上还停留在简约教学与简实教学的研究基础上。

[①] 邱彩萍,陆艳娇.简美语文,求简亦尚美[J].教育研究与评论,2021(3):92-96.
[②] 陈红霞,郑百苗."简美"语文:经营真实的课堂生活——《小镇的早晨》课堂教学艺术赏析[J].河北教育(教学版),2006(Z2):22-24.

第三节 "简·美"英语的价值意义

"简·美"英语是以简约高效的方法,将教—学—评融为一体,由"简·教"实现"美·学"的育人途径。"简·美"英语就是以英语学科核心素养中语言能力、学习能力、思维品质和文化意识的提升为导向,减掉与主题无关,与目标达成无关,与主题意义探究无关的无效、低效的教学手段,采用简约高效的方法,通过知识结构化教学、一体化主题式评价、高阶思维无痕训练、文化知识共情感悟,将教—学—评融为一体,促进学生语言能力、学习能力、思维品质和文化意识的发展,使学生乐于学习、学会学习、善于思辨、品悟价值,体会乐学之美、善学之美、思学之美、品学之美。"简·美"英语在理论方面和实践方面均有重要的价值。

一 理论价值

(一)有效弥补简约教学理论的缺失

"简·美"英语的研究,一方面保留、吸纳和继承了包括简约教学、简实教学、简美教学、有效教学等长期以来教学研究的成果,即采用简约高效的方式方法,促进教学目标和教学效果的达成,有效推动学生核心素养的形成,以此作为"简·美"英语的理论和实践基础;另一方面又摒弃了当前教学中存在的误区,如功利主义认识的误区、窄化于教的研究误区(窄化教学目标、窄化教学内容等)、素课教学的误区等不足,用核心素养的教育观指导教学,引导教师在正确的教育观、教学观和评价观指导下,按照《义务教育英语课程标准(2022年版)》的要求和建议,聚焦学生英语核心素养的培育。从一定意义上说,"简·美"英语的研究是对当下简约教学研究、简实教学研究、有效教学研究的扬长避短,有助于简约教学的研究更加完善、科学和系统。

(二)有效弥补教育美学理论的缺失

教育美是审美化的教育形态。关于教育美学的研究,更多地集中在教学要素中的美的研究,如若干教学过程的美,教师的语言美和行为美等,但这些教学要素的美的研究基本都是较孤立的,不是在单元主题下、核心素养目标下的有体系的、有整体的阐释。简约理念和教育美学理念的有机结合,也是非常欠缺的,即使对"简美教学"有部分研究,但其研究基本也是将"简"与"美"分开研究,在"简"与"美"之间并没有有效的内在逻辑关联。"简·美"英语是以简约高效的方法,将教一学一评融为一体,由"简·教"实现"美·学"的育人途径,它弥补了教育美学理论的缺失,为教育美学与简约理念的有机结合,为教育美学与小学英语学科核心素养培育的有机融合提供了思路。

(三)丰富小学英语学科教学的理论

"简·美"英语是基于"课程改革推进进程中遇到的问题""小学英语教学中存在的现实问题"和"简约教学等相关教学研究中出现的偏差"而提出的。"简·美"英语依据小学英语学科的独特性质,在小学英语教学中,研究"简·美"英语的内涵、价值、特点、教学模式、教学范式、教学路径与教学方法等,探寻系统的、可操作的、有推广性的、有借鉴价值的理论体系和实践范式,构建理论与实践相得益彰、共性与个性有机融合的"简·美"英语教学体系。这既是对小学英语学科教学中存在问题的正视和回应,也是为了寻找"简·美"英语实施过程中,培育学生核心素养的科学有效的方法、策略和路径,促进学生英语学科核心素养的真正落地,丰富了小学英语学科教学理论。

二 实践意义

(一)构建"简约"理念融入英语课堂教学的实践路径

"简·教"是"简约"理念在"简·美"英语中的具体体现。"简·教"指向教师的教学方法与教学策略,即为了达成学生核心素养提升的目标,实现教学效益最大化而采用的简约高效的方法与策略。"简·教"包含了"简·取""简·评""简·思""简·品"四个维度。"简·教"的研究为"简约"理念融入英语课堂教学提供了实践路径。"简·教"所形成的知识结构化选取的策略、一体化主题评价工具的设计与实施的策略、高阶思维无痕培育的策略、文化意识无痕提升的策略等,为转变教师的意识和教师的课堂实践提供具体的可操作性的路径与方法,如从点状、传输式的知识传授和单项技能的训练,转向对英语学科知识主题性、整体性、关联性的关注;从照本宣科,转向及时捕捉和获取学生学习的反馈信息,从而及时诊断、反思、调整和改进自己的教学策略与教学行为;从关注学生的识记、理解、运用等低阶思维能力的发展,转向更多关注学生分析、综合、评价、问题决策和批判性思维等高阶思维能力的发展;从关注知识与技能的单维目标,转向知识与技能,过程与方法,情感、态度与价值观等综合目标的考量等。

(二)构建"教育美学"理念融入英语课堂教学的实践路径

"美·学"是"教育美学"理念在"简·美"英语中的具体体现。"美·学"是指学生的学习目标与学习愿景,具体是指教师在"简·教"的过程中,采用简约高效的教学方法与策略,在实现教学效益最大化这一目标的过程中,学生体验到的英语学习的"会学之美""善学之美""思学之美""品学之美"。"美·学"能让学生体会到学会知识结构体系迁移运用这个关键能力后的快乐;体会到主动有效调整学习状态和学习方法,提升了学习效率后的喜悦;体会到运用高阶思维创造性解决问题后的满足;体会到共情共鸣中了解文化知识,内化于心,涵养品格后的升华。"美·学"的实施策略,为"教育美学"理念融入英语课堂教学提供了实践路径与方法。

(三)构建核心素养落地的小学英语课堂实践模式与路径

"简·美"英语就是根据《义务教育英语课程标准(2022年版)》的要求,以提升学生的核心素养为目标而产生的。"简·美"英语是由"简·教"实现"美·学"的育人途径。"简·教"与"美·学"均包含了四个维度的内容。"简·教"包含"简·取""简·评""简·思""简·品"四个维度,相对应的,"美·学"包含"会学之美""善学之美""思学之美""品学之美"四个维度。"简·取"与"会学之美"指向"语言能力"的提升,"简·评"和"善学之美"指向"学习能力"的提升,"简·思"和"思学之美"指向"思维品质"的提升,"简·品"和"品学之美"指向"文化意识"的培育和增强。"简·教"与"美·学"四个维度之间是相互关联、相互促进、相互渗透、融合互动、协同发展的。"简·美"英语所形成的以知识结构化提升学生的语言能力,以一体化主题评价提升学生的学习能力,以无痕的高阶思维训练提升学生的思维品质,以潜移默化的文化熏陶培育、增强学生的文化意识的策略和模式,为小学英语课堂教学中学生核心素养的真正落地提供了具体的实际路径。

第二章

"简·美"英语的理论基础

　　哲学、教育学、教育心理学里的诸多理论均为"简·美"英语的研究提供了理论基础。

第一节 "简·美"英语的哲学基础

简约思想是"简·美"英语的哲学基础。中国传统文化中蕴含着非常丰富而深刻的简约思想。简约思想最早出现的文献可以追溯到《易传》。《易传·系辞上》有云:"乾以易知,坤以简能;易则易知,简则易从。"[①]这里的"简"即简约,这句话概括出的理念就是"知道而易行、大道至简",体现出化繁为简的独特美学观念。"知道而易行、大道至简"对"简·美"英语有重大的影响,也是"简·美"英语一直追求的境界。诸子百家中的各家都对"简约"有独到的观点和表达,其"简约"的思想相互调和,对中国传统文化精神的构成有极大的影响,也为"简·美"英语的研究提供了哲学基础。

儒家思想中,简约思想最早出现在我国第一部教育教学论著《学记》里,《学记》有云:"约而达,微而臧,罕譬而喻,可谓继志矣。"[②]可见"由繁到简、由博到约"的重要性。孔子在《论语》中多次提到"简"的思想。《论语·雍也》有云:"质胜文则野,文胜质则史,文质彬彬,然后君子。""文"是指各类的纹饰、装饰或雕饰。"质"指本质、实用。意思是质朴多而文采少,难免会显得粗野,文采多而质朴少,又会流于虚浮。孔子主张要做到不偏不倚,做到"文质彬彬",在两者兼顾的同时"重质轻文"。这体现了我国"以质朴为尊,以无装饰为贵,以质朴为雅,以华丽为俗"的审美思想[③]。这句话虽然是针对人的道德修养而言,但也可见孔子对"简"的倡导。汉代刘向《说苑》中记载孔子说:"丹漆不文、白玉不雕、宝珠不饰,何也?质有余者不受饰也。"这句话表现了孔子对简素质朴的推崇。这亦是孔子"重质轻文"主张的有力证明。在《乐记·乐论篇》中有云:"大乐必易,大礼必简。"这里的"易"可以理解为简约、容易、少的意思。《论语·八佾》:"林放问礼之本,子曰:'大哉问!礼,与其奢也,宁俭;丧,与其易也,宁戚。'"孔子认为,礼节和仪式都是表现"礼"的形式,形式不是最重要的,内心的崇敬才是更重要的,

---

① 郑吉雄.从卦爻辞字义的演绎论《易传》对《易经》的诠释[J].汉学研究,2006,24(1):28.
② 学记[M].潜苗金,译注.杭州:浙江古籍出版社,2011:109.
③ 王紫薇.丁卫军"简约语文"教学观的辩证审视[D].信阳:信阳师范学院,2022:11.

应由心出发去体会和感悟"礼",而不是停留在表面的仪式上。这也是孔子尚"简"重"质"的有力体现。[1]孟子在《孟子·离娄下》提出"博学而详说之,将以反说约也"[2]。他认为在学习和研究时要先接受广博的学习,然后不断精深的过程即"约",最后升华到简约。"由博约返"是对简约朴素思想的倡导。"文质彬彬""由博返约"等理念体现了注重简约与朴素之美的特点。

道家的哲学思想里也蕴含了简约思想。《道德经》记载,"道生一,一生二,二生三,三生万物"[3],说明最本源的简单形态是一切事物产生的开端。老子提出"信言不美,美言不信"[4],认为未经雕琢的朴素语言才具有真实美感并真实可信,这体现了对事物本质的追求和看重。《老子》云:"五色令人目盲,五音令人耳聋,五味令人口爽,驰骋畋猎令人心发狂,难得之货令人行妨。"[5]通过"五色""五音""五味"的危害,反映了老子对过度的渲染而导致的复杂现象的摒弃,反映了道家对回归本真、简约的倡导。《老子》还提到"曲则全,枉则直,洼则盈,敝则新,少则得,多则惑"[6],"少则多,多则惑"体现了对简约和强调事物本质的倡导。庄子继承和发展了老子的"大音希声、大象无形"思想,提出"淡然无极而众美从之"[7]。他指出平淡的表象中内含本质的内核,具有本质的美才是真正的美。《庄子·刻意》中提出"文灭质,博溺心",认为平淡才是大美[8]。道家"贵真""贵淡"的思想也表现出对"简"的本质要求。总之,道家思想中体现了对回归本真自然的渴望,即主张以简洁明了和自然本真的方式表达复杂的内容,这正蕴含了简约的思想。

墨家思想也含有简约的思想,"去饰至用""尚质尚用"正是强调事物本质美的体现。墨家更强调"质胜于文"。墨子提出了"节用"的思想,主张简化礼乐文化,使其更实用。"先质而后文,此圣人之务",即处理事情时,要先考虑事物的内在价值,再考虑事物的外在形式,强调了内在品质的重要性。"故言必有三表,何

---

[1] 崔可."简约"趋向的语文教学内容选择研究——以丁卫军语文教学为例[D].聊城:聊城大学,2022:12.
[2] 杨伯峻.孟子译注[M].北京:中华书局,2005:190.
[3] 老子[M].饶尚宽,译注.北京:中华书局,2006:105.
[4] 老子[M].饶尚宽,译注.北京:中华书局,2006:191.
[5] 老子[M].饶尚宽,译注.北京:中华书局,2006:29.
[6] 老子[M].饶尚宽,译注.北京:中华书局,2006:55.
[7] 庄子[M].方勇,评注.北京:商务印书馆,2018:267.
[8] 〔晋〕郭象注,〔唐〕成玄英疏.庄子注疏·刻意第十五[M].北京:中华书局,2011:300.

谓三表？墨子言曰：有本之者，有原之者，有用之者。"墨家认为语言表达要以实用为根本原则。以上墨家的思想，无不强调简约形式，注重本质内核，体现了"简约"的思想，丰富了"简约"的内涵。

　　法家的韩非子追求主张"处其实而不处其华"，与墨家的思想相似。《韩非子·解老》中"其质至美，物不足以饰之。夫物之待饰，而后行者，其质不美也"的主张正说明了这点。墨家与法家对内在本质的崇尚，与"简约"思想不谋而合。

　　除了以上诸子百家的哲学思想以外，我国古代文人在建筑、文学、绘画、书法等方面也追求"返璞归真"的意境。苏轼的"博观而约取，厚积而薄发"，李白的"清水出芙蓉，天然去雕饰"，李渔的"宜简不宜繁，宜自然不宜雕斫"，中国传统绘画中"虚实相生"的留白艺术等都体现了以简驭繁的简约之美。因此，"简约"的思想不仅渗透在中国的哲学思想之中，也渗透在中国传统文化的方方面面，为"简·美"英语提供了深厚而坚实的文化基础。

第二节 "简·美"英语的教育学基础

苏联著名教育家巴班斯基的教学最优化理论、捷克教育家夸美纽斯的有效教学理论、美国心理学家布鲁纳的结构主义教学理论均为"简·美"英语提供了坚实的理论基础。巴班斯基的教学最优化理论的核心观点是用最少的教学时间和教学投入实现教学效果的最大化。这和"简·美"英语的教学目标是一致的。教学最优化理论中教学过程的任务、内容、方法、手段、组织形式和教学效果分析等基本要素的优化体系,为"简·美"英语的教学实践的实施指明了方向。有效教学理论的核心观点是有效果、有效用、有效率,这也是"简·美"英语对教学效果、教学目标、教学方法的要求。有效教学的先学后教、先教后学、温故知新的方法也可为"简·美"英语的具体教学方法提供思路。结构主义教学理论的核心观点是强调对儿童认知结构的研究以及认知能力的发展、注重对知识结构的理解、提倡发现学习和早期教育,其中要掌握学科的基本结构,掌握学科知识之间的关联,促进学生对学科结构和一般观念的迁移和运用,与"简·美"英语追求的知识结构化和课程结构化不谋而合。结构主义教学理论中的认知发展论,从简单到复杂,缩小高级知识与初级知识之间的距离,促进儿童智力发展,与"简·美"英语中思维品质提升的目标一致。结构主义教学理论中的内部动机论和发现学习论,旨在激发学生的学习动机和教会学生自主学习的方法,与"简·美"英语中培育学生"识学之趣"和"懂学之方"的思路是一致的。教学最优化理论、有效教学理论和结构主义教学理论,均为"简·美"英语的教学实践提供了方向。

一 教学最优化理论

苏联著名教育家尤·克·巴班斯基(1927—1987)在《教学过程最优化——一般教学论方面》一书中,提出了教学过程最优化的教学理论和方法,体现了"具体事物具体分析"的辩证法的灵魂。巴班斯基指出:"教学过程最优化是在全面考虑教学规律、原则、现代教学的形式和方法、该教学系统的特征以及内外部条件的基础上,为了使过程从既定标准看来发挥最有效的(即最优的)作用而组织的控制。"①具体而言,教学最优化理论要求教师基于师生现有的各种基本条件,在全面考虑教学的内在规律、教学目标、教学内容、教学方法、教学手段、教学效果等各方面要素的基础上,优化课堂教学中的各种教学策略、教学手段和教学方法,挑选最有利于教学过程实施,最有利于取得最佳教学效果的最优化最科学的方案,组织教师的教与学生的学,以做到让师生花费最少的时间和精力成本,取得教学效果的最大化。

何谓"最优化"？大意是在参照某一标准的基础上,去寻求最佳的、最适宜的方案,使人力和物力等的使用更简洁、经济而有效,获得最好的结果,即低消耗、高效能。教学最优化理论中的"最优化",并不是一般意义的"理想的"或是"最好的",而是指在相对的、现有的条件前提下的最佳方案。教学过程的最优化是指在全面考虑教学规律、教学原则、教学形式、教学手段、师生特点、教学内部和外部条件等的基础上,在教师的教学过程和学生的学习过程中,教师要科学地组织各种教学活动,优化各种教学环节和教学手段,提高学生学习的效率,以达到教与学效果的最大化。效果的最大化不仅包括学生的学习效果,也包括教师的教学效果。学生的学习效果最大化是学生在学习过程中取得最大的学习效果,这里的效果不仅仅是学业成绩的效果,还指学生在教养、教育、能力发展等方面的综合效果。教师的教学效果最大化则指教师在教学过程中,用最少的时间、精力、经费、物质等投入,取得一定的或显著的教学成果。

巴班斯基的教学最优化理论强调遵循教学规律、考虑条件、选择方案、调控活动、获得效果五个要素。遵循教学规律指的是教师要根据教学规律、教学原则、教学方法、教学方式、教学手段、教学活动、教学评价等进行教学。考虑条件指的是教学过程中不仅要考虑到教学的内部和外部条件,还要考虑到师生双方的实际情况,如教师的教学特点、学生的实际学情和认知基础。选择方案指的是从师生的实际情况出发,教师要设计最有利于达成教学目标的,实现教学效果的,操作性强的,精力、人力、时间投入少的最佳的教学方案。调控活动指的是教师在师生双方教与学的过程中,及时关注学生的学习进度、学习效果、学习方法,并适时调整教学策略。获得效果指的是师生要在规定的教学时间内实现

---

① 尤·克·巴班斯基.教学过程最优化——一般教学论方面[M].张定璋,等译.北京:人民教育出版社,1984:57-58.

教学目标,尽可能提高教与学的效率,取得教学效果的最大化。

巴班斯基所提出的教学最优化理论不是孤立的、个别的优化措施,而是一套完整涵盖了教学过程中的任务、内容、方法、手段、组织形式和教学效果分析等基本要素的优化体系。只有找到关联所有要素的完整的最优方案,才能实现教学过程效果最大化。巴班斯基的教学最优化有四个实施方法。第一,基于全面发展,综合设计学习任务。巴班斯基提出,教学过程要完成教学任务、教育任务和发展任务三种任务。教学任务包括传授教材中的基本知识、基本概念、基本技能。教育任务包括世界观、人生观、价值观、品格品行、文明素养、道德教育、劳动教育、职业指导、美育、体育等的培育。发展任务包括发展智力、培养意志、发展学习能力和学习方法、培养兴趣等。第二,基于学生学情,落实具体任务。巴班斯基指出,学习任务不仅是综合的,且要十分具体,要依据学生的实际学情,指向消除学生知识和技能中最薄弱的方面,以解决学生教育和发展中最亟须解决的、最薄弱的问题。为了更好地诊断学生的实际学习可能性及教育和发展水平,巴班斯基建议教师要制定较完整的研究学习的大纲。巴班斯基指出:"这种大纲必须包括思想道德修养、社会积极性和劳动积极性、学习态度、主要的兴趣和爱好、规划学习活动的能力、从所学教材中分出主要内容的能力、阅读和书写的应有速度、在学习中进行自我检查的技巧、文化素养、学习毅力、学习纪律,以及同龄人和家庭的影响。"[1]只要以研究学习的大纲为基础,深入了解学生的实际学情,就能掌握情况因势利导。第三,确定教学重点,选择合理的教学方法。确定和紧扣重点内容进行教学,这是教学最优化的核心要素。紧扣教学重点,根据学生的年龄特征、班级的发展水平、教师的自身特点、教材的内容特点、教学的具体任务、师生的可能性等具体情况,合理科学地设计教学方法和教学手段,包括组织学习认知活动的方法、刺激学习认知活动的方法、检查学习认知活动效果的方法、分层教学的方法等以高效地突破教学难点,突出教学重点。第四,确定最优进度,节省师生时间。巴班斯基认为教师要科学地教,作业要有合理时间分配和作业量分配,这样才能有效节省师生的时间。

总之,教学过程的最优化是教学最优化和学习最优化相互融合的产物。以上的基本办法不能把其中任何一种单独拿出来使用,只有把各种办法综合起来才能保证教学的各个基本成分有一个最优的设计。

---

[1] 当代国外著名教育家教学论思想[M].济南:山东教育出版社,1985:54.

巴班斯基的教学最优化理论的核心思想是以最少的时间和投入得到最令人满意的效果,这就是"简约",是教学实践中的关键问题。它不仅有效减轻了学生的学业负担,还有效提高了学生的学习效率,促进了学生全面发展,满足了学生终身发展的需求,为"简·美"英语的研究提供了重要的理论基础。

二 有效教学理论

有效教学的理念产生于20世纪的教育科学化运动,其关注的核心理念就是教学的有效性。捷克教育家夸美纽斯指出,只要接受合理的教育,每个人的智力都可以获得发展。这说明有效的教学方法能促进智力的发展。"寻求一种有效的教学方式,使教师可以教得更少,学生可以学得更多;使学校因此可以少些喧嚣、厌恶和无益的劳苦,多具闲暇、快乐和坚实的进步"。这说明了有效教学的重要性。国外有效教学的研究历程大致分为三个阶段。第一阶段是20世纪初至50年代末,关于"有效的教师"的研究,指出有效的教师必须具备专业技巧与能力、独特的个人性格与特点,能有效管理课堂并有效防止并解决课堂上出现的问题。第二阶段是20世纪60年代至80年代末,关于"有效的教学行为"的研究,即以有效的课堂教学行为作为有效教学的标准之一。具体而言是讲课清晰、任务指导、教学多样、引导学生自主投入、保证学生成功率是教学的关键行为,组织、思想、探询、提问、情感是教学的辅助行为。[1]第三阶段是20世纪80年代至今,关于"有效果、有效益、有效率的教学"的研究,即有效的教学策略的研究。Roy Killen(2006)指出策略包括小组合作的策略、讨论的策略、反思的策略、角色扮演的策略等。Robert J.Marzano提出的教学策略包括总结和笔记、鉴别相似性和相异性、提供反馈信息、家庭训练、群体合作、提出假设并验证、线索、前提和先行组织者、教学计划与教学策略运用、特殊类型知识的教学。[2] Paul R. Burden等提出的教学策略包括以学生为中心和以教师为中心的方法,及介于两者之间的方法:以学生为中心的方法包括提问法和归纳法,以教师为中心的方法包括学生复述、演绎法和讲授法;而介于二者之间的方法是讨论(包括

---

[1] 加里·D.鲍里奇.有效教学方法[M].4版.易东平,译.南京:江苏教育出版社,2002:9-23.
[2] Paul R Burden, David M Byrd. Methods for effective teaching[M]. Boston: Allyn & Bacon Inc., Simon & Schuster, 1994: 105-123.

小组讨论、全班讨论及小群体讨论)。①

在我国,2001年基础教育课程改革使有效教学成为教育界的热门话题。陈厚德的《有效教学》是中国第一部公认的有效教学专著。它针对影响学生有效学习的因素进行分析,提出教师进行有效教学应具备的素质与能力,阐述了有效教学的基本要素、基本原则、基本内涵、操作模式和实施策略。钟启泉、崔允漷和张华主编的《为了中华民族的复兴 为了每位学生的发展:〈基础教育课程改革纲要(试行)〉解读》对有效教学中的"有效"和"教学"进行概念界定,并认为有效教学的基本组成部分包括学生进步和发展、教学效果、教学评估和测量以及教师思考。不同时期的不同学者对有效教学的内涵有不同的界定。

余文森教授沿用经济学的观点对有效教学的概念进行界定,有效教学即有效果、有效用、有效率。②首先,教学有效果。教师必须以学生为本,以教学效果为核心,明确教学目标,明晰教学内容,将教学的重点放在教学的实效之上,即学生的发展之上,着重看学生学会了什么,学到了什么,发展了什么,收获了什么。其次,教学有效用。指教学的结果与社会和个人发展的需求的吻合程度,即学生在课堂上的所学是否有用,是否能切切实实促进自己各方面的发展。具体来说,对于教师而言,教学有效用,就是教师通过全面挖掘知识的育智价值、育德价值、育美价值等实现了育人目标。对于学生而言,教学有效用,就是学生通过课堂所学学会学习、学会应用、学会做事、学会做人。教学有效用虽然强调"学会",但更力求达到"会学",体现"授之以鱼不如授之以渔"的道理。最后,教学有效率。教学效率和教学投入是反比的关系。教学有效率指的是教师和学生用较少的教学时间、教学精力的投入,获得最大限度的教学产出或最多的教学所得。教学有效率最为直接的表现方式是减负、提质、增效。

有效教学有三条规律。第一,先学后教。"先学后教"是针对已具备一定的学习能力,不需要完全依赖或过多依赖教师指导而学习的学生。在超前、独立、异步的学习过程中,教师先引导学生通过观察、思考、分析、推断等自主学习,掌握部分知识。然后再针对学生在独立学习中提出和发现的问题或困惑进行教学,引导和启发学生共同解决问题。这样有效转变了教师主导的地位,凸显了

---

① Paul R Burden, David M Byrd. Methods for effective teaching[M]. Boston: Allyn & Bacon Inc., Simon & Schuster, 1994: 79–103.
② 余文森.有效教学三大内涵及其意义[J].中国教育学刊,2012(5):42–46.

学生的主体地位,使学生自主学习能力得到极大的发展与强化,达到教师教得更少、学生学得更多的效果,提升了学生的自主学习能力、独立思考能力与科学反思能力。第二,先教后学。"先教后学"是针对学生还不具备独立学习与独立思考能力的,还需要依赖教师的教的学生而言。对于这种类型的学生,教师要把教学的重心放在教会学生学习方法,教会学生学会学习之上,还应正确引导学生学会思考。亦如教育家陶行知的见解:教师要将教与学联系成一个整体,一个好教师的评判标准不只是教书和教学生,关键是要教学生学会学习。在教学过程中,教师要承担指导的责任,学生要承担学习的责任,教师不能将解决问题的现成方法用以授课,而应培养学生自己学会解决问题的能力,并使学生将这种能力迁移到日常生活中用以解决其他的问题。[①]第三,温故而知新。奥苏贝尔说过:如果要将一切教育心理学原理复原成一句话,那这句话是,对学习产生最大影响的因素就是学生已经知道了什么,要依据学生已有的知识状况进行教学。"温故而知新"指所有教学活动都要以学生对知识的实际认知和所积累的各种经验与常识为基础和出发点,循序渐进展开教学,这样新知的理解与掌握就会简单且深刻。

总体而言,有效教学是为了实现教学目标,教师遵循教学规律,用较少的教学投入,用最优的教学方式,实现教学效果的最大化和最优化,促进学生全面发展和核心素养的落地而组织实施的教学活动。有效教学中有效果、有效用、有效率的评判标准以及用最少的教学投入取得最大的教学效果的宗旨,可以说是教学最优化理论在国内研究的进阶发展,与"简·美"英语的理念不谋而合,都是以强调教学效益,追求学生的切实发展和实际收获为核心目标,体现了教学对学生的高度关注和对高效、精练的教学方式的追求。

三 结构主义教学理论

结构主义教育思想是以瑞士心理学家皮亚杰的认知心理学为基础,于20世纪50年代至60年代形成的一种西方教育思潮。美国的心理学家和教育家布鲁纳是结构主义教育思想的主要代表人物,他在《教育过程》一书中提出的结

[①] 陶行知.中国教育改造[M].北京:东方出版社,1996:15.

主义教学理论,被视为现代教育理论三大流派之一。《教育过程》被列为"最重要和最有影响力的教育著作之一",被誉为"教育理论的一个里程碑"[①]。

布鲁纳的结构主义教学理论强调结构的重要性、学习的准备、直接思维和分析思维、学习动机、教学的辅助工具和发现学习。[②]第一,结构的重要性。布鲁纳曾说:"不论我们选教什么学科,务必使学生理解该学科的基本结构。这是在运用知识方面最低的要求,这样才有助于学生解决在课堂外所遇到的问题和事件,或者日后课堂训练中所遇到的问题。"[③]学科结构,就是学科的基本概念、基本公式、基本原理、基本法则等的关联和学习的方法。学科结构的掌握有利于加深学生对学科知识和技能的理解,有利于形成知识结构的应用和迁移,增强学生学习的系统性和逻辑性,提升学生迁移运用的学习能力。第二,学习的准备。学习的准备包括早期学习、学习行为和螺旋课程三个部分。布鲁纳强调早期学习对后面的学习有积极的推动作用。学习包括新知识的获得与加工、新知识的处理与转换、对新知识掌握的评价。螺旋课程指要根据不同年龄阶段学生的认知特点、学情基础、知识结构特点等,拓宽知识结构的广度,加深知识结构的深度。第三,直觉思维和分析思维。布鲁纳认为:"直觉思维总是以熟悉牵涉到的知识领域及其结构为根据,使思维者可能实行跃进、越级、采取捷径,多少需要以后用比较分析的方法——不论演绎法或归纳法,重新检验所作的结论。"[④]直觉思维与分析思维相辅相成,教学中要先让学生以直觉思维进行感知,再运用分析思维进行评析、补充和完善,这更有利于学生思维的发展。第四,学习动机,包括内在动机与外部动机。第五,教学的辅助工具的使用,有利于拓宽学生的视野,加深学生对知识的理解。第六,发现学习。布鲁纳认为,学生的学习是学生在建立知识结构的过程中,不断发现、不断丰富和完善知识结构,运用和迁移知识结构,有效解决实际问题的过程。

根据以上的内容,布鲁纳的结构主义教学理论可以从认知发展论、知识结构论、发现学习论、内部动机论四个方面加以阐述。

---

① 布鲁纳.教育过程[M].邵瑞珍,译.北京:文化教育出版社,1982:译者序2.
② 李汇榛.基于结构主义课程观的语文课堂教学研究[D].西安:陕西师范大学,2019:9-11.
③ 布鲁纳.教育过程[M].邵瑞珍,译.北京:文化教育出版社,1982:31-32.
④ 布鲁纳.教育过程[M].邵瑞珍,译.北京:文化教育出版社,1982:69.

(一)认知发展论

布鲁纳的认知发展论是对皮亚杰的认知心理学理论的继承与发展。"儿童的认知发展是由结构上迥异的三类表征系统(行为表征、图像表征、符号表征)及其相互作用构成的质的飞跃过程。"[1]行为表征即行为把握——动作式再现表象阶段,在这个阶段,儿童直接操作材料。图像表征即图像把握——形象式再现表象阶段,在这个阶段,儿童由直接操作材料发展到对客观事物的表象进行思考。符号表征即符号把握—符号式再现表象阶段,在这个阶段中,儿童操作的是符号,而不是客观事物的表象。布鲁纳认为教育条件是影响儿童认知发展的重要因素。因此,行为把握—图像把握—符号把握的认知发展三个阶段的顺序不是固化的,而是具有流动性的,是从简单到复杂,螺旋上升的过程,有助于缩小"高级知识"与"初级知识"之间的距离,促进儿童智力发展。[2]

(二)知识结构论

学科结构,是指学科的基本概念、基本原理、基本要素之间具有内在关联并起普遍作用的知识体系。教学中要掌握学科的基本结构,首先,要掌握学科基本的概念和原理。学科概念的掌握,有利于教师将大量杂乱的碎片化知识和信息整合成有主题、有体系、有意义的单元整体,这是学生有效理解和记忆知识的前提基础。原理的掌握,可以促进学生正确鉴别原理背后包含的各种概念,还能将概念置于正确的顺序之中并加以运用。[3]其次,要掌握学科知识和跨学科知识之间的内在关联。任何学科知识之间都是充满各种关联的有机整体。布鲁纳强调,学习结构具有学习、梳理、迁移、应用事物之间的内在关联性。由此,教师要引导学生重视知识的整体性和层次性,根据一定的主题和逻辑关系,有序地在头脑里构建融会贯通的、具有层次的知识图谱。最后,要掌握学科的学习态度和学习方法。布鲁纳认为,掌握某一学术领域的基本观念,不但包括掌握一般原理,而且还包括培养对待学习和调查研究、对待推测和预感、对待独立解决难题的可能性的态度。[4]

---

[1] 曹艳.布鲁纳结构主义教学理论对我国基础教育课程改革的启示[J].湖北成人教育学院学报,2009,15(2):1-2.
[2] 余文森.布鲁纳结构主义教学理论评析[J].外国教育研究,1992(3):13-16.
[3] 同[1]。
[4] 同[1]。

(三)发现学习论

布鲁纳结构主义教学论重要特点之一就是发现结构与掌握结构的融合和统一。掌握学科知识的基本结构对学生认知发展具有重大的促进作用,而采用发现学习法是促进学生掌握学科知识结构的有效方法。布鲁纳认为,学生的学习是学生在建立知识结构过程中,不断发现,不断丰富和完善知识结构,运用和迁移知识结构,有效解决实际问题的过程。发现学习就是教师引导学生从事物的表面现象深入探索内部具有规律性的潜在关联结构的一种学习途径,有助于学生学会有效组织信息和灵活运用信息,有助于学生学会自主探索问题解决的方法,从而逐步形成灵活且执着追求的态度。

(四)内部动机论

布鲁纳提出,要通过鼓励儿童积极思考和探索、激发儿童学习的内在动机、注意新旧知识的关联性和培养学生运用发现技能等四个方面去促进发现学习的方法。布鲁纳鼓励儿童积极思考、主动探索,善于发现问题和解决问题。他认为内在动机是激发学生主动有效学习的最直接、最活跃、最稳定的动力。教师要采用科学的教学方法,不仅激发学生的内在动机,还要引导学生自主发现并搭建新知识与旧知识之间的关联,把新知识有机融入自己已有的认知结构和知识结构之中,促进新旧知识的融会贯通和迁移运用。此外,还要培养学生运用假设、对照、操作等发现技能,这不仅有助于学生有效组织所学的知识,运用所学的知识创造性地解决问题,还有利于提高学生的思维能力,实现发现学习。

综上,结构主义教学理论为"简·美"英语提供了极其坚实的理论基础,具体体现在两个方面。第一,结构主义教学理论强调学科基本结构的重要性。他提出学科基本结构是学生必须掌握的基本内容,学科基本结构可使得学科知识更易于被理解和记忆,有助于培育学生学习迁移的能力。第二,结构主义教学理论强调教学中要慎重选取教学内容和教学方法。教学中要用更为经济与富有活力的简约的方法展示教学内容,这样学生才易于掌握。布鲁纳也提出了让学生掌握学科基本结构的方法,即在对学生的实际情况充分考虑的基础上,慎重选择知识点,并采用简洁而又生动的教学方式直达学科教学本质要求。由此可见,布鲁纳的学科结构理论实际上就包含着"简·美"英语的内涵,更确切地说是"简·美"英语中"简·取"这个维度的思想。"简·取"强调的正是教学内容知识的主题化和结构化的整合与选取,建立新旧知识之间的关联,以及对教学活动主题化和整体化的设计与实施。布鲁纳的学科结构理论强调知识的概括性、逻辑性、简洁性、迁移性以及教学方法的经济妙用,为"简·美"英语提供了重要的理论启示。结构主义教学理论中的发现学习论,是促进学生掌握学科知识结构的有效方法,为"简·美"英语中课程结构化的实施提供了合理的建议。结构主义教学理论中的内部动机论,鼓励儿童积极思考和探索、激发儿童学习的内在动机、注意新旧知识的关联性和培养学生运用发现技能,与"简·美"英语培育学生的"会学之美"和"善学之美"有异曲同工之处。结构主义教学理论中的认知理论,强调培育学生的智力和思维,与"简·美"英语培育学生的"擅思于学"的"思学之美"目标是一致的。因此可以说,结构主义教学理论的四个维度分别为"简·美"英语的四个维度提供了坚实的理论基础和实施建议。

第三节 "简·美"英语的心理学基础

苏联心理学家维果茨基提出最近发展区理论和澳大利亚的认知心理学家约翰·斯威勒提出的认知负荷理论，为"简·美"英语在教学实践方面提供了启示。

一 最近发展区理论

"最近发展区"（Zone of Proximal Development），又叫"潜在发展区"，是由苏联心理学家维果茨基提出的儿童教育发展观。最近发展区的理论强调教学、学习和发展三者的融合关系，儿童的内在发展与教师的教学和学生的学习融入一个积极互动合作的空间，这个空间就是最近发展区。最近发展区是指"儿童的实际发展水平与潜在发展水平之间的差距。前者由儿童独立解决问题的能力而定，后者则是指在成人的指导下或是与能力较强的同伴合作时儿童表现出来的解决问题的能力"[1]。学生只有处在"最近发展区"之中，才能促使学习更好地发生。

最近发展区理论大致包含四个部分的内容。第一，从认知角度上看，搭建已知和未知的桥梁。维果茨基指出，儿童具有两种发展水平：一种是儿童现有的实际水平，即学生在独立的学习活动中，在已有的知识基础上和认知基础上可以独立解决问题的能力；一种是儿童潜在的发展水平，它需要通过教师和同伴的帮助才可以达到，这两种发展水平之间的差异，就是"最近发展区"（见图2-1）。教学中，教师的任务通过支架，搭建起学生将未知的教学内容内化的桥梁。第二，从文化的角度看，打通生活与科学的通道。"情境"是最近发展区理论的要素。维果茨基指出，科学概念的成熟建立在对生活概念积累的基础之上，与此同时，科学概念的形成也改变着个体对生活概念的认知，因此，情境是打通"生

---

[1] Vygotsky L S. Thinking and speech [M]//Rieber R W. The collected works of L. S. Vygotsky, Vol. 1. New York and London: Plenum Press, 1987: 375-383.

活概念"与"科学概念"的渠道。第三,从社会交往理论的角度看,协同外化与内化的统一。心理机能的外化,指在参与社会活动时,借用"工具""手段"将自身展现给外界或听取外界观点的过程。心理机能的内化,是自身内部发生的思维活动,通过"语言""符号"将外部客观世界纳入内在思维的过程。[①]心理机能的外化与内化不是独立运行的,二者是在具体活动中发生并实现自我发展的运动,是息息相关、辩证统一的。第四,从教育的角度看,实现现实与超越的过渡。根据最近发展区理论,儿童的实际发展水平是"现实",儿童的最近发展区则具有"超越"的发展特点。教学的目的就是从确定学生的"现实"走向帮助学生从现实完成"超越"的发展。

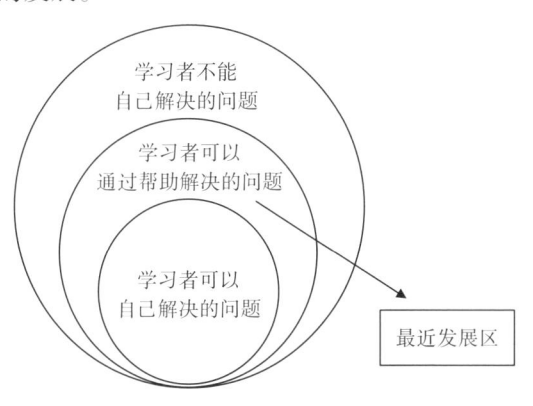

图 2-1　最近发展区示意图

　　最近发展区理论最核心的观点,即教师在教学中不能仅仅停留于对学生现有发展水平的利用之上,而要整合教学资源,充分分析和利用学生的认知基础及已经掌握的知识储备和技能,找到不同学生最近发展区的最佳切入点,通过有效的训练、指导与帮助,促使学生迅速达到新的发展水平。

　　维果茨基的"最近发展区"理论,为"简·美"英语提供了启示。

　　首先,教学要以充分了解学生的学情为前提,有针对性地教学。教师要分析学生的认知基础、生活经验、学习兴趣等,明确学生已经达到的实际水平,在这样的基础上,确定以生为本的教学目标、教学内容、教学手段。对学生的已知,充分激活、点到为止、不过多赘述;对学生的未知和新知,耐心引导、重点强调、难点突破、新旧关联、层层递进,从而实现教学的主次分明和有的放矢。"简·美"英语要实现教学的"简",就是进行主次分明和有的放矢的教学,减掉与主题

[①] 叶文静.基于最近发展区理论的初中物理课堂教学设计研究[D].青岛:青岛大学,2022:29.

关联度不高的、与主题意义不相关的、学生已经知道的而没有新鲜感的、没有挑战性的知识，将重心放在对知识结构的关联性运用和重难点的把握，以及主题意义的探究之上。

其次，教学活动要以教学目标为导向，逆向设计教学，有指向性地教学。最近发展区不是静态的、停滞不动的，学生的发展过程是最近发展区不断突破的过程。因此，教学要以教学目标逆向设计各种教学活动、教学手段、教学方法等，使所有的教学指向教学目标的达成，不断由易到难、循序渐进地突破学生的最近发展区。"简·美"英语也是秉持由易到难、循序渐进的教学原则，也是以核心素养的培育为教学目标逆向设计教学，不断突破学生的最近发展区，实现学生的综合发展。

最后，教学要从支架式教学走向拓展性教学。20世纪70年代，布鲁纳延续了最近发展区理论，提出了"脚手架理论"。教师在教学中要在学生的最近发展区搭建适当的"脚手架"和"支架"，为学生的现有水平和潜在水平之间搭建关系的桥梁，帮助他们更有体系地学习和理解知识。随着学生知识的积累、能力的增强、经验的丰富，教师可以逐渐去掉"脚手架"。"简·美"英语中对知识的结构化教学，正是通过教师帮助学生对知识结构的初搭建、再丰富、初步应用—再充实、再补充、深入应用—再完善、再拓展、迁移运用，实现给学生提供支架，到撤去支架，再到迁移运用拓展的过程。

二、认知负荷理论

认知负荷（Cognitive Load）来源于脑力负荷或心理负荷概念，是20世纪80年代由澳大利亚认知心理学家约翰·斯威勒（John Sweller）首次提出并引入教育学中的。在他的定义中，认知负荷是学习者在参与学习相对应的时间内，学习者认知环境时工作记忆中的心理活动总量[①]。他认为，人类在学习、工作时的信息加工系统是由短时记忆和长时记忆组成的。其中短时记忆的容量和处理信息量都低于长时记忆，而图式获取和规则自动化可以利用长时记忆来弥补短时记

---

① 邓文浩.认知负荷理论视域下的高中物理规律教学实践研究[D].上海：上海师范大学，2022：3.

忆的缺陷,以减少短时记忆处理信息的负担。[①]根据产生的条件和起源的不同,John Sweller将认知负荷分为三类,内在认知负荷(Intrinsic Cognitive Load,ICL)、外在认知负荷(Extraneous Cognitive Load,ECL)和相关认知负荷(Germane Cognitive Load,GCL)。内在认知负荷是指学习材料本身的特征对学习者工作记忆施加的认知负荷。外在认知负荷是指学习材料的组织和呈现方式对学习者工作记忆施加的认知负荷。相关认知负荷是指学习者对学习材料进行深层次加工活动,如重组、提取、编码、比较和推理等认知活动,而施加给工作记忆的认知负荷。[②]通俗地讲,内在认知负荷是由学习任务本身的难度和复杂程度造成的。所谓"难"就是学习任务的信息量和知识量太多或知识之间的关联太复杂或太无序。学生在学习过程中,对所接收的信息进行理解、整理、归纳的同时,也需要对这些信息内容和信息之间的关联进行整体的、有逻辑的、批判性的认知、评价和加工,之后才能进行整体而有序的学习。如果教师给予学生的学习任务太难,就会产生内在认知负荷。外在认知负荷是教学内容的呈现手段或呈现顺序的不合理,导致学生处理与学习无关,或与学习关联度不高的冗余信息或学习任务而造成的。因此,教师要科学设计教学目标、教学活动、教学手段、教学方式等,由易到难,循序渐进,帮助学生更好地理解学习内容,降低外在认知负荷。内在认识负荷和外在认知负荷在一定程度上妨碍了学生的学习,而相关认知负荷正好相反,它是促进学生通过图示建构进行有效学习。相关认知负荷是学生对于学习任务、学习材料、学习资源等进行感知、理解、获取、整合、比较、分析、判断、推理、感悟、批判、内化等认知活动后产生的认知负荷,有利于对学习内容结构的建构、解构、再构、重构和迁移运用,有利于提高学习效果和学习效率。

认知负荷理论是受建构主义思想的影响,以认知理论心理学为核心基础,在认知加工方面和认知负荷研究方面科学且系统的理论,对教学目标、教学活动、教学方式、教学方法等的设计与实施也有极大的启示。认知负荷理论对"简·美"英语有启发作用。首先,每个人的大脑可以承载的认知资源是有限的。当学生同时进行多种学习活动时,所需要的认知资源的总量,超过了他们所具

---

① Sweller J. Cognitive load during problem solving:Effects on learning[J].Cognitive Science,1988,12(2):257-285.
② 同①。

有的认知资源总量,就会出现内在认知负荷和外在认知负荷的现象,这会造成学习的低效。因此,"简·美"英语在教学内容的选取和传授知识的教学中,要进行主题聚焦的、由易到难、循序渐进的知识结构化教学,降低学生的内在认知负荷。要减少课堂教学中与主题和主题意义无关或关联度不高的、与教学目标关联度低的、杂乱无序、碎片化的教学内容和教学手段,对教学方式精心设计,降低教学过程中学生的外在认知负荷,最大化地提高教学效益。其次,适度提高相关认知负荷。知识结构的建构、解构、再构、重构和迁移运用的过程,就是学生对于学习材料进行重组、编码、比较和推理的过程,相关认知负荷的提高,是促进教学效益的最大化的重要渠道。

此外,认知负荷理论的相关教学效应,也为"简·美"英语的实施提供了启示。认知负荷理论的教学效应包括冗余效应、分散注意力效应、形式效应、样例效应、独立交互元素效应。[①]

具体而言,冗余效应、分散注意力效应和形式效应指向教学中冗余和繁杂的教学内容和教学环节,以及对知识和教学方法的有机整合。冗余效应是指教学中要根据学生的学情和知识储备,呈现适当、适量的样例,样例过多反而会耗费学生的认知资源,增加认知负荷。分散注意力效应指呈现问题时,如果呈现的形式过于繁杂,也会起到反作用。分散注意力效应就是要将繁杂的内容进行有机整合,从而减少学生在自我整合过程中产生的认知负荷。形式效应是指,要以促进学生理解为目的,有机整合多种教学方式,减少学生的外在认知负荷。"简·美"英语就是要减掉与主题和主题意义无关的、与教学目标关联度低的、杂乱的、碎片化的教学内容和教学手段,将教学内容结构化整合、将教学评价主题化整合、将高阶思维和文化意识无痕渗透,减少学生的内在和外在的认知负荷,提高学习效率,这与冗余效应、分散注意力效应和形式效应的理念是一致的。

样例效应和独立交互元素效应指向循序渐进的学习过程和学习方法、学习技能的迁移应用。样例效应是指学生在解决问题时,要先提供一个类似问题,引导学生自主分析、梳理和总结相关问题的解决方法和技巧,将其迁移应用到所要解决的新问题之中,提升学生的相关认知负荷。独立交互元素效应是指教授学生交互性较强的问题或学习内容时,需要先呈现一些交互度较低的内容,

---

[①] 陈瑶.基于认知负荷理论的中学数学新定义题目教学研究[D].济南:山东师范大学,2020:11-12.

然后再逐步呈现完整的信息,体现先易后难、先简后繁,帮助学生更好地理解,降低学生的外在认知负荷。"简·美"英语对知识进行主题化、结构化的整合,进行知识结构化教学。对知识结构的建构、重构、再构的过程,正是给学生提供的"样例",为学生知识结构的迁移应用做铺垫。"简·美"英语的"简"亦体现了由易到难的循序渐进的学习过程。因此,认知负荷理论的定义、内涵、分类、教学效应,都为"简·美"英语提供了坚实的心理学基础。

第三章

"简·美"英语的
范式建构

第一节 "简·美"英语的内涵界定

一、"简"的内涵界定

"简"与"繁"是辩证共生且相互依存的关系,其意义是相对的。人类认识事物的过程,是由"简"入"繁"、由"繁"入"简"的渐进式和螺旋式的过程。"简"与"繁",绝不是表面字义的"少"与"多"、"简单"与"复杂"这么简单的对立。

"简"在《说文解字》中指的是写字用的札、竹片这一类东西。竹为"简",木则为"札""牍",二者被统称为"简"。"简"作为名词,是书籍和信札的意思,是用来记录文字的载体;也是一种鞭类兵器的名称;还可指云扬板这种打击乐器。"简"作为动词,有"选择"和"劝谏"的意思,在前者的基础上可引申出"检查""检阅""剔除""辨别""简化"的含义。"简"作为形容词,有"简约""简洁""简易""简单"等意思。从数量上看,"简"有"稀少"的意思,但"简"也有"大"的含义。[1]《论语》中"吾党之小子狂简",《淮南子·说山》中"周之简圭"的"简",均是"大"的意思。

教学中的"简",表面上是"少""省""易"的意思,但事实上,教学中的"简"有着丰富的内涵。

小学英语教学中的"简",是一种由易到难的循序渐进的过程。循序渐进是教学的一项基本准则。从《学记》中的"不陵节而施之谓孙""杂施而不孙,则坏乱而不修"就可以看出,古人对循序渐进原则的重视;"良冶之子,必学为裘;良弓之子,必学为箕;始驾马者反之,车在马前"就是用学习技艺的例子,阐释了由浅入深、循序渐进的重要性。小学英语教学中的"简",是基于学生的生活经验、认知发展和知识储备,根据学科知识内在逻辑顺序,由浅入深,由易到难,由简单到综合,由学习理解到应用实践,再到迁移、拓展、创新的循环递进的进阶过程。

小学英语教学中的"简",是一种课程内容结构化的教学过程。《义务教育课

---

[1] 常思琪.教学之"简"及其意蕴[D].太原:山西大学,2021:11.

程方案(2022年版)指出,关于课程标准的主要变化之一,就是"优化了课程内容结构。以习近平新时代中国特色社会主义思想为统领,基于核心素养发展要求,遴选重要观念、主题内容和基础知识,设计课程内容,增强内容与育人目标的联系,优化内容组织形式。设立跨学科主题学习活动,加强学科间相互关联,带动课程综合化实施,强化实践性要求"。而后又在第四部分"课程标准编制与教材编写"中明确提出"加强课程内容的内在联系,突出课程内容结构化,探索主题、项目、任务等内容组织方式"[①]。课程内容结构化是解决课程内容割裂、组织逻辑失衡、课程意识缺乏的问题的重要举措,是教学中处理学生经验与教材知识的矛盾、教学实践与教材文本的矛盾、客观知识学习与主观价值观形成的矛盾等的一种有效方法。课程内容结构化是实现核心素养目标的必然途径之一,其本质是作为学习经验的结构化,注重学习立场与学生的主体地位,揭示学习者、学科知识、学习方式以及它们之间的相互关系,回应"谁在学""学什么""为什么学""怎么学""学到什么程度"几个问题;其价值功能是秉持课程思维,以实现专业引领;基于结构化视角,实现课程内容组织逻辑的平衡;建立多样联结,实现课程内容的高阶整合。

小学英语教学聚焦人与自我、人与自然、人与社会三个主题语境,紧扣"人与自我"中"生活与学习""做人与做事"两个主题群下的9项子主题,"人与社会"中"社会服务与人际沟通""文学、艺术与体育""历史、社会与文化""科学与技术"三个主题群下的8项子主题,"人与自然"中"自然生态""环境保护""灾害防范""宇宙探索"等四个主趣群下的6项子主题,是由主题、语篇、语言知识、文化知识、语言技能、学习策略六个要素构建起的课程内容。

小学英语教学中的"简",包括四个方面的内容。第一,教学内容的主题化和结构化整合与选取。小学英语教学内容并非越少越好,或简单删减内容,而是应该聚焦主题,以主题、大项目、大任务为内容主线,将各个内容要素有主题、有体系地联结在一起,将碎片化知识重构为一个相互关联的有体系的整体。第二,知识结构的有机梳理、归纳、应用和迁移。对教师而言,知识结构是学科的框架,由概念、原理、事实等组成。教师掌握学科知识结构,意味着掌握概念、原理、事实之间存在的内在联系,能以更高的站位传授学科知识。对学生而言,知

---

① 中华人民共和国教育部.义务教育课程方案(2022年版)[S].北京:北京师范大学出版社,2022:4,11.

识结构是在学习过程中形成的认知结构,它包括知识的类型、知识的联系、知识的作用等,以完整的面貌呈现。从学科视角看,知识结构化主要包括两个方面:一是将各类知识进行关联并形成具有良好层次结构的知识体系;二是从具体知识中抽取基本观念,再用获得的基本观念将更多具体知识关联起来,形成良好的知识结构。[①]从认知个体视角看,知识结构化是将学科知识结构转换为个体的认知结构的过程。可以说,知识结构化是学生将知识化为素养的关键条件,关乎学生的成长和教育改革的发展。[②]第三,教学活动主题化和整体化的设计与实施。从点状、传输式的知识传授和单项技能的训练,转向对学科知识与跨学科知识主题性、整体性、关联性、综合性、逻辑性的关注;对学生在主动学习和思考的活动中所形成的知识与技能,过程与方法,情感态度与价值观等综合效应的关注,有利于学生克服学习中知识点点状学习、碎片学习或单项技能训练的弊端,有利于学生主动找出知识之间的关联,有逻辑、有体系地整合所学知识,并进行知识结构的迁移应用。第四,开展小学英语跨学科主题学习。聚焦自然或社会生活中的核心主题,将一类及相关联知识系统化与集成化,使学生综合运用英语学科和其他学科知识、思想方法与思维方式,将新知识内化到自己原有学科经验结构中解决问题,并在解决问题的过程中实现核心素养的提升。小学英语教学中的"简",意在改变知识与技能简单的线性排列方式,强化知识间的内在逻辑联系,为教学内容的灵活化、动态化、逻辑化奠定基础,也为教学活动的综合性、实践性、迁移性提供内容基础。

小学英语教学中的"简",是一种一体化课堂主题评价的激励机制。小学英语教学强调学生学习能力的培养,即学生能积极运用和主动调适英语学习策略,拓展英语学习渠道,提升学习效率。《义务教育英语课程标准(2022年版)》也指出,英语教学要注重"教—学—评"一体化设计,实现以评促学,以评促教,将评价贯穿在英语课程教与学的全过程之中,课堂教学评价要及时关注学生的学习兴趣、学习过程、学习进展与学习困难,注重发挥学生的主观能动性,引导学生成为各类评价活动的设计者、参与者、合作者,自觉运用评价结果改进学习。小学英语教学中的"简",就是设计和实施一体化课堂主题评价的激励机制,以提升学生的学习能力。小学英语教学中的"简",是删减无主题的、杂乱无序的、

---

① 陈进前.知识结构化的涵义、表达和功能[J].中学化学教学参考,2022(3):4-7.
② 周长凤.知识结构化:为何、是何与如何[J].福建教育,2023(24):12-13.

浅层的、随意的、碎片化的评价,而设计简约高效的一体化主题评价工具。"一体化主题评价"是一种小学英语课堂评价,是指紧扣单元主题或课时主题,将多层次的评价内容、多渠道的评价活动、多视角的评价功能、多样化的评价方式融为一体的课堂评价。多层次的评价内容包括评价学生的学习动机、学习效果、个性发展、思维品质等。多渠道的评价活动包括学习理解性的评价活动、应用实践性的评价活动、迁移创新性的评价活动。多视角的评价功能包括评价激发学生兴趣的功能、评价凸显教学主题的功能、评价激活旧知的功能、评价突出教学重点的功能、评价突破教学难点的功能、评价巩固所学内容的功能、评价再创教学素材的功能、评价调整教学策略的功能等。多样化的评价方式是指口头评价、自我评价、同伴互评、师生互评、评价表设计、评价工具等。教学中的"简",是设计简约且高效的评价工具,实现一评价、多功能、大效果的功效。

小学英语教学中的"简",是一种高阶思维无痕训练的过程。《义务教育英语课程标准(2022年版)》指出,"思维品质指人的思维个性特征,反映学生在理解、分析、比较、推断、批判、评价、创造等方面的层次和水平。思维品质的提升有助于学生学会发现问题、分析问题和解决问题,对事物做出正确的价值判断"[1]。思维品质中包含低阶思维和高阶思维。指向核心素养培育的教学活动,需要高阶思维的发展,用思维深度分析带动具体知识与技能的深度学习。高阶思维相对于低阶思维而言,是一种发生在较高认知水平层次上的复杂、深入、高级的心智活动和认知能力,涉及更加抽象和复杂的概念、问题和观点。高阶思维是学生运用逻辑思考能力去分析、批判、评价、创造,处理并解决复杂问题的能力,以及其中表现出的决策力与批判性思维能力。

小学英语教学中的"简",不是完全不要低阶思维活动,而是删减过多无思维含量的或过多低阶思维含量的活动。取而代之的是,教师采用简约且高效的方式,无痕训练学生高阶思维的活动,即设计简洁易懂的情境主线,如生活情境主线、问题情境主线、故事情境主线等,悄无声息地让学生在解决问题的过程中培养学生的生活问题求解能力、决策思维能力、批判性思维能力、创造性思维能力;优化课堂提问的内容,即设计真实性问题、关键性问题、指向性问题、开放性问题等,使学生在思考问题的过程中不知不觉地增加思维的深度、密度、宽度和

---

[1] 中华人民共和国教育部.义务教育英语课程标准(2022年版)[S].北京:北京师范大学出版社,2022:5.

广度;优化课堂提问的方式,适时适度地顺题反问、明题追问等,使学生在互动交流中无痕地训练了思维的批判性和深刻性等,从而提升学生的思维品质。

小学英语教学中的"简",是一种润物细无声的文化熏陶。《义务教育课程方案(2022年版)》强调坚持目标导向,"将社会主义先进文化、革命文化、中华优秀传统文化、国家安全、生命安全与健康等重大主题教育有机融入课程,增强课程思想性"[1]。《义务教育英语课程标准(2022年版)》也对文化意识做出了界定:"文化意识指对中外文化的理解和对优秀文化的鉴赏,是学生在新时代表现出的跨文化认知、态度和行为选择。文化意识的培育有助于学生增强家国情怀和人类命运共同体意识,涵养品格,提升文明素养和社会责任感。"[2]小学英语教学强调素养立意,要求教师围绕单元主题,挖掘育人价值,把对主题意义的探究视为教与学的核心任务,引导学生在主题意义探究的过程中,逐步建构围绕单元主题的深层认知,理解语言背后的文化内涵,生成正确的情感态度和价值判断。

小学英语教学中的"简",就是教师潜移默化地引导学生在学习理解、应用实践和迁移创新的主题意义探究进阶活动中,不知不觉地沉浸在文化知识的学习、理解、探索、体验、对比、实践、感悟之中的一种内化于心、外化于行的过程。小学英语教学中的"简",是一种润物细无声的情感熏陶和文化涵养,是学生在体验感悟之后的共情与共鸣,而不是刻意地传授,不是强加地灌输,不是生搬硬套的道理,不是上纲上线的道德绑架,不是纸上谈兵的深奥文化知识,而是实实在在的切身体验、实践与感受,从而润物细无声地将文化知识内化为具有正确价值取向的认知、行为和品格。

总之,小学英语教学中的"简",不是一味做减法,也不是一味追求纯粹的简单,而是考虑"减什么""加什么""升什么",即以简约高效的教学方法和策略,取得教学效益的最大化,让学生在简约高效、循序渐进、结构化学习的学习活动中,让学生在综合性课堂主题评价的积极激励下,让学生在高阶思维无痕且有序的训练里,让学生在润物细无声的文化熏陶下,学会对知识结构的梳理、归纳、应用与迁移;学会积极运用和主动调适英语学习策略,提升学习效率和学习效果;学会自如运用各种思维能力,特别是高阶思维能力去分析、评价、批判自

---

[1] 中华人民共和国教育部.义务教育课程方案(2022年版)[S].北京:北京师范大学出版社,2022:2.
[2] 中华人民共和国教育部.义务教育英语课程标准(2022年版)[S].北京:北京师范大学出版社,2022:5.

己和他人的观点与行为,并批判性和创造性地解决问题;学会通过共情与共鸣,感悟和梳理文化知识,做出正确的价值判断,从而提升语言能力、学习能力、思维品质和文化意识等核心素养。

二 "美"的内涵界定

"美"的内涵界定,需厘清"美""教育美""教学美"和"小学英语教学中的美"这几个词的内涵。

"美"一词来源于西方的文学作品,不同时期不同学派的学者们对"美"的定义不同。西方的美学思想来源于古希腊美学思想,苏格拉底认为"美即适合、美在效用、美即善"。亚里士多德认为美的最高形式是秩序、对称和确定性。德国古典美学是西方美学发展历程的最高峰。康德是通过审美主体对美的事物通过鉴赏、判断进行分析,并不是单纯的美的分析。席勒继承了康德美学的人本主义和人类学的出发点,提出了美是"活的形象"。黑格尔的美学体系是以"美是理念的感性显现"为灵魂和核心。黑格尔的美就是指艺术,或者说美的艺术。美是理性与感性统一、内容和形式的统一;美是主观与客观的统一,是一般与特殊的统一。马克思主义美学的基本特征是历史和逻辑的统一。[①]

在我国,"美"的定义,最早可以追溯到伍举。伍举认为"夫美也者,上下、内外、大小、远近皆无害焉,故曰美"。伍举认为"无害"就是美,即美与善的关系。[②]我国学者对"美"的研究是从20世纪新文化运动开始,梁启超、王国维、蔡元培等是主要代表人物。蔡仪认为"美"是客观的,是物的形象,不依赖鉴赏者的人而存在。高尔泰认为"美"是主观的,是人的观念或人的社会意识,客观的美并不存在。朱光潜认为"美"是客观与主观的统一,认为美必须以客观的自然事物为条件;客观事物加上主观意识形态的作用,然后使"物"成为"物的形象"才能产生美。[③]李泽厚把"美"界定为:美是人类的社会生活、美是现实生活中那些包含社会发展的本质规律和理想,而用感官可以直接感知的具体的社会形象和自然现象。简而言之,美是蕴藏真正的社会深度和人生真理的生活形象,包括社

[①] 王艺桥.教育美的本质及其价值研究[D].长春:东北师范大学,2020:3-4.
[②] 同①。
[③] 文艺报编辑部.美学问题讨论集:第三集[M].北京:作家出版社,1959:35.

会形象和自然形象。[①]马克思主义美学具有鲜明的实践性,从人最根本的社会实践出发理解人类审美活动,努力解释其中的规律,马克思主义美学的基本特征是历史和逻辑统一。

"美"在《说文解字》中的解释为:"美,甘也,从羊,从大。羊在六畜主给膳,美与善同意。""美"作为形容词,有"貌美好看、漂亮的、美好的、理想的"的意思。"美"作为动词,有"得意、高兴、赞美、使……变美好、认为……美"的意思。"美"作为量词,是音调的主观单位,等于频率为1000赫兹的音的音调的千分之一。"美"也是一个哲学概念,指某一事物引起人们愉悦情感的一种属性。

何谓教育美？教育美是教育活动领域中的美,是教育活动中主客体潜能的对应性自由实现,抑或是存在于教育领域的美,是人的本质力量在教育领域的感性显现。[②]不同学者对教育美学有不同的理解,大致可以从五种不同的角度来分析。从审美教育的角度看,教育美是审美教育的理论形态。从美学的角度看,教育美是把美学应用于研究教育中美学现象和规律的学科。从教育美的价值看,教育美是通过发挥教育中各种美的作用,以实现教育的艺术化。从教育美的角度看,教育美是一门研究教育中的美的学科。从世界观角度看,教育美是一种对美学教育的观念。这五种观点从不同侧面对教育美学进行了解释,使人们对教育美学有了更多的认识和理解。笔者对教育美的内涵界定更倾向于以下这个解释:教育美是审美化的教育形态、教育实在,是对教育进行审美创造的结果。[③]教育是一种社会实践活动,大致包含"真""善""美"三种价值尺度。"真",要求学校教育必须符合客观事物发展的必然规律,即学校教育必须使学生知识丰富,视野开阔,智力发展,富有智慧。"善",要求学校教育必须符合人类社会的目的诉求,即学校教育必须使学生塑造品德,养成人格。"美",兼具"真"与"善",要求学校教育既要符合客观事物发展的必然规律,同时也要符合人类社会的目的、诉求,即学校教育必须让学生陶冶情操,美化心灵,身心和谐,开放创造。教育美是教育主体实践的产物,是一切美的形式和美的内容在教育活动中的体现,即教育中各个要素的美,包括教育目标的美、教育主体的美、教育过

[①] 刘悦笛.从"实践美学"到"生活美学"——当代中国美学本体论的转向[J].哲学动态,2013(1):76-82.
[②] 李如密.教学美的价值及其创造[D].兰州:西北师范大学,2005:27.
[③] 彭文晓.教育美学观构建的理论思考[J].湖北大学学报(哲学社会科学版),2008(4):120-124.

程的美、教育空间的美以及教学环境的美等。教育美具有不同的表现形式,但无论何种表现形式,均蕴含着和谐、自由、灵动、开放、喜悦、怡情等基本特征。教育美,旨在通过发现或创造教育中各个要素的美,进而实现人的美,具有普遍性、超功利性和发展性的特征。

教育美和教学美是上位和下位的关系。教学美是教育美的重要组成部分。何谓教学美?教学美是教师通过创造性的教学活动,引导学生积极参与教学活动所产生的结果。教学美指教师和学生在教学活动过程中共同创造的审美因素和美感效应高度综合而成的、由各种美的潜因组合而形成的统一的有机整体。[1]教学美有以下的具体表现形式:教学活动要素的美,包括教师、学生、教学目的、教学内容、教学方法、教学形式、教学环境、教学互动等的美;教学运行过程(教学的具体过程)的美和教学风格魅力的美。教学美是教学过程要素与美的统一,是教师教的美与学生学的美的统一,是教学目标的美与教学过程的美的统一,是教学目标的美和教学方法的美的统一,是教学过程的美与教学结果的美的统一,是教学手段的美与教学艺术的美的统一,是教学创造的美与欣赏的美的统一,是教学内在的美与教学外在的美的统一,是教学科学美与教学艺术美的统一,是美的创造和美的欣赏的统一,因此教学美是一种综合的美。

教学美具有教育性、形象性、多样性、愉悦性、预设生成性和开放创造性等特点。所谓教育性,苏霍姆林斯基说过,一切使儿童获得美感和快乐的东西,都具有神奇的教育力量,这种神奇的教育力量在于它易于接受和影响深刻。教学美的教育性,体现教学中真、善、美的结合。教学美的教育性表现在教学的"趣而有味"。"趣"是外在的教学手段与方法的有趣,"有味"是学生内在的学习收获与体会。教学美的形象性,即教学美是以具体的、直观的表现形式展示出来的。黑格尔说过,"美只能在形象中见出""美的生命在于显形"。教学美的多样性,是指美的表现方式是多样的,美的形式是丰富多彩的,丰富多彩的教学方法、教学手段、教学活动等才能对教学有帮助。教学美的愉悦性,即教学美能唤醒学生在生理上、审美上、道德上的美的体验、感受和享受。而教师审美情趣的高低,对教学效果的好坏有重要的意义。教学美的预设生成性,是指教学美不仅需要教师解析教材、分析学情时预设学生在学习过程中的表现和感悟,更需要教师及时捕捉学生课堂的现场生成,与之互动,在互动中提升思维、促进学习、

---

[1] 李如密.教学美的价值及其创造[D].兰州:西北师范大学,2005:23.

感悟文化,体验学习之美。教学美的开放创造性,即通过教师的开放性问题或创造性活动,学生能创造性地、开放性地表达自己的观点、批判性地评价自己和他人的行为和观点,并提出相应的解决问题的方案,从而体会到学习的个性美与解决问题的成就感。

小学英语教学中的"美",是教学美在小学英语教学中的具体表现,是教师和学生在小学英语课堂教学活动中和谐运作,感受到教—学—评一体的创造性活动所带来的审美的愉悦和美感的综合效应的过程。具体而言,小学英语教学中的"美"有以下的内涵:

小学英语教学中的"美",是一种循序渐进的教学带来的"逻辑美"。小学英语教学中的"逻辑美",是学生在循序渐进学习中,稳步前进,收获成功的喜悦。具体而言,它是指学生在紧扣单元主题的学习理解、走进语篇、应用实践、深入语篇、迁移创新、超越语篇的由易到难的进阶活动中,激活旧知、学习语言、获取新知、解决问题、探究意义、领悟价值、提升素养,从中体会到的喜悦之情。

小学英语教学中的"美",是一种结构化教学带来的"体系美"。布鲁纳是西方结构主义流派的先驱,他在《教育过程》一书中强调了结构的重要性,即无论我们教授何种学科,都应当引导学生深入理解、梳理、提炼该学科的基本框架,包括该学科的核心概念、基本原则以及它们之间的联系,并将这些加以应用和迁移,学科结构体现了知识的完整性和知识间的联系性。小学英语教学中的"体系美",就是学生在有体系的结构化教学中,体会到真正学会学习的成就感。具体而言,在小学英语结构化教学中,学生在教师的引导下,不断地进行建构结构、拆分结构、重组结构、创新结构的循环往复的过程,学生可在新旧知识之间、新知识各构成要素之间、新知识与学生生活之间搭建具有内在关联并螺旋上升的学习链,有利于学生更好地理解英语学科的基本原理和知识的内在逻辑,有利于学生准确生成对单元主题的深层认知,有利于学生知识与方法的应用迁移,有利于学生从根本上掌握知识体系建构这一关键能力,从而真正获得有意义的学会学习的成就感。

小学英语教学中的"美",是一种一体化主题评价中产生的"驱动美"。课堂教学评价是促进学生核心素养发展的重要途径之一。《义务教育英语课程标准(2022年版)》指出,教学评价应以学生核心素养的全面发展为根本出发点和最终落脚点,应充分发挥学生在学习中的主体作用,应采用多种评价方式和手段,体现多渠道、多视角、多层次、多方式的特点,应充分关注学生的持续发展和个体差异。[1]小学英语教学中的"驱动美",是学生在潜移默化的一体化主题评价过程中感受到爱学和善学的愉悦。具体而言,是在紧扣主题,融合多维度的评价内容、多方面的评价功能、多样化的评价方式为一体的主题评价的驱动下,学生不知不觉地被调动了学习兴趣,不知不觉地巩固了所学,不知不觉地明白了自己的学习困惑,不知不觉地调整了自己的学习方法,不知不觉地提升了自己的学习效率,让自己以积极的学习状态投入学习并调整学习方法,感受到爱学和善学的愉悦之情。

小学英语教学中的"美",是一种高阶思维无痕训练中产生的"思辨美"。"博学之,审问之,慎思之,明辨之,笃行之",这正是思考与辨析的重要性。小学英语教学中的"思辨美",是学生在分析、评价、创造、问题解决和决策能力、批判思维能力等高阶思维无痕训练中,主动并开放地思考与辨析,从而感受到提升了思维品质的快乐。具体而言,是学生在高阶思维无痕训练中,不知不觉地、主动地对信息进行分析、比较、推理、综合、评价等思维活动,能主动对问题或任务的解决过程做出深刻反思、评价、批判性整改和个性化再创造,从中体会到思维训练后解决问题的愉悦之情。

小学英语教学中的"美",是一种无声的文化熏陶衍生的"感悟美"。小学英语教学,语言与文化之间是可以互相促进,互相渗透的。小学英语教学中的"感悟美",是在文化知识润物细无声地渗透之后,内化于心、外化于行的感悟、品味和行动。具体而言,就是学生在教师的引导下,通过探索、体验、比较等无声无形的文化熏陶,通过具身体验实现的共情与共鸣,学习和理解中外文化知识,悄然无息地将文化知识内化为具有正确价值取向的认知、行为和品格,从中体会到了共情、共鸣、感悟后心灵的纯净之美、通透之美、正向之美。

总之,小学英语教学中的"美",不是简单的教学过程要素的美、教学过程运行的美、教学风格魅力的美,也不是简单的教学审美,而是利用教学中的"简",即循序渐进的教学、体系化的结构化教学、一体化主题评价工具的设计、高阶思维的无痕训练、无声的文化熏陶和情感熏陶,而产生的"逻辑美""体系美""驱动

---

[1] 中华人民共和国教育部.义务教育英语课程标准(2022年版)[S].北京:北京师范大学出版社,2022:53-54.

美""思辨美""感悟美",从而让学生体会到稳步学习、乐于学习、学会学习、善于学习、塑造品格、涵养德行的喜悦。

三 "简·美"英语的内涵界定

《义务教育英语课程标准(2022年版)》指出,"核心素养是课程育人价值的集中体现,是学生通过课程学习逐步形成的适应个人终身发展和社会发展需要的正确的价值观、必备品格和关键能力。英语课程要培养的学生核心素养包括语言能力、文化意识、思维品质和学习能力等方面。语言能力是核心素养的基础要素,文化意识体现核心素养的价值取向,思维品质反映核心素养的心智特征,学习能力是核心素养发展的关键要素。核心素养的四个方面互相渗透,融合互动,协同发展"[1]。小学英语教学要围绕核心素养确定教学目标,选择教学内容,创新教学方式,改进评价工具,探究主题意义。

"简·美"英语就是根据《义务教育英语课程标准(2022年版)》的要求,以提升学生的核心素养为目标而产生的。小学英语教学是以生为本,在单元育人蓝图下,坚持学思结合、学用结合、学创结合、融教—学—评为一体的促进学生核心素养发展的过程。"简·美"英语是以简约高效的方法,将教—学—评融为一体,由"简·教"实现"美·学"的育人途径。"简·教"指向教师的教学方法与教学策略,即为了达成学生核心素养提升的目标,实现教学效益最大化,而采用的简约高效的方法与策略。"美·学"指向学生的学习目标与学习愿景,即在教师采用简约高效的教学方法与策略,实现教学效益最大化这一目标的过程中,学生体验到的英语学习的"会学之美""善学之美""思学之美""品学之美"。(见图3-1)。

---

[1] 中华人民共和国教育部.义务教育英语课程标准(2022年版)[S].北京:北京师范大学出版社,2022:4.

图3-1 "简·美"英语内涵概念图

具体而言,"简·美"英语,就是减掉与无主题的、无主线的、无逻辑关系的、杂乱无序的教学内容,紧扣单元主题,实施结构化教学,促进学生知识结构的梳理、应用和迁移,让学生从根本上掌握知识体系建构的关键能力,体会到学会学习的"会学之美";减掉无主题的、单一浅表功能的碎片化评价,以融合多维度、多功能的一体化主题式评价工具,激发学生的学习动机,培养学生主动调适学习方法的能力,让学生更加积极主动地学习并主动地调整自己的学习方法,提升学习效率,体会到英语学习的"善学之美";减掉无思维含量的、低阶思维的、碎片化思维活动,以高阶思维发展为核心,促进学生利用高阶思维敏锐地发现问题、深刻地分析问题、创造性地解决问题,并对问题做出正确的价值判断,让学生体会到"思学之美";减掉无体验感受的、乱贴标签的、浅层的、生硬强加的文化渗透,以主题意义探究为引领,引导学生通过真实的体验感悟实现共情与共鸣,潜移默化地理解和品味文化知识,并形成正确的价值认知、态度和行为选择,实现英语学习的"品学之美"。

"简·美"英语是以简约高效的方法,将教、学、评融为一体,由"简·教"实现"美·学"的育人途径。"简·教"与"美·学"均包含了四个维度的内容。"简·教"包含"简·取""简·评""简·思""简·品"四个维度,相对应的,"美·学"包含"会学之美""善学之美""思学之美""品学之美"四个维度。"会学之美"是"懂学之方"的美;"善学之美"是"识学之趣"并"学之有法"的美;"思学之美"是善思于学的美;"品学之美"是悟学之意的美。"简·教"与"美·学"的四个维度分别指向英语学科核心素养的四个维度。"简·取"与"会学之美"指向"语言能力"的提升,"简·评"和"善学之美"指向"学习能力"的提升,"简·思"和"思学之美"指向"思维品质"的提升(见图3-2),"简·品"和"品学之美"指向"文化意识"的培育和增强。"简·教"与"美·学"四个维度之间是相互关联、相互促进、相互渗透、融合互动、协同发展的。

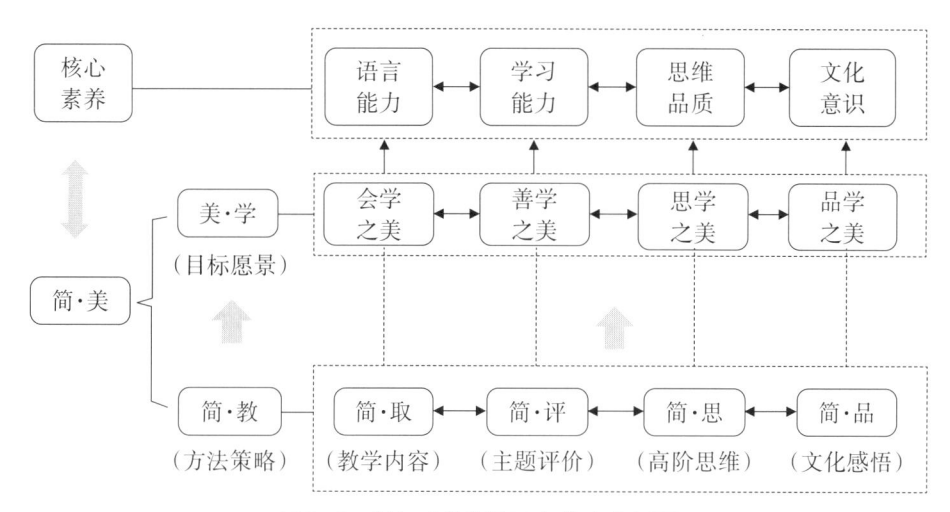

图3-2 "简·美"英语四个维度分析图

"简·取"指教学内容的结构化选取和知识结构化教学,指向小学英语核心素养"语言能力"的提升。语言能力是运用语言和非语言知识以及各种策略,参与特定情境下相关主题的语言活动时表现出来的语言理解和表达能力[①]。《义务教育课程方案(2022年版)》提倡课程内容结构化,即课程内容建立起结构性联系,在新旧知识之间、新知识各构成部分之间、新知识与学生生活世界之间形成一条有内在联系、螺旋式上升的学习链条。"简·取"是指在小学英语教学中,教师减掉没有主题的,或与主题关联度不高的,或没有逻辑关系的碎片化的教学内容,取而代之的是,紧扣单元主题这一核心,以主题意义探究为引领,引导学生在感知、积累和习得的基础上,以思维导图、概念图、知识图谱等形式,有主题地梳理、归纳、整理所学知识,较为直观和形象地建立新旧知识之间的关联,包括小话题之间的关联、内容之间的关联、知识点之间的关联、文化知识之间的关联、生活经验之间的关联等,使不同的知识串联成知识脉络,再使不同的脉络组合形成知识结构,从而使学生围绕主题,综合运用所学内容进行有体系的、有逻辑的、大语言量输出的表达与交流,促进学生语言能力的提升。"简·取"首先要有效地帮助学生在新问题与已有知识间建立有机的关联,这样才能有利于学生理解、巩固与提取知识,方便学生检索、应用和迁移运用知识。为更好地促进学生的知识结构化,教师采用"原有的知识结构—梳理知识关联—将知识个性化表达—应用知识解释事物或解决问题—建构主题意义"的流程(见图3-3),引导学生在学科知识结构和个体知识结构之间建立个性化、概念性和意义性联系,

---

① 中华人民共和国教育部.义务教育英语课程标准(2022年版)[S].北京:北京师范大学出版社,2022:4.

将学科知识结构有效转化为个体知识结构。

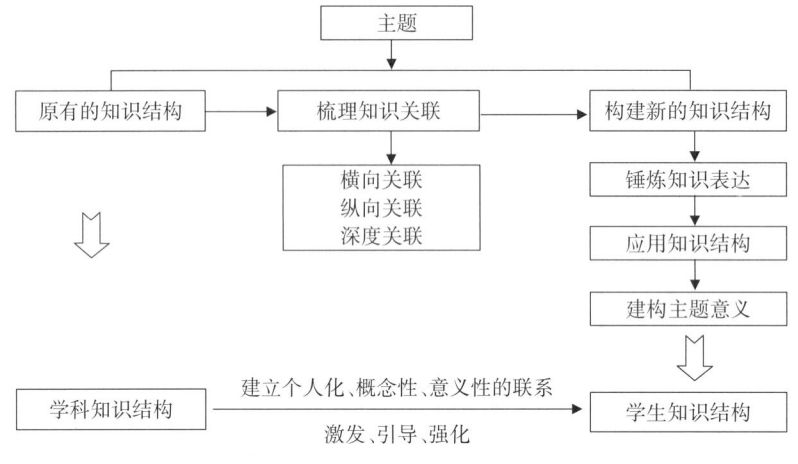

图3-3　知识结构化路径图

"简·取"有利于教师从点状、传输式的知识传授和单项技能的训练,转向对学科知识与跨学科知识主题性、整体性、关联性的关注;有利于教师从单维目标的关注,转向对学生知识与技能,过程与方法,情感、态度与价值观等综合效应的关注;有利于学生从知识点点状学习、碎片学习或单项技能训练,转向主动找出知识间的关联,有逻辑、有体系地整合所学;有利于学生从知识的死记硬背和生搬硬套,转向主动进行知识结构与方法的应用迁移,并从根本上掌握知识体系建构这个关键能力,从而使学生在真正意义上学会了学习,使学生体会到"懂学之方"的"会学之美"。

"简·评"指一体化主题评价的设计,指向小学英语核心素养"学习能力"的提升。《基础教育课程改革纲要(试行)》中第14条强调:"建立促进学生全面发展的评价体系。评价不仅要关注学生的成绩,而且要发现和发展学生多方面的潜能,了解学生发展中的需求,帮助学生认识自我,建立自信。充分发挥评价的教育功能,促进学生在原有水平上的发展。"[1]学习能力是学生积极主动地运用和调适英语学习的方法与策略,改善英语学习状态,拓展英语学习路径,提升英语学习效率的能动意识和自主能力。科学合理的评价体系是实现课程目标的重要保障,也是提升学习能力的重要保障。课堂评价是对学生课堂学习行为、学习方式和学习表现的评价,是教师了解学生的学习过程、学习进步和学习困

---

[1] 教育部.基础教育课程改革纲要(试行)[J].人民教育,2001(9):6-8.

难的重要手段,是促进学生课堂上核心素养培养的重要渠道,有利于学生在课堂学习中不断体验到英语学习的进步与成功,更全面地认识自我和发现自我,保持较浓厚的学习兴趣和自信心,并及时调整自己的学习策略,提高学习效率。

"简·评"是指教师减掉无主题的、或与主题无关的、或单维评价内容的、或单个评价功能的无序、杂乱、浅层的评价手段,取而代之的是设计紧扣单元主题或课时主题的,融合多维度的评价内容(学习动机、学习过程、学习效果、个性发展)、多渠道的评价活动(学习理解性的评价活动、应用实践性的评价活动、迁移创新性的评价活动)、多视角的评价功能(激发学生兴趣的功能、凸显教学主题的功能、激活旧知的功能、突出教学重点的功能、突破教学难点的功能、巩固所学知识的功能、再创教学素材的功能、调整教学策略的功能等)、多样化的评价方式(口头评价、书面评价、自我评价、同伴互评、师生互评、评价工具等)为一体的主题式评价(见图3-4)。"简·评"有利于教师获取学生学习的反馈信息,从而及时诊断、反思、调整和改进自己的教学策略与教学行为,并关注学生的持续发展;有利于学生被激发并保持浓厚的学习兴趣,不断体验到英语学习的进步与成功带来的成就感;有利于学生更全面地认识自我,积极运用和主动调适自己的学习方式,调整学习状态,学会自我管理,提高学习效率,从而使学生体会到"识学之趣"和"学之有法"的"善学之美"。

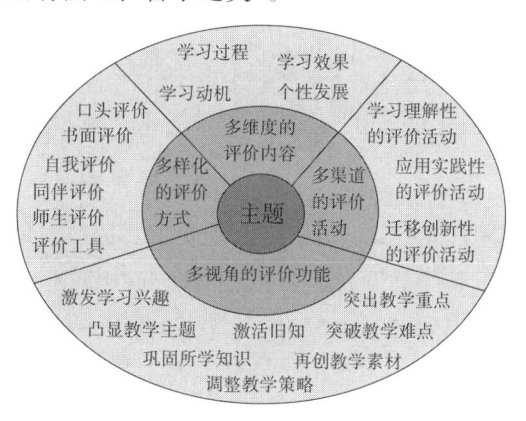

图3-4 一体化主题评价的设计图

"简·思"指高阶思维的无痕训练,指向小学英语核心素养"思维品质"的提升。思维品质指人的思维个性特征,反映学生在理解、分析、比较、推断、批判、评价、创造等方面的层次和水平。[①]思维品质的表现形式主要包括观察与辨析、归纳与推断、批判与创新。"简·思"是指教师减掉过多无主题关联的,或无思维含量的,或低阶思维的、零散的、碎片的、低级的思维活动,取而代之的是,围绕情境主线,如生活情境主线、问题情境主线、故事情境主线等;通过优化课堂提问,包括课堂提问的结构化、精选课堂提问的内容、优化课堂提问的方式、把握课堂提问的时机等方式;通过有机整合教材,包括类比整合教材、对比整合教材、延展整合教材、创新整合教材等方式;通过开放多维思辨,培养探究意识、开放意识、自信意识、全貌意识、怀疑意识、坚持意识、反思意识等,不知不觉地促进学生分析、综合、批判、评价等高阶思维的发展(见图3-5)。

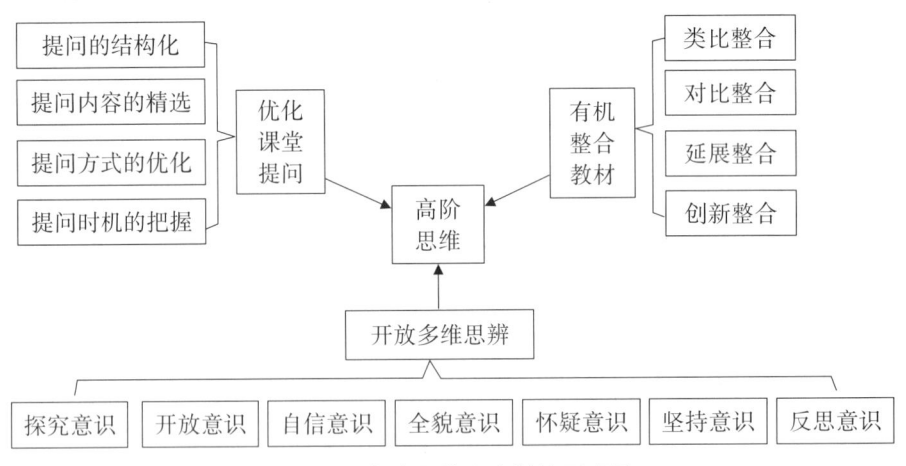

图3-5　高阶思维无痕训练示意图

"简·思"有利于教师从关注学生的识记、理解、运用等低阶思维能力的发展,转向更多关注学生分析、综合、评价、问题决策和批判性思维等高阶思维能力的发展;有利于增强学生思维的深刻性、逻辑性、批判性、创新性;有利于学生在学习中善于发挥主观能动性,批判性地思考与辨析问题,并创新地解决问题与完善问题,从中让学生体会到"擅思于学"的"思学之美"。

"简·品"指文化知识的无痕感悟,指向小学英语核心素养"文化意识"的培育和增强。"文化意识指对中外文化的理解和对优秀文化的鉴赏,是学生在新时代表现出的跨文化认知、态度和行为选择……文化知识既包括饮食、服饰、建筑、交通,以及相关发明与创造等物质文化的知识,也包括哲学、科学、历史、语言、文学、

[①] 中华人民共和国教育部.义务教育英语课程标准(2022年版)[S].北京:北京师范大学出版社,2022:5.

艺术、教育,以及价值观、道德修养、审美情趣、劳动意识、社会规约和风俗习惯等非物质文化的知识。"[1]"简·品"是减掉与主题无关的,或与主题意义无关的,贴标签的、肤浅的、或过于深奥的、生搬硬套的、刻意灌输的、纸上谈兵的、上纲上线的、道德绑架式的文化渗透,取而代之的是,以主题意义探究为引领,结合学生生活体验,通过比较与判断、调适与沟通、体验与感悟,引发学生的共情与共鸣,潜移默化地将文化知识内化于心而外化于行,形成正确的价值判断(见图3-6)。"简·品"有利于教师从关注知识与技能的单维目标,转向对知识与技能,过程与方法,情感、态度与价值观等综合目标的考量;有利于学生在润物细无声地对不同文化的比较、鉴赏、批判和反思的过程中,理解和包容不同的文化,拓宽视野;有利于学生增强文化自信,形成正确的价值观和道德情感,涵养品格,提升文明素养,从而让学生体会到"悟学之意"的"品学之美"。

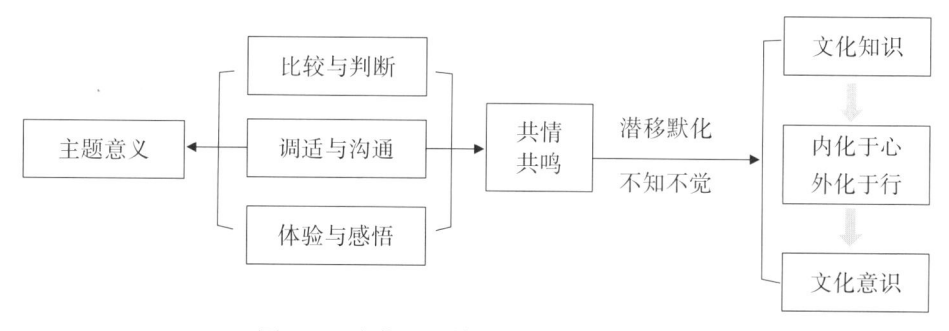

图3-6 文化知识的无痕感悟内涵示意图

综上,"简·美"英语就是以英语学科核心素养中语言能力、学习能力、思维品质的提升和文化意识的增强为导向,减掉与主题无关、与目标达成无关、与主题意义探究无关的无效、低效的教学手段,采用简约高效的方法,通过知识结构化教学、一体化主题评价、高阶思维无痕训练、文化知识共情感悟,将教—学—评融为一体,促进学生乐于学习、学会学习、善于思辨、品悟文化、提升价值,体会乐学之美、善学之美、思学之美、品学之美,进而促进学生核心素养的落地。

---

[1] 中华人民共和国教育部.义务教育英语课程标准(2022年版)[S].北京:北京师范大学出版社,2022:5,23.

第二节 "简·美"英语的操作模式

"简·美"英语在课堂中如何实施呢？其操作模式如下（见图3-7）。

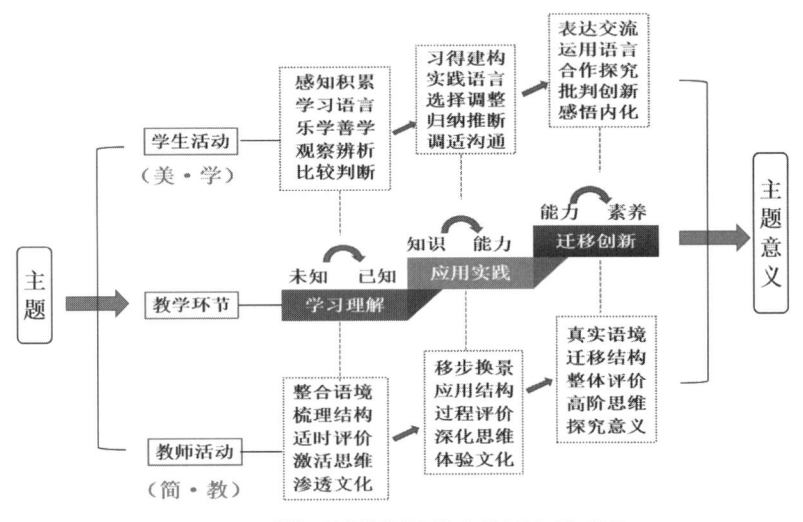

图3-7 "简·美"英语课堂实施操作模式图

《义务教育英语课程标准（2022年版）》指出，主题具有联结和统领其他内容要素的作用，为语言学习和课程育人提供语境范畴。[1]主题意义探究是小学英语课堂教学的核心任务和学生语言学习最重要的内容，小学英语课堂教学要以主题意义探究为引领，整合学习内容，引领学生核心素养中语言能力、文化意识、思维品质和学习能力的融合发展。教师要以学生为主体，紧扣主题，以语篇为依托，以主题意义探究为引领，以主题意义逆向设计具有整体性、综合性、关联性、实践性、递进性的英语学习活动，即学习理解—应用实践—迁移创新的活动，引导学生在基于语篇—深入语篇—超越语篇的激活语言、学习语言、获取新知、关联所学、建构结构、迁移拓展、探究意义、解决问题、涵养品格的过程中，发展语言能力，乐学善学，提升思维品质，培育文化意识。

---

[1] 中华人民共和国教育部.义务教育英语课程标准（2022年版）[S].北京：北京师范大学出版社，2022：12.

一 基于语篇、学习理解，搭建"简·教"到"美·学"的基本框架

学习理解活动是基于语篇的活动，是学生学习语言，获取新知，获取文化知识，形成新的知识结构，感知并理解语言所表达的意义的过程。学习理解活动，要搭建由"简·教"到"美·学"的基本框架。

（一）整合语境，激活旧知，促感知与积累

在学习理解活动中，"简·教"首先体现的是减掉无序堆砌的碎片化、无关联的或关联度不高的语言情境，取而代之的是语境的有机整合和有体系地设计，促进学生在整体语境中发展语言能力。这也是"简·教"中"简·取"这一维度的体现。主题语境不仅规约着语言知识和文化知识的学习范围，还为语言学习提供意义语境，并有机渗透情感、态度和价值观。[①] 在小学英语课堂教学中，要围绕主题，先提炼和确定主题意义，依据主题和主题意义，针对学生已有的生活经验、认知储备和知识储备等，对语言学习的语境进行主题式的有机整合，使所有大大小小的语境有机串联在"单元主题"和"课时主题"这个大的主题语境之下，而不是各个语境碎片化、无序化、无主题化地随意堆砌，从而使学生沉浸在主题化的完整的情境之中。接着，教师通过设计感知与注意的活动，激活学生已有的知识经验，为新知的学习和文化背景知识的烘托做铺垫。"美·学"体现在，学生在主题化的完整情境中，围绕主题，有条理地、有逻辑地回忆、梳理和充分交流相关主题下的语言知识、生活知识、文化知识和跨学科知识等，并适当建立知识经验和学习主题之间的关联，发现自己已学的内容与新知的学习在认知上的差距，激发对自己的学习期许和树立学习目标，为乐学和善学奠定基础。

（二）建构结构，梳理框架，促概括与整合

"简·教"体现在减掉缺乏关联、缺乏意义、难以调取、难以活用的碎片化知识和机械学习，取而代之的是进行有整体、有关联、有意义、能聚合、能迁移、能生长的知识结构化教学，促进学生语言能力的发展。这依然对应的是"简·教"中的"简·取"这一维度。所谓有整体，是指知识结构将所有相关的语言知识和

[①] 程晓堂.基于主题意义探究的英语教学理念与实践[J].中小学外语教学（中学篇），2018(10):1-7.

文化知识等汇聚在一个整体中，不再孤立零散。所谓有关联，是指整体框架中的学科知识、文化知识、跨文化知识等都是紧扣主题这一核心，都有内在的逻辑关系或意义联系，不仅有横向话题之间的关联、纵向知识深度的关联，还有侧向知识与知识之间、话题与话题之间、学科与跨学科之间的关联，而不是生搬硬套地强加在一起的。所谓有意义，是指在整体有关联的框架中，相关知识全部指向主题意义的探究，而不是意义缺失或模糊的干瘪瘪的纯知识点（语法项目、句型结构等）的串联。所谓能聚合，是指知识结构框架具有较强的开放包容性，既能融合已学知识，也能融合新知，还能不断拓展知识，不断完善、补充、修整。所谓迁移性，是指知识结构帮助学生打破知识世界与生活世界的壁垒，使学生能运用所学知识解决生活中的现实问题。所谓生长性，是指良好的知识结构，能唤醒已学知识，勾连新旧知识，拓展和深化知识，应用和重组知识，创造和再生知识。

在学习理解活动中，"简·教"的具体内容包含两个方面。首先，教师要帮助学生搭建有主题的、有意义的、有关联的整体知识框架。教师要引导学生围绕主题这一中心要素，聚焦主题意义，搭建一个融具体话题、知识内容、知识点（句式、词汇、时态等）、文化知识（文化背景、风俗民情等）、跨学科知识等为一体的，直接指向主题意义的，具有内在逻辑关联的大致框架，使所有的知识不再是孤立琐碎和毫无意义的碎片。其次，教师要通过复习激活和学习理解两个环节，丰富和完善知识框架。即在复习环节中，通过引导学生畅谈对相关主题的了解，充分激活已有的认知储备、语言知识储备、文化知识储备、生活经验等，并引导学生有条理地整合与归纳，初步形成知识结构的简单雏形。在新知的学习过程中，教师引导学生通过对语言的获取与梳理，从语篇中获得与主题相关的新的语言知识和文化知识，重新建立新知与旧知之间的关联，丰富和完善复习环节中的知识结构的雏形，从而形成新的知识结构。学习理解活动中的"美·学"体现在，学生在知识结构的"初搭建"和"再丰富"的过程中，学会了建构知识结构体系的初步方法，并初步懂得运用该知识结构分析、梳理、概括所学和发展语言技能，感知并理解语言所表达的意义，为"会学之美"夯实基础。

（三）构建评价，适时激励，促乐学与善学

"简·教"体现在减掉缺乏主题、缺乏关联、单一功能、浅层激励的评价手段，取而代之的是设计与实施紧扣教学主题的，融多维评价功能、多样评价方式、多

项评价内容为有机整体的,具有激励作用的一体化主题评价,促进学生学习能力的发展。这是"简·教"中"简·评"维度的体现。一体化主题评价要求设计评价工具具有主题性、整体性、激励性、适切性、发展性的特点。所谓主题性,是指评价体系必须紧扣主题和主题意义探究而展开。所谓整体性,是指在评价体系中,围绕主题,将多维度的评价内容,如评价学生的学习动机、评价学生的学习过程、评价学生的学习效果融为一体。要将与评价内容相对应的多维度的评价功能,如激发学生兴趣的功能、凸显教学主题的功能、激活已学知识的功能、突出教学重点的功能、突破教学难点的功能、巩固所学知识的功能、再创教学素材的功能、调整教学策略的功能等融为一体。所谓激励性,是指激发学生的兴趣和激励学生主动学习并学会学习。所谓适切性,是指评价时间适合、评价方式适合、评价语言适合、评价内容适合。所谓发展性,是指评价不是一成不变的,而是以学生动态发展为依据,以学生全面发展为目标。

在学习理解活动中,"简·教"具体体现在两个方面。首先,设计并呈现一体化主题评价。上课伊始,教师就应该呈现评价工具,说明评价规则,一上课就调动学生的学习兴趣,并使学生明确学习目标和学习任务。其次,时刻关注学生的表现并及时进行适当的评价。"美·学"体现在,通过评价,学生能积极主动参与学习活动,并保持浓厚的兴趣,不断体验到由未知到已知、从不会到学会过程中的进步和收获,体会到"识学之趣",同时初步学会一些解读文本的学习方法,为"善学之美"打下基础。

(四)各阶思维,无痕训练,促观察与辨析

思维品质的提升有助于学生学会发现问题、分析问题和解决问题,对事物做出正确的价值判断。[1]学习理解活动是英语学习活动的初级层级,因此在学习理解活动中,不可能马上或全部进行高阶思维的训练,而是适度地进行低阶思维和高阶思维的融合训练,为后续高阶思维的发展打基础。在学习理解活动中,"简·教"体现在无痕地进行低阶思维和高阶思维的训练,并适度增加高阶思维的比重,促进学生低阶思维和高阶思维品质的适度发展。这是"简·教"中"简·评"维度的体现。在学习理解活动中,学生更多的是通过记忆、理解和应

---

[1] 中华人民共和国教育部.义务教育英语课程标准(2022年版)[S].北京:北京师范大学出版社,2022:5.

用,复习已学的内容;通过观察、分类、对比,获取并加深对语篇的理解和对语篇意义的理解。但教师亦可引导学生通过分析语篇的深层内涵,概括语篇的大意和提炼语篇的意义,也可引导学生比较语篇中的人物、行为、事件、观点等的相似性和差异性,做出正确的价值判断,或从不同的角度观察和辩证地看待问题,学会换位思考。学习理解活动中的"美·学"体现在,学生能较自如地运用记忆、理解、应用、分析等思维活动去观察问题和辩证思考问题,是"擅思于学"的起点。

(五)文化背景,融合熏陶,促比较与判断

在学习理解活动中,"简·教"体现在文化背景的无痕融合,这是"简·教"中"简·品"维度的体现。了解文化背景是文化知识学习的一部分。在复习环节中,教师可以通过紧扣主题,让学生畅谈对相关主题的了解,激活已知。这里的已知,既指已经学过的语言知识,还指已经知道的文化知识和生活经验,而这正是文化背景渗透的最初环节。通过激活已知的环节,激发学生对学习文化的浓厚兴趣。接着,在新知学习理解环节里,以语篇为载体,教师引导学生了解语篇中相关人物、相关行为、相关事件背后的文化知识,渗透更多的与主题相关的文化背景,如相关的风俗习惯、社会规约、建筑文化、饮食习惯等,加深学生对该主题文化背景的认知和理解,并引导学生初步感知和体验文化,在理解的基础上进行初步的比较、识别和判断,适度增强学生的文化意识。学习理解活动中的"美·学"体现在,学生在该活动中通过对文化背景的了解、感知和体验,能初步了解中外文化的异同并做出自己正确的判断,这是"品学之美"的起点。

二、深入语篇、应用实践,夯实"简·教"到"美·学"的内在逻辑

应用实践活动是深入语篇的活动,是学生运用知识结构有意义地在实践中运用语言,内化所学的语言知识和文化知识,加深理解语篇的文化意涵,巩固结构化知识,促进知识向能力转变的过程。应用实践活动,要夯实"简·教"到"美·学"的内在逻辑,实现知识向能力的转化,为迁移创新活动中能力向素养的转化搭建桥梁。

(一)应用结构,实践语言,促习得与建构

在应用实践活动中,"简·教"体现的是,减掉缺乏关联、缺乏意义的碎片化知识的实践,取而代之的是,学生应用知识结构而进行的紧扣主题的有意义的语言实践,指向学生语言能力的进一步提升。具体而言,学生在学习理解活动中所形成的知识结构的基础上,在教师的帮助下,在模仿文本的相似或相近的语境中,利用结构化的知识,紧扣主题,有逻辑地开展文本描述、主题阐释、语言应用等有意义的语言实践活动。文本描述具体指根据图片和关键信息,角色扮演体验和描述文本中的人物、事物和事件,或站在读者的立场概述文本主要内容;主题阐释具体指阐述对相关主题的认识和理解,对语篇中人物、事件、行为等的认识和理解;语言应用是根据关键信息,在与语境相近的新的语言情境中应用实践语言。"简·教"能促进学生在应用实践活动中,不断习得语言,建构与丰富语言,促进语言能力的进一步提升。"美·学"体现在学生在应用实践活动中,加深了对知识结构的理解,巩固了结构化知识,促进了语言知识的内化,使学生在"懂学之方"方面又迈进了一大步。

(二)过程评价,激励反馈,促选择与调整

在应用实践活动中,"简·教"体现在减掉纯粹激趣的、浅层的、缺乏意义的评价,取而代之的是利用过程性激励评价,及时检测和发现学生在学习过程中的所得与不足,激励学生及时调整学习状态和学习方法,促进学习能力的进一步增强。在学习理解活动中,评价的功能侧重于突出教学主题、激发学习动机、凸显教学重点、突破教学难点。而在应用实践活动中,评价的功能则更侧重于巩固所学知识、检验学习效果、反馈与解决学习困难和调整学习方法。巩固所学知识指利用评价工具和评价手段,及时巩固所学的语言知识。检验学习效果包括检验学生是否理解语篇的内容和主要观点,是否能复述语篇的内容,是否能运用该知识结构进行语言的应用实践,是否能紧扣主题阐释自己的观点,是否能围绕主题分析与判断语篇中的人物、事件和行为等。反馈与解决学习困难是指,当学生发现自己学习中的不足和困惑时,能主动积极地向教师、同伴等寻求帮助并及时弥补和改进。调整学习方法是指学生根据自己的真实表现和学习效果,在教师和同伴的帮助下,及时调整学习方法,改善学习效果。"美·学"体现在,学生能根据评价的结果,积极肯定自己,体验学习的成功与乐趣,同时适

时、适度选择和调整自己的学习策略,及时解决学习困难,以更佳的状态投入下一阶段的学习中。

(三)概括分析,深化思维,促归纳与推断

在应用实践活动中,"简·教"要减掉过多的记忆、理解、应用等低阶思维的训练,而从学习理解活动中各阶思维的融合发展,走向更为高阶的深度的思维深化,从而促进分析、综合、评价等高阶思维能力的无痕训练,促进思维品质深刻性、灵活性、批判性的适度发展。具体是指,在应用实践活动中,教师引导学生通过结构化知识的应用和实践,提取、梳理、概括和归纳语篇的关键信息、主要内容、主要观点和主题意义,并适度判断各种信息之间的关联;能根据语篇的内容及其主题意义,推断作者写作的态度和观点;并在正确理解和分析语篇的主题意义的基础上,对语篇中的人物、事件等或作者的观点和写作意图做出正确的具有批判性的判断,促进学生归纳能力和推断能力的发展。"美·学"体现在,学生在应用实践活动中,不知不觉地体验到分析、归纳、推断、综合、评价等高阶思维训练所带来的思考与辨析的魅力,懂得运用思维去分析与评价问题,推进知识向能力的转化,与此同时,推动知识的内化,促进"擅思于学"的深入推进。

(四)体验文化,加深理解,促调整与沟通

在应用实践活动中,"简·教"是指减掉与主题或主题意义无关联的,或突兀的,或强加的文化知识的渗透,取而代之的是,通过语篇的理解,内化文化知识,潜移默化地加深对文化意涵的理解,指向文化意识的进一步增强。具体而言,在应用实践活动中,与学习理解活动中文化背景的烘托、学习、理解相承接,教师引导学生紧扣主题和主题意义,进一步了解不同文化背景下人们待人接物的礼仪和习俗,分析和评价语篇中的人物、事物、事件等,分析语篇的主题意义和文化内涵,推断作者写作的态度和观点,并对此做出自己正确的价值判断。"美·学"体现在,学生在对文化背景的进一步学习中,在对文化内涵的理解中,学会不同文化背景下待人接物的适宜的礼仪,能关注到跨文化沟通与交流中的文化差异,能适当调整表达的方式,规避不应该交流的内容,并在人际交往中换位思考,表现出礼貌、得体与善意的行为。这是"品学之美"在自身落实的具体体现。

三 超越语篇、迁移创新,实现"简·教"到"美·学"的终极目标

迁移创新活动是超越语篇的活动,是学生运用所学知识与技能、方法与策略、思想与观念多角度地认识世界和理解世界,创造性解决新情境中的问题;并对语篇背后的价值取向和作者或主人公的观点、态度和行为,进行推理、批判、评价,理性表达自己的观点和态度,促进能力向素养转化的过程。迁移创新活动,要实现"简·教"到"美·学"的终极目标,即学生从知识到能力,再从能力到核心素养的转化与提升。

(一)迁移结构,运用语言,促表达与交流

在迁移创新活动中,"简·教"体现在教师紧扣主题,引导学生迁移、拓展、完善和综合运用知识结构,综合运用与主题相关联的所有知识和技能,通过表达、沟通与交流,创造性地解决新情境中的现实问题,理性而又创造性地表达自己独到的态度和观点,指向语言能力的综合发展。"美·学"体现在,学生在学习理解—应用实践—迁移创新的活动中,在对知识结构进行搭建结构、丰富框架—补充结构、尝试应用—完善结构、迁移运用的过程中,学生从根本上掌握知识体系建构和运用这个关键能力,真正地学会了学习,体会到"懂学之方"的"会学之美"。

(二)整体评价,反思调整,促合作与探究

在学习理解活动中,评价的功能侧重于突出教学主题、凸显教学重点、突破教学难点、激发学习动机。在应用实践活动中,评价的功能应更侧重于巩固所学知识、检验学习效果、反馈与解决学习困难和调整学习方法。而在迁移创新活动中,"简·教"的评价功能则体现rewardgу励合作探究、激发创新思考、推动多维度的问题解决、反思改进策略、凸显整体评价与反馈,直接指向学习能力的深度提升。"美·学"指在迁移创新活动中,学生在评价的激励和推动下,能积极主动与同伴合作互助,共同完成任务,并认真思考,主动探究,尝试用多种方式有创意地解决语言学习中的各种问题,积极进行拓展性的运用,实现识学之趣、乐于学习—懂学之方、调整学习—善学之法、提高效率的升华。

(三)高阶思维,无痕训练,促批判与创新

在学习理解活动—应用实践活动—迁移创新活动的进阶学习过程中,思维的发展也是不断进阶和深入的过程,即"各阶思维融合训练,高阶思维适度渗透—低阶思维适度过渡,高阶思维深入发展—高阶思维全面发展,批判创新无痕训练"。具体而言,"简·教"在迁移创新活动中体现在,教师引导学生针对语篇中的人物、事件、事物以及作者的观点和意图发表自己具有批判性的看法、观点或者质疑,理性地阐述理由,交流感受,无痕地发展批判与创新精神。能根据关键信息对语篇进行改编、创编、续编等,无痕地培育创新意识。"美·学"则体现在学生在师生互动与生生互动的交流中,不知不觉地培育了问题意识,能独立思考,大胆质疑,表达自己的诉求、态度与观点,能多角度地认识问题,创造性地解决问题,实现"擅思于学"的"思学之美",并不知不觉地增强了思维的深刻性、灵活性、批判性和创造性。

(四)共情共鸣,探究意义,促感悟与内化

在迁移创新活动中,"简·教"体现在教师引导学生通过设身处地地体验和换位思考,对语篇中的人物、事件、行为,对语篇背后的价值取向,对作者的态度和行为进行评价,从而产生共情与共鸣,发现和深刻理解主题意义,感悟到其中优秀文化的内涵和人生哲理,体会到做人、做事的道德规范、行为准则和良好品格,促进文化知识内化于心而外化于行。"美·学"则是学生在具身体验文化的过程中,由共情共鸣实现内化于感悟,学生不知不觉地领悟和形成了正确的价值观、积极向上的情感态度和自立自信的品格涵养,增强了文化意识,实现"品悟文化"的"品学之美"。

总之,"简·美"英语的基本流程就是以学生核心素养培养为目标,以英语学习活动观为指导,在学习理解活动中,基于语篇,学生通过学习理解获取新知、形成新的知识结构、感知并理解语言所表达的意义,搭建"简·教"到"美·学"的基本框架,实现从未知到已知的转变。在应用实践活动中,学生深入语篇、应用实践,运用知识结构有意义地实践语言,内化所学的语言知识和文化知识,深入理解语篇的文化意涵,巩固结构化知识,实现知识向能力转变,夯实"简·教"到"美·学"的内在逻辑。在迁移创新的活动中,超越语篇、迁移创新,学生运用所学知识与技能、方法与策略、思想与观念多角度地认识世界和理解世界,创造性

地解决新情境中的问题,并做出正确的价值判断,促进学生从能力向素养的转化,实现"简·教"到"美·学"的终极目标。因此,"简·美"英语的基本流程就是学生通过学习理解活动—应用实践活动—迁移创新活动,实现从未知到已知、从知识到能力、从能力到素养的提升。

第三节 "简·美"英语的要素分析

小学英语课堂教学，教师要秉持"教—学—评"一体化的整体育人观念，精准梳理和把握教、学、评在整体育人过程中的不同功能，并把握教、学、评三者相互依存、相互影响、相互促进的关系，发挥其协同育人的功能。《义务教育英语课程标准（2022年版）》指出，"教"主要体现为基于核心素养目标和内容载体而设计的教学目标和教学活动，决定育人方向和基本方式，直接影响育人效果；"学"主要体现为基于教师指导的、学生作为主体参与的系列语言实践活动，决定育人效果；"评"主要发挥监控教与学过程和效果的作用，为促教、促学提供参考和依据。[①] "简·美"英语就是"简·教"实现"美·学"的过程，在此过程中将一体式主题评价融合其中，三位一体。"简·美"英语强调教师要注重对教、学、评三者相互关系的分析和梳理，设计并实施教学目标、教学活动与教学评价相统一的整体化教学，使教学在聚焦核心主题、紧扣主题意义探究的前提下，明确"为什么教""教什么""怎么教""教到什么程度""怎么评""评能起什么效果"等方面的内涵和要求，并建立教学要素之间的相互关联，形成一个聚焦主题的教学整体，体现以学定教、以教定评、以评促教、以评促学。

《义务教育课程方案（2022年版）》指出，基于核心素养发展要求，遴选重要观念、主题内容和基础知识，设计课程内容，增强内容与育人目标的联系，优化内容组织形式。基于核心素养培养要求，明确课程内容选什么、选多少，注重与学生经验、社会生活的关联，加强课程内容的内在联系，突出课程内容结构化，探索主题、项目、任务等内容组织方式。[②] "简·美"英语就是课程内容结构化在课堂教学中的具体体现。课程内容在课程标准里包含了"内容要求""教学提示"两个部分，即"教什么（学什么）""怎么教（怎么学）""教到什么程度（学到什

[①] 中华人民共和国教育部.义务教育英语课程标准（2022年版）[S].北京：北京师范大学出版社，2022：51.

[②] 中华人民共和国教育部.义务教育课程方案（2022年版）[S].北京：北京师范大学出版社，2022：前言4，11.

么程度)"。因此课程内容结构化包括知识结构化、课堂结构化、思维结构化以及评价结构化四个相互关联的维度(见图3-8)。知识结构化特别体现在教学内容的结构化,也就是"简·美"英语中"简·取"这一维度的内容。课堂结构化主要指课堂教学中秉持英语学科活动观的理念,采用结构化教学,进行学科实践,探究主题意义。其结构化教学的过程也是"简·取"这一维度内容的一部分,而结构化教学中潜移默化地渗透文化知识,无痕地培育和增强文化意识则是"简·美"英语中"简·品"这一维度的内容。思维结构化是通过聚焦主题,探究主题意义的学科实践,发展学生的结构化思维以及分析、综合、批判等高阶思维能力,这也是"简·美"英语中"简·思"这一维度的内容。而评价结构化则是通过整体式的一体化主题评价,促进学生学习能力的发展,实现以评促教与学,这是"简·美"英语中"简·评"这一维度的内容。因此,要求教师删掉知识逐"点"讲授、技能逐"项"训练的散状的、碎片的、切片式的教学思路与方法,整体定位教学目标,整体精选教学内容,整体设计教学活动,整体设计评价工具,整体实现育人价值,从而更关注学生对语言知识和语言技能的主动学习,更关注思维品质和文化意识的潜移默化的培育,更关注小学英语教学的关联性、整体性及综合效应。"简·美"英语的操作方法可以从教学目标的顶层化设计、教学内容的结构化精选、教学活动的结构化实施、教学评价的主题化构建、教学资源的系统性选择几个方面来实施。

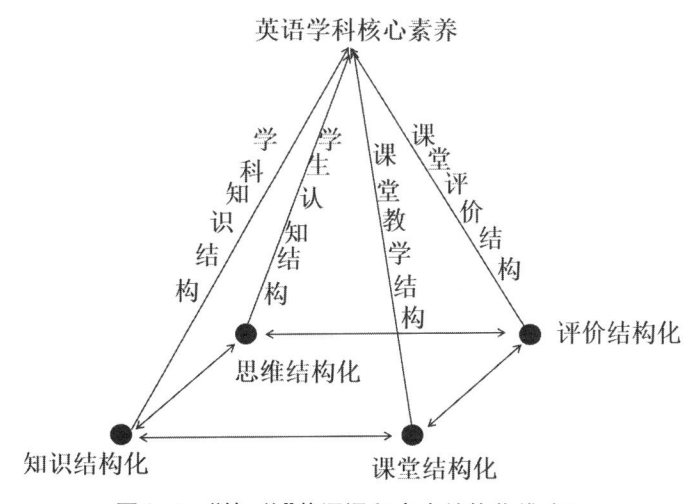

图3-8 "简·美"英语课程内容结构化维度图

一 教学目标:指向核心素养的顶层设计

教学目标是一切教学活动的出发点和最终归宿,是一切教学活动实施和取得实效的前提和依据。教学目标是课程目标在学科教学实践中的体现,是在发展学生核心素养的要求下,以课程目标为导向,以具体学科内容为载体,学生经过学习活动后所达到的预期的变化。[1]《义务教育英语课程标准(2022年版)》强调:教师要推动实施单元整体教学,围绕单元主题,充分挖掘育人价值,确定单元育人目标和教学主线;构建单元教学目标、语篇教学目标和课时教学目标组成的目标体系,使学生逐步建构起对单元主题的完整认知,促进正确态度和价值观的形成;各层级目标要把预期的核心素养综合表现融入其中,体现层级间逻辑关联,做到可操作、可观测、可评价;实现语篇教学目标和课时教学目标是达成单元教学目标的前提。[2]

然而目前小学英语课堂教学中,单元目标的设计存在单元教学目标缺乏整体规划、单元教学目标内容不够全面、单元教学目标层次逻辑错位和单元教学目标缺乏关联呼应等问题。单元教学目标缺乏整体规划,即单元目标碎片化,忽视单元教学整体效果,阻碍了学生完整知识结构体系的建构。单元教学目标内容不够全面,即单元教学目标过于关注语言能力目标,忽视核心素养中学习能力、文化意识、思维品质等目标的培养。单元教学目标层次逻辑错位,即目标间缺乏逻辑联系。单元教学目标缺乏关联呼应,即单元目标缺乏主题一致性,单元教学目标中知识、技能、策略、情感态度等不同内容脱节无呼应。

针对以上存在的问题,"简·美"英语倡导教学目标以 OBE(Outcome-Based Education,以结果为基础的教育)理念为指导,指向学生核心素养提升的单元整体设计。它指向学生核心素养提升的小学英语单元整体设计的教学目标,大致分为单元目标和课时目标两部分。

OBE 理念强调"学生中心""结果导向""持续改进"三个要素,强调教学活动中一切的资源、策略等都是为帮助学生预期学习结果的达成。OBE 理念有利于以始为终,促进教—学—评一体化的实施;有利于理解为先,促进对英语学科大

---

[1] 钱敏艳.指向学科核心素养的教学目标叙写与课堂实践——以"种群的数量特征"为例[J].中学生物学,2022,38(07):11-13.
[2] 中华人民共和国教育部.义务教育英语课程标准(2022年版)[S].北京:北京师范大学出版社,2022:47-48.

概念的理解;有利于实际操作,促进英语学科核心素养的落地。"简·美"英语的教学目标中的单元目标和课时目标的设计,要以学生的预期学习结果达成为导向,依据目标的"导向性""整体性""实用性"的原则,教师可采用搭建单元目标整体思路框架、建构单元主题内容框架图、结果导向逆向叙写单元目标、关联进阶发展设计课时目标的策略,设计与叙写教学目标。

OBE指围绕某一阶段学习结束后所有学生能够获得的关键结果,清晰地聚焦和组织教学活动的一种教学模式。[1]既然是一种模式,那么从"能做什么"的培养定位,到"为什么能做"的培养目标,再到"为什么'为什么能做'"的毕业要求,力图以最终成果为目标的反向设计,以确定所有迈向最终成果的教学的适切性。当这种教学宏观搭建转入微观设计时,便形成了从"做什么"的课程目标到"怎么做"的教学内容,再到"做得怎样"的教学评价。[2]基于OBE理念的"简·美"英语单元教学,要以单元主题意义探究为引领,逆向设计单元目标、课时目标和相应的课时教学活动,以促进学生逐步构建对单元主题的深层认知、态度观念和价值判断。其中基于OBE理念的小学英语单元目标与课时目标的设计,是实施和评估单元整体教学的前提和关键。

(一)单元目标与课时目标的内涵界定

单元教学目标是学生在学科单元学习后所要达到的预期结果和标准。课时目标是每课时教师根据课程目标、单元目标、教材内容、学生学情和实际教学条件等设计的学生在该课时课内学习后所发生的变化和要达到的预期结果。课程目标、单元目标和课时目标三者是宏观目标、中观目标和微观目标之间的关系。小学英语单元教学的课程目标指向学生核心素养的培养,为单元目标和课时目标在宏观定位上指明方向。单元目标既是对课程目标的分解和细化,又是对课时目标的总揽和指导,起承上启下、前后关联的核心作用。课时目标是单元目标按课时的、更为细化的具体表现,对教学活动起指导和调节的关键作用,三者是密切联系的整体(见图3-9)。

---

[1] Spady William. Outcome-based education: Critical issues and answers[M]. Arlington Virginia: American Association of School Administrators, 1994:126.
[2] Spady W G, Marshall K J. Beyond traditional outcome-based education[J]. Educational Leadership, 1991(2):67-69.

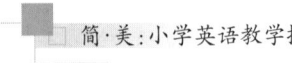

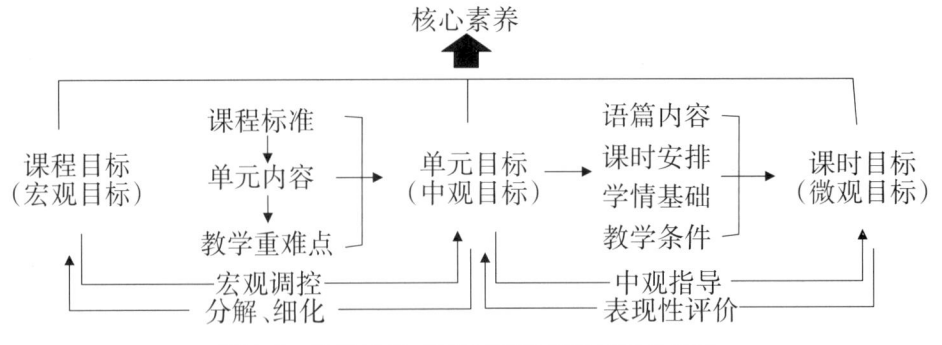

图3-9 课程目标、单元目标和课时目标关系图

(二)单元目标与课时目标的设计原则

OBE理念的核心是"以学生为中心""以成果为导向""以持续改进为原则"三要素。[1]其三要素分别指向教学目标的学习主体、学习成效、学习内容和学习条件四个部分的内容(见图3-10)。

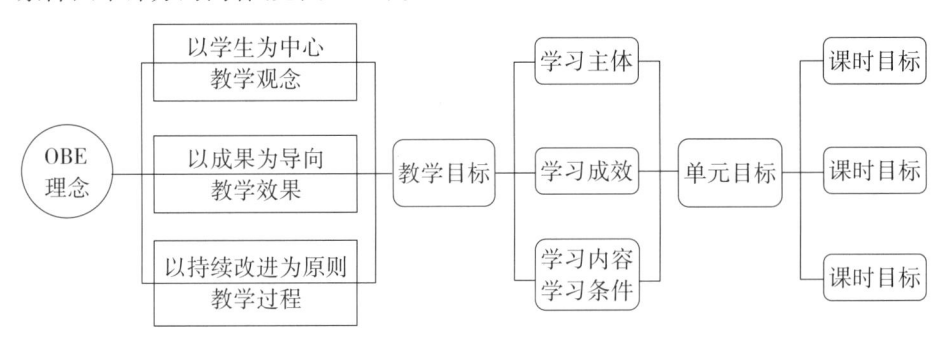

图3-10 基于OBE理念的"简·美"英语教学目标设计思路图

基于OBE理念的小学英语单元目标与课时目标的设计要遵循三个原则:

1.目标设计的导向性

OBE理念强调以结果为导向,教学活动中一切的资源、策略和手段等都是为了帮助学习者达成预期的学习结果。[2]因此基于OBE理念的"简·美"英语单元目标与课时目标的设计要紧扣"学生"这个学习主体,围绕单元主题,紧扣主题意义,以主题意义中教师期待和预设学生所要形成的对单元主题的深层认

---

[1] 张璐.基于OBE理念的混合式教学目标设计与实践[J].教育信息化论坛,2022(11):24-26.

[2] Spady William.Outcome-Based Education:Critical issues and answers[M].Arlington Virginia:American Association of School Administrators,1994:126.

知、态度观念和价值判断为导向,逆向设计单元目标与课时目标,并以此设计具体的学习内容和学习条件,规划和预设相应的学习成效。

2.目标设计的整体性

OBE理念强调"以学生为中心"进行教学。小学单元整体教学要从学生的实际学情出发,无论教学目标或教学活动,均要体现整合性、关联性和发展性。基于OBE理念的"简·美"英语单元目标与课时目标的设计,要突出单元主题这个核心,整体分析教材,建立单元主题下知识的关联,建立单元与课时之间的关联,建立单元中各课时话题之间的关联,建立各课时知识的关联等,真正实现课时目标是单元目标的细化表现,单元目标是课时目标的总揽和指引,并根据学生的具体表现,适时持续改进教学目标和教学策略。

3.目标设计的实用性

OBE理念不仅强调各个教学活动要素须围绕预期目标成果达成进行设计和组织,还强调以学生的实际学情和学习表现,持续改进教学。《义务教育英语课程标准(2022年版)》也提出,各层级目标要把预期的核心素养综合表现融入其中,体现层级间逻辑关联,做到可操作、可观测、可评价。[①]因此,单元目标与课时目标设计的实用性非常重要,单元目标与课时目标的叙写中要将学习主体、学习内容、学习条件、学习成效陈述清楚,使单元目标和课时目标切实指向主题意义的探究,指向核心素养中语言能力、学习能力、文化意识、思维品质的培养,体现目标的可操作、可观测、可评价。

(三)单元目标与课时目标的设计方法

基于OBE理念的"简·美"英语的单元目标与课时目标要如何设计呢?以下,笔者以外研社版《英语》(一年级起点)四年级下册Module 5为例,阐释教学目标设计的具体措施。

---

① 中华人民共和国教育部.义务教育英语课程标准(2022年版)[S].北京:北京师范大学出版社,2022:48.

1.搭建单元目标整体思路框架

搭建单元目标整体思路框架是单元教材分析的重要环节,是设计单元目标和课时目标的前提和基础(见图3-11)。

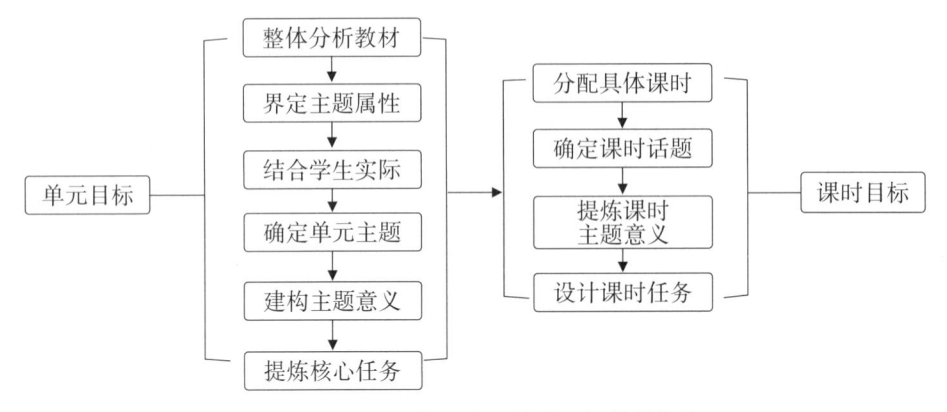

图3-11 "简·美"英语单元教学目标整体框架图

第一,教师要整体分析教材,界定该单元的主题属性。Module 5有五个语篇:语篇1(对话,Unit 1 Activity 1)描述母亲节小羊送妈妈礼物的片段;语篇2(对话,Unit 1 Activity 2)以现在进行时的方式,描述母亲节小朋友们举办派对为妈妈表演节目的故事;语篇3(对话,Unit 2 Activity 1)父亲节大明对爸爸说祝福语的片段;语篇4(故事,Unit 2 Activity 2)以现在进行时的方式,描述父亲节大明为爸爸做贺卡的故事;语篇5(儿歌,Unit 2 Activity 4)描述父亲节孩子们为爸爸做的事情。根据教材分析,将本单元的主题属性定位为"人与社会"。

第二,结合学生实际学情,确定单元主题。四年级的学生对母亲节、父亲节等节日的习俗等有一定的了解,已学过动词现在进行时、过去时、将来时等。因此笔者将五年级上册课文中重阳节的部分稍作修改,并前移至本单元,设计了语篇6(补充阅读故事),以现在进行时的方式描述重阳节小朋友们为爷爷奶奶或外公外婆做的事情,以形成完整的教学大单元,即母亲节、父亲节、重阳节的故事,确定单元主题为Celebrating Activities on Special Festivals。

第三,紧扣单元主题,建构主题意义,提炼核心任务以驱动学生探究主题意义。紧扣单元主题Celebrating Activities on Special Festivals,将主题意义定位为家人之间应互相尊重,彼此关爱,并设计核心任务:Celebrate and express your love to your parents and grandparents。

第四，考虑课时分配，确定课时话题。本单元分为三个课时，第一课时的话题为 Celebrating Activities on Mother's Day，第二课时的话题为 Celebrating Activities on Father's Day，第三课时的话题为 Celebrating Activities on Double Ninth Day。

第五，提炼每课时的主题意义并设计该课时的任务。紧扣每个课时的话题，将三个课时的主题意义定为：第一课时感受和感恩母爱，第二课时是感受和感恩父爱，第三课时是感受和感恩祖父母的爱，其核心任务分别是 How to celebrate and express your love to your mum/your dad /your grandparents？What are you doing for them on Mother's Day/ Father's Day/Double Ninth Day？

以上单元目标整体思路框架的搭建，能深度解读教材文本，整体整合教材内容，提炼主题和主题意义，明确学生单元学习的目的、结果和预期变化，是单元目标和课时目标定位的前提。

2.建构单元主题的内容结构图

单元主题的内容结构图由单元核心知识梳理表(见表3-1)和单元主题内容框架图(见图3-12)组成。表3-1的单元核心知识梳理表包括单元主题下的核心词汇、核心句型、技能与策略学习要点三个部分，有利于教师明确该单元的核心知识和学生技能与策略培养的重点。图3-11的单元主题内容框架图包括单元主题、课时主题意义、课时语篇内容、课时核心任务、单元主题意义和单元核心任务六部分，有利于教师明确单元主题意义、单元核心任务与课时主题意义、课时核心意义之间的关联。这两个图表相结合，有利于教师明确单元与课时之间主题、主题意义、核心知识、核心任务等之间的多维关系，明确学生单元学习后所要达到的结果以及所预期形成的观念和价值判断，这正是OED理念中所强调的"结果"，然后由此预设的结果去设计单元目标和课时目标，才能使目标更有针对性、驱动性和适切性。

表3-1　单元核心知识梳理表

单元主题：Celebrating Activities On Special Festivals			
语篇	核心词汇	核心句型	技能与策略学习要点
1.对话 Unit 1 Activity 1	母亲节送礼物的词： present,surprise,Mother's Day	母亲节送礼物说的话： Happy Mother's Day. A...for your...	●根据图片,推测对话的语境和主要信息 ●描述母亲节为妈妈送礼物时该对妈妈说的话
2.对话 Unit 2 Activity 1	派对中表演节目的词组： pay the violin, sing, play the piano, clap	母亲节,正在为妈妈做的事： What's happening now? Sam is playing the violin...	●根据图片和标题,推测对话的主题、语境和主要信息。 ●在语境中,巩固词组和句型 ●借助图片和核心信息复述故事 ●描述母亲节为妈妈做的事情
3.对话 Unit 2 Activity 1	父亲节对爸爸说的话： special day, Father's Day	父亲节对爸爸说的话： Happy Father's Day. It's a special day...	●根据图片,推测对话的语境和主要信息 ●描述父亲节要对爸爸说些什么
4.故事 Unit 2 Activity 2	父亲节正在为爸爸做的事： make a card,write a message...	父亲节正在为爸爸做的事：He's making a card. He's drawing...	●根据图片,推测故事的主要信息 ●在语境中,学习词组和句型。 ●借助图片和核心信息复述故事 ●描述父亲节为爸爸做的事情
5.儿歌 Unit 2 Activity 4	父亲节对爸爸说的话： nice words	父亲节正在为爸爸做的事： Are you painting a picture?	●诵话儿歌,理解大意 ●改编儿歌,抒发对爸爸的爱
6.补充阅读故事	重阳节的活动： go out for a walk, climb mountains	重阳节正在为祖父母做的事： We are climbing mountains...	●根据上下文,推测故事的主要信息 ●描述重阳节为祖父母做的事情

第三章 "简·美"英语的范式建构

```
                    单元主题
        Celebrating Activities on Special Festivals    ········· 单元主题
        ↙           ↓           ↘
   感受和感恩母爱  感受和感恩父爱  感受和感恩对家人的爱    ········· 课时主题意义
   ↙      ↘      ↙    ↓    ↘        ↓
1.对话   2.对话   3.对话  4.故事  5.儿歌   6.补充阅读     ········· 课时语篇内容
Unit 1   Unit 1   Unit 2  Unit 2  Unit 2
Activity1 Activity2 Activity1 Activity2 Activity4
描述母   描述母   描述父  描述父  描述父   描述重阳节     ········· 课时核心任务
亲节为   亲节孩   亲节孩  亲节孩  亲节孩   家人正在为
妈妈送   子们在   子们对  子们正  子们为   祖父母做的
礼物的   派对上   爸爸说  在为爸  爸爸做   事情,表达对
表达方   正在为   的话    爸庆祝  的事情   家人的爱
式       妈妈做           而做的  和表达
         的事情           事情    感恩的话
```

        家人之间应互相尊重,彼此关爱   ········· 单元主题意义
运用所学的语言介绍母亲节、父亲节和重阳节,描述三
个节日中正在为父母、祖父母而做的事情,从中发现、感   ········· 单元核心任务
悟亲情,表达对父母、祖父母的尊重、理解和关爱

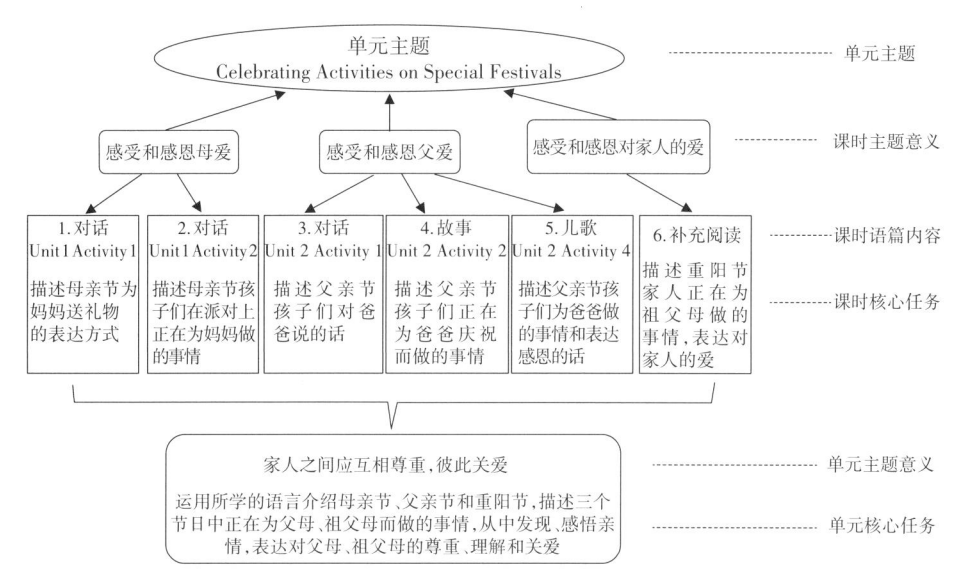

图3-12 单元主题内容框架图

3.结果导向逆向叙写单元目标

根据以上单元目标整体思路框架和单元主题内容分析,本单元的单元目标设计如下(见表3-2)。基于OBE理念的单元目标设计,要以单元学习后学生达成的学习结果为导向,即"用所学的语言介绍母亲节、父亲节和重阳节,描述三个节日中正在为父母、祖父母庆祝而做的事情,从中发现和感悟亲情,并表达对父母和祖父母的理解、尊重、关爱和感恩"逆向设计单元目标,使单元目标的设计直指学习结果的达成。同时,单元目标的叙写要把学习主体、学习内容、学习条件、学习成效等表述清楚。

表3-2 Module 5单元教学目标

单元教学目标	语篇
本单元学习后,<u>学生</u>能够: 1.运用所学<u>描述母亲节的背景、庆祝方式等</u> 2.<u>模拟派对,现场编排节目</u>,运用动词的现在进行时,介绍母亲节小朋友们在派对上正为妈妈庆祝而做的事 3.感受母爱,畅谈想对妈妈表示关爱、感恩等的话	1.对话 Unit 1 Activity 1 2.对话 Unit 1 Activity 2 (1课时)

(左侧标注:学习主体、学习内容、学习条件、学习成效)

091

续表

单元教学目标	语篇
1.运用所学描述父亲节的背景、庆祝方式等 2.现场制作贺卡、写信、做蛋糕等,并运用动词的现在进行时,介绍父亲节小朋友们正在为爸爸庆祝而做的事 3.感受父爱,畅谈想对爸爸表示关爱、感恩等的话	3.对话 Unit 2 Activity 1 4.故事 Unit 2 Activity 2 5.儿歌 Unit 2 Activity 4 (1课时)
1.运用所学描述重阳节的背景、庆祝方式等 2.运用动词的现在进行时,看图描述孩子们在重阳节正在为祖父母做的事 3.运用所学分享重阳节自己和家人曾为祖父母做过的事,畅谈想对祖父母表示尊重、关爱、感恩等的话	6.补充阅读故事 Double Ninth Day (1课时)

4.关联进阶发展设计课时目标

在单元目标的统领下,三个课时的课时目标设计如下:

第一课时,通过本课时学习,学生能够:

(1)在看、听、说的活动中,获取、梳理母亲节的相关背景文化以及对话中三位小朋友在母亲节当天在派对上为妈妈正在做的事(学习理解);

(2)在教师的帮助下,借助图片和关键信息,分角色扮演对话(程度好的学生可以改编故事,把做的事情进行拓展)(应用实践);

(3)小组内交流,模拟派对,现场编排节目或活动,交流小朋友们在母亲节正在为妈妈们做的事情,并畅谈想对妈妈说的话(迁移创新);

(4)评价同伴的做法(做和说),体会母爱的伟大和感恩母爱(迁移创新)。

第二课时,通过本课时学习,学生能够:

(1)介绍母亲节的背景文化等,根据图片,描述小朋友们在母亲节时正在为妈妈做的事情(复习巩固);

(2)在看、听、说的活动中,获取、梳理父亲节的相关背景文化,以及大明在

父亲节正在为爸爸做贺卡的事(学习理解);

(3)借助图片和关键信息,复述故事(程度好的学生可以将语篇3—4结合起来,不仅描述做的事,还描述对爸爸说的话)(应用实践);

(4)小组内交流,现场做贺卡、做蛋糕、做花、写信等,并交流同伴们在父亲节当天正在为爸爸做的事情,同时交流父亲节想对爸爸说的话(迁移创新);

(5)评价同伴的做法,体会父爱如山和感恩父爱(迁移创新)。

第三课时,通过本课时学习,学生能够:

(1)交流父亲节、母亲节的背景文化等,根据图片描述小朋友们在父亲节当天正在为爸爸做的事情和畅谈感恩之言(复习巩固);

(2)在阅读活动中,获取、梳理重阳节的背景文化,以及大明在重阳节当天正在为祖父母做的事(学习理解);

(3)借助图片和关键信息,复述故事(程度好的学生可以改编故事,补充更多的庆祝活动的内容)(应用实践);

(4)交流今年的重阳节家人为长辈做的事情(迁移创新);

(5)评价同伴的做法,体会祖父母的爱和表达对家人的关爱与感恩,并描述明年的母亲节、父亲节、重阳节时家人的庆祝活动的构思(迁移创新)。

基于OBE理念的课时目标的设计要以单元目标为前提和指导,以单元目标中学生所能达到的预期结果为目标逆向设计,体现关联性、递进性和发展性。本单元的课时目标关联性体现在三个节日主题背景文化的关联以及知识铺垫和复习巩固的关联;递进性体现在语境方面的递进(第一课时的语境是派对到后面的不局限在派对这一语境),知识承载量方面的递进(如时态的递进:动词现在进行时—动词一般现在时+动词现在进行时—动词过去时+动词一般现在时+动词现在进行时+动词将来时;如庆祝活动的递进等);发展性体现在情感认知方面的发展(对父母的爱—对家人的爱)和语言输出方面的发展(综合运用所学)。

教学目标是一切教学活动的出发点和最终归宿。基于OBE理念的"简·美"英语的教学目标,其目标指向学生核心素养的提升,其内容聚焦单元目标和课时目标的设计,其核心聚焦学生本位,其设计要以学生最终的学习结果逆向设计目标,使目标设计的目的更聚焦、方向更明确、任务更有效、内容更整体、思路更清晰,对于提升教学效果,促进学生达成预期的学习目标具有积极的推动作用,也使学生在获取知识、提升能力及素养的同时,增强学习的获得感。

二、教学内容:指向内在逻辑的结构建构

新时代基础教育课程改革强调,以发展学生核心素养,提升学科关键能力为主旨构建课程内容体系,强调通过课程内容结构化有效开展结构化教学,促进学生深度学习,发展学生核心素养。《普通高中课程方案(2017年版2020年修订)》指出:"重视以学科大概念为核心,使课程内容结构化,以主题为引领,使课程内容情境化,促进学科核心素养的落实。"《义务教育课程方案(2022年版)》也要求在课程实施中"加强知识间的内在关联,促进知识结构化"[①]。在新时代背景下,结构化教学是深化课堂教学改革的重要方式,科学、合理地、有目的、有规划地开展结构化教学,是提升学生的知识结构化水平和思维结构化水平,有效发展学生核心素养,推动育人方式变革的重要手段之一。

(一)教学内容结构化的背景

1.基于心理学的理论

从心理学来看,20世纪五六十年代,皮亚杰从心理的发生发展解释科学认识的形成过程,认为认识的发展是主客体的相互作用的结果,科学认识的"每一个结构都是心理发生的结果,而心理发生就是从一个较初级的结构转化为一个不那么初级的(或较复杂的)结构"[②]。布鲁纳以皮亚杰的"发生认识论"为理论来源提出了基于学科本体的"学科基本结构理论"。他主张学生学习的本质就是要"掌握某一学术领域的基本观念,不但包括掌握一般原理,而且还包括培养对待学习和调查研究、对待推测和预感、对待独立解决难题的可能性的态度"[③],"他强调了教学和学习的结果就是形成认知结构,实质是要求知识结构与认知结构的统一"[④]。奥苏伯尔是认知结构理论具体化的实践者,他提出了"有意义学习理论",认为"学生能否习得新信息,主要取决于他们认知结构中已有的有

[①] 中华人民共和国教育部.义务教育课程方案(2022年版)[S].北京:北京师范大学出版社,2022:14.
[②] 皮亚杰.发生认识论原理[M].王宪钿,等译.北京:商务印书馆,1985:4.
[③] 布鲁纳.教育过程[M].邵瑞珍,译.北京:文化教育出版社,1982:38.
[④] 转引自:胡红杏,祁宁宁.结构化教学的理论内涵、构成要素与实施策略——社会结构化理论的视角[J].西南大学学报(社会科学版),2023,49(5):176-188.

关概念;意义学习是通过新信息与学生认知结构中已有的有关概念的相互作用才得以发生的。"[1]心理学理论为知识结构化奠定了一定的理论基础。

2.基于新政策的要求

《义务教育课程方案(2022年版)》提出,"基于核心素养培养要求,明确课程内容选什么、选多少,注重与学生经验、社会生活的关联,加强课程内容的内在联系,突出课程内容结构化","基于核心素养发展要求,遴选重要观念、主题内容和基础知识,设计课程内容,增强内容与育人目标的联系,优化内容组织形式。设立跨学科主题学习活动,加强学科间相互关联,带动课程综合化实施,强化实践性要求"[2]。《义务教育英语课程标准(2022年版)》提出,要深入开展语篇研读,"明确主题意义,提炼语篇中的结构化知识,建立文体特征、语言特点等与主题意义的关联,多层次、多角度分析语篇传递的意义,挖掘文化内涵和育人价值,把握教学主线"[3]。以上政策均对知识结构化提出了明确要求。

3.基于现实面临的问题

在现实教学中,存在部分教师的教学方式和教学方法碎片化的问题。碎片化的知识教学,把一堂课上得"满地鸡毛",效果极差,使学生的大脑存储容量被大量孤立而凌乱的知识碎片所占据,使得"少而精地学习"成为空谈。学生无法有效地梳理、检索和提取相关的知识。同时,由于碎片化教学,学生的学习没有主题、缺乏语境、缺乏关联、缺乏意义、缺乏编码、难以检索、难以调取、难以活用,导致学生无法将知识有关联地应用于实践,缺乏将知识与现实生活、价值意义联系起来的能力,创新思维发展受到严重阻碍,学生无法形成完整的学科关键能力,也无法全面发展学科核心素养。

因此要使知识从惰性走向活性,教学中就得先让知识从无序走向有序,从无意义走向有意义。知识结构化正是促进学生从根本上学会知识体系建构这个关键能力,从而使学生在真正意义上学会了学习。

---

[1] 施良方.学习论[M].2版.北京:人民教育出版社,2005:233.
[2] 中华人民共和国教育部·义务教育课程方案(2022年版)[S].北京:北京师范大学出版社,2022:11,前言4.
[3] 中华人民共和国教育部.义务教育英语课程标准(2022年版)[S].北京:北京师范大学出版社,2022:48.

(二)教学内容结构化的内涵

要明白教学内容结构化的内涵,就得先厘清知识结构、结构化知识、知识结构化和教学内容结构化四者的内涵界定。

何谓知识结构?结构是各个要素单位构成的有机整体。当知识激增,学科体系更新加速,学校课程内容不再是该学科基本知识的全部内容,以核心概念为线索,形成若干相互关联、连续进阶的单位,是塑造学生知识结构,解决知识体系不断增长的必然路径。[1]知识结构是以结构框架的形式简约化、概括化、系统化地对学科概念命题及规律的统整,描绘了学科知识、概念以及思想方法之间的关系,具有稳定性、层次性和整体性的特点。[2]对教师而言,知识结构是学科的总体框架,包括学科概念、学科原理、学科知识或学科事实等。教师掌握学科的知识结构,就是掌握学科概念、学科原理和学科知识之间的内在逻辑联系,能以更高的站位传授学科知识。对学生而言,知识结构是在学习过程中形成的认知结构,它包括知识的类型、知识的联系、知识的作用等,以完整的面貌呈现。[3]

何谓结构化知识?张秋会、王蔷提出:每一篇好的文本都有其明确的主题,主题之下又有其对应的若干下级意义,这些下级意义与主题之间必然存在一定的逻辑关系,如从因到果、从主到次、从整体到部分、从抽象到具体、从现象到本质、从具体到一般等,语篇的这种内在逻辑关系就是结构化知识。[4]赵东亮指出:结构化知识是从各个角度和不同层次对主题展开阐述并建构逻辑关系而形成的概念结构……这种概念结构有助于相关信息围绕主题进行多层连接,形成内部关系较为紧密的网状结构。"[5]由此可见,结构化知识是一种具有逻辑关系的概念结构。赵连杰认为:英语结构化知识是在主题语境统摄下的一种整合性的融通语言、文化和思维的知识形态,语言知识和文化知识是结构化知识的学

---

[1] 吕立杰.课程内容结构化:教育现代化的议题[J].教育研究,2023,44(4):57-65.
[2] 胡红杏,祁宁宁.结构化教学的理论内涵、构成要素与实施策略——社会结构化理论的视角[J].西南大学学报(社会科学版),2023,49(5):176-188.
[3] 周长凤.知识结构化:为何、是何与如何[J].福建教育,2023(24):12-13.
[4] 张秋会,王蔷.浅析文本解读的五个角度[J].中小学外语教学(中学篇),2016(11):11-16.
[5] 赵东亮.结构化知识作为教学主线的单元整体教学路径探究[J].英语学习,2021(8):49-55.

科基础,思维是英语结构化知识的心智保障。[1]这从学生发展核心素养的视角解析了英语教学的结构化知识。认知心理学指出,结构化知识是一种具有图式的表征,促进问题解决的知识结构。学习者解决专门问题的能力所需要的知识,是由相关的不同类型的知识以一定的结构方式,组织成一个大的知识单元,这种以某个主题组织起来的知识单元被称为图式。[2]图式中的知识具有层次和隶属关系,图式所描述的知识由一部分或几部分按一定的方式组合起来形成有机整体,也即结构化知识。[3]

综上,笔者将英语教学中的结构化知识界定为,英语教学中的结构化知识是聚焦单元主题和语篇主题,将英语学科的语言知识和文化知识按照内在逻辑关联有机联系在一起,反映语篇的核心概念和主题意义,促进学生综合运用所学解决生活中实际问题的知识结构。英语教学中的结构化知识以主题为核心,以主题意义探究为目标,以语言知识和文化知识为基础,以思维发展为载体,指向学生的深度学习和核心素养的培育。

何谓知识结构化? 知识结构化是学生将知识化为能力,将能力提升为素养的关键条件之一,它是将学科的知识结构有机转换成学生个体认知结构的必要手段和过程。奥苏伯尔认为,学习的本质在于认知结构的重组、补充和完善,这个过程就是新旧知识建立联结和相互作用的过程,即知识的结构化。小学英语学科的知识结构化能帮助学生建构各语篇内容之间、各语篇话题之间、各知识板块之间的逻辑关联,形成指向单元主题、核心概念和主题意义的知识结构网络,促进学生深度学习和核心素养的培育。从小学英语学科视角看,知识结构化主要包括两个方面:一是聚焦主题,将新旧知识包括语言知识和文化知识进行关联,形成具有鲜明逻辑层次的知识体系;二是从具体的语言知识和文化知识中提取和凝练出主题意义,再用提取的主题意义,将更多具体知识关联起来,形成良好的知识结构。

何谓教学内容结构化? 教学内容结构化是知识结构化的具体体现,是教师通过对教学内容进行创造性的组织和重组,引导和帮助学生在教学内容之间建

---

[1] 赵连杰.如何在英语学习活动中生成和应用结构化知识[J].中小学英语教学与研究,2020(7):31-35.
[2] 张向葵.图式教学对阅读理解能力、推理能力与自我效能感的影响[J].心理发展与教育,2000(2):22-27.
[3] 胡晓燕.英语主题教学模式与自主建构认知结构[J].外语研究,2004(3):48-50.

立起有机联系,即在新旧知识之间,在新知识的各个要素之间,在新知识与学生的生活之间,在新知识与学生已有的认知经验之间,在新知识与科学、技术和其他学科知识与技能之间,搭建一条具有内在逻辑关联的、螺旋上升的学习链条,建构包含学科知识、学科技能、学科思想和研究方法等的知识结构,并将知识结构转化为新的认知结构的过程,简而言之,就是通过教学内容的合理组织和创造性重组,帮助学生知识结构化的过程。

知识结构化是学生认知发展和思维发展的基础,优化知识结构亦是促进学生认知结构发展的前提条件。教学内容结构化是知识结构化、思维结构化、课堂结构化的第一步,为核心素养发展和关键能力养成奠定学习内容资源的基础。

(三)教学内容结构化的策略

教学内容结构化的策略包括"推进单元教学,研读分析语篇""梳理语篇关联,构建单元结构""分析课时语篇,梳理知识关联"三个策略。以下笔者以闽教版《英语》五年级上册 Unit 3 Planning a Trip 为例,阐述教学内容结构化的具体举措。

1.推进单元教学,研读分析语篇——教学内容结构化的前提

《义务教育课程方案(2022年版)》指出,推进综合学习,整体理解与把握学习目标,探索大单元教学,积极开展主题化、项目式学习等综合性教学活动,促进学生举一反三、融会贯通,加强知识间的内在关联,促进知识结构化。[1]《义务教育英语课程标准(2022年版)》指出,要推动实施单元整体教学,确立单元育人目标和教学主线,深入解读和分析单元内各语篇和相关教学资源,结合学生的认知逻辑和生活经验,对单元内容进行必要的整合或重组,建立单元内各语篇内容之间及语篇育人功能之间的联系,形成具有整合性、关联性、发展性的单元育人蓝图。[2]小学英语教学强调以语篇研读为逻辑起点,对语篇的内容、主题、主线、文体结构、语言特点、语言知识点、作者的观点、语篇内在寓意、语篇传递

---

[1] 中华人民共和国教育部.义务教育课程方案(2022年版)[S].北京:北京师范大学出版社,2022:14.
[2] 中华人民共和国教育部.义务教育英语课程标准(2022年版)[S].北京:北京师范大学出版社,2022:47—48.

的文化内涵和育人价值等进行深刻的分析,回答What(语篇的主题和内容是什么)、Why(语篇传递的意义是什么)、How(语篇具有什么样的文体特征、内容结构和语言特点等)三个问题。研读单元中的各个语篇,是梳理单元结构的前提。通过语篇研读,分析单元内容,梳理单元主题和主题意义,进而挖掘单元文化内涵和育人价值(见图3-13)。

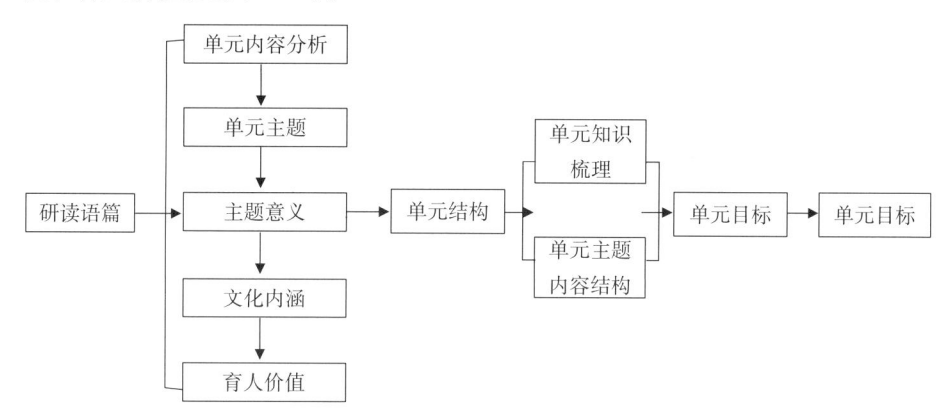

图3-13 单元逻辑结构梳理流程图

以闽教版《英语》五年级上册 Unit 3 Planning a Trip 为例。

该单元包括三个语篇(两篇对话语篇和一篇配图短文)。语篇一描述的是Sally与Wang Tao对话,询问国庆假期是否出行度假的话题。Wang Tao告知Sally自己国庆旅行的初步安排,即:准备要和Ma Li一起乘坐轮船去台湾,因为他的叔叔、阿姨住在台北。语篇二描述Wang Tao准备到台湾旅游的若干旅游攻略。语篇三是自编阅读短文,通过Wang Tao的电子邮件,描述自己台湾之行的详细准备。

首先,进行语篇研读。

语篇1:

What: Sally询问Wang Tao国庆假期是否出行度假,Wang Tao告知Sally自己一系列国庆的旅行初步安排,即:准备要和Ma Li一起乘坐轮船去台湾,因为他的叔叔、阿姨住在台北。

Why: 通过对话,帮助学生明白旅行前提前做好准备和规划的必要性。

How: 该对话是比较典型的学生日常生活对话,涉及旅行中可能用到的词汇:National Day, go for a holiday 等;交流旅行初步安排使用的核心语言,如

"Will you go …? Yes, I will./No, I won't."学生在询问自己的旅行初步安排时使用了一般将来时,学生在四年级下册中接触并学习了该时态。该对话情节简单,易于理解,具有现实意义和教育意义。

语篇2:

What: Wang Tao 打算到台湾旅游,他想做一些关于台湾的攻略。于是他询问 Ma Li 台湾的天气如何,Ma Li 说台湾的七八月非常热,但是十月的气候很凉爽,所以十月是适合到台湾旅游的时间。同时 Ma Li 建议可用电脑上网查询关于台湾旅游的更多信息。

Why: 对话呈现了 Wang Tao 询问 Ma Li 的完整过程,呈现了询问天气的方式和提出建议的方式,引导学生建立旅行前合理制订攻略的观念,意识到旅游前可以查找很多相关信息,比如天气、旅游景点、食物和风俗等,从不同维度考虑。最后通过 Ma Li 给 Wang Tao 建议的情节,体现亲友之情,查找的内容也为后续的故事发展、学生的思维与想象提供了空间。

How: 该语篇时态为一般现在时,故事以对话形式展开。语篇呈现的句型"How is the weather in Taiwan?"为故事核心内容,表达 Wang Tao 想了解台湾的信息之一。在询问过程中呈现的"Hi, …OK."和提出建议时"Why not…? Good idea."等交际用语,体现了小学生英语交际表达的一般方式。通过语篇学习,激发学生去台湾旅游的欲望,同时补充台湾天气、景点和民俗文化的相关信息。

语篇3:

What: Wang Tao 给远在台北的阿姨写了一封电子邮件,告知自己台湾之行的准备,包括订票,预订酒店,携带相关的行李,并针对相关准备征求阿姨的意见。

Why: 通过电子邮件的形式呈现 Wang Tao 的旅游准备,引发学生思考旅游准备的重要性,综合第一课时和第二课时的内容,介绍旅行全计划,并思考其合理性。本课帮助学生理解制订旅行计划的意义,引导学生爱旅游,会旅游。

How: 该语篇时态为一般将来时,故事以电子邮件形式展开。语篇呈现的句型是第一人称"I will…"为故事核心内容,表述 Wang Tao 的台湾旅游准备。引导学生通过本课的学习,学会介绍自己下次假期旅游全计划,并懂得"凡事预则立,不预则废"的道理,也知道制订计划的重要性。

在研读语篇的基础上,结合真实的生活实际,将本单元的主题定为旅行计划 Trip Planning,三个课时的子主题分别是:第一课时的主题是制订和描述初步的旅游计划(Trip Wants)，其主题范畴是"人与自我——健康、文明的行为习惯与生活方式"。第二课时的主题是制定详细的旅游攻略(Trip Tips)，其主题范畴是"人与社会——人际沟通"和"人与自然——自然生态"。第三课时的主题是合理统筹安排完整的旅游计划(Trip Preparation and Whole Plan)，其主题范畴是"人与社会——历史、社会与文化"。而该单元的主题意义是通过对台湾风俗人情的了解，表达期待台湾回归的意愿，同时明白制订详细的行前旅行计划的必要性。该单元的文化内涵是了解台湾的风俗民情，例如台湾的饮食、景点、民俗、活动、交通等。而本单元的育人价值就是综合运用所学，制订较完整的台湾旅行计划，明白制订旅行计划的重要性，同时增进对台湾风俗民情的初步了解，表达期待台湾回归的意愿。

2.梳理语篇关联，构建单元结构——教学内容结构化的基础

研读语篇之后，要梳理单元知识和单元主题内容框架结构，形成单元目标，再根据课时安排，梳理课时目标。梳理单元结构，包括单元知识梳理(包括语篇内容、核心词汇、核心句式和技能与策略学习要点)(见表3-3)和单元内容框架结构(见图3-14)。当单元结构梳理完毕后，就可以定位单元目标(见表3-4)和课时目标了。

表3-3 单元知识梳理表

单元主题：Planning a Trip			
语篇	核心词汇	核心句式	技能与策略学习要点
Part A Trip Wants	National Day go for a holiday	—Will you ...? —Yes, I will. 　No, I won't.	・询问和应答有关旅行初步安排的信息 ・在听、读活动中，梳理归纳了解Wang Tao的Trip Wants的相关内容
Part B Trip Tips	cool, hot July, August, October	How is the weather in...? It's...in...	・询问和应答有关旅行攻略制作的信息 ・在听、读活动中，梳理归纳了解Wang Tao的Trip Tips的相关内容
Part C Trip Plan	preparation book, tickets, book hotel, take... ID card, presents	I will.. I will book... I will take... I will have a ...trip	・学习和掌握阅读策略 ・在听、读活动中，梳理归纳了解王Wang Tao的Trip Plan的相关内容

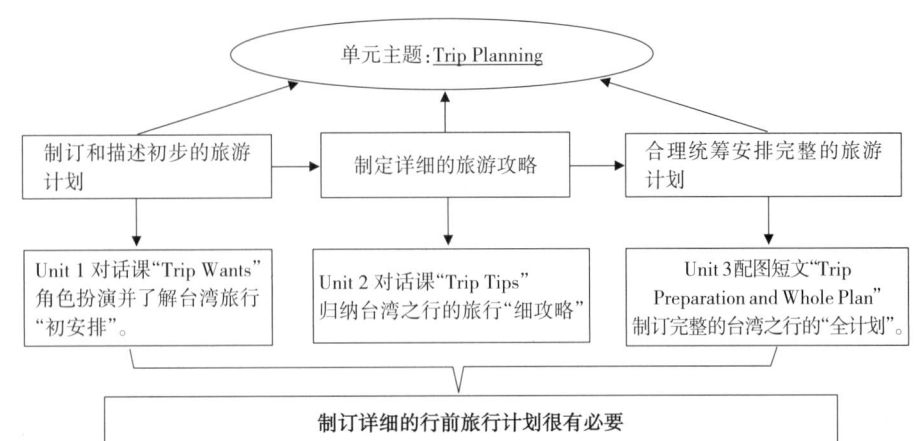

```
                        单元主题:Trip Planning
          ┌──────────────────┬──────────────────┐
          ↑                  ↑                  ↑
  制订和描述初步的旅游     制定详细的旅游攻略      合理统筹安排完整的旅游
  计划                                          计划
          ↑                  ↑                  ↑
  Unit 1 对话课"Trip Wants"  Unit 2 对话课"Trip Tips"  Unit 3 配图短文"Trip
  角色扮演并了解台湾旅行      归纳台湾之行的旅行"细攻略"  Preparation and Whole Plan"
  "初安排"。                                    制订完整的台湾之行的"全计划"。
```

制订详细的行前旅行计划很有必要

运用所学的语言,制订较完整的台湾旅行计划,明白制订旅行计划的重要性,同时增进对台湾风俗民情的了解,表达期待台湾回归的意愿。

图 3-14　单元内容框架结构图

表 3-4　Trip Planning 单元目标

单元教学目标	语篇
通过本单元学习,学生能够: 1.运用所学,在教师的指导下,对课文内容进行角色扮演	1.对话 Part A Trip Wants(1 课时)
2.运用所学,帮助 Wang Tao 制订一份旅游攻略	2.对话 Part B Trip Tips(1 课时)
3.仿照案例,帮助 Wang Tao 介绍自己去台湾旅行的完整计划,并制订自己下次假期旅行的全计划,感受制订计划的必要性	3.短文 Part C Trip Preparation and Whole Plan (1 课时)

而本单元三个课时的课时目标如下:

第一课时课时目标——通过本课时学习,学生能够:

(1)在能看、听、说的活动中,获取、梳理 Wang Tao 的旅行初步安排(学习理解);

(2)简要了解"国庆节"和"台湾"的背景知识(学习理解);

(3)在教师的指导下,分角色表演对话(应用实践);

(4)评价 Wang Tao 的旅行初步安排(迁移创新)。

第二课时课时目标——通过本课时学习,学生能够:

(1)在看、听、说的活动中获取 Wang Tao 旅行前要了解的关于台湾天气的信息,并梳理 Ma Li 的答复和建议(学习理解);

(2)在教师的帮助下,简要地获取和了解 Wang Tao 想要了解和归纳台湾旅游的其他信息(学习理解、应用实践);

(3)从多个维度提炼制订旅游攻略,尝试帮助 Wang Tao 制定一份合适的旅行攻略(迁移创新)。

第三课时课时目标——通过本课时学习,学生能够:

(1)在看、听、说的活动中获取 Wang Tao 电子邮件的主要内容,了解 Wang Tao 台湾之行的准备(学习理解);

(2)在教师的帮助下,梳理旅游全计划的维度,尝试帮助 Wang Tao 介绍自己台湾之行的全计划(应用实践);

(3)简要评价 Wang Tao 旅游计划的合理性和尝试完成自己的旅行全计划(迁移创新)。

3.分析课时语篇,梳理知识关联——教学内容结构化的核心

"教什么"是教学的主要内容,分析课时语篇,梳理知识关联,这是教学内容结构化的核心。以下笔者以闽教版《英语》五年级上册 Unit 3 Planning a Trip 的第二课时"Trip Tips"为例进行阐述(见图3-15)。

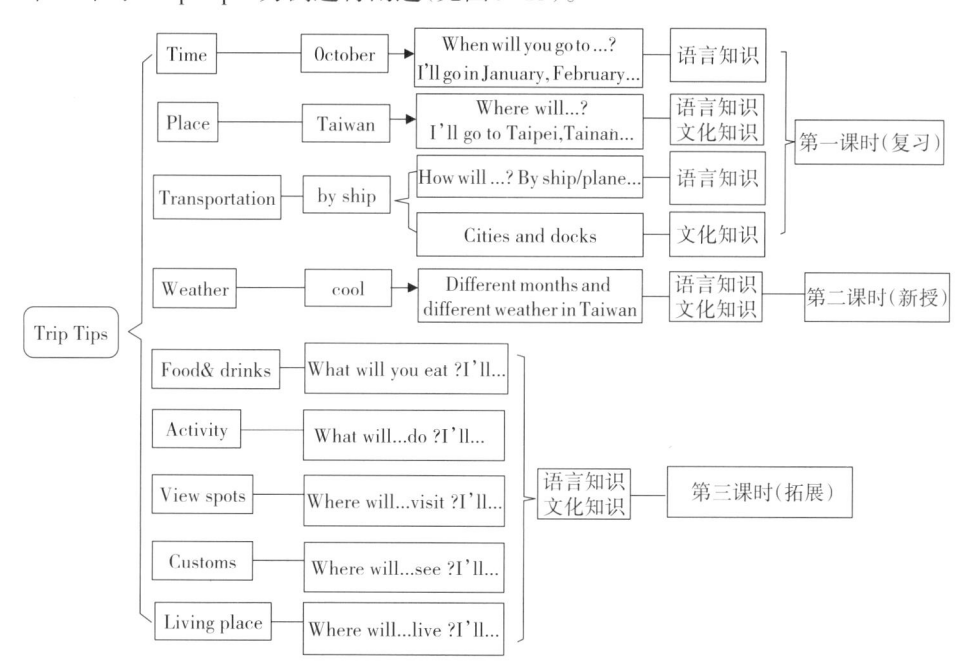

图3-15 "Trip Tips"教学内容结构图

首先，要紧扣主题，梳理课时话题结构。该课时承接第一课时"Trip Wants"旅游初打算的内容，包括旅行的时间、旅行的目的地和旅行的交通工具。鉴于此，该课时的教学内容框架结构要以Trip Tips旅行攻略这个话题为核心，涉及第一课时的复习，即旅行的时间（Time）、旅行的目的地（Place）、旅行的交通工具（Transportation），还要包括旅行攻略（Tips），即旅行前对天气的预查（Weather）、旅行所要参观的景点（View spots）、旅行的饮食（Food and drinks）、旅行的住宿（Living places）、旅行的活动（Activities）、了解当地的风俗（Customs）等。第二课时中新授部分只有天气的预查（Weather），其他属于拓展融合部分。而旅行的准备，如预订酒店（Book the hotel）、行李准备（Make the preparation）等则是第三课时的内容。其次，紧扣话题，梳理话题知识结构。在话题梳理的基础上，教师要考虑相应话题涉及的语言知识和文化知识，包括新授内容和融合拓展内容，形成话题知识结构，而这个教学内容结构图里涉及的语言知识和文化知识的内容就是该课时的教学内容。

总之，"简·美"英语强调教学内容的结构化，即精选或删减课程内容的同时，又能增强教育功效。具体而言，就是以结构化知识取代没有主题的，或与主题关联度不高的，或没有内在逻辑关系的碎片化的教学内容，即把碎片化的语言知识和文化知识，以主题为核心，以主题意义探究为线索，以主题下的小话题、小观念为抓手，合理组织和创造性重组教学内容，引导和帮助学生在新旧知识之间，在新知识的各个要素之间，在新知识与学生的生活之间，在新知识与学生已有的认知经验之间，在新知识与科学、技术和其他学科知识与技能之间，搭建一条具有内在逻辑关联的、螺旋上升的学习链条，从而帮助学生初步理解和感知知识体系建构的模式和方法，为后续课堂教学中的结构化学习奠定基础。

三 教学活动：指向意义探究的结构教学

《义务教育课程方案（2022年版）》指出：基于核心素养发展要求，遴选重要观念、主题内容和基础知识，设计课程内容，增强内容与育人目标的联系，优化内容组织形式；设立跨学科主题学习活动，加强学科间相互关联，带动课程综合化实施，强化实践要求。而后又在第四部分"课程标准编制与教材编写"中明确提出"加强课程内容的内在联系，突出课程内容结构化，探索主题、项目、任务等内容组织方式"①。可见课程内容结构化是深化课堂教学改革的重要方式之一，有助于从根本上推动育人方式的变革，帮助学生形成知识体系建构的关键能力，提升他们的知识结构化水平和思维结构化水平，有效促进核心素养的发展。在小学英语教学中，以主题为引领，实现课程内容情境化，以主题意义探究为核心，实现课程内容结构化是促进学生核心素养培育和落实的应然路径之一。

课程内容，在课程标准里包含"内容要求""教学提示"两个部分，即"教什么（学什么）""怎么教（怎么学）""教到什么程度（学到什么程度）"。因此，课程内容结构化包括知识结构化、课堂结构化、思维结构化以及评价结构化四个相互关联的维度。知识结构化特别体现在教学内容的结构化，在第二部分"教学内容：指向内在逻辑的结构建构"中已经阐述了。而以下内容主要阐述课堂结构化。《义务教育英语课程标准（2022年版）》指出，教学活动是英语课堂教学的基本组织形式，是培养学生核心素养的重要途径，"教师要充分认知到学生是语言学习活动的主体，要引导学生围绕主题学习语言、获取新知、探究意义、解决问题，逐步从基于语篇的学习走向深入语篇和超越语篇的学习，确保语言学习的过程成为学生语言能力发展、思维品质提升、文化意识建构和学会学习的成长过程"②。

因此，小学英语课堂结构化是秉持英语学习活动观组织和实施教学活动的具体体现，是教师利用并优化课堂教学情境中的教学活动、教学手段、教学方法与教学资源等，以主题为引领，以语篇为依托，以主题意义探究为核心，以核心素养培育为目标，结构化重组和设计教学内容，结构化组织和开展学习理解、应用实践和迁移创新的教学活动，构建知识理解与运用、问题驱动与牵引、资源整合与利用、活动关联与递进、文化理解与感悟、主题意义梳理与探究的结构化教学活动，建构师生教与学的互动过程同课堂结构之间相互制约又相互促进的课堂二重性结构，达成学生核心素养培养的目的。

以下，笔者继续以小学闽教版《英语》五年级上册 Unit 3 Planning a Trip 的第二课时"Trip Tips"为例，阐述秉持英语学习活动观，进行课堂结构化教学的具体举措。该课时的主题是制定详细的旅游攻略（Trip Tips），其主题范畴是"人与社

---

① 中华人民共和国教育部.义务教育课程方案（2022年版）[S].北京：北京师范大学出版社，2022：前言4，11.
② 中华人民共和国教育部.义务教育英语课程标准（2022年版）[S].北京：北京师范大学出版社，2022：49.

会——人际沟通"和"人与自然——自然生态"。围绕该单元的主题意义——通过对台湾风俗民情的了解，表达期待台湾回归的意愿，同时明白制订行前详细的旅行计划的必要性，该课时的活动设计如下：

活动1：学习理解活动

1.激活已知，重建结构

以"Let's know Wang Tao's trip wants."复习第一课时关于旅游的原因、旅游时间、旅游目的地、旅游交通工具、若干赴台旅游的政策以及福建到台湾的渡轮信息等内容，有效复习和巩固第一课时"Trip Wants"的内容。以"These are Wang Tao's trip wants. But is it enough for Taiwan's trip plan？"引导学生结合生活经验和常识，在第一课时已建构的知识结构的基础上，畅谈和重构结构（见图3-16和图3-17），既关于旅行攻略，还包括天气预报、饮食、活动、景点、居住地、风俗等话题。知识话题结构的重构，有利于学生充分激活已有的学习经验、生活经验、认知经验等，为后续的学习理解、应用实践和迁移创新活动的系统化、结构化开展夯实基础，并激起学生强烈探究语篇和学习台湾文化的学习欲望，形成学习期待。

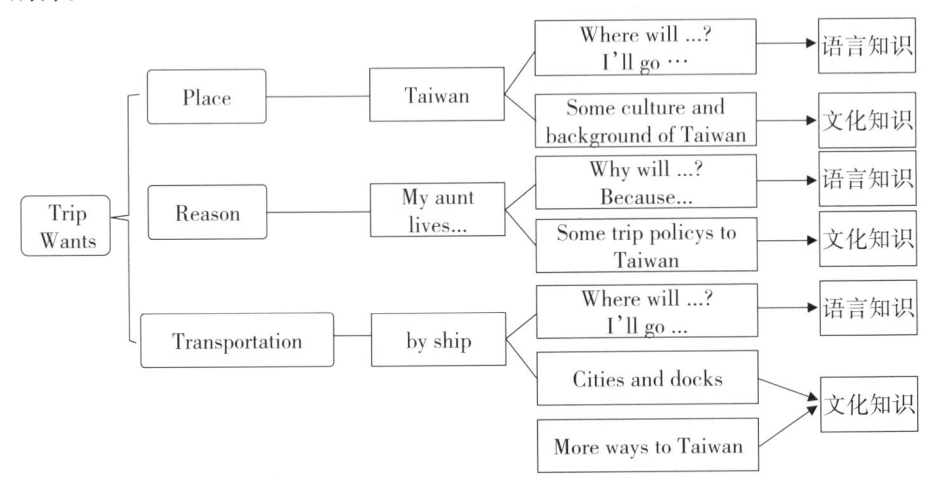

图3-16 第一课时Trip Wants知识建构图

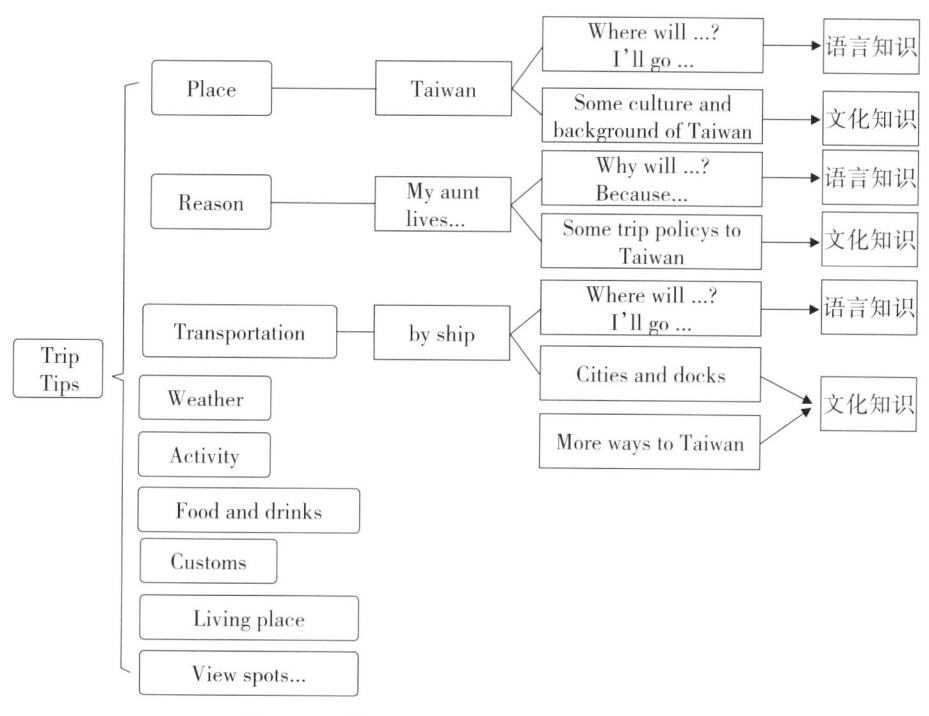

图 3-17 第二课时"Trip Tips"知识重构图

2.学习理解,完善结构

在新知的学习中,通过问题"What does Wang Tao want to know?"引出对台湾月份和天气的学习与了解。同时,通过观察图片,渗透对高山族的文化知识的了解。以语篇中的句子"Why not turn on the computer? You can find many things from the Internet."为引子,引导学生通过自主上网查阅资料,了解更多关于台湾的信息,进而完善图 3-18 中的知识结构图(见图 3-18),使学生能根据完善后的知识结构,综合运用语言描述旅行攻略。

在学习理解活动中,学生在第一课时初步建构知识结构的基础上,通过激活已有的知识经验,重构知识结构,铺垫必要的语言和文化背景知识,明确该课时的基本任务和要解决的问题,建立起已有知识经验和学习主题之间的关联;并通过学习与梳理获取语篇的关键信息,从语篇中获得更多的与主题相关的语言知识和文化知识,初步完善新的知识结构,更进一步建立 Trip Tips 主题下的各种信息的关联,感知和理解语篇语言所表达的意义。

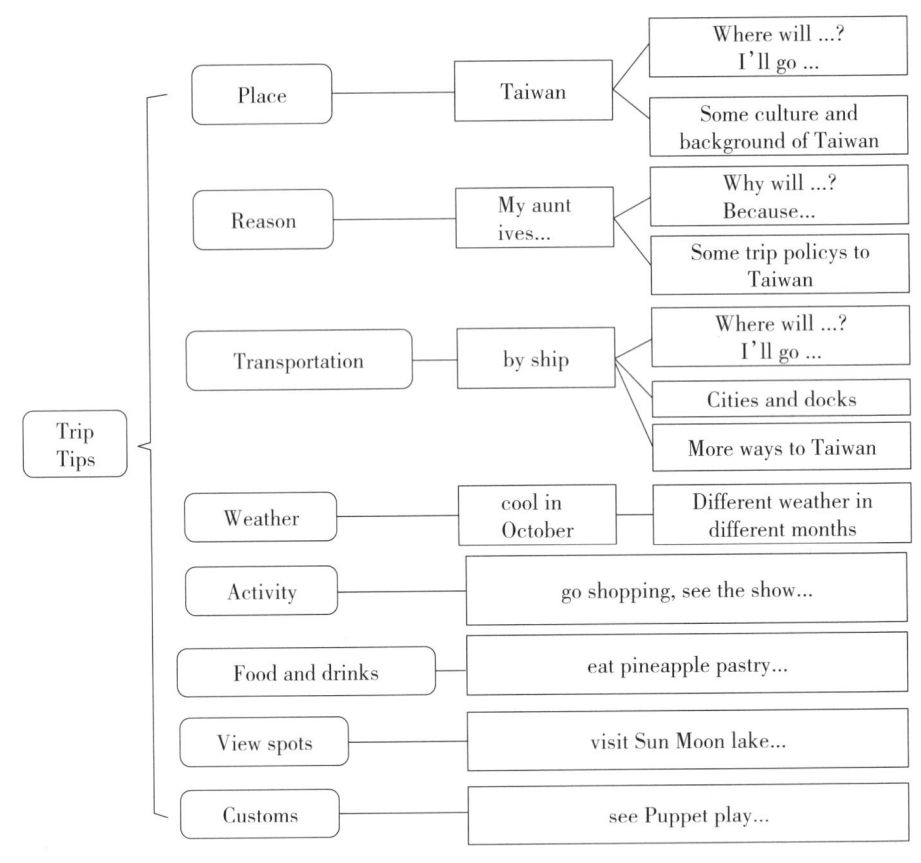

```
                                        ┌─────────────────┐
                          ┌──────────┐  │ Where will ...? │
                    ┌─────│  Taiwan  │──│ I'll go ...     │
                    │     └──────────┘  ├─────────────────┤
          ┌─────────┤                   │ Some culture and│
          │  Place  │                   │background of Taiwan│
          └─────────┘                   └─────────────────┘

                                        ┌─────────────────┐
                          ┌──────────┐  │ Why will ...?   │
                    ┌─────│ My aunt  │──│ Because...      │
                    │     │ ives...  │  ├─────────────────┤
          ┌─────────┤     └──────────┘  │ Some trip policys to│
          │ Reason  │                   │ Taiwan          │
          └─────────┘                   └─────────────────┘

                                        ┌─────────────────┐
                          ┌──────────┐  │ Where will ...? │
                    ┌─────│ by ship  │──│ I'll go ...     │
          ┌─────────┐     └──────────┘  ├─────────────────┤
          │Transportation│              │ Cities and docks│
┌──────┐  └─────────┘                   ├─────────────────┤
│ Trip │                                │ More ways to Taiwan│
│ Tips │                                └─────────────────┘
└──────┘
                                        ┌─────────────────┐
                          ┌──────────┐  │Different weather in│
          ┌─────────┐┌────│ cool in  │──│different months │
          │ Weather │     │ October  │  └─────────────────┘
          └─────────┘     └──────────┘

          ┌─────────┐     ┌──────────────────────────────┐
          │ Activity│─────│ go shopping, see the show... │
          └─────────┘     └──────────────────────────────┘

          ┌─────────┐     ┌──────────────────────────────┐
          │Food and drinks│──│ eat pineapple pastry...    │
          └─────────┘     └──────────────────────────────┘

          ┌─────────┐     ┌──────────────────────────────┐
          │View spots│────│ visit Sun Moon lake...       │
          └─────────┘     └──────────────────────────────┘

          ┌─────────┐     ┌──────────────────────────────┐
          │ Customs │─────│ see Puppet play...           │
          └─────────┘     └──────────────────────────────┘
```

图3-18 第二课时"Trip Tips"知识结构完善图

活动2：应用实践活动

以分层角色扮演的方式，让学生身临其境扮演Wang Tao 和Sally。第一层次仅仅运用到知识结构中的旅游地点、原因、交通工具和天气的内容。这是第一、二课时中最原始的语篇的内容。第二层次是难度提高的层次，不仅要描述第一层次的内容，还可以根据自主上网查阅的若干资料，初步、有选择性地完善旅行的饮食、活动、风俗等内容。这个环节是综合运用所学，基于所形成的知识结构（重构后的结构），开展描述、阐释、分析、应用等有意义的语言实践活动的过程。在此过程中，学生能内化所学的语言知识和文化知识，巩固结构化知识，加深对台湾旅行和台湾若干文化知识的了解，促进知识向能力的转化。

活动3：迁移创新活动

通过问题"You know sth. about Want Tao's trip tips. But do you want to know more about the tips for the trip to Taiwan？"教师提供自制的视频材料，该视频较完

整地介绍了台湾旅行的攻略,包括台湾是中国领土的一部分的历史背景、目前赴台旅游的相关政策、通行证的办理、台湾行的适宜时间、天气、交通工具、饮食、特产、适宜的活动、风俗民情、酒店预订、通信方式等相关内容,涵盖第一课时和第二课时的所有内容,并拓展了更多的相关话题的内容。除了视频,还有相应的阅读材料,采用Jigsaw reading的方式,学生可在观看视频的基础上,根据自己感兴趣的话题,选择至少一个话题的阅读资料进行学习,加深对台湾旅行攻略的了解。然后提问:If you can go to Taiwan, what plan will you make? 让学生从自己的视角和立场出发,思考、讨论、描述和制定旅行攻略,从而再构了知识结构(见图3-19),以换位思考的方式,使学生更深入地了解台湾的风俗民情等文化知识,发现一般将来时的语言表达的方法和特点,评价了Wang Tao制作攻略的优点和值得改进之处,从而体会到制订旅游计划的必要性,探究了主题意义和文化内涵。

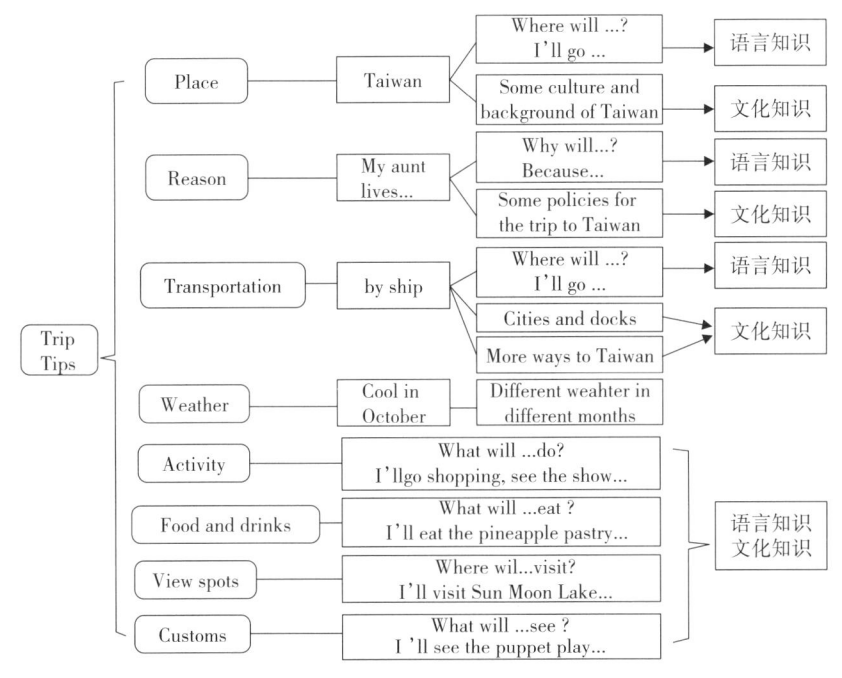

图3-19 "Trip Tips"知识结构再构图

综上所述,课程内容结构化的本质是学习经验的结构化,即探寻课程内容诸要素之间的相互关系。[①]小学英语课堂结构化就是以英语学习活动观为指

---

① 张紫红,崔允漷.论课程内容结构化:内涵、功能与路径[J].课程·教材·教法,2023,43(6):4-10.

导,聚焦主题,紧扣主题意义探究,探寻小学英语课堂教学中教学主题与教学内容之间、教学主题与教学活动之间、教学主题与教学方法之间、教师与学生之间、学生与学生之间、学生与学习内容之间、学生与学习方法之间、学生与学习活动之间、学生与学习规则之间、学生与语言知识之间、学生与文化知识之间、学生与学习技能之间、学生与思维品质之间、学生与文化意识之间等各要素的逻辑关联,让学生深入理解学科知识的基本框架,掌握知识体系建构的关键能力。

在课堂结构化的过程中,学生的结构化思维也在不知不觉中被训练和培养。结构化思维是指一种学生面对客观世界时所具备的解决问题的思维方法和策略体系,体现为多维度和系统性的综合思维,能够综合运用学科知识和学科思想方法对学科问题和跨学科的生产、生活问题进行系统化、结构化的思考,从而分析和解决问题。[①]在该课的课堂结构化过程中,在学习理解活动中的复习环节,学生在第一课时知识建构的基础上进行知识重构,并在语篇学习之后,丰富和充实了知识重构的结构网络;接着在应用实践活动中,运用知识结构综合运用语言;最后在迁移创新活动中,对之前充实的知识结构进行了再构,整个学习理解、应用实践、迁移创新的活动过程,是学生的认知结构不断建构、解构、发展、重构、再构的过程,是学生凭借自己的认知特点、认知水平和已有的知识经验、生活经验和社会经验,参与英语学科实践活动,深入理解语言知识、文化知识、学习主题、学习方法等,而这些学习方法等以意识的形式储存于学生的头脑里,为学生思考、分析、判断、评价、处理和解决生活中的实际问题或现象提供了系统化的思维方式和价值取向。

四 教学评价:指向评价结构化的整体实施

2019年,《意见》指出,"建立以发展素质教育为导向的科学评价体系……学生发展质量评价突出考查学生品德发展、学业发展、身心健康、兴趣特长和劳动实践等"[②]。2020年,中共中央 国务院印发的《深化新时代教育评价改革总体方案》

---

① 祁宁宁,胡红杏.社会结构化理论视角下的结构化教学模式——基于普通高中化学教学的案例研究[J].当代教育与文化,2023,15(6):44-53.
② 中共中央 国务院关于深化教育教学改革全面提高义务教育质量的意见[EB/OL].(2019-07-08)[2022-09-20]. http://www.gov.cn/zhengce/2019-07/08/content_5407361.htm.

指出,"教育评价事关教育发展方向,有什么样的评价指挥棒,就有什么样的办学导向……改革学生评价,促进德智体美劳全面发展"[1]。2021年,教育部等六部门印发的《义务教育质量评价指南》(以下简称《指南》)提出了坚持正确方向、坚持育人为本、坚持问题导向、坚持以评促建的基本原则。在《指南》中,学生发展质量评价主要包括学生品德发展、学业发展、身心发展、审美素养、劳动与社会实践等五个方面重点内容,旨在促进学生德智体美劳全面发展,培养适应终身发展和社会发展需要的正确价值观、必备品格和关键能力。同时,《指南》还提出了注重结果评价与增值评价相结合、注重综合评价与特色评价相结合、注重自我评价与外部评价相结合、注重线上评价与线下评价相结合。[2]《基础教育课程改革纲要(试行)》中第14条强调:"建立促进学生全面发展的评价体系。评估时不仅要关注学生的学业成绩,而且要发现和发展学生多方面的潜能,了解学生发展中的需求,帮助学生认识自我,建立自信。发挥评价的教育功能,促进学生在原有水平上的发展。"[3]这些文件中都明确提出要强化过程性和发展性评价,有效发挥引导、诊断、改进、激励功能。

教学中,教师要树立"教—学—评"一体的整体育人观念,准确把握教、学、评三者在育人过程中的独立、融合、互相依存、相互影响、相互促进的功能。课堂评价(Classroom assessment)是针对学生课堂中的学习情况,包括学习行为、学习方式和学习表现而进行的解读和评价,及时了解和把握学生的学习过程、学习进步和学习困难,并以此调整下一步教与学的方案。课堂评价是检测与提高教学效果的最佳途径之一,有利于学生在课堂中不断体验英语学习的进步与收获;有利于学生更全面地认识自己和发现自己,激发、保持和增强自己英语学习的兴趣和动机;有利于学生及时了解自己的学习情况和学习困难,适时、适当调整自己的学习方法和学习策略,提高学习效果。

课程内容,在课程标准里包含"内容要求""教学提示"两个部分,即"教什么(学什么)""怎么教(怎么学)""教到什么程度(学到什么程度)"。因此课程内容结

---

[1] 中共中央 国务院印发《深化新时代教育评价改革总体方案》[EB/OL].(2020-10-13)[2022-09-20].http://www.gov.cn/zhengce/2020-10/13/content_5551032.htm.

[2] 教育部等六部门关于印发《义务教育质量评价指南》的通知:教基〔2021〕3号[EB/OL].(2021-03-01)[2022-09-20].http://www.gov.cn/zhengce/zhengceku/2021-03/18/content_5593750.htm.

[3] 教育部.基础教育课程改革纲要(试行)[J].人民教育,2001(9):6-8.

构化包括知识结构化、课堂结构化、思维结构化以及评价结构化四个相互关联的维度。课堂评价结构化的具体体现就是基于"教—学—评"的整体育人观念设计和实施课堂评价。"简·评"是"教—学—评"一体的具体表现方式,是课程结构化在教学评价方面的体现。

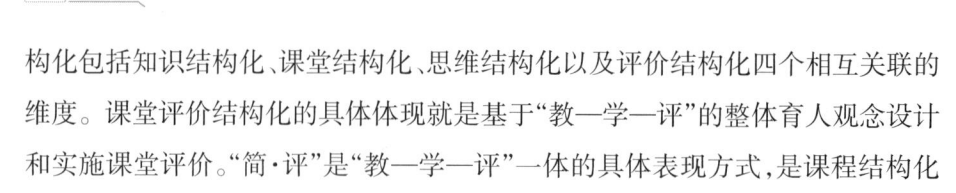

(一)小学英语课堂评价结构化的内涵

"简·评"是课堂评价结构化的具体表现方式,指向小学英语核心素养"学习能力"的提升。小学英语课堂评价结构化是教师删减单一、零散、碎片、浅层、随意的课堂评价内容和评价方式,取而代之以"教—学—评"的整体育人观念为指导整体统筹布局,以主题为核心,以主题意义探究为引领,以语篇为载体,以核心素养目标达成为目的,以学生学习内容、学习方法等学习效果的检测与调整、学生学习动机的激发、学生学习能力的培育为方向,设计融合多维度的评价内容(学习动机、学习过程、学习效果、个性发展)、多渠道的评价活动(学习理解性的评价活动、应用实践性的评价活动、迁移创新性的评价活动)、多方面的评价功能(激发学生兴趣的功能、凸显教学主题的功能、激活已学知识的功能、突出教学重点的功能、突破教学难点的功能、巩固所学知识的功能、再创教学素材的功能、调整教学策略的功能等)、多样化的评价方式(口头评价、书面评价、自我评价、同伴互评、师生互评、评价工具等)为一体的主题评价,即"简·评"。这样的结构化课堂评价有利于教师获取学生学习的反馈信息,从而及时诊断、反思、调整和改进自己的教学策略与教学行为,并关注学生的持续发展;有利于学生被激发并保持浓厚的学习兴趣,不断体验到英语学习的进步与成功;有利于学生更全面地认识自我,积极运用和主动调适自己的学习方式,调整学习状态,学会自我管理,提高学习效率,从而使学生体会到"识学之趣"和"学之有法"的"善学之美"。

(二)小学英语课堂评价结构化的原则

1.以"教—学—评"整体育人为导向进行全局设计

《义务教育英语课程标准(2022年版)》强调推动"教—学—评"一体化设计与实施。"教"与"学"是小学英语教学活动的重要组成部分,它们围绕教学目标融合进行。"评"是为了达成教学目标而设计和实施的评价任务,有利于学习结果的诊断,有效评价和督促教与学的良性开展。

以"教—学—评"整体育人为导向进行全局设计的小学英语课堂评价具有以下特征:第一,以核心素养培养目标为导向。清晰而准确的教学目标(亦是学习目标)是"教—学—评一致"的核心和灵魂,任何教学活动的开展都以教学目标为出发点和落脚点。小学英语学科的核心素养包括语言能力、学习能力、文化意识和思维品质,它们分别体现了核心素养的基础要素、关键要素、价值取向和心智特征。因此,小学英语课堂评价要以语言能力、学习能力、文化意识和思维品质的培育为导向,设计学习任务和相对应的评价标准。第二,有效促进学生的深度学习。检验教学有效性的重要依据之一是目标的达成度,教学评价的目的就是检测教学目标是否达成,检验是否通过教师的教和学生的学有效推动学习进展,充分发挥评价对学生学习的监测、诊断、反馈、调整、完善和改进的作用。课堂教学要回答"为什么教""教什么""教到什么程度""怎样教"几个关键问题,教学评价则要学生回答"我学习的目标和任务是什么""我学了什么""我学到什么程度""我学到的程度与我的学习目标差距在哪儿""我要怎么学才能实现我的目标"等关键问题。因此,小学英语课堂评价的内容应包括确定评价目标、定位评价标准、设计与实施评价任务、提供评价反馈、根据评价调整学习等环节,评价方式须包含教师评价、学生自评和学生互评等,从而实现以学定教、以教定评、以评促教和以评促学。

以"教—学—评"整体育人为导向进行全局设计的小学英语课堂评价,要紧扣核心素养培养这个中心,以促进学生有效学习和深度学习为宗旨,以探究主题意义为核心,使课堂评价始终镶嵌于教与学的过程,形成教、学、评三者你中有我、我中有你的有机融合关系,即评价要求包含在教学目标之中,评价标准相当于学习目标,评价过程亦是教与学的过程,评价结果反映教的成效与学习的效果。

2.以大主题和主题意义为目标探究引领设计

所有的语言学习活动都应该在一定的主题语境下进行,围绕主题,基于不同类型语篇,深化对语言的理解。同时,创造性地表达个人意图、观点和态度。主题是指文本所传达的中心思想和核心观念。主题意义探究的课堂即围绕一定的主题,设计课堂教学的目标、内容与活动,并引导学生建立一种围绕主题意义进行交际、写作等活动的思维习惯。"[1]"主题为语言学习提供主题范围或主题语境。学生对主题意义的探究应是学生学习语言的最重要内容,直接影响学生语篇理解的程度、思维发展的水平和语言学习的成效。"[2]学生是语言学习活动的主体,教师要引导学生聚焦主题,从基于语篇的学习,走向深入语篇和超越语篇的学习,通过语言学习获取新知,通过主题意义探究解决问题,并在此过程中,发展学生的语言能力、提升学生的思维品质、建构学生的文化意识,并教会学生学会学习。

基于"教—学—评"整体育人进行全局设计的小学英语课堂评价,课堂评价目标相当于学习目标,课堂评价过程相当于学习过程,课堂评价结果相当于学习效果。因此,课堂评价的目标也是围绕主题,确保学生在学习中提升语言能力、思维品质,增强文化意识,并学会学习;课堂评价的过程,要以英语学习活动观为指导,在学习理解活动、应用实践活动和迁移创新活动中融入评价活动和评价任务,并通过评价引导和激发学生更为主动地探究主题意义;课堂评价的结果,要从基于语篇的学习走向深入语篇和超越语篇的学习,在学习理解活动、应用实践活动和迁移创新活动的每个阶段中,适时评价学生实际的学习效果,促使教师及时调整教师的教学策略与方法,促使学生及时改进自己的学习方法,以推进学习效果的最大化。

(三)小学英语课堂评价结构化的策略

以下,笔者继续以闽教版《英语》五年级上册"Unit 3 Planning a Trip"的第二课时"Trip Tips"为例,阐述小学英语课堂评价结构化的策略(该课在本节的第二、三部分已经阐述了教学内容结构化和教学活动结构化)。

1.评价目标:以整体育人目标为导向

教学目标是一切教学活动的出发点和最终归宿,评价是教、学、评一体中的重要一环。评价的目标也要以整体育人目标为导向,以教学目标的定位为依据,聚焦学习过程中的学习效果,从而体现评价的监测、反馈、调整、改进的功能。

---

[1] 丁宁,徐梦然.主题意义探究引领下与主教材融合的英语绘本阅读教学实践[J].中国教育学刊,2023(S2):83-86.
[2] 中华人民共和国教育部.普通高中英语课程标准(2017年版2020年修订)[S].北京:人民教育出版社,2020:14.

闽教版《英语》五年级上册 Unit 3 Planning a Trip 的第二课时"Trip Tips"的教学目标是——通过本课时学习,学生能够:

在看、听、说的活动中获取 Wang Tao 旅行前要了解的关于台湾天气的信息,并梳理 Ma Li 的答复和建议(学习理解);

在教师的帮助下,了解和获取更多台湾旅游的攻略信息(学习理解、应用实践);

提炼制定旅游攻略的方法,尝试帮助 Wang Tao 制定一份合适的旅行攻略(迁移创新)。

根据教学目标,本课的学习效果评价定位为:

教师在活动实践过程中,通过随时观察、提问和与学生交流,评价和反馈学生学习任务的完成情况;

检视学生完成任务后学习评价单的完成情况;

观察学生梳理和应用台湾旅行攻略知识结构的情况;

观察学生帮助 Wang Tao 制定台湾旅行攻略的情况;

观察学生在制定台湾旅行攻略时画思维导图、对话、交流等遇到的困难,进行具体而有针对性的指导,并引导学生借助学习评价单进行自我反思、总结学习收获,发现自己的成长和进步。

以下是该课的学习评价单(见表3-5)

表3-5 学习评价单

评价内容	1.我能读懂关于 Wang Tao 制定旅行攻略的语篇 2.我能以 Wang Tao 的身份角色扮演该语篇的内容 3.我能按 Sally 的建议上网查询更多关于台湾的信息 4.我能帮助 Wang Tao 梳理台湾旅行攻略的框架 5.我能帮助 Wang Tao 制定全面的台湾旅行攻略 6.我能在制定攻略的过程中主动为同伴提供帮助 7.我知道旅行前制定旅行攻略的重要性

2.评价内容:以践行学习活动观的活动过程为线索

英语学习活动观强调,学生是语言学习活动的主体,在英语教学中,教师要采用学习理解、应用实践和迁移创新的递进活动,引导学生聚焦学习主题,在充分激活已有的学习经验和生活经验的基础上,学习语言、获取新的语言知识和文化知识、探究主题意义、综合运用所学解决生活中的实际问题、逐步从基于语篇的学习走向深入语篇和超越语篇的学习,从而使学生在语言学习的过程中促进语言能力发展、思维品质提升、文化意识建构和学会自主学习。学习理解、应用实践和迁移创新活动,有不同梯度和难易度的学习目标,那么课堂评价也就有不同的评价任务和评价内容。

闽教版《英语》五年级上册 Unit 3 Planning a Trip 的第二课时"Trip Tips"的学习理解活动,其学习任务是读懂 Wang Tao 制定旅行攻略的相关内容。因此,学习理解活动的评价内容如下(见表3-6):

表3-6 学习理解活动学习评价单

评价内容	1.我能梳理第1课时"Trip Wants"台湾旅行计划的框架 2.我能适当完善第1课时"Trip Wants"台湾旅行计划的框架 3.我能读懂关于 Wang Tao 台湾旅行攻略的语篇

本课应用实践活动的学习任务是根据 Sally 的建议,自己上网查阅更多关于台湾的信息,制定更多的旅行攻略,同时进行角色扮演,以 Wang Tao 的身份角色表演语篇的内容。因此,应用实践活动的评价内容如下(见表3-7):

表3-7 应用实践活动学习评价单

评价内容	1.我能自己上网查阅、获取和描述更多关于台湾的信息 2.我能充实更多关于台湾旅行攻略的框架 3.我能角色扮演和复述关于台湾旅行攻略的语篇,并适当拓展语篇的内容

本课迁移创新活动的学习任务是通过视频和阅读材料,学习和了解更多关于台湾风俗民情等的信息,帮助 Wang Tao 制定详细的旅行攻略,并感悟主题意义。因此,迁移创新活动的评价内容如下(见表3-8):

表3-8 迁移创新活动学习评价单

评价内容	1.我能较全面地了解关于台湾的相关信息 2.我能充实更多关于台湾旅行攻略的框架 3.我能帮助 Wang Tao 制定详细的台湾旅行攻略 4.我能帮助 Wang Tao 介绍和分享详细的台湾旅行攻略 5.我明白了旅行前制定旅行攻略的重要性 6.我掌握了制订旅行计划的方法 7.我希望台湾早日回归,我想去台湾旅行

教师设计的评价活动,要贯穿学习理解、应用实践和迁移创新三个活动的始终,主要考查学生对各个阶段学习任务的完成情况和语言知识与文化知识的

综合性运用情况,考查学生对主题意义的理解情况,考查学生对知识结构的建构、再构和完善等应用迁移情况,以及考查对个人观点和态度有理有据表达的情况,确保学习目标的达成。

3.评价标准:以综合运用所学解决问题为方向

课堂评价是指教师为了判断学生学习效果、提升教学质量,运用评价工具对学生参与课堂学习活动过程及学习效果实施的信息采集、分析、处理和反馈的活动[1]。课堂评价是为了学生的学习而设计的评价,它离不开学生最基本的学习生活,与教师的教学活动息息相关。因此,课堂评价的功能之一就是推动学生综合运用所学解决真实生活中的问题。基于问题解决的课堂评价,就是以学生综合运用所学解决生活中的实际问题为目标,通过对学生解决问题过程中知识与技能掌握情况的收集和分析,对学生问题解决能力做出客观判断。基于问题解决的课堂评价,要依照明确的学习目标,在学习理解、应用实践和迁移创新的活动中建立有递进关系的、清晰的评价逻辑框架,设计具体的理解与分析问题、制订解决问题的计划、探究与解决问题、反馈和梳理问题解决的方法等评价任务,并提供有效的信息交流,促进学生的深度学习。

在闽教版《英语》五年级上册 Unit 3 Planning a Trip 的第二课时"Trip Tips"的学习理解活动中,评价任务"我能梳理和适当完善第1课时'Trip Wants'关于台湾旅行计划的框架,并读懂关于 Wang Tao 台湾旅行攻略的语篇"就是理解和分析问题,这是最后制定详细的台湾旅行攻略的前提和基础。在应用实践活动中,评价任务"我能自己上网查阅、获取和描述更多关于台湾的信息,充实并丰富更多关于台湾旅行攻略的框架"就是制订解决问题的计划或方案,即通过上网查阅相关资料和充实知识框架两项任务去寻求解决方案,这是推进最后制定详细的台湾旅行攻略的核心环节。在迁移创新活动中,评价任务"我较为全面地了解关于台湾的相关信息;我能充实更多关于台湾旅行攻略的框架;我能帮助 Wang Tao 制定详细的台湾旅行攻略;我能帮助 Wang Tao 介绍和分享详细的台湾旅行攻略"就是探究与解决问题。最后,"我掌握了制订旅行计划的方法(包括梳理知识结构、查阅相关信息、运用知识图谱或思维导图等)"则是反馈、梳理和总结问题解决的方法。

---

[1] 王薇.问题解决能力的课堂评价框架设计与实践范式[J].中国考试,2021(10):51-60.

总之，课堂评价要以培养学生综合所学解决问题的能力为导向，在"教—学—评"一体设计的前提下，将提出问题、分析问题、解决问题、梳理问题的结构要素融入学科实践当中，把理解与分析问题、制订解决问题的计划、探究与解决问题、反馈和梳理问题解决的方法等评价任务融入教学之中，从而真正发挥评价目标的导向和指导功能、评价过程的监测和调节功能、评价结果的教学反馈与改进功能，促进学生综合运用所学解决问题的能力的提升。

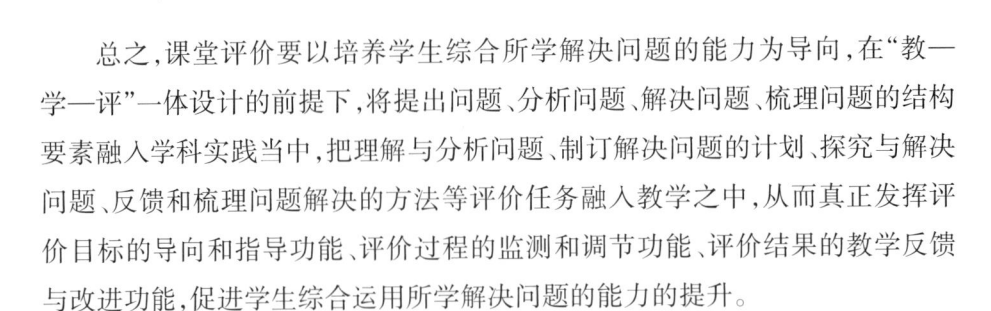

4.评价方式：以一体化主题评价为抓手

"指向学生学科核心素养的英语教学应以主题意义为引领，以语篇为依托，整合语言知识、文化知识、语言技能和学习策略等学习内容，创设具有综合性、关联性和实践性的英语学习活动，引导学生采用自主、合作的学习方式，参与主题意义的探究活动，并从中学习语言知识，发展语言技能，汲取文化营养，促进多元思维，塑造良好品格，优化学习策略，提高学习效率，确保语言能力、文化意识、思维品质和学习能力的同步提升。"[1]课堂评价是英语课堂教学的一部分，要紧扣主题，围绕主题意义探究开展评价活动。一体化主题评价是紧扣教学主题，融合多维度的评价内容、多渠道的评价活动、多方面的评价功能、多样化的评价方式于一体的主题评价。通过一个整体评价，有体系地发挥评价的"激励学习与树立自信""监控教学的过程""反馈学生学习进展""调整教学策略""反思教学行为""分析教学问题并及时调整教与学的方法""改善教学进度""促进人文思考与人文素养""促进学生心智发展"等的积极导向作用。

依然以闽教版《英语》五年级上册 Unit 3 Planning a Trip 的第二课时"Trip Tips"为例，该课的一体化主题评价图如下（见图3-20）。由该评价图可以看出，学生在再构知识结构图的过程中，懂得了梳理的台湾旅行知识框架，同时学生能结合该框架，综合运用所学去制定详细的旅行攻略，体现了评价的"监控教学的过程""反馈学生学习进展""促进学生心智发展""反馈学习效果"的功能。该评价图的左右两侧，分别以 Food and drinks, Customs, Activities, View spots 代表第1至4小组，当学生发言正确时，该组就能得到一张相关话题的贴纸，激发学生学习的积极性；而当所有的活动结束时，该奖励的贴纸，无形中为学生描述台

---

[1] 中华人民共和国教育部.普通高中英语课程标准（2017年版2020年修订）[S].北京：人民教育出版社，2020：8.

湾旅行攻略提供了素材；与此同时，学生也深刻体会到旅行前制订详细攻略的必要性，体现了评价的"激励学习与树立自信""再构语言学习素材巩固所学""促进人文思考与人文素养"的功能。最后，结合该评价图和学生的学习任务（制订完整的详细的台湾旅行攻略）完成情况，学生完成自评和互评（见表3-9：学生自评表，表3-10：学生互评表），体现评价的"监控教学的过程""反馈学习效果""反馈学生学习进展""改进学习策略"的功能。

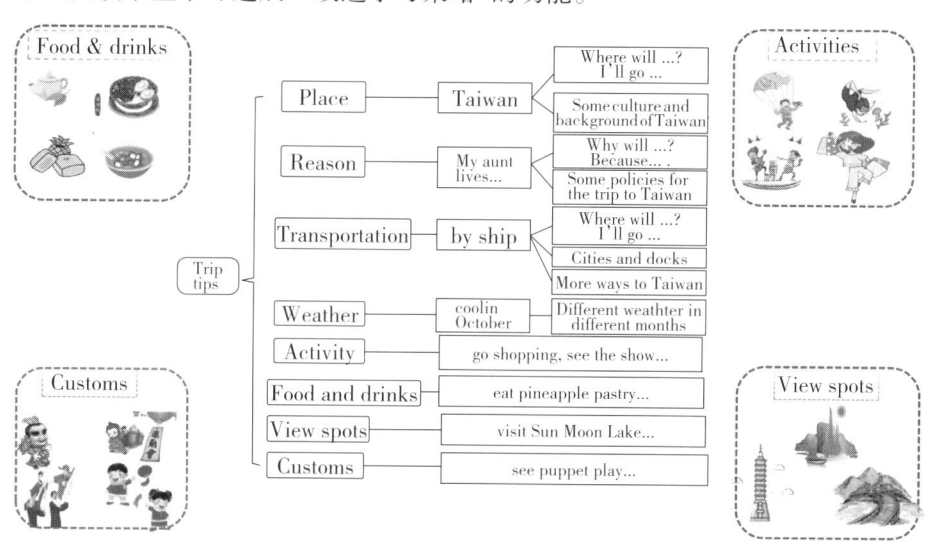

图3-20 "Trip Tips"一体化主题评价图

表3-9 学生自评表

问题	是	否	如果填"否"，如何改进？
你是否能流利复述语篇			
你是否能自主上网收集更全面的关于台湾的信息			
你是否能独立建构关于台湾旅行的知识结构			
你是否能综合运用所学制定台湾的旅行攻略并表达正确（至少描述5个方面的内容）			

表3-10 学生互评表

评价指标	得分	评分标准
她（他）能正确且流利复述语篇		5=Excellent
她（他）掌握了台湾旅行攻略制定的方法		4=Very Good
她（他）能制定详细的台湾旅行攻略并正确且流利地交流		3=Good
她（他）明白旅行前制定旅行攻略的重要性		2=Acceptable
她（他）在合作活动中能主动帮忙，乐于分享		1=Needs Improvement

综上所述，课堂评价的结构化，对学生而言，可以帮助学生更整体化地明确学习目标，更深刻准确地把握学习的实际效果，更具体地知晓自己现有的学习水平，明白自己学习中存在的问题并得到改进的建议。对教师而言，可以更整体地、更有系统地审视和反思课堂学习活动的设计与实施，更有逻辑地、更个性化地对学生存在的问题提出反馈和建议，并根据学生学习过程中的表现、困难及效果更有体系地及时改进教学方案。

五 教学资源：指向主题内涵的系统考量

知识激增与信息爆炸是时代发展的趋势，通过零碎知识、碎片化组织教学的课程内容难以适应时代的需求。课程目标决定课程内容组织的方式，课程结构的组织方式是决定课程价值功能的关键要素之一。课程内容结构化强调以学习逻辑整合学科逻辑与心理逻辑、重组学习经验，培育学生核心素养，从而实现结构与功能的统一。[①]（课程内容在课程标准里包含"内容要求""教学提示"两个部分，即"教什么（学什么）""怎么教（怎么学）""教到什么程度（学到什么程度）"。因此，课程内容结构化包括知识结构化、课堂结构化、思维结构化以及评价结构化四个相互关联的维度。）第一个维度知识结构化，在本章第二节的第二部分"教学内容：指向内在逻辑的结构建构"已阐述。第二个维度课堂结构化，在本章第二节的第三部分"教学活动：指向意义探究的结构教学"已阐述。第三个维度思维结构化，部分内容结合案例在本章第二节的第三部分"教学活动：指向意义探究的结构教学"已阐述，更多的内容将在第四章第二节"简·思——高阶思辨无痕培养的策略"中着重阐述。第四个维度评价结构化在本章第二节的第四部分"教学评价：指向评价结构化的整体实施"已阐述。此外，除了知识结构化、课堂结构化、思维结构化以及评价结构化，课程内容结构化还应该体现在教学资源的结构化。教学资源不是某个教学环节所固有的，而是为实现教学目标，随着教学进程的演进，所提供，或研发，或设计，或出现的能较好配合和推动教学发展，促进学生掌握语言知识和文化知识，推动学生理解语篇和语篇文化内涵，探究主题意义的各种资源素材。积极开发与合理利用课程资源是有效实

[①] 张紫红，崔允漷.论课程内容结构化：内涵、功能与路径[J].课程·教材·教法，2023，43（6）：4-10.

施英语课程的重要保障。课程资源的开发与利用应服务于课程改革,满足课程实施的需要,体现教育教学改革的理念。英语课程的教学资源有很多,包括教材以及有利于学生学习和教师教学的其他教学材料、支持系统和教学环境,如音像资料、直观教具和实物、多媒体软件、广播影视节目、数字学习资源报刊,以及图书馆、学校教学设施和教学环境;还包括人的资源,如学生、教师和家长的生活经历、情感体验和知识结构等。[1]根据课程内容结构化的理念,教学资源与教学内容、教学活动、教学评价一样,不能割裂、碎片、无序、零散地呈现,而应该聚焦主题,紧扣主题意义探究,围绕核心素养这一目标的达成,整体地、有体系地预设、呈现、设计、研发或利用。

从社会结构化理论视角来看,课堂结构不仅包括师生的教学行为和学习行为,还包括师生的各种教与学的实践活动,以及促进师生在学科实践中不断发展的教学资源和教学规则等教学制度。因此,从社会结构化理论来看,教学资源可以分为配置性资源与权威性资源。课堂中的配置性资源主要是教材,包括学科的课程标准、教科书、相配套的教师用书,以及为教学服务的所有物质资源,如配套光盘、道具等。课堂中的权威性资源是"教师对自身教学活动及对学生学习活动的协调,表现为具体的师生关系或教学关系"[2]。合理地组织、开发和利用资源,结构化教学资源,使教学资源能更好地为教学主题服务,为主题意义探究服务,为核心素养目标的达成服务,是教师需要思考的重要话题。以下,依然以闽教版《英语》五年级上册 Unit 3 Planning a Trip 这个大单元教学为例,阐述指向主题内涵系统考量的教学资源组织、开发与利用。

1.围绕整体目标,活用教材资源,推进教学内容结构化

教学目标是课程目标在学科实践中的具体表现方式,是以学生核心素养培养的要求为核心,以课程目标为指导,以具体学科教学内容为载体,学生在一段学习活动之后所达到的预期的变化和收获。教材是小学英语课程最主要的核心教学资源。教材作为学科知识体系的静态呈现,在展现学科知识的产生过程和渗透学科思想方面存在一定的内隐性,并且与知识更新相比,教材的内容选

---

[1] 中华人民共和国教育部.义务教育英语课程标准(2022年版)[S].北京:北京师范大学出版社,2022:72.
[2] 王鉴.论人文社会科学视野下的课堂研究方法[J].华东师范大学学报(教育科学版),2019(4):72-83.

择必然存在一定的滞后性。[1]特别是2022年版的《义务教育课程方案》和《义务教育英语课程标准》出台后,英语教材没有更新,没有按新方案和新课标的要求及时修订,因此对教材的积极开发与合理利用是教学中非常关键的一环。

教师首先要深入分析教材,以大单元的视角进行语篇研读和分析,准确把握教材设计的理念和语篇内容,并根据现有学生的具体学情,如现有的学习兴趣、学习水平、学习经验、生活经验、社会经验、文化知识水平、认识水平等,以及教师教学的需要和学生学习的需求,活用教材资源,结构化教学内容。

教学内容结构化是知识结构化的具体体现,是教师通过对教学内容进行创造性的组织和重组,引导和帮助学生在教学内容之间建立起有机联系,即在新旧知识之间,在新知识的各个要素之间,在新知识与学生的生活之间,在新知识与学生已有的认知经验之间,在新知识与科学、技术和其他学科知识与技能之间,搭建一条具有内在逻辑关联的、螺旋上升的学习链条,建构包含学科知识、学科技能、学科思想和研究方法等的知识结构,并将知识结构转化为新的认知结构的过程,简而言之,就是通过教学内容的合理组织和创造性重组,帮助学生知识结构化的过程。教学内容结构化可以采用"推进单元教学,研读分析语篇""梳理语篇关联,构建单元结构""分析课时语篇,梳理知识关联"三个策略,这在本章第二节的第二部分"教学内容:指向内在逻辑的结构建构"中,以闽教版《英语》五年级上册 Unit 3 Planning a Trip 第二课时 Trip tips 为例的分析中已阐述,此处不再赘述。

2.聚焦主题主线,开发素材资源,促进教学内容充实化

《义务教育课程方案(2022年版)》指出,基于核心素养精选素材,确保内容的思想性、科学性、适宜性与时代性。[2]既然原始的教材资源已不能很好满足现行教学的需求,教师就得突破教材的制约,合理开发教材以外的素材资源。开发素材资源主要有以下原则。首先,严把意识形态观。教师开发的素材,要选择具有正确的育人导向的多样化的素材。其次,聚焦教学主题和教学主线。教师开发的素材,不是素材资源的零散、随意、碎片地堆积,而是以教学主题为核

---

[1] 胡红杏,祁宁宁.结构化教学的理论内涵、构成要素与实施策略——社会结构化理论的视角[J].西南大学学报(社会科学版),2023,49(5):176-188.
[2] 中华人民共和国教育部.义务教育课程方案(2022年版)[S].北京:北京师范大学出版社,2022:12.

心、以教材语篇资源为依托、以主题意义探究为主线、以学生核心素养培养为目标、以学生基本学情为基础、以教学真实需要为抓手设计与开发资源。

仍然以闽教版《英语》五年级上册"Unit 3 Planning a Trip"这个大单元第一课时"Trip Wants"为例。该课时的主题是"Trip Wants"。教师开发的资源如下：在学习理解活动中，教师开发和利用了四个素材资源。第一个资源是歌曲导入资源。一开始从网上下载一首关于"A Trip Plan"的歌曲，这个歌曲本单元的主题相吻合，使学生在一上课就进入"A Trip Plan"的大情境之中，同时调动了学生学习的积极性。第二个资源是"My Trip Plan to Hong Kong"的自制视频资源。教师以一段自己设计的视频资源，阐述了自己假期准备去香港旅行的计划，教师从旅行的目的地、旅行的时间、旅行的交通工具、旅行的攻略（旅行目的地的饮食、住宿、参观的景点、游玩的活动等）以及旅行的若干准备几个方面做了大致分享，为大单元教学最后的任务解决（制订旅行计划）做了铺垫，也为第一课时"Trip Wants"（旅行初打算）的教学打下伏笔。第三个资源是关于National Day的自制视频资源。当学到教材中Wang Tao打算国庆节去台湾这一语篇时，教师自制了一段关于国庆节由来的视频。通过视频，拓宽学生对国庆节的了解，渗透国庆节的文化知识、文化背景和相关的庆祝活动。第四个资源是关于介绍台湾的自制视频资源。当学到Wang Tao的旅行目的地的语篇是台湾时，教师制作了该视频，视频由"乡愁"引出对台湾是中国领土一部分的历史的回顾、人民对台湾回归的期盼、台湾的气候、台湾的若干风俗民情、台湾的当地美食等。通过视频的学习，学生了解到更多关于台湾历史、台湾文化、台湾风俗民情的知识，为文化内涵和主题意义的探究做了铺垫。

以上所有利用和开发的资源，都是为了学生能更深入地理解语篇的语言知识和文化知识，为了学生能更深入地理解教学主题，为了学生能更深入地理解文化内容而设计的，并有体系地、有逻辑地融合呈现。

3.紧扣意义探究，利用学生资源，推动生成资源有效化

《义务教育英语课程标准（2022年版）》指出，学生资源包括每个学生的生活经历、学习体验，以及他们丰富的思想和情感。教师应充分认识、利用和开发好学生资源，通过创设开放性的师生、生生互动的交流与分享的平台，有效激活并

利用学生已有的知识、经验、想象力和创造力,引导学生建立和利用自己个性化的学习资源,并以适当方式进行交流与分享。[1]

继续以闽教版《英语》五年级上册"Unit 3 Planning a Trip"单元为例。第一课时的主题是"Trip Wants",当学到Wang Tao打算国庆去台湾这一教材语篇时,教师在播放自制的关于国庆节的由来的视频之前,先提问:"What did you know about Our National Day?""What did you know about Taiwan?"激活学生所有关于国庆节和台湾的已有的语言知识经验、文化知识经验、生活常识经验、社会知识经验等,为生生互动和师生互动交流搭建了良性的平台。当学到Wang Tao去台湾旅游的原因是因为她的阿姨住在那里,教师提问"Can everyone travel to Taiwan now?Why?"引导学生畅谈目前赴台旅行政策。虽然学生对此了解不多,但通过师生的互动,学生非常及时地了解了相关的政策和申报赴台旅行的相关流程。同时,当学到Wang Tao will go by ship时,教师马上追问:"Which city can Wang Tao go to Taiwan by ship?"在师生互动过程中,当教师发现学生对这方面的了解不多时,马上引导学生上网查阅资料,补充了相关知识(从厦门和泉州坐船到台湾金门,从广州黄岐和福州马尾坐船到台湾马祖)。这些知识或常识,虽然不是教材语篇要传授的语言知识,却是学生的生活常识,是对生活经验的有益补充,对单元主题"The Plan the Trip to Taiwan"的充实和丰富。最后通过问题"What aspects does Wang Tao want to share?"帮助学生巩固第一课时的知识结构,锻炼了学生知识梳理和归纳的能力,以及初步建构知识体系的能力。第二课时中,教师让学生把自己的Trip Tips以思维导图的形式呈现并展示在英语角或教室后面的黑板上,这也是对学生资源的收集和利用,不仅有利于教师了解学生思维发展和知识梳理的情况,也有利于学生对第一课时知识结构的重构和再构,进一步锻炼和培养学生的发散思维、归纳思维、创造性思维和结构性思维能力。接着教师以问题"What do you think of your classmates' trip tips?"鼓励学生学习、欣赏、评价他人制作的旅行攻略,锻炼了评价和批判的高阶思维,同时加深了对"Trip Tips"这个主题内涵的理解,以及让学生及时理解"制定详细的旅行攻略对旅行的必要性"这个主题意义。

除了以上课堂教学资源的利用和开发以外,教师还可以在教材这个载体的基础上,聚焦主题,紧扣主题意义探究,引导学生尽可能通过不同渠道,如利用

---

[1] 中华人民共和国教育部.义务教育英语课程标准(2022年版)[S].北京:北京师范大学出版社,2022:73.

图书馆的资源,利用电脑室上网查阅资料等,增强英语学习的真实性、鲜活性和实用性。也可以让学生利用国家中小学智慧教育平台等数字资源网络和平台,根据自己的个性化需求选择与学习主题相关的学习内容和学习方式,增强英语学习的真实性、开放性和实效性等。

总之,教学资源的结构化要紧扣英语学科育人价值的培育这个终极目标,教师要改变传统的"教教材"的思维,把教师用的"教材"变为学生用的"学材",从"教教材"走向"用教材",重建课堂教学的配置型资源。教师不仅要走进教材,更要基于教材而走出教材并超越教材。"走进教材"指教师要领会课程标准的要求,深入把握和理解教材背后所体现的教育理念和语篇背后所蕴含的主题意义,根据教学内容、学生的知识水平和认知水平等真实学情,合理创设真实的教学情境,对教学内容、教学活动、教学评价、教学资源等进行系统化和结构化设计,以体现教材知识发展学生学科核心素养的功能。同时,教师要在基于教材的基础上,走出教材并超越教材。互联网和数字技术为学生个性化学习和自主学习创造了非常广阔的空间、资源和平台。教师要善于利用这些资源平台,超越时空限制获取更多教学资源。

除此以外,在以生为本的教学关系和民主平等的师生关系中,通过师生互动、生生互动而产生的现场生成的资源,是课堂教学资源的重要内容之一。教师在课堂中科学合理地引导学生自主探究是现场资源生成的重要前提。教师的教学活动和教学行为、学生的学习活动和学习行为,均能影响学生的学习兴趣、学习态度和认知结构,当这些影响因素经过互动反馈后,就会形成课堂教学活动中新的资源,以此促进学生重构主体实践的意识与行为。

第四章

"简·美"英语的实施策略

第一节 以"简·取"实现"会学之美"的策略

英语课程的实施倡导实行结构化教学,加强知识间的内在关联。结构化教学是深化课堂教学改革的重要方式,科学、合理、有目的、有规划地开展结构化教学,是提升学生知识结构化水平和思维结构化水平,有效发展学生核心素养,推动育人方式变革的重要手段之一。"简·美"英语是课堂内容结构化的具体表现,包括知识结构化、课堂结构化、思维结构化以及评价结构化四个相互关联的维度(见第三章图3-8:"简·美"英语课程内容结构化维度图)。"简·取"指教学内容的结构化选取和课堂结构化教学,指向小学英语核心素养中"语言能力"的提升。"简·取"是指在小学英语教学中,教师减掉无主题的、无关联的、无逻辑的、碎片化的教学内容,取而代之的是以主题为核心,以主题意义探究为引领,引导学生在感知、积累和习得的基础上,以知识图谱等形式,有主题地、有体系地梳理、归纳、整理所学知识,较为直观和形象地建立新旧知识之间的关联,使不同的知识串联形成知识脉络,再使不同的脉络组合形成知识结构,从而使学生围绕主题,综合运用所学内容进行有体系地、有逻辑地、大语言量输出的表达与交流,促进学生语言能力的提升。

小学英语教学内容结构化是以主题为引领,以语篇为依托,以主题意义探究为核心,以核心素养培育为目标,通过教学内容的合理组织和创造性重组,帮助学生知识结构化的过程。教学内容的结构化需要在结构化的课堂教学即课堂结构化中实践和实现。教学内容结构化是知识结构化的具体体现,是教师通过对教学内容进行创造性的组织和重组,引导和帮助学生在教学内容之间搭建具有内在逻辑关联的、螺旋上升的学习链条,建构包含学科知识、学科技能、学科思想和研究方法等的知识结构,并将知识结构转化为新的认知结构。教学内容结构化首先可以在备课时实施,即在语篇研读时进行语篇内容结构化处理,然后进一步在课堂教学中实施,即以英语学习活动观为指导,结构化开展学习理解、应用实践和迁移创新等教学活动,构建知识理解与运用、问题驱动与牵引、资源整合与利用、活动关联与递进、文化理解与感悟、主题意义梳理与探究等结构化教学活动，促进学生核心素养目标的达成。

知识结构化的背景、内涵和部分策略，已在本文第三章第二节的教学内容结构化和课堂结构化里有部分阐述。以下，笔者结合外研社版《英语》（新标准）（一年级起点10）五年级下册"Module 7 Unit 1 My father goes to work at 8 o'clock every morning."为例，更详尽地阐述"简·取"的具体实施策略。

一、学情梳理：形成板块知识结构

学情梳理，不仅要了解学生现有的年龄特征、认知水平、兴趣爱好、已有的生活经验和社会经验以外，还要知晓学生已有的知识经验，即知晓相关主题下学生已知的学习内容、学生正要学习的内容和学生将掌握的学习内容。以外研社版《英语》（新标准）（一年级起点第10册）五年级下册Module 7为例，该单元的主题语境是"人与社会"，主要围绕主题"Jobs"开展。根据这个思路，初读语篇，聚焦主题"Jobs"，笔者根据已学的知识内容（Known objectives）与目标、正在学的知识内容（Knowning objectives）与目标、将要学的知识内容（Unknwon objectives）与目标三个板块，把所有一至六年级英语教材中相关主题的学习内容进行梳理和分析，形成"Jobs"知识板块结构（见图4-1）。

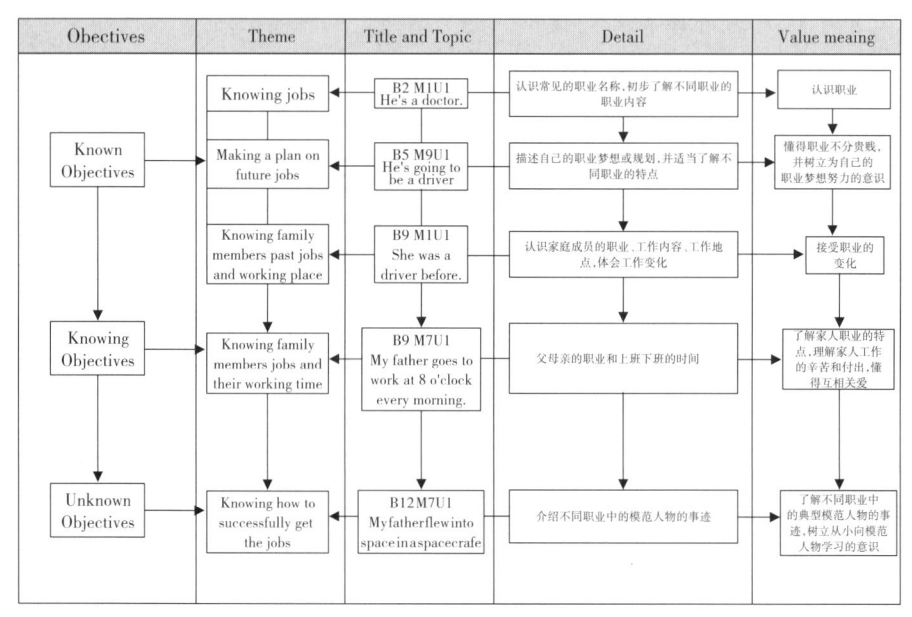

图4-1 "Jobs"板块知识结构图

在已学的知识内容方面,在一年级下册,学生已经学习了若干职业名称,如 teacher,doctor 等和"He/She is a ..."的句型,了解了相关职业的表达;在三年级上册,学生学习了"What will you be? I will be a ..."句型,懂得描述自己的职业梦想和职业规划,同时对相关职业的职业特点和职业行为有进一步的认识;五年级下册,学生学习了"He was a ...He worked in a ...Now he is a ...He works in ..."句型,学会了描述家人职业和工作地点的变化。通过梳理发现,职业名称、职业行为、职业地点、职业地点的变化、职业梦想和规划等话题和一般现在时、动词的过去时、动词的将来时均已学过,说明学生对"Jobs"这个话题的知识积累还是相当丰富的。正在学的知识内容主要涉及不同职业的上下班时间。将要学的知识内容与目标是了解不同职业中的模范人物,了解他们的事迹。英语教材中关于"Jobs"的整体布局呈螺旋上升的态势,教师必须首先全面了解教材编写的体系、教材的具体内容、教材编写的目的等,这样才能聚焦具体的单元和课时语篇进行具体分析,才能清晰地明确学生已有的知识水平和已有的知识基础,知道哪些内容是教师在教学中可以选取的,哪些内容是教学中可以结合的,哪些内容是教学中可以预设生成的,哪些内容是教学中可以融合应用的,哪些内容是教学中可以延伸的,哪些内容是教学中可以拓展的,哪些内容是教学中可以事先铺垫以备后期使用的……因此,学情梳理,形成板块知识结构是教学内容结构化的必要前提。

二 语篇研读:搭建语篇内容结构

在聚焦主题,对一至六年级的教材的内容有了整体梳理和分析的基础上,聚焦具体的单元和具体单元下的课时的语篇,进行语篇研读,搭建其语篇内容的结构是教学内容结构化的基础。

《义务教育英语课程标准(2022年版)》指出,教师要以语篇研读为逻辑起点开展有效教学设计,充分认识语篇在传递文化意涵,引领价值取向,促进思维发展,服务语言学习、意义理解与表达等方面的重要作用。[1]深入开展语篇研读,教师要回答三个问题:"语篇的主题和内容是什么(What)""语篇传递什么意义

---

[1] 中华人民共和国教育部.义务教育英语课程标准(2022年版)[S].北京:北京师范大学出版社,2022:48.

(Why)""语篇具有什么文体特征、内容结构和语言特点(How)",即分析语篇的具体内容,厘清语篇大意和细节处理,分析语篇的文体结构、语言特点、中心大意、作者的观点等,提炼语篇的主题意义和语篇中的结构化知识,建构文体特征、语言特点、文化知识、语言知识等与主题和主题意义的逻辑关联,把握教学主线,并以此为基础多层次、多维度地挖掘和传递语篇所包含的文化内涵和育人价值。

外研社版《英语》(新标准)(一年级起点第10册)五年级下册Module 7的主题是"Jobs",但主题"Jobs"的定位是宽泛的,根据语篇分析,笔者把该单元的主题更精确地定位为"Jobs and the Daily Schedules in Our Families"。该单元包含三个语篇,包括两组对话和一个配图故事,三个语篇的语言研读如下:

第一课时——语篇一:

What:该语篇介绍了家人的职业和家人上班的不同时间。对话情境是Daming在上学的路上遇到Fangfang。他告诉Fangfang自己的爸爸是警察,每天八点去上班;妈妈是护士,每天晚上11点上班。Fangfang介绍了自己父母的职业和上班时间,爸爸是演员,每天傍晚六点上班;妈妈是出租车司机,每天早上五点半上班。正在这时,Fang Fang的母亲正好开着出租车经过,于是开车送他俩去了学校。

Why:作者通过图文描述Daming和Fangfang交流家人职业和上班时间的内容,帮助读者明白不同职业的工作特点和每一份职业的辛苦和不易,特别是理解爸爸、妈妈工作的辛苦和不易。本文的内容与学生的生活紧密联系,但现在有不少小学生不太具备换位思考的能力,不太能设身处地为家长考虑,因此,该课内容具有现实意义和教育意义。

How:该对话是比较常见的小学生日常生活对话,明线描述的是父母亲的职业及其上班的时间。暗线揭示了不同职业有不同的职业特点(作息时间、工作内容、工作强度、工作对象等)和每一份职业背后的辛苦付出和不易。对话涉及家庭词汇,如father, mother等;常见的职业词汇, policeman, actor, nurse, taxi driver等。谈论家人职业时使用的核心句型:"He / She works…at…every…He/ She's a …" Daming和Fangfang在交流时,采用的是第三人称的一般现在时,学生在之前的学习中已经接触并学习了该时态。该对话情节简单,易于理解。

第四章 "简·美"英语的实施策略

该语篇的内容知识结构图如下(见图4-2):

```
My father goes to          When ──→ In the day
work at 8 o'clock         Where ──→ By the road
every morning.             Who ──→ Daming and Fangfang
                          What
                        happened ──→ Context              Meaning
                                    Work time and       Different jobs,
                                    jobs:               different work
                                    My... goes to       time and
                                    work at ...         different hard
                                    He/she's a ...      work.
```

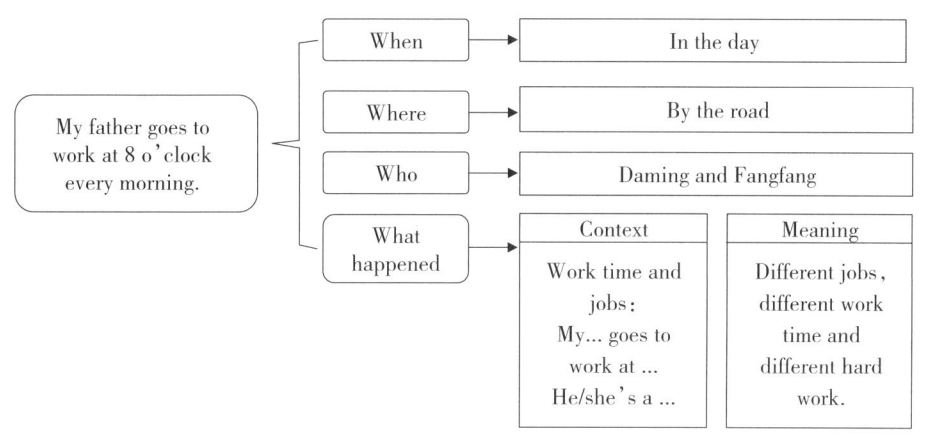

图4-2 "My father goes to work at 8 o'clock every morning."内容知识结构图

第二课时——语篇二:

What:该语篇是孩子与爸爸的日常对话,围绕爸爸几点回家的情境展开。由于今天是爸爸的生日,孩子们多次打电话询问爸爸几点到家,最后爸爸准时到家,孩子们为爸爸庆祝生日。

Why:作者描述孩子们多次催促爸爸准时回家,因为他们要为爸爸庆祝生日,使学生明白,要理解和体谅父母亲工作的辛苦和不易,要感恩父母为这个家的付出。

How:该对话是比较常见的父母与孩子之间的日常生活对话,涉及时间的询问"What time will you be home?"和时间的表述"It's a quarter past..., half past...I will be home at...",以及时间和动词将来时学生之前均已学过,但对"a quarter past..."的遗忘率较高。该对话情节简单,易于理解。就现实情况而言,目前有很多孩子不理解父母工作的艰辛,很少有孩子记得父母的生日,更别说为父母过生日,因此这一主题很有现实意义和教育意义。

该语篇的内容知识结构图梳理如下(见图4-3):

133

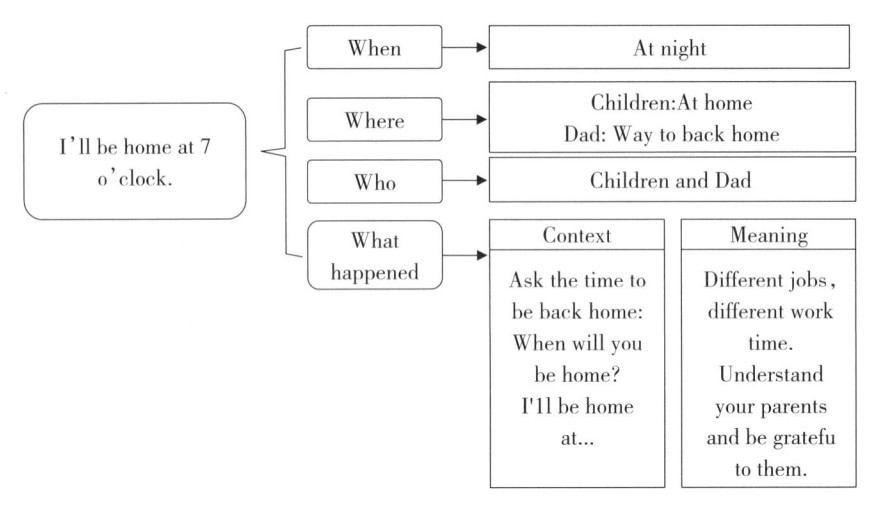

```
                          ┌─── When ──────→  At night
                          │
                          │                  Children: At home
   I'll be home at 7 ─────┼─── Where ─────→  Dad: Way to back home
        o'clock.          │
                          │── Who ────────→  Children and Dad
                          │
                          │── What              Context              Meaning
                          └── happened     ┌──────────────┐   ┌──────────────┐
                                           │ Ask the time │   │ Different jobs,│
                                           │ to be back   │   │ different work │
                                           │ home:        │   │ time.          │
                                           │ When will you│   │ Understand     │
                                           │ be home?     │   │ your parents   │
                                           │ I'll be home │   │ and be grateful│
                                           │ at...        │   │ to them.       │
                                           └──────────────┘   └──────────────┘
```

图4-3 "I'll be home at 7 o'clock."内容知识结构图

第三课时——语篇三：

What：该语篇是配图故事，扩展型课时，是教师自己设计的教学内容。故事情境是今天是重阳节，Tongtong与父母和爷爷奶奶聚餐。在聚会的时候，向她的外国朋友介绍家人的职业、上下班时间、职业特点或职业内容，还有职业的变化：爸爸是医生，救死扶伤，早上6点上班，晚上基本8点后下班。妈妈是老师，早上6:30上班，晚上7点下班，但妈妈和爸爸一样经常加班，妈妈回家后还得备课，改作业。奶奶之前是农民，后来是清洁工，每天早上4点上班，下午4点下班。爷爷以前是厨师，早上9点出发，凌晨1点回家，现在退休了。Tongtong想成为一名宇航员，因为她特别喜欢太空。

Why：作者描述小女生家人的职业和职业特点等，使学生了解更多关于不同职业的知识，如不同职业的工作强度、工作特点、工作行为、工作时间等，由此让学生明白任何职业都需要辛苦付出，我们要感恩家人对家庭的付出和做出的贡献。同时，渗透职业梦想的教育。

How：该语篇是比较常见的孩子介绍自己家人职业的文章，涉及职业的介绍：My...is a ...；职业特点和职业行为的介绍：She teaches children...；上班和下班时间的介绍：He/She goes to work at ...He/She goes home at...；职业变化的介绍：He was a...He worked in a...Now he is a...He works in a ...其中职业特点和职业行为对学生而言是比较难的内容，其他内容在第一、二课时已学。

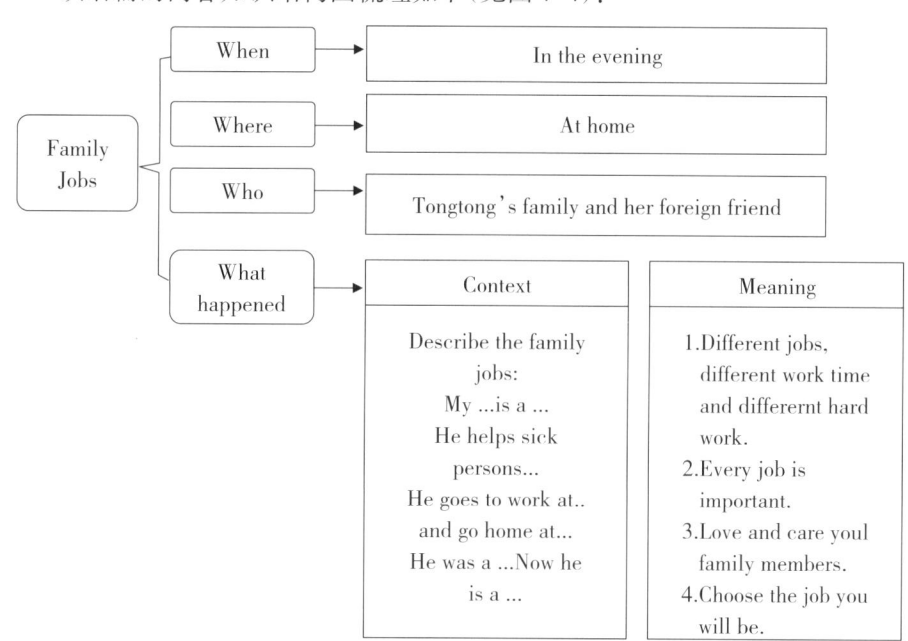

该语篇的内容知识结构图梳理如下(见图4-4):

```
                  ┌─ When ──────→ In the evening
                  │
                  ├─ Where ─────→ At home
Family Jobs ──────┤
                  ├─ Who ───────→ Tongtong's family and her foreign friend
                  │
                  └─ What happened ──→
```

Context	Meaning
Describe the family jobs: My ...is a ... He helps sick persons... He goes to work at.. and go home at... He was a ...Now he is a ...	1. Different jobs, different work time and differernt hard work. 2. Every job is important. 3. Love and care youl family members. 4. Choose the job you will be.

图4-4 "Family Jobs"内容知识结构图

通过单元语篇分析、课时语篇研读以及课时语篇内容知识结构图的梳理,教师可以较清晰地分析和把握该课时语篇在单元中的定位和作用,可以较好地理解和把握该课时语篇的整体内容、整体知识框架、教学重难点和教学情境,这是教学内容结构化的重要基础。

二、目标分析:建构语篇单元结构

当教师梳理了"Jobs"这个话题在一至六年级教材体系中的已知知识、新授知识、未知知识,了解了学生的学情基础之后;当教师进一步聚焦大单元主题认真地进行语篇研读,厘清了三个课时的语篇内容知识结构后,就得具体梳理该单元的核心知识和核心技能,这是深入进行语篇研读的体现。

《义务教育英语课程标准(2022年版)》指出:"要推动实施单元整体教学,教师要强化素养立意,围绕单元主题,充分挖掘育人价值,确定单元育人目标和教学主线……要构建由单元教学目标、语篇教学目标和课时教学目标组成的目标体系,使学生逐步建构起对单元主题的完整认知,促进正确态度和价值观的形成。各层级目标要把预期的核心素养综合表现融入其中,体现层级间逻辑关联,做到可操作、可观测、可评价。"[①]本单元三个语篇的核心词汇、核心句式、技能与策略学习要点梳理如下(见表4-1)。通过梳理,教师可以很直观、很清晰地明确该单元三个语篇中所对应的学生需要培养的语言能力和学习能力的要点。

表4-1 单元核心词汇和句式、技能与策略梳理图

单元主题:Jobs and Daily Schedule in Our Family			
语篇	核心词汇	核心句式	技能与策略学习要点
My father goes to work at 8 o'clock every morning	职业词汇:policeman nurse,actor,driver 形容词:busy,late,early	描述上班时间:My father/mother goes to work at... 询问职业:What does he/she do? He/she is a …	在看图、听对话的过程中,获取并梳理对话中主人公家人职业的信息;了解常见职业的特点,如上下班时间、工作强度、工作地点等,能恰当表达对常见职业的观点和态度
I'll be home at 7 o'clock.	时间词汇:a quarter to,half past...	询问时间:What time will you be home? I will …	根据图片、标题推测和获取对话的主题、语境、对话的发生、发展和结局的信息;了解家庭成员的休息时间,体会父母的辛苦和忙碌
My hard-working family.	职业词汇:cleaner,astronaut	He is a... He helps sick persons... He goes to work at... and go back home at....She was a … Now she is a...	根据图片、标题推测绘本故事的情境和主要信息;在听、读故事的过程中提取,推测和获取主人公家人的工作内容和工作时间;借助图片和核心词汇句型描述故事概况

根据以上对单元语言核心词汇与句式、技能与策略学习要点的梳理,本单元的单元主题内容框架图梳理如下(见图4-5)。该单元主题内容框架图的建构,可以帮助教师提炼和明晰单元主题和课时主题以及相应的主题意义,梳理每个语篇之间的逻辑关联,建构话题中内在的融合和递进关系,这是教学内容结构化的核心。

[①] 中华人民共和国教育部.义务教育英语课程标准(2022年版)[S].北京:北京师范大学出版社,2022:47-48.

```
                    ┌─────────────────────────────────────────┐
                    │ 单元主题:Jobs and Daily Schedule in Our Family │
                    └─────────────────────────────────────────┘
                         ↑              ↑              ↑
    ┌──────────────┐  ┌──────────────┐  ┌──────────────┐
    │认识父母亲的职业,包括│→│感恩父母亲工作的艰辛,│→│介绍家庭成员的职业(名│
    │职业名称、职业作息时间│  │感悟家人间彼此的关爱、│  │称、行为、特点、时间等),│
    │等            │  │支持          │  │并畅谈自己的职业梦想│
    └──────────────┘  └──────────────┘  └──────────────┘
           ↓                 ↓                 ↓
```

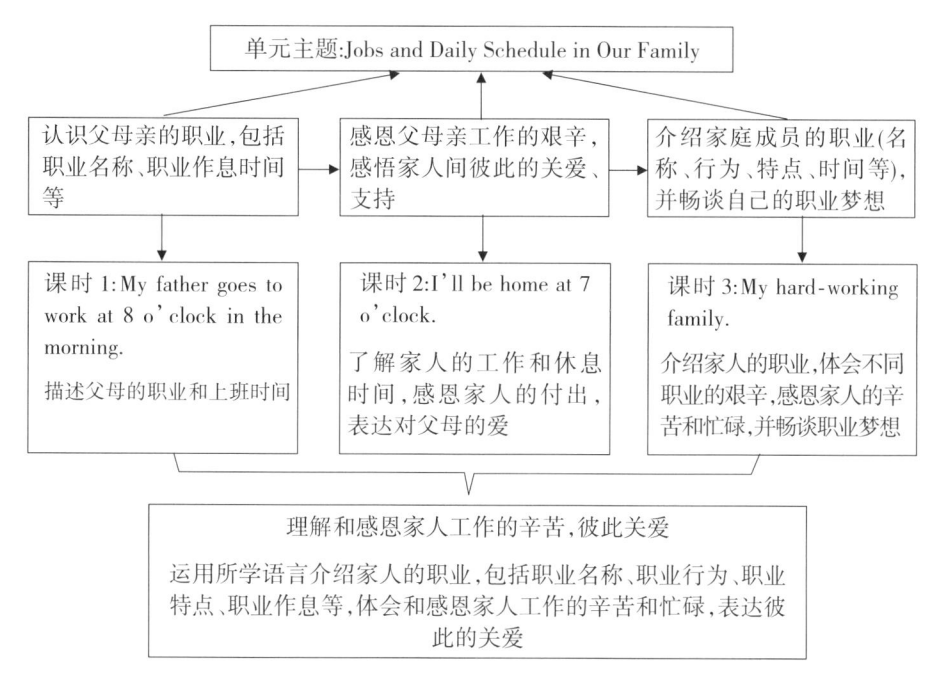

图 4-5 "Jobs and Daily Schedule in Our Family"单元主题内容框架图

鉴于以上分析,本单元的教学目标确定如下(见表 4-2),该目标的确定,为教学内容的结构化提供了指导方向。

表 4-2 Jobs and Daily Schedule in Our Family 单元教学目标

单元教学目标	语篇
本单元学习后,学生能够: 1.介绍和交流父母亲的职业和上下班的时间	1.对话 My father goes to work at 8 o'clock in the morning.（1 课时）
2.设计"感恩派对",模拟语篇情境描述父母亲下班的时间以及表达对父母亲的关爱	2.对话 I'll be home at 7 o'clock.（1 课时）
3.描述家庭成员的职业,包括职业名称、职业特点、职业行为、上下班时间等,并畅谈自己的职业梦想	3.配图故事 My hard-working family.（1 课时）

三个课时的课时目标设计如下:

第一课时——通过本课时学习,学生能够:

1.在看、听、说的活动中,获取、梳理对话中两位小学生谈论家庭成员职业名称和上班时间的信息,并补充父母下班的时间(学习理解);

2.能在对话语境中尝试使用句型"My...goes to work at...He's a..."描述父母职业和上下班时间(应用实践);

3.简要评价及表达对父母职业的看法(迁移创新);

4.交流自己父母亲的职业(职业名称、职业内容或职业特点等)和上下班时间(迁移创新)。

第二课时——通过本课时学习,学生能够:

1.在看、听、说的活动中,获取、梳理对话中孩子们催爸爸早点儿回家,他们要给他办生日派对的信息(学习理解);

2.能在对话语境中尝试使用句型"What time will you be home? I'll be home at ..."进行角色扮演,描述父母下班时间(应用实践);

3.简要评价及表达对父母职业的看法(迁移创新);

4.交流自己父母亲的职业(职业名称、职业内容或职业特点等)和上下班时间,表达对父母辛苦工作的理解,并表达对父母的关爱和感恩(迁移创新)。

第三课时——通过本课时学习,学生能够:

1.在看、听、说的活动中,获取、梳理阅读故事中Tongtong家人的职业名称、职业特点、职业行为、上下班时间、职业变化等信息,以及Tongtong自己的职业梦想的信息(学习理解);

2.在教师的帮助下,角色扮演(程度较好的学生可以再适当拓展更多的内容)描述Tongtong家人的职业和Tongtong的职业梦想(应用实践);

3.简要对Tongtong家人的职业和Tongtong的职业梦想做出评价(迁移创新);

4.描述自己家人的职业(包括职业名称、工作地点、上下班时间、工作强度、工作内容等),表达对家人职业的理解和对家人的关爱,同时描述自己的职业梦想及职业规划(迁移创新)。

单元目标和课时目标的确定,为教学内容结构化指明了方向。

三 主题聚焦:构建主题知识结构

学情梳理,形成板块知识结构,形成对主题内容的体系性整体认知,这是教学内容结构化的必要前提;语篇研读,搭建语篇内容结构,形成对语篇内容结构的完整认识,这是教学内容结构化的重要基础;目标分析,建构语篇单元结构,形成对单元中各语篇核心知识与技能的梳理以及对单元目标和课时目标的合理定位,这也是教学内容结构化的目标,为教学内容结构化提供了指导的方向。最后要聚焦单元主题和课时主题,构建该课时知识结构框架,这是教学内容结构化的核心要点。

以外研社版《英语》(新标准)(一年级起点第10册)五年级下册"Module 7 Unit 1 My father goes to work at 8 o'clock every morning."为例,该课时的知识结构图如下(见图4-6)。该知识结构图聚焦"Parents Jobs"这个主题下的语言知识和文化知识,语言知识整合了职业名称(Occupation)、上下班时间(Work time)、工作地点(Work place)、工作内容(Work activity)的相关知识内容;文化知识则预设学生通过对父母职业的学习,体会父母工作的重要性、艰辛与不易,引导学生由心而发理解和感恩父母。

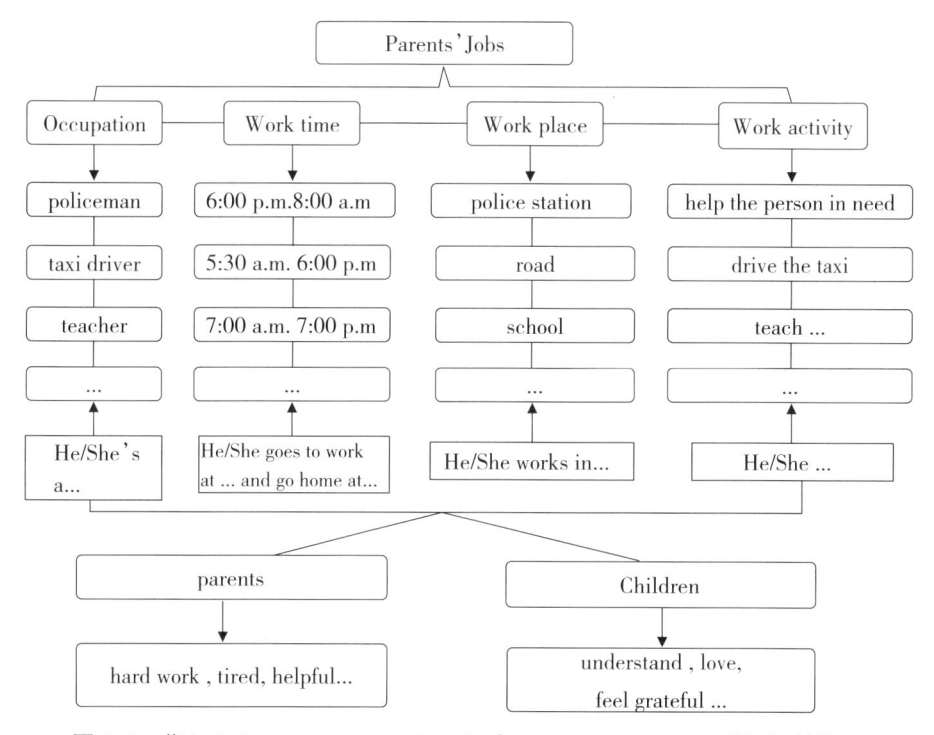

```
                        Parents' Jobs
        ┌──────────┬──────────┬──────────┐
    Occupation  Work time   Work place  Work activity
        │          │           │            │
    policeman  6:00 p.m.8:00 a.m  police station  help the person in need
    taxi driver  5:30 a.m. 6:00 p.m  road       drive the taxi
    teacher    7:00 a.m. 7:00 p.m  school      teach ...
      ...         ...              ...          ...
    He/She's    He/She goes to work  He/She works in...  He/She ...
    a...        at ... and go home at ...
                        │                        │
                    parents                   Children
                        │                        │
            hard work, tired, helpful...   understand, love,
                                           feel grateful ...
```

图4-6 "My father goes to work at 8 o'clock every morning."知识结构图

知识结构图的梳理,能使教师明确该课时要聚焦的教学主题、要整合的教学内容、要整合的核心词汇和核心句型、要培养的技能策略、要渗透的文化知识、要挖掘的文化内涵、要探究的主题意义,使教学内容的整合有主题地、有体系地呈现,这是教学内容结构化的核心要点。

  总之,学情梳理,形成板块知识结构,形成对主题内容的体系性整体认知,这是教学内容结构化的必要前提;语篇研读,搭建语篇内容结构,形成对语篇内容结构的完整认识,这是教学内容结构化的重要基础;目标分析,建构语篇单元结构,形成对单元中各语篇核心知识与技能的梳理以及对单元目标和课时目标的合理定位,这也是教学内容结构化的目标,为教学内容结构化提供了指导的方向;主题聚焦,构建主题知识结构,形成聚焦主题下知识结构的整体框架,这是教学内容结构化的核心要点,只有这样才能保障教学内容结构化更具有主题性、整体性、系统性、关联性、承前启后性。这有利于教师从点状、传输式的知识传授和单项技能的训练,转向对学科知识与跨学科知识主题性、整体性、关联性的关注;有利于教师从单维目标的关注,转向对学生知识与技能,过程与方法,情感态度与价值观等综合效应的关注;有利于学生从知识点点状学习、碎片学习或单项技能训练,转向主动找出知识间的关联,有逻辑、有体系地整合所学;有利于学生从知识的死记硬背和生搬硬套,转向主动进行知识结构与方法的应用迁移,并从根本上学会知识体系建构这个关键能力,从而使学生在真正意义上学会学习,使学生体会到"懂学之方"的"会学之美"。

第二节 以"简·思"实现"思学之美"的策略

《意见》指出,"提升智育水平。着力培养认知能力,促进思维发展,激发创新意识""坚持教学相长,注重启发式、互动式、探究式教学……引导学生主动思考、积极提问、自主探究……探索基于学科的课程综合化教学,开展研究型、项目化、合作式学习。精准分析学情,重视差异化教学和个别化指导""充分发挥教师主导作用,引导教师深入理解学科特点、知识结构、思想方法,科学把握学生认知规律,上好每一堂课。突出学生主体地位,注重保护学生好奇心、想象力、求知欲"。《义务教育英语课程标准(2022年版)》对核心素养中的思维品质做出了界定,"思维品质指人的思维个性特征,反映学生在理解、分析、比较、推断、批判、评价、创造等方面的层次和水平。思维品质的提升有助于学生学会发现问题、分析问题和解决问题,对事物作出正确的价值判断","思维品质的学段目标包括观察与辨析、归纳与推断、批判与创新三个方面"。以上都强调了在教学中训练和培养学生思维能力和相应的思维品质的重要性。"简·思"指高阶思维的无痕训练,指向小学英语核心素养"思维品质"的提升。"简·思"是指教师减掉过多无主题关联的,或无思维含量的,或低阶思维的、零散的、碎片的、低级的思维活动,取而代之的是,设计简洁易懂的情境主线,优化课堂提问的内容,优化课堂提问的方式等,在学习理解、应用实践和迁移创新的活动中,不知不觉地促进学生解决问题时的分析、综合、创造、批判、评价等高阶思维的发展。"简·思"有利于教师从关注学生的识记、理解、运用等低阶思维能力的发展,转向更多关注学生分析、综合、评价、问题决策和批判性思维等高阶思维能力的发展;有利于增强学生思维的深刻性、逻辑性、批判性、创新性;有利于学生在学习中擅于发挥主观能动性,批判性地思考与辨析问题,并创新地解决问题与完善问题,从中让学生体会到"擅思于学"的"思学之美"。高阶思维无痕训练和发展的策略,可以从优化课堂提问、着眼教材整合和立足多维辨析三方面入手。

一 优化课堂提问，促思维品质的发展

英语教学是学生与学生之间、学生与教师之间、学生与教材之间、学生与文本之间对话的过程。要实现学生高阶思维的发展，就要实现有效的对话，这就离不开课堂提问。陶行知说过："发明千千万，起点是一问。智者问得巧，愚者问得笨。"可见课堂提问的重要性。课堂提问包括教师对学生的提问，也包括学生对教师提出的质疑。课堂提问具有启迪功能、激励功能、诊断功能、督促功能和强化功能。它是学生思维碰撞的"启动仪"，能有效促进学生多种思维能力，特别是质疑、解疑、答疑等能力及其相应的思维品质的培养；是师生语言互动的"导火索"，能有效推动学生的语言交流和表达；是学生学习成效的"晴雨表"，能有效反馈学生学习的掌握情况；是师生课堂氛围融洽的"润滑剂"，能促进师生形成自然、互动的对话氛围。课堂提问涉及提问的类型、提问的功能、提问的内容、提问的方式、提问的角度、提问的方法、提问的时机、提问的反馈、候答的时间、叫答理答导答的方法以及课堂提问结构化等方面的内容。

以下笔者从基于课堂提问存在问题与本源问题的思考、基于认知结构建构的课堂提问结构化设计、基于思维维度拓宽的课堂提问内容的精选、基于高阶思维提升课堂提问时机的把握、基于思维品质提升的课堂提问方式的优化五个方面加以阐述。

（一）基于课堂提问存在问题与本源问题的思考

提问是课堂教学中最为普遍的课堂教学行为。正因为课堂提问的普遍性，教师往往忽略了对一些课堂提问的本源性问题的思考，即什么问题适合提问、以什么方式呈现问题、什么主体能够提问、提问要获得什么效果等，从而忽视了对课堂提问的整体设计。课堂中普遍存在着课堂问题随意提问、碎片提问、浅层提问、无序提问、单一提问等低效而消极的提问方式，直接影响了学生课堂参与回答和参与活动的积极性和主动性。

课堂提问的本源性问题就是回答"谁来提问""问题促进谁的发展""怎样促进发展"三个问题。首先课堂提问由谁来问，这是关于课堂提问主体的问题，课堂提问可以由教师提问，可以学生由于质疑而提问，也可以由课堂中的学习小组来提问。"问题促进谁的发展"是一个关于课堂被提问对象的问题。课堂提问当然是为了促进全体学生的发展。但是，单一或孤立的问题如何促进每个学生

的发展？单一或孤立的问题如何能体现分层教学,促进不同学生的个性发展？而且从现实的课堂提问中不难发现,从问题叫答的对象看,一般回答的学生就是一个或少数学生,这又如何促进全体学生的发展呢？学生的基础学情不同,学生的发展性学力也不同,那么适合学生的问题自然也应各不相同,所以,要实现每个学生的个性需求和个性发展,需要教师对问题的指向、问题的目标、问题的内容、问题的数量、问题的难度、提问的方式、提问的对象、提问的体系等做出系统设计。

(二)基于认知结构建构的课堂提问结构化设计

"简·美"英语就是课程内容结构化在课堂教学中的具体体现。课程内容包括"教什么(学什么)""怎么教(怎么学)""教到什么程度(学到什么程度)"三部分内容。因此,课程内容结构化包括知识结构化、课堂结构化、思维结构化以及评价结构化四个相互关联的维度。而在这四个维度里,特别是在思维结构化的维度里,均涉及思维能力,特别是高阶思维的训练与发展,因此课堂提问也需要结构化发展,即提问的有序化,这是充分发挥提问功效的重要保障。课堂提问的结构化对于知识结构化、课堂结构化、思维结构化以及评价结构化有极为重要的意义。

课堂提问是课堂教学的重要组成部分,是师生互动和生生互动的重要方式,对课堂教学中的教师、学生、学科实践活动、学习效果等均有直接的驱动作用。可以说,课堂提问牵一发而影响课堂整体格局。因此,教师对课堂提问要进行系统化和结构化设计,这是课堂提问发挥其全面功能与作用的前提。

小学英语课堂提问结构化是指教师删除课堂中碎片、单一、随意的提问,而是以主题为中心,以语篇为依托,以主题意义探究为核心,以核心素养培育为目标,有主题地、有情境地、有体系地、有目标地整体化设计课堂提问,包括课堂提问的内容、提问的方式、提问的切入点、提问的反馈等,使课堂提问的问题预设形成和现场生成结构化、提问的流程结构化、提问的评价标准结构化,简而言之就是课堂提问中各个要素的结构化和课堂提问整体的结构化,从而使所有提问形成一个完整的有主题的整体,使学生通过问题群和问题链由浅入深地、全面地、完整地了解课堂知识脉络的建构、丰富、再构、延伸的过程;教师也可以通过提问全方位地锻炼和考查学生的知识、能力发展。

小学英语教学中课堂提问结构化的意义有以下几个方面。首先,从语言知识和文化知识输出的角度看,课堂提问结构化,有利于使诸多问题形成聚集主题的、系统有序的问题链,从而促进语言知识和文化知识以相对完整的状态呈现。其次,从课堂提问和课堂教学的关系的角度看,课堂提问是课堂教学的重要组成部分,贯穿于课堂教学的始终。结构化的课堂提问,紧扣主题的、系统的、有逻辑的问题组织能够有效驱动教学,不仅帮助教师引出新授的教学内容,推进教学活动的有序开展,而且也能启发学生的思维从简单思维到复杂思维的发展,从低阶思维到高阶思维的发展。再次,从学生知识的学习内化的角度看,学习本质上就是对知识意义的建构。课堂提问的结构化,有助于学生更有逻辑地加强对知识点和其中知识关联的理解和内化,有助于自身知识结构的建构、应用和迁移。最后,从学科实践的角度上看,小学英语学习最终目的是学以致用,能综合运用所学解决现实的问题。学生对于知识需要从应用实践走向举一反三、触类旁通和迁移运用。课堂提问的结构化,实质上就是利用课堂提问对知识基本关系进行有主题、有体系的梳理和建构,由此,学生可以厘清知识之间的内在逻辑关联,从而更好地做到知识结构的运用迁移。总之,课堂提问的结构化,对教学的整体推进有积极的推动作用。

课堂提问必须要形成系统化的整体逻辑结构,才能把教师的教、学生的学等要求综合其中,以课堂提问串联并搭建小学英语课堂教学的基本框架,以课堂提问促进学生语言知识、文化知识、学习能力、思维品质等的全面系统化地发展,使课堂教学中的问题链与课堂教学融为一体,形成完整的教学链。教师课堂提问结构化的具体策略如下:

1.提问主体:结构化思维

课堂提问的主体可以是教师、学生个人、学生学习小组,但此处,笔者强调的提问主体是教师。教师要先具备结构化思维的能力和养成结构化思维的习惯,这是实施和实现课堂提问结构化的前提和基础。结构化思维是指个体在面对特定工作或人物时,能够从多个侧面进行思考,深刻分析问题原因,系统制定行动方案,并采取恰当的手段使工作得以高效开展。该思维具有目标清晰、思维严谨和方法对应等特征。[1]简单来说,结构化思维是对问题的提前统筹布局

---

[1] 郝亚迪,胡惠闵.从课堂提问看学习机会的公平——基于Z市初中生的调查分析[J].教育发展研究,2016,33(2):64-70.

和全盘协调考虑。结构化思维是高阶思维的一种方式。教师可以在整体—局部—整体的备课思路中训练结构化思维。即实施大单元教学,从单元语篇的研读和分析入手,以主题为核心,凝练主题意义,再以主题意义为引领,设计相应的学习理解、应用实践、迁移创新的活动。在活动中,以知识建构、知识解构、知识重构、知识再构、知识结构应用和迁移为抓手,设计有体系的问题链,使问题链为主题的理解服务,为主题意义的探究服务,为知识结构化服务,为整体的目标实现服务,从而提升自己的结构化思维。

2.提问角度:多维度考量

课堂提问的结构化,要求教师对课堂教学目标、学生学习内容、学生学习活动、学生学习进程、学生学习效果以及学科知识的内在逻辑等全面统筹和布局,使课堂提问成为协调和平衡诸要素的有序结构并贯穿课堂教学的始终。这就要求教师必须要从多个维度看待问题。从根本上说,课堂提问主要涉及学生的学、教师的教和学科知识组织三方面的问题,即课堂提问要考虑到"为什么提问""向谁提问""提问什么内容""提问要达成什么效果"几个问题。课堂提问要从多个维度综合考虑各种要求之间的平衡,建构问题之间的内在逻辑关系,这样在课堂教学中,才能做到环环相扣、步步为营,搭建起主题化、系统化、结构化的课堂提问框架。

3.提问组织:系统化统筹

课堂提问结构化的重要特征在于将所有的课堂提问以主题为核心,以主题意义探究为引领,统整为一个有机的整体,使课堂提问不再分散、无序、随意、碎片地呈现,而是主题化和系统化地有序排列,目标清晰,关联密切,在所有问题形成统一整体的同时,每个问题仍具备围绕主题和指向整体目标的意义和作用,多个问题之间形成聚焦主题的、紧密衔接的、彼此呼应的系统化框架。在小学英语教学中,教师首先要聚焦主题,在学习理解、应用实践、迁移创新的递进活动中,以主题意义探究为主线,系统设计问题,确保众多问题基于合适的逻辑组合在一起。其次,教师在课堂教学中还要按照问题关系依次提问,使问题环环相扣,前后问题形成明确递进关系,这样才能使课堂提问的具体实践能够

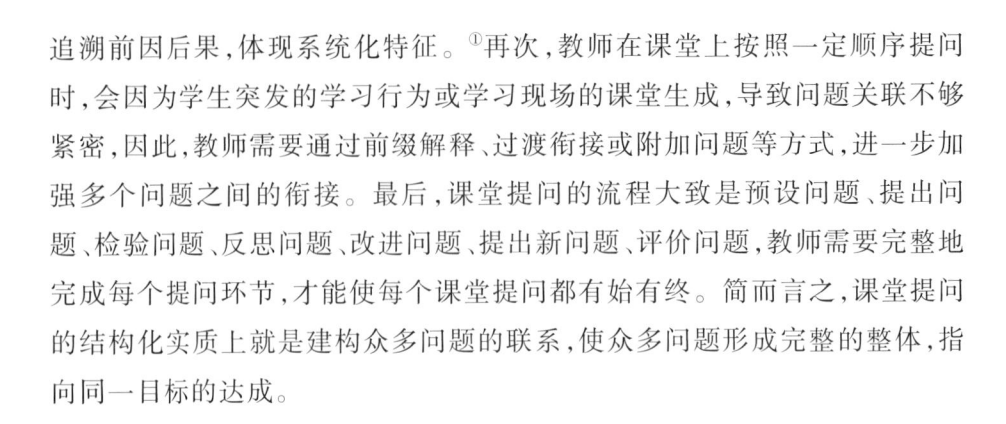

追溯前因后果，体现系统化特征。[1]再次，教师在课堂上按照一定顺序提问时，会因为学生突发的学习行为或学习现场的课堂生成，导致问题关联不够紧密，因此，教师需要通过前缀解释、过渡衔接或附加问题等方式，进一步加强多个问题之间的衔接。最后，课堂提问的流程大致是预设问题、提出问题、检验问题、反思问题、改进问题、提出新问题、评价问题，教师需要完整地完成每个提问环节，才能使每个课堂提问都有始有终。简而言之，课堂提问的结构化实质上就是建构众多问题的联系，使众多问题形成完整的整体，指向同一目标的达成。

(三)基于思维维度拓宽的课堂提问内容的精选

小学英语课堂上教师有意义的提问既能促使学生循序渐进地学习与交流，培养质疑、解疑、答疑等思维能力，还有助于教师及时诊断学生的学习成效。以下笔者从课堂问题内容设计的常见现象入手，结合具体案例进行分析，谈谈如何优化课堂提问，落实学生思维能力的培养。

1.正视课堂提问内容现状，以诊促思

在现实教学中，教师的课堂提问存在不少不尽如人意的方面。结合教学实践和教学观察，笔者梳理出几类常见的设计无效或效果不佳的课堂提问，希望通过诊断这些问题，促进教师不断反思。一是没有意义的"伪问题"，即学生必须严格依照教师的教学思路回答问题。例如，教师问全体学生："Do you understand? Yes? Is it right? OK?"无论学生是否真的懂了，都会齐声回答："Yes. OK."这样的问题学生不需要思考，只需配合。即使有的学生不理解，但由于大部分学生都说"Yes. OK."他们也只能跟着附和，很少有人会提出异议。长此以往，这将不利于学生养成主动思考的习惯。二是只抓细节的"小问题"，即教师根据课文细节提出诸多琐碎的、无必要的小问题。这些问题看似是对文本内容进行详细分析，实则是割裂了文本故事的整体性，把文本内容碎片化处理，不仅不利于学生全面了解语篇故事，还增加了阅读理解难度，既不能让学生很好地了解故事全貌，也不利于培养高阶思维。三是无从下手的"泛问题"，即教师的提问内

---

[1] 刘晨艳.课堂提问的结构化：内涵、价值与策略[J].教育理论与实践，2021，41(11)：54-57.

容过于宽泛、漫无边际,学生不知所云。例如,教师在课堂教学结束时提问:"What did you learn today?"学生通常不知是要谈论本节课所学的知识点,还是要分享对课文内容的感悟,抑或是对学习方法的归纳总结。这类问题不仅不能帮助学生有效梳理所学知识、总结学习方法,还会增加学习难度,使学生陷入思维困境。四是忽略支架的"空问题",即教师没有为所设计的问题提供相应的问题链,给学生提供充足的语言支架和参考信息,学生回答不出问题或给出的答案不尽如人意,不能真实体现学生对所学知识的掌握情况。例如,教师在完成新知教学后提问"Can you retell the story?",本意是通过该问题引导学生复述课文内容以巩固新知。但这个问题对小学生而言,既"空"又难,教师应设计与教材话题有关的问题链,辅助学生梳理所学内容的框架,提供若干参考信息,让学生的回答有"扶手",更好地掌握相应知识点。

2.优化提问内容的设计,以问促思

针对上述现状,结合教学研究和思考,笔者提出以下改进建议:

(1)设计真实性问题,增加思维深度

为避免设计"伪问题",教师须关注文本中的矛盾之处,设计具有思辨性或争议性的问题,让学生原有的知识、生活经验能与新的知识、学习方法产生"化学反应",从而进行深层次的思考,敢于对教育权威(教师的话、教材内容等)、生活常规、固有观念等提出质疑,并提供依据,激发表达的欲望。例如,外研社版《英语》(一年级起点)四年级上册"Module 10 Unit 2 Eat vegetables every day."一课,主题是"Keeping Healthy",语篇中有一句"Drink lots of water or juice.",教师可以对此进行提问:"Is it good for you to drink lots of water or juice?"这个问题可以引发学生对每天究竟要喝多少毫升的水或果汁进行思考。学生可以通过查阅资料、小组讨论等,提出观点论证。如有的学生发现,每天适量喝水有益于身体健康,但过量喝水会加重肾脏的负担……由此认为教材原文中 drink lots of water 的表述不够恰当,应改成 drink suitable amount of water 或 drink some water。还有的学生提出质疑:文中 juice 一词过于笼统,如果是 juice drinks(果汁饮料),要少喝或不喝;如果是 fresh juice(鲜榨果汁),可适度饮用,但也不可喝太多。具有思辨色彩的问题能够激发学生思维的活跃度,让学生不盲目地相信教材或常识。在学生质疑并进行解疑的过程中,新知识与旧知识、正确的认知与错误的认知得以交锋。这不仅有助于丰富学生的跨学科知识,还能增加学生的思维深度。

(2) 优化关键性问题,增加思维密度

为避免设计"小问题",教师可以关注课文的关键要素,挖掘核心点,设计"关键性问题",即把握承前启后之处、突出重点之处、突破难点之处、巩固梳理之处、总结提升之处。关键性问题可以是紧扣教学主题的问题、指向教学目标的引导回忆的问题、过渡理解的问题、围绕题眼的问题、凸显重点的问题、化解难点的问题、梳理脉络的问题、拓展导悟的问题、留白反思的问题……教师在设计这类问题时,要注意问题切入的角度和思维坡度,即问题的难度应由浅入深,逐步递增。

例如,人教版《英语》(三年级起点)五年级上册"Unit 5 There is a big bed"一课,主要学习用"There is..."句型描述房间里有哪些物品及其位置。教师设计问题时应先紧扣"房间里有什么"提问,如"What's in Zhang Peng's room? Where is it?",引导学生说出"There is..."的句型,再运用句型"Is it in/on/under the...?"来提问,引导学生在回答的过程中对物品的方位做出判断。通过问题引导,学生不断进行自主描述,不仅能更好地掌握和运用关键句型,还能在对答中了解本课话题,学会对物品方位的不同表达做出甄别,从而实现由易到难的思维跨度培养,提升思考能力。

(3) 挖掘指向性问题,增加思维宽度

为避免设计"泛问题",教师可以紧密围绕课文的主旨,设计指向性明确的问题,引导学生自主思考教师所提问题与所学知识之间的关联性,培养学生发现问题、提出问题的能力。教师可以从教材插图切入设计指向性问题。

例如,教学英语故事"The Three Little Pigs",该故事结尾文字描述少,但提供了三幅插图(见图4-7)。教师可引导学生看图并提问:"Look at the pictures. What does the wolf feel? Why?"让学生观察图片说出狼的心情变化,并阐述原因。如此,学生将仔细观察图中狼的表情、动作等,发散思维,结合绘本已有的故事剧情展开合理想象,运用所学知识给出相应的回答。以问题促进学生主动思考,引导学生读懂文本插图,从图中解读出更多的信息,对文本故事进行合理延展,能帮助学生更全面地理解和掌握所学内容,增加思维的宽度,培养创造性思维能力。

图4-7 "The Three Little Pigs"结尾插图

（4）构思开放性问题，增加思维广度

为避免设计"空问题"，教师可以构思开放性问题，即具有多方思维指向、多个思维途径、多种思维结果的问题，给予学生相应解决问题的支架或方法，让学生从不同角度入手，畅所欲言，培养发散性思维、探究性思维、创新性思维。

例如，外研社版《英语》（一年级起点）四年级上册"Module 10 Unit 1 Go to bed early."一课，话题是为感冒的病患提建议。教师可先带着学生梳理文本，了解到医生从运动、饮食、药物、生活作息等方面为患者提供建议，再提示除课文涉及的四个方面，是否还可以从其他方面提建议。有了这些"支架"，教师就可以抛出开放性问题："If you are the doctor, what are your suggestions to the patient?"此时学生的思考有方向，自然浮想联翩，提出更多文中所没有的建议。这样既拓宽了学生的思维广度，又能调动学生已有的知识和经验，让其在表述观点中提升综合语用能力。

（四）基于高阶思维提升的课堂提问时机的把握

课堂提问是课堂中师生沟通的重要渠道之一，是启发学生思维，激发学生质疑问难、积极思考的关键助推力。课堂提问的价值不仅在于其类型与形式，更重要的在于其质量，在于它对学生思维的点拨、引导和启发作用。拈准关键处切入设疑，是课堂提问事半功倍的一环。

学起于思，思起于问。课堂提问是课堂中师生交流、生生交流的最基本的手段，是教师根据教学目标、学情预设等有目的地设疑而进行的教学问答和对话交流的一种教学形式，是提高学生兴趣、反馈教学效果、强化信息沟通、发现教学问题、激发学生思维、督促教学反思的实用而有效的教学手段。思维品质是个体思维活动中智力特征的表现，是个体的思维质量，它包括思维的逻辑性、批判性、创新性、灵活性、深刻性、发散性等思维特点。问题是思维的导火索。

而课堂提问切入的时机恰当与否,是提问效果实现"一石激起千层浪"或"一潭死水,微波不现"的关键。拈准课堂提问的切入点,能有效点燃学生思维的火花,引发学生积极思考,提升学生相应的思维品质。课堂提问的切入点体现在课文题眼之处、语篇文眼之处、文本脉眼之处、文化背景之处、教材留白之处、回忆温故之处、衔接导新之处、凸显重点之处、化解难点之处、文章细节之处、读者忽略之处、语句矛盾之处、观点对立之处、梳理巩固之处、要旨归纳之处、运用拓展之处、总结导悟之处、认知冲突之处、学生困惑之处、学生无疑之处、学生易错之处、生成巧妙之处等。以下,笔者着重从"问于题眼处""问于文眼处""问于脉眼处""问于矛盾处""问于留白处"入手,阐述在小学英语课堂中巧妙把握课堂提问切入点,在关键处设疑,提升学生思维品质的具体举措。

1.问于题眼处,激活思维,发散思考

题眼即该课的课题,在小学英语教学中,题眼更确切地说,应该是该语篇的标题或话题,它往往蕴含语篇的重要内容或者主旨。思维的发散性是指大脑在思维时呈现的一种扩散状态的思维模式,它表现为思维视野广阔,思维呈现出多维发散状。于题眼处提问,可引导学生利用已知经验和预测,激活已有的知识储备,激发学生的求知欲和探究欲,从而增强思维的发散性。例如外研社版《英语》(新标准)(一年级起点第8册)四年级下册Module 5 Unit 2的标题是"He's drawing books and birds."而其话题是"Father's Day"。教师根据该话题提问:What did you know about Father's Day? What do you want to know about Father's Day? 针对第一个问题,学生的回答涉及很多方面的内容:"外国的父亲节是六月的倒数第二个周日,中国台湾的父亲节是8月8日""父亲节是感恩父亲的节日""父亲节要给爸爸送礼物"……针对第二个问题,学生展开大胆的预测:"母亲节送母亲康乃馨,父亲节要送什么花给父亲?""父亲节的来源是?""课文中的Sam送什么礼物给爸爸?""Sam会对爸爸说什么?"……两个问题针对"已知道"和"想知道"两个方面,让学生畅所欲言,不仅激活学生已有的知识和经验储备,为新知的学习做铺垫,又能明确学生心中所想,增强教学的针对性,同时锻炼学生思维的发散性。

2.问于文眼处,理性辩驳,批判思考

文眼是文中最能揭示主旨,升华意境,涵盖中心的关键性词句,是揭示全文之旨的点睛之笔。思维的批判性是思维活动中独立分析和批判的程度,是思维活动中善于严格估计思维材料和精细地检查思维过程的品质,其实质是思维过程中自我意识作用的结果。在英语教学中,可以从文眼入手设计问题,引导学生从多视角出发,全面、客观而富有个性地审视问题,以理性的质疑、反思、评估等方式来探究问题,从而增强思维的批判性。

例如,英语绘本 *My Home* 主要描述这么一个故事:Parrot不喜欢自己的家,因为它的家又小又旧。它外出寻找新的房子,它飞来飞去看了很多的房子,但是这些房子总有令他不满意之处(太远、太湿……),最后还是回到了它自己原来的小房子里,才发现这个才是最温暖的家。故事的文眼是最后一句话"East or west, home is best."。教师可以此为切入点提问:How do you know about this sentence? 学生根据自己对绘本的感悟和对"家"的理解进行讨论:有的学生说"家无论房子大小,总是最温暖的地方""家是讲爱的地方,和房子大小好坏没有关系"。有的学生反驳:"家固然是有爱的地方,但鹦鹉希望家更大点、环境更好点,这也是对的,没有矛盾,难道一定是又小又破的房子才有温暖,又大又好的房子就没有温暖了吗?"有的学生说:"房子不可能十全十美,Parrot想要挑完美的房子本身就不可能的。"还有的学生反驳:"挑房子本来就得考虑方方面面,当然不可能完美,但也得挑一个相对好的房子。"

于文眼处提出的开放性的问题,能让学生从不同维度提出自己的观点,锻炼学生大胆质疑、独立思考、理性分析、张扬个性的精神品质,从而增强思维的批判性。

3.问于脉眼处,梳理脉络,逻辑思考

叶圣陶说过:"作者思有路,遵路识斯真。"脉眼就是语篇的脉络框架,它可以是作者写作的思路、行文的先后顺序、故事发展的线索、事情发生的步骤等。思维的逻辑性是指思维的过程要遵循一定的逻辑顺序。总结梳理脉络的过程,是学生综合运用语言、概括总结要点、梳理逻辑条理的过程,该过程中学生思维的逻辑性将得到极大的锻炼和增强。

例如,外研社版《英语》(新标准)(一年级起点第9册)五年级上册 Module 8 Unit 2 主要描述英国的学校(This is an English school. There are children's paintings on the walls. There are lots of games. The students can have fun at break time. English children study hard.They do homework every day.)。教师可提问:How to talk about an English school? 引导学生将课文中零散的信息有序聚拢,归纳出可以从环境(Environment)、娱乐活动(Leisure activities)、学习(Study)三方面去描述英国的学校。紧接着教师追问:Any more? 引导学生补充更多的内容,如课程安排、师资力量、校舍布局等方面。脉眼处的提问,能促使学生明白描述An English School的逻辑关联和逻辑顺序,避免学生语言输出时的杂乱无章和毫无头绪,增强了思维的逻辑性和深刻性。

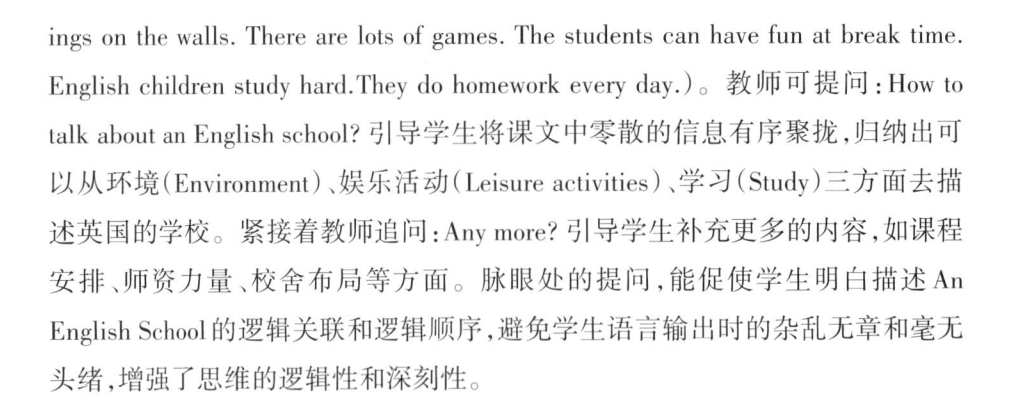

4.问于矛盾处,深层解读,深刻思考

矛盾处是指文本中的语句之间、前后内容之间的矛盾之处,或文中人物观点的对立之处或读者观感的相左之处。思维的深刻性是指思维活动的广度、深度和难度。于矛盾处设疑,能直接点出矛盾的对立面,激发学生解疑和进一步深入解读文本的兴趣。例如,外研社版《英语》(新标准)(一年级起点第12册)六年级下册"Module 10 Unit 1 A goodbye speech by Lingling"中有这么一段话:Dear classmates, we're going to leave our primary school soon and start middle school this September. I'm excited and also sad.这段话中"I'm excited and also sad."是自相矛盾的。教师提问:Why is she excited? Why is she also sad? 引导学生探究其心情矛盾的原因,激动是因为对中学生活的向往和憧憬,难过是由于对小学同学和老师们的留念和不舍。从而引导学生明白"A goodbye speech"要从不同层面去表达,这样才能使这个演讲有血有肉。于矛盾处设疑,更能调动学生的探究欲,解疑是学生深入理解文本的过程,答疑是学生综合组织语言和运用语言答辩的过程,这两个过程都是推动学生的思考由浅入深、由易到难、由片面到全面的过程,从而增强了他们思维的深刻性。

5.问于留白处,个性联想,创新思考

留白是艺术的表现手法之一。留白包括图片留白、文本留白、结尾留白、板书留白等。笔者以图片留白举例。图片留白是教师有机使用教材图片和教材资源的方法,引导学生根据隐藏在图片中的潜在线索,激活思维,综合运用语言补充图片或者描述图片,达到想说、敢说、会说的目的。思维的创新性是指思维活动的创造意识和创新精神,不墨守成规,求异、求变,创造性地提出问题和创造性地解决问题。图片留白让学生结合自己已有的知识经验和生活经验等,充分激活各种思维,展开联想与想象,发表独特的、有个性的观点。例如英语故事"The Three Little Pigs"的结尾是这几张图片(见图4-7),最后一张图片没有文字,教师可以利用该图片留白提问:Can you guess how does the wolf feel? What will he say? And what will the pigs say? 引导学生发挥想象,猜猜狼心情的变化,猜猜狼会说的话,猜猜三只小猪会应答的话等。学生的回答精彩纷呈:"狼说,我会回来的""狼说,我的屁股疼死了,我再也不敢了""狼说,等我伤好了,我要吃掉你们""我要去找帮手"……各式各样的富有个性的回答,锻炼了学生思维的独立性、开放性、新颖性和独创性,也丰富了故事的结局。

以上是笔者在若干关键切入点设疑,提升学生思维品质的具体案例。课堂提问的切入点有很多,无法一一列举。"君子之学必好问,问与学,相辅而行者也。""博学之,审问之,慎思之,明辨之,笃行之。"可见善问对思维和学习的重要性。而课堂提问时机与切入点是善于提问的前提和关键,直接关系课堂提问的效果。只要教师深入解读文本,把握住教材文本的要害处和关键点,积极巧妙寻找学生思维的突破口,精心设计问题,就能达到"牵一发而动全身"的功效。

(五)基于思维品质提升的课堂提问方式的优化

课堂是学校的一部分,课堂也应是一个积极思考的小园地。问题是思维的导火线,思维品质是人的思维活动中智力特点的体现。课堂提问方式的巧妙运用,能充分激活学生的思维潜能,激发学生质疑、探疑、查疑、解疑、答疑、证疑等思维活动的良性开展,从而促进学生发散思维、归纳思维、辩证思维、反向思维等多种思维能力及其相应思维品质的有效提升。以下笔者提供了几种课堂提问以提升思维品质的方式。

1.宽题窄问,化泛为精,增强思维的发散性

所谓宽题窄问是指针对比较大的问题,不直接进行宽泛的提问,而是将该大问题精化为若干有序的小问题流,使学生在小问题流解决的基础上,逐个突破问题的关键点,从而水到渠成地解决大问题。宽题窄问,能将宽泛的问题精确化,增强学生思维的发散性和收敛性。例如,学习中国的节日,有的教师提问:Can you tell me sth. about Chinese traditional festivals? 这是一个非常宽泛的问题,中国传统节日包含非常多的内容:节日类别、饮食习惯、节日习俗、穿着打

扮、家庭布置、节日来源……那么，要回答哪个方面，回答什么，学生无从下手，而且难度颇大，该问题会使学生的思维处于茫然的状态。这时可宽题窄问：Let's talk sth. about Chinese traditional festivals.What are Chinese traditional festivals? Is Spring Festival the Chinese traditional festival? When is it? What do people do on it? What do people always eat on it? What other Chinese festivals do you know? 从而引出了中国传统节日学习的表格(见表4-3)。建构主义认为知识的形成具有生成性、情境性和复杂性的特点[3]。以上教师提问以宽题窄问的方式呈现，首先培养了学生思维的发散性，学生在教师问题流的引导下，结合自己的生活经验，明白了关于节日可以谈论其时间、饮食和相应的活动，体现了知识的生成性和情境性，学生在思维发散的过程中，也在不断地梳理知识，思维的收敛性也得到相应的增强。

表4-3　中国传统节日

	Time	Food	Activities
Spring Festival			
Mid-Autumn Festival			
Dragon Boat Festival			
Lantern Festival			

2.直题曲问，曲径通幽，增强思维的逻辑性

所谓直题曲问，是指不采用正面的、直截了当的提问方式，而是从问题的另一侧面出发，旁敲侧击地、迂回地提问。直题曲问可以为学生提供更多的思考空间和线索，使学生在曲问的问题中梳理脉络，领悟中心，从而增强思维的逻辑性和深刻性。例如学习"Helen Keller"，直问的方式是：What's Helen Keller's story? Let's talk about it .这种提问方式导致学生的回答有以下几种：第一种是死记硬背地背诵课文；第二种是杂乱无章、毫无逻辑地复述课文全部要点；第三种是支离破碎地复述若干要点。这三种回答均不能达到教师设计该问题的目的。因此，可以采用直题曲问：Let's talk about Helen's story.教师提供了三组关键信息(见图4-8)。教师以一个问题"What is the Part 1/2/3 talking about?"引导

学生在关键信息的提示下,有序地、有逻辑地复述该部分的故事内容,然后引导概括其中心,即 Part 1 是关于 Helen Keller 的生平和背景,Part 2 是关于 Helen Keller 的事迹,Part 3 是关于 Helen Keller 的影响。然后教师才问:Can you talk about Helen Keller just like this? 这样学生通过三个环节逐一复述故事,从逐个突破,到逐个梳理概括中心,再到完整有逻辑地描述故事,逐渐明白描述一个名人故事,要根据一定的逻辑关系和顺序,从而有效培养了学生思维的逻辑性。

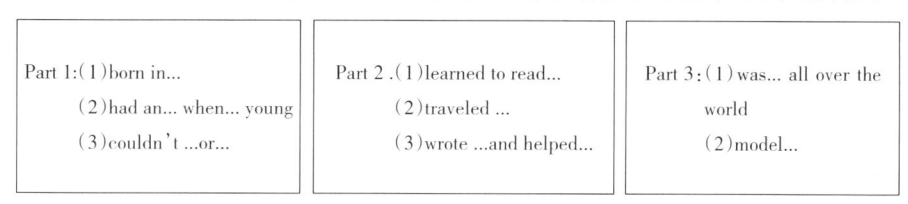

```
Part 1:(1)born in...          Part 2.(1)learned to read...     Part 3:(1)was... all over the
       (2)had an... when... young    (2)traveled ...                    world
       (3)couldn't ...or...           (3)wrote ...and helped...         (2)model...
```

图 4-8 "Helen Keller"故事脉络图

3.顺题反问,碰撞悖论,增强思维的灵活性

所谓顺题反问是针对学生某一问题的糊涂认识和错误症结反问,使学生的新旧知识或新旧经验之间产生矛盾,从而引发思考。[1]顺题反问是以相反的视角切入,引导学生从相反的方向着眼考虑问题,打破固定式思维和习惯性思维的枷锁,使学生对已有知识和经验提出质疑,以反推正。例如外研社版《英语》(一年级起点第7册)五年级上册 Module 10 Unit 1 学习的主题是医生为感冒的病人提供建议。教材原文里有一句话"Do some exercise."并附一张跑步的插图。教师提问:"What exercise can he do?"学生的习惯性思维是运动有益于健康,因此给出很多答案:He can run/swim/ play football / play basketball/dance / do high jump...但学生忽略了一点,即主人公是个病人,重感冒了。于是教师提问:Is it good for him when he's got a cold? 刚开始学生是有点儿无措的,因为这和他们原有的知识经验相矛盾,于是教师给学生提供质疑和解疑的时间,即回家收集资料,下节课答复。学生收集资料以后的回复是这样的:感冒是不宜运动的。感冒时自身机体抵抗力下降,运动会加速人体能量的消耗,对于感冒的恢复不利。而且运动过程中易出汗,易受凉,如果不注意反而还会加重感冒。这个结论说明,教材的内容也可能是有误的。该顺题反问的形式,挑战了学生的固化思维和对教材权威的认识,有利于培养他们的逆向思维能力和思维的灵活性。

---

[1] 朱福文,胡鸥.论课堂提问的原则、类型、方法及评价[J].太远教育学院学报,2004(4):74-77.

4.明题追问,逐层深入,增强思维的深刻性

所谓明题追问是指针对一个问题提问后,在学生给予肯定或否定回答的基础上,针对问题之间某种潜在的逻辑关系,继续进行更深层次的循序渐进的提问。它是引导学生学习走向纵深处的有效利器之一。追问的内容具有关联性、启发性和目标一致性的特点。它能启发学生透过现象看内在,引导学生从感性认识到结构性认识的理解,扩宽思维的宽度和广度,从而增强思维的深刻性。[①]例如,英语版故事"The Leaves"(一叶障目),教师提问:Is the man a silly and bad man?答案是肯定的。如果教师止步于此,那么学生也就对主人公的理解只能停留在他是一个愚蠢的坏人。其他的都不甚了解。于是教师可以追问,具体如下:

T: Why is he silly? 　　　　　　　　Ss: Because he thinks he is invisible.

T: Can the leaves make him invisible? 　Ss: No.

T: Why is he bad? 　　　　　　　　Ss: Because he took the chicken and stole the rice. He is a thief.

T: Why did he want to steal them? 　Ss: Because he is poor. He is hungry.

T: What should he do? 　　　　　　Ss: He should work hard and earn money.

T: What do you want to say to the man? Ss: Don't be silly. Go to work. Don't steal anything. No pains, no gains...

教师这一连串的追问,使学生不仅明白主人公愚笨和坏的原因,也明白了他偷东西的缘由,同时还引导学生一步步悟出了该故事的核心点——即使再穷也得自食其力,努力劳动,而不能靠欺骗、偷解决问题。这样的明题追问,使学生在问题链的带领下,逐层深入理解故事,增强了思维的深刻性。

5.正题激问,迁移激趣,增强思维的批判性

所谓正题激问是指使用激励性提问,激发学生学习情绪,促使其进行知识间的类比、转化和迁移,把学生从抑奋状态调动到兴奋状态。[②]激问是启发式提问的一种形式,有利于激发学生的求知欲、探究欲、表达欲和表现欲,有利于学生个性化思维能力,特别是批判性思维能力(个性化的质疑能力、分析问题的能力、评价对方观点的能力、推理解疑的能力和自我调节能力)的培养,从而增强

[①] 刘雷,刘伟.追问:向学生思维的纵深处漫溯[J].教书育人,2019(4):44-46.
[②] 范永丽.小学教师课堂提问艺术的理性思考[J].教育理论与实践,2006(9):49-51.

其思维的批判性。例如,外研社版《英语》(一年级起点第3册)二年级上册小红帽故事中,有一幅插图,图中小红帽一个人蹦蹦跳跳走在树林里,而后面一只狼虎视眈眈地盯着。该幅插图,有的教师提问:Is she happy? Does she know there's a wolf behind the tree? 然后就结束了。而有的教师则采用激问,继续提问:Does she feel dangerous? Why? 教师的激问,引发学生对危险意识的思考,即小红帽一点儿危险意识和安全防范都没有。因为她一路上都在唱歌,一路上都没有关注路边的情况,只顾着蹦蹦跳跳往前走。接着教师继续提问:If you are Little Red's mother, what do you want to tell her? 学生会以小红帽妈妈的口吻,给小红帽很多嘱咐,如路上要多小心;路上不能只顾眼前,要眼观八方;路上不要只顾着唱歌;不要和陌生人讲话等。这样的激问能引导学生看懂图片的意思,更看懂图片中蕴含的寓意。又如当学生学完小红帽的故事后,也许有的老师只问:Can you act the story? What do you know about the story? 让学生表演故事,说说故事的寓意。可有的教师在此基础上激问:If you are in danger, what should you do? 这个问题可以将故事的意境与真实生活联系,让学生不仅读懂故事,更懂得通过故事中的道理或者故事中类比的道理,处理生活中遇到的实实在在的问题。这样的激问不仅可以激发学习探究的积极性,还可以激发出学生非常鲜明的、有自己个性的回答,同时当不同的答案碰撞时,还能激起他们进一步探究和说服对方的欲望,增强学生思维的批判性。

以上笔者仅提供了部分的提问方式,但教师的提问方式不是一成不变的,在宽问与窄问、直问与曲问、正问与反问、不追问与追问、明问与暗问、虚问与实问之间都是可以交替地、灵活地使用,辨证施问,以达到以问导疑、以问促思的目的。

二 着眼教材整合,促高阶思维的发展

林崇德认为思维品质是个体思维活动中智力特征的表现,是个体的思维质量,即个体思维的水平和能力的差异。思维品质包括思维的逻辑性、批判性、创新性、灵活性、深刻性等思维特点。[1]而笔者认为:思维品质不仅包括思维的逻

---

[1] 王凤英.英语阅读课合理设疑提升学生思维品质的探索[J].中学教学参考,2017(4):40-41.

辑性、批判性、创新性、灵活性、深刻性等，还应该包括思维的开放性、发散性、收敛性、系统性和推理性等相应的批判思维、逻辑思维、发散思维、归纳思维等思维能力所具备的思维特点。教材内容结构化整合是指教师在使用教材的过程中，以教学目标为目的，以课程标准为准绳，以具体学情为基础，对教材内容进行结构化组织和处理，即系统地、有主题地、灵活地、个性化地增加、删除、更换、调整、重组内容等优化处理的过程。教材内容结构化整合是对教材的再利用、再创造和再开发。

教材的有机整合与学生思维品质的培养，二者相辅相成，互相促进。前者是提升学生思维品质的重要渠道之一，学生可以在教师有机整合教材的过程中，有效锻炼相应的思维能力，提升思维品质，同时思维品质的培养又促进学生对教材知识的理解和运用。

思维品质培养视角下的小学英语教材内容结构化整合要遵循以下原则（见图4-9）。第一，基于思维品质的培养。学生思维品质的培养是教材结构化整合的前提和目标。教材内容结构化整合不是纯粹的重组教材，它要以提升学生的核心素养为根本目的，因此不仅要关注语言知识的整合、语言能力的培养、文化品格的渗透、学习能力的促进，还应着重关注学生思维品质的提升。第二，基于课程标准的要求。《义务教育英语课程标准（2022年版）》的要求是教材整合的根本依据。教材内容结构化整合不是盲目的知识点的无序堆积，而是根据课程标准的要求，对教材内容有理、有序地循环再利用。第三，基于基础教材的挖掘。教材内容结构化整合是一个深入挖掘和剖析教材的循环往复、不断提升的过程。需要教师综合各个因素对教材内容进行分析、概括、删选；需要教师根据课堂生成的资源对预设教学内容进行灵活处理；需要教师通过反思，对既定方案进行修正和完善。第四，基于学生学情的分析。教与学是教学中不可分割的、相互锁定的有机整体。教材内容结构化整合要关注学生现有的知识积累、语言能力、生活经验、兴趣爱好等，这样才能更好地以学促教，体现教材整合的适切性。第五，基于个性发展的考虑。教材内容结构化整合不仅要考虑到学生的共性特点和基本学情，还应考虑到个性的发展，可以分层设计、留白设计整合教材等，兼顾共性与个性的平衡。这五个原则之间也是相辅相成，缺一不可的。

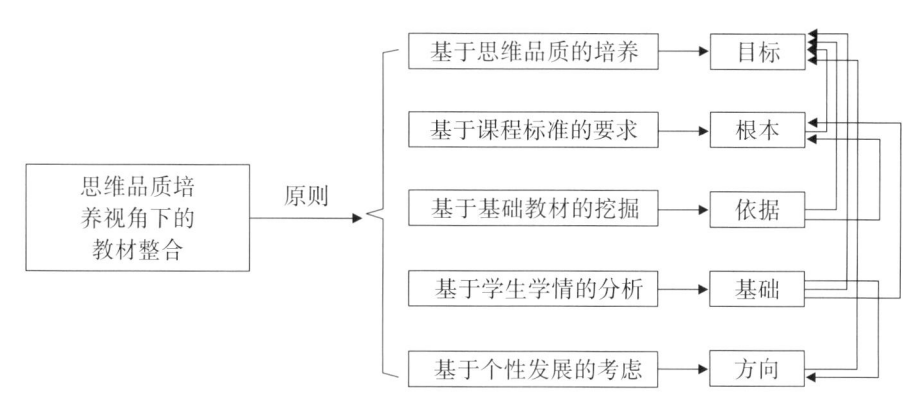

图4-9 思维品质培养视角下的教材整合的原则

思维品质培养视角下的小学英语教材内容结构化整合要求学生能通过教材的有机整合,培养初步用英语进行多元思维的能力,如辨析语言和不同文化中的各种现象;分类概括和归纳相关的信息,建构系统的语言体系;分析、推断和判定信息的逻辑关系;正确评判各种思想观点,理性而客观地表达自己的观点等,并从中提升相应的思维品质,即思维的逻辑性、批判性、创新性、灵活性、深刻性、开放性、发散性、收敛性、系统性和推理性等。

(一)类比整合教材,培养思维的灵活性与推理性

类比整合教材是指教师可以引导学生通过两个具有相同或相似特征的案例间的对比,从其中一个已学或熟悉的案例中,梳理出相应的语言知识框架和知识点,然后推理出下一个案例中相应的语言框架和知识点,从而构建新案例的知识框架。思维的灵活性是指思维活动的灵活程度,即思维活动中能反应灵敏且善于举一反三,能比较全面、灵活、系统地分析、梳理、推理、归纳和解决问题。思维的推理性是指由一个或几个已知的判断(前提),推导出一个未知的结论的思维过程。通过类比整合教材,可以培养学生思维的灵活性和推理性。

例如:学生已经学过了运用动词过去式描述"A Funny Experience"。现在学生要学习的是"An/A＿＿＿＿Experience",学生可以描述"An Interesting Experience, A Sad Experience, An Unforgettable Experience, A Happy Experience..."。无论是哪个话题,都会涉及之前学过的"A Funny Experience"中的语言框架,即时间、人物、地点、发生什么事、所见所闻和感受。因此,教师可以引导学生先复习和谈论"A Funny Experience"的相关知识,然后让学生自主梳理该课的语言知识点,即谈论一段经历要涉及哪些内容,学生除了梳理时间、人物、地点、发生什

么事、所见所闻和感受以外,还可以补充如天气、所带的物品、环境、事件、因果关系等,待学生梳理知识框架后,教师再引导学生描述更多的经历"An/A＿＿＿＿ Experience",这样学生可以因势利导地将之前所学的知识点应用于新知的语言学习中。

这样的类比整合教材,可以实现教材知识的前移后续和语言知识的再利用与再丰富。在此过程中,学生较全面、敏捷、有序地梳理语言框架,锻炼了他们思维的灵活性;学生由此及彼,举一反三地由已学的知识框架推导出新知学习的知识框架,锻炼了他们思维的灵活性与推理性,实现教材整合与思维品质培养的有机融通。

(二)对比整合教材,培养思维的深刻性与开放性

对比整合教材是教师把两个有对立面的或有显著不同的案例让学生对照比较,引导学生由此及彼地、多维度地分析问题的思维活动。思维的深刻性是指思维活动的广度、深度和难度。它表现为在学习活动中深入思考问题,逻辑抽象性强,善于开展分析、概括、提炼等有系统的理解活动和推断事情发展的进程。

思维的开放性是指能突破固化思维,多视角、全方位看待、分析和解决问题,它是人类思维得以发展和进化的内在活力和内在根据。对比整合教材,能促进学生思维的深刻性和开放性的提升。

例如,学习中国的传统节日"春节",一开始直接导入该话题,会显得突兀,而且没有体现新旧知识的衔接。因此,可以先由已学的内容"圣诞节"导入。学生懂得运用语言描述圣诞节的时间、显著标志(圣诞树、圣诞老人、圣诞礼物等)、人们的庆祝活动等。"圣诞节"是西方最著名的节日,和中国的"春节"似乎一点关系都没有,其显著标志和庆祝方法也与"春节"截然不同,所以两个节日具有明显差异,但也有些许关联,因为它们均是西方和中方最有代表性的节日,而且描述节日的语言结构是相似的。因此,教师可以将"圣诞节"的内容和素材与"春节"的教学内容进行整合,先让学生谈论"圣诞节",然后引导学生由西方最有代表性的节日,联想到中国最有代表性的节日,从而引出"春节"的相关知识。学生除了可以谈论"春节"的时间、显著标志(春联、红包、拜年)、庆祝活动以外,还可以从不同层面入手,深入挖掘"春节"的人文背景、文化底蕴、各地过

节方式和习俗的异同、穿着打扮等,赋予"春节"这个话题更多的语言承载量、知识承载量和文化承载量。

这样的对比整合教材,体现了教材知识间千丝万缕的联系和话题知识间相互关联的特点。在此过程中,学生要深入、深刻、系统地分析两个对比案例之间的关系,要善于从错综复杂的关系中捋清思路,找出其关联点,从而培养学生思维的深刻性。对新学的案例,要能综合地、系统地以旧迎新,抓住旧知中的可以借鉴的语言知识、文化知识、语言框架等,同时适时从不同角度出发,拓展和丰富新知的内容,培养学生思维的开放性。

(三)延展整合教材,培养思维的发散性与收敛性

延展整合教材是指教师根据课程标准和教材内容,依据适当的主题和教学目标,在课堂上或增加语言量,或整合同类或高一层次的教学内容,引导学生大容量地有机梳理新旧知识,促进语言大容量输出的过程。[1]思维的发散性是指大脑在思维时呈现的一种扩散状态的思维模式,它表现为思维视野广阔,思维呈现出多维发散状。[2]思维的收敛性与思维的发散性相对,其主要特点是"求同"。即指通过分析、综合、比较、判断和推理选择出最有价值的设想的一种有方向、有范围、有条理的思维方式。[3]延展整合教材,能有效锻炼学生思维的发散性和收敛性。

例如,学习外研社版《英语》(一年级起点第8册)"Module 10 Unit 2 How to be healthy?"一课中,学生要通过Eating, Drinking, Sports, Living habits四个方面谈论如何保持健康。教师可以鼓励学生根据这四个小话题拓展语言内容,锻炼思维的发散性。例如,Eating and drinking方面,学生可以想出非常多的有关食物和饮料类的单词,并用"Eat... Drink... Don't eat too many... Don't drink too much..."等句型表达自己的观点,锻炼了思维的发散性。但纯粹的发散语言后,会发现学生的语言输出出现以下问题,如重复现象:Eat some apples. Eat some fruit... 又如建议不妥:Drink lots of juice/milk... 因此,学生在该环节中,不仅需要思维的充分发散,充分激活已学知识,还需要思维的聚拢和收敛,即他们得有选

---

[1] 黄芸.牵建构主义之魂,议语言拓展之计[J].教师,2018(19):78-80.
[2] 韦代春.浅谈小学生发散思维能力的培养[J].课程教育研究(新教师教学),2016(6).
[3] 彭漪涟,马钦荣.逻辑学大辞典[M].上海:上海辞书出版社,2004.

择性地、有思考性地(该建议是否合理、是否有重复等)、辩证地组织语言,表达自己的观点(见图4-10)。同时除了课文中的四个小话题,学生还可以继续发散思维,从兴趣、压力、作息、娱乐等更多的方面谈"如何保持健康",这样不仅利于培养学生思维的发散性和收敛性,还利于知识的有机梳理、融会贯通和滚动运用,促进学生语言的大容量输出。

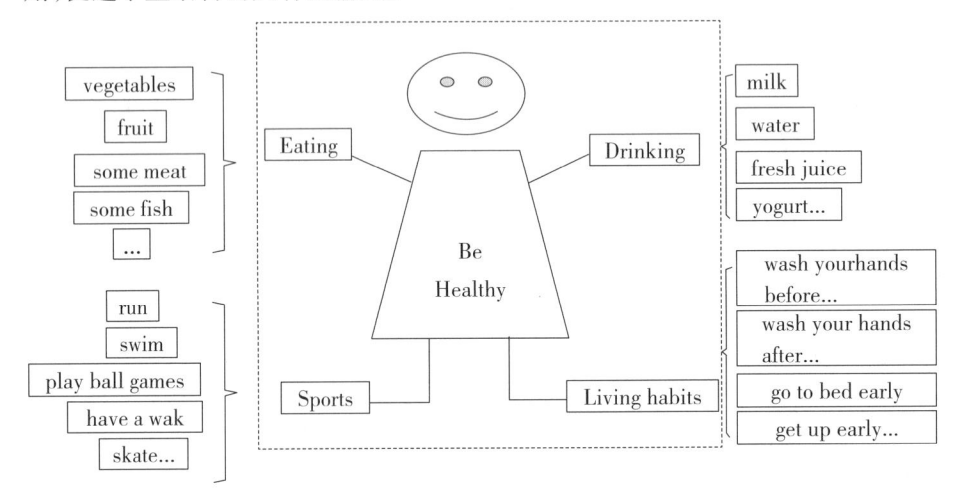

图4-10 "How to be healthy?"延展整合教材图

(四)创新整合教材,培养思维的独创性与系统性

创新整合教材是指依据教学目标和教学主题,对相关教材内容进行更新、改变、创造等重组整合设计。思维的独创性是指思维活动中的独立创造意识和创新精神,它强调突破常规思维的界限,不墨守成规,要求求异和求变,从自己独立的、与众不同的视角提出问题和创造性地解决问题。思维的系统性是指思维活动的有序程度,以及对各类不同信息的有机梳理和整合的能力。创新整合教材对培养学生思维的独创性和系统性有极大的促进作用。

例如:学习有关动物习性的话题,学生之前学过一首儿歌:Lions and tigers at the zoo. Monkeys and elephants are there too. Big and small, tall and short, fat and thin, long and short, so many animals at the zoo. 以及另一首歌曲 *Old MacDonald Had a Farm*。学生还学过很多关于动物的词汇和描述动物形体特点的形容词。教师可以引导学生通过改编儿歌和歌曲,创新地把更多的动物词汇和描述动物外形的形容词编入儿歌和歌曲中,例如:Cows and dogs on the farm. Pigs and chickens are there too. Big and small, tall and short, fat and thin, long and short, so many animals on the farm... 通过朗朗上口的诵读和演唱,复习大量旧知。此外,

教师可引导学生上网查询相关资料,创新地激活旧知:如学生可以运用双关图在游戏中辨识和描述动物,并锻炼想象、联想等思维能力(见图4-11)。此外,教师除了引导学生创新整合教材,激活旧知以外,还可引导学生从独特视角整合更多自己查询的素材,对新知进行独到的扩充。如该新课除了涉及动物的外形特点以外,还涉及动物的栖息地、饮食、生活习性等。如课文中描述袋鼠Kangaroos live in Australia. 学生可以根据查询的资料,从与众不同的角度出发:We can see kangaroos in zoos in China, too. We can see kangaroos on Australian coins, flags or some buses, because kangaroos are the national emblem of Australia...

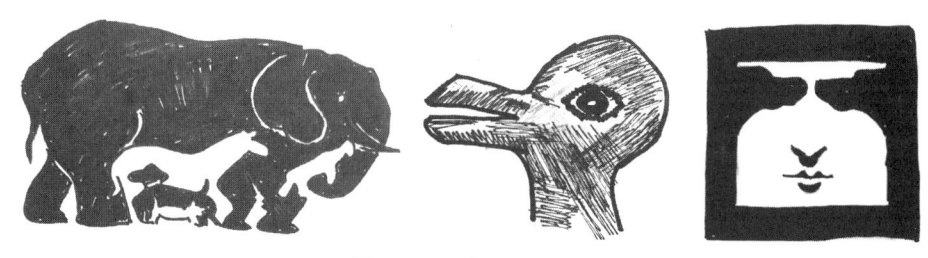

图4-11 动物双关图

思维的创新性是思维品质的核心特质。创新整合教材,不是对教材内容的否定和一味纯粹地叠加教学内容,而是从自己独特的角度出发,体现教材整合的新颖性、独特性、创造性。创新整合教材也不是漫无边际和随意地更新和创造教学内容,而是以该课的教学目标、教学主题以及学生的基础学情为依据,遵循一定的教学逻辑和教学层次,体现思维的系统性。因此创新整合教材,对学生思维的独创性和系统性均有积极的推动作用。

综上,思维是人脑对客观现实概括的、间接的反映。思维品质是英语学科核心素养的关键组成要素。思维品质培养视角下的教材整合,提倡教师更有主题性地、更有系统性地、更有针对性地、更有创造性地对教材内容进行再梳理、再开发、再融合、再运用、再拓展。它不仅要体现教学内容的连贯性和滚动性,体现教材整合中学生语言的综合运用性,还要体现教材整合过程中学生思维能力的训练度和思维品质的提升性,使教材整合体现教学知识的整合、文化品格的渗透、语言能力的培养、思维品质的提升的多维度功能。

三 立足多维辨析,促批判性思维的发展

联合国教科文组织对未来教育的要求指出:基础教育固然要传授学生基础知识,但还得教会他们如何感知和理解世界,即在发展学生的观察力、判断力和批判精神的同时,也要激发他们渴求知识、提出问题和向自己提出质疑的欲望。[①]可见基础教育阶段,培养学生的批判性思维能力尤为重要。批判性思维能力是学生重要的思维能力之一,是思维品质的核心要素。良好批判性思维品格的养成,对批判性思维能力的提升起积极的促进作用。

然而在现实的小学英语教学中,教师忽视、弱视学生批判性思维品质培养的现象比比皆是:教师满堂灌的时间多,导致留给学生自主思维的时间和机会少;教师设计的问题或活动思维含量低,导致学生思维的开放性、批判性得不到有效锻炼;教师没有深入剖析文本,导致学生无法深入语篇质疑与思考……以上的现象阻碍了学生好奇心、求知欲,以及思维的分析性、开放性、包容性等批判性思维品质的提升。由此,提升学生的批判性思维品质,引导他们养成批判性思维品格至关重要。

(一)小学英语批判性思维品格养成的策略

批判性思维是创新的前提,是推动人们理性而全面思考的基础。批判性思维品格的养成是批判性思维形成的先决条件,对批判性思维能力的提升有直接的促进作用,批判性思维是一个智识规约的过程,是解放教育的力量,其本质是探究的工具。美国哲学协会报告中指出:批判性思维是具有目的的、自我校准的判断。这一判断导向解释、分析、评价和推论,以及对判断所基的证据、概念、方法、标准或语境的考量和解释。[②]即通过观察、体验、提问、分析、解释、推理、交流、验证等方法,对信息的真实性、准确性、客观性等做出自己正确、合理的评判(见图4-12)。批判性思维品格是批判性思维的核心,是人们思维的批判性的态度与价值取向,包括探究意识、开放意识、自信意识、全貌意识、怀疑意识、坚持意识和反思意识(见图4-13)。具有良好批判性思维品格的人,能乐于探寻、思维开阔、见多识广、善于质疑、理性思考、全面斟酌、审慎评判、惯于自省,而这

[①] 黄芸.小学生批判性思维品格的养成——以"孔融让梨"(英文版)为例[J].西部素质教育,2020,6(1):77-79.
[②] 武宏志.论批判性思维[J].广州大学学报(社会科学版),2004(11):10-16.

些都是批判性思维能力发展的基础,因此批判性思维品格的发展优先于批判性思维能力的发展,批判性思维品格的培养能增加每个学生认识的广度和深度,促进人与社会的开放,促进学生自我澄明、自我规约、自我反思、据理力争、全面考量、系统分析和理性思考,促进学生理性而客观地分析和解决问题,从而直接促进学生的创造能力、创新能力和批判性思维能力的有效提升。

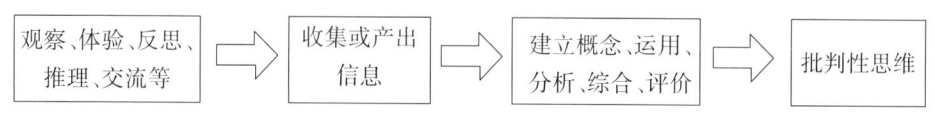

观察、体验、反思、推理、交流等 ⇒ 收集或产出信息 ⇒ 建立概念、运用、分析、综合、评价 ⇒ 批判性思维

图 4-12 批判性思维图解

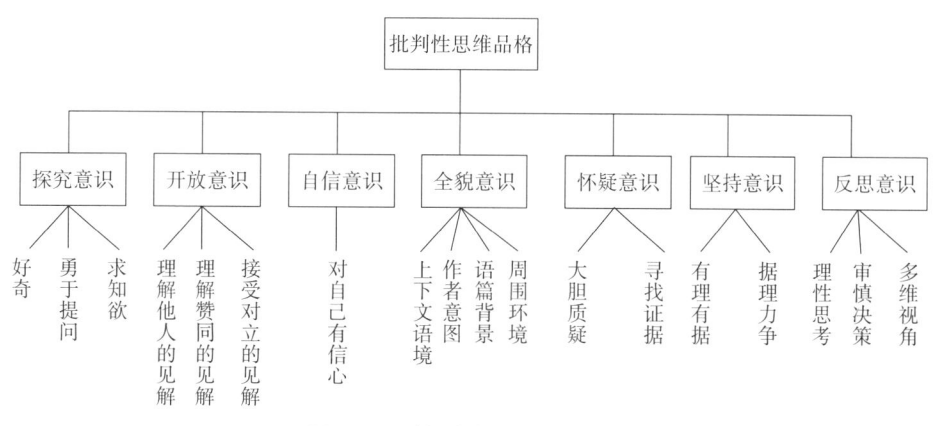

批判性思维品格
- 探究意识:好奇、勇于提问、求知欲
- 开放意识:理解他人的见解、理解赞同的见解、接受对立的见解
- 自信意识:对自己有信心
- 全貌意识:上下文语境、作者意图、语篇背景、周围环境
- 怀疑意识:大胆质疑、寻找证据
- 坚持意识:有理有据、据理力争
- 反思意识:理性思考、审慎决策、多维视角

图 4-13 批判性思维品格图解

以下笔者以外研社版《英语》(一年级起点)四年级下册的英语版故事"孔融让梨"为例进行具体分析。英语版故事"孔融让梨"的语言简单易懂,其中最主要的句子是:Kong Rong gave the big pears to his mother and father. Kong Rong gave the other pears to his brother and sister. Then he saw the very small pear. "This one is for me, I will eat it." All his family were very happy with Kong Rong. "You are a very good boy," said his father. 笔者从"细品故事""多维视角""开放话题""提供论据""纵观全局""充实论据""理性思考"几方面,阐述小学英语教学中培养学生批判性思维品格的具体举措。

1.细品故事,培养"探究"的意识

批判性思维是一个探究的过程,乐于探究的求知欲是探究的基础。"探究"意识是批判性思维最基本的品格。所谓"探究"意识是指学生在学习中能保持好奇的求知欲,能通过观察和思考,发现问题、提出问题、收集数据、得到解释去解决问题,并进行交流和检验。"孔融让梨"故事的教学中,教师可以以问题引导学生细品教材,探究文本。例如:标题"Kong Rong and Pears"如何翻译? 翻译成"孔融让梨"? "孔融取梨"? "孔融分梨"? 有的学生认为故事强调的就是"谦让"的美德,所以要翻译成"孔融让梨"。有的学生认为不能受中文故事的限制,而且该文中没有明显的"让",只是有选择性地"分",因此要翻译成"孔融分梨"……教师对问题的巧妙设计,是引导学生探究的关键。该问题引导学生不仅重温英语版的故事,还重温了中文版的故事;不仅理解了故事表层的含义,还理解了故事内在的含义;不仅考虑了作者的意图,还考虑了不同读者的想法;不仅探究了故事背景,还探寻了故事背后的儒家思想和史家思想,使学生在探究的过程中,在发现问题和解决问题的过程中汲取更多的知识,为批判性思维的发展奠定基础。

2. 多维视角,培养"怀疑"的意识

陶行知说过:"发明千千万,起点是一问。"质疑是创新的起点。怀疑是质疑的前提。"怀疑"的意识要求我们不要迷信权威(教材、教师、优生等),不要习惯于根据传统经验或在分析论据之前轻易做出判断,而要根据充分的论据,做出理性的判断。因此,教师要善于引导学生说:"Why? Right? How?..."在"孔融让梨"的教学中,教师可以这么引导:How old was Kong Rong? When you were 4 years old, could you do this? 引发学生对孔融的年纪的敏感度。于是,有的学生提出了怀疑:"孔融四岁那么小,真的能懂得谦让吗? 是心甘情愿让梨的吗?"随后该生网上查阅资料指出:国外的研究发现,4岁孩子在分配中要求自己获得最多,5—6岁儿童认为物品平均分配是公平的,6—7岁儿童开始考虑按照物品特点分配,所以,他对孔融四岁自愿让梨提出了怀疑。我们无法考证孔融是否真的自愿让梨,但这不能妨碍学生"怀疑"意识的培养。学生只有具备了"怀疑"的意识,才敢于向权威质疑,才敢于去收集证据佐证自己的怀疑,无论其结论如何,这个"怀疑—质疑—解疑—答疑"的过程,就是培养学生批判性思维的过程。

3. 开放话题,培养"开放"的意识

"开放"的意识是批判性思维中非常重要的品格。"开放"的意识要求我们:跳出已有的根深蒂固的模式来考虑问题,不仅能乐于接受赞同自己意见的观点,更能接受否定、对立、批评的观点和建设性的建议。教师可通过开放话题,放手让学生讨论和查询资料,收集论据,为学生提供批判性思维训练的平台。

例如,针对"孔融让梨"的故事中孔融把大梨给弟弟,小梨给自己提问:如果是你,让还是不让?第一个学生说:"让,大梨给父母,是孝顺父母,大梨给弟弟,是爱护幼小,这都是传统美德。"第二个学生说:"不让,我会把大的梨给爸妈,但不会给弟弟,我比他大,给他不公平"。第三个学生说:"不让,四岁是我自我意识最强的时候,我爱吃就吃,那么小的孩子,怎么懂得'让'?"第四个学生说:"让,我不爱吃梨,都给他们吧。"……各种回答都是学生的心声,这是个性的体现,教师要引导学生有"胸纳百川"的气度。当然,不是所有的回答价值观都是正确的,这就需要教师进一步地追问和引导:对第一个学生的回答,可赞赏和鼓励。对第二个学生的回答,可一分为二地对待。教师问:如果你是弟弟,哥哥不给你大梨,你也觉得公平吗?学生若回答"是",那说明这个学生的规则性意识很强,没有规矩不成方圆。如果回答"不是",则说明其选择的标准不一样,这样所谓的公平其实就是不公平。对第三个学生的回答,可这样看:四岁的孩子,心智发展程度不一样,不能苛求每个孩子像孔融那样……开放的话题,开放的心态,开放的回答,教师要允许学生个性的张扬,心声的表达,而不是道德绑架和固定思维,其目的是激发学生多维度思考,促进他们独立解决问题,做出决定。

4.提供论据,培养"自信"的意识

"自信"的意识即自我效能感,是批判性思维品格的重要一环。自我效能感是指人们对自己是否有能力完成某一任务的自信程度,即相信通过自己积极的努力,有能力、有信心完成相应的、理性的推理和判断。在"孔融让梨"故事的教学中,针对"大梨让不让给弟弟吃",有的学生回答"不让"。他在父母的帮助下,收集了资料,其论据如下:首先,"让梨"违背了"儿童自由的天性"。四岁的孩子正处于自由意识强烈的年纪,一味强调谦让,会抹杀儿童的天性和平等的理念。其次,孔融让梨是由衷的行为还是道德绑架的行为呢?如果是后者,那么是虚伪的。再次,这种观念不适应现在激烈竞争的社会环境、工作环境和学习环境……学生的回答令人惊叹。教师既要相信学生的能力,也要引导学生相信自己的能力,这是批判性思维培养的基础。

5.纵观全局,培养"全貌"的意识

"全貌"意识是批判性思维的关键的品格。它是指学生对讨论的话题有较高的敏感度和注意力,能从多个维度(文本背景、上下文的语境、文本细节、文本在教材中承前启后的作用、文本的寓意、前后知识的关联、作者的意图等)去客

观、理性、全面地思考问题。"全貌"意识对小学生而言相当困难,因此教师可以取一两个比较突出的"点",引导学生去思考即可。例如,教师可引导学生去关注《三字经》里的故事、语文课本上的故事(这两个学生非常熟悉)和英语版故事的异同。学生的回答是:《三字经》和语文课本上的故事更侧重"让梨",而英语故事中,没有提到他把大梨给弟弟,只提到他拿了个小梨而已,所以更侧重"分梨"。教师还可以进一步引导学生思考:孔融分梨是基于"需要"(by needs)还是基于"想要"(by wants)? 这么开放的话题,将激发学生各式各样思维的碰撞。"全貌"意识当然不能要求小学生面面俱到,但教师要尽量引导他们慢慢形成从多维度去思考问题的意识,潜移默化,久而久之,学生就不会一叶障目,思维固化。

6.充实论据,培养"坚持"的意识

贝多芬说过:"卓越的人有一大优点是在不利和艰难的遭遇面前百折不挠。""坚持"是任何思维能力培养中不可缺少的重要品格。发展批判性思维能力,需要我们不断挑战和克服本能的感性思维所带来的思维惰性。批判性思维能力的培养需要毅力,特别在遇到难题时,要坚韧不拔,持之以恒,充实自己的论据,据理力争。在"孔融让梨"的故事中,在"让与不让"的争论中,有的学生坚持"不让",该生除了提出和大多数人一样的观点,如弟弟也得懂得尊重兄长;让与不让,都是自身的选择,没有对错……他还上网查询并引用了"约翰争梨——谁把门前草地的草割得又快又好,谁就能拿到大梨"的故事做佐证,即每个孩子都是有独立人格和意识的个体,不能任由成人的意志驱使安排,应公平竞争得梨。这种坚持自己观点,永不言弃的精神,是培养批判性思维的关键要素。

7.理性思考,培养"反思"的意识

"吾日三省吾身。""君子博学而日参省乎己,则知明而行无过矣。"均说明反思的重要性。批判性思维是一种反思性的思维,反思是批判性思维的重要品格,也是批判性思维的基本方法。批判性思维强调:我们的决策是基于有限或不确定性的认识而决策的,而不是在全知背景下的决策。"反思"不仅要求区分已知和未知,还要求我们在有限的认知、不确定的已知的基础上,谨慎决策。即对自己思维活动中的各个环节进行批判性的再思考、再分析,及时发现其中的错误和不周之处,充分考虑各方的论据,调整出新的解决方案。"孔融让梨"除了引导学生反思"让与不让"的理由是否充分以外,还可以让他们反思"公平与不公平"的问题。学生的回答朴实而具有生活性:"把梨子切成块,每人都可以吃到,就不存在谁拿大梨、谁拿小梨的问题;也不存在浪不浪费、爱不爱吃的问题。"反思是创新的前奏。"判断—反思—调整—再判断—再反思—再调整……"批判性思维就是在不断地反思与调整中形成的,反思是批判性思维形成的基石。

总之,批判性思维品格的培养,是批判性思维能力提升的基础。它有助于激发学生好奇、敢于怀疑、敢于质疑和探究的求知欲,有助于培养他们独立、全面和理性思考的能力,有助于培养他们开放的思维品质、公正探求真理并持之以恒的态度,以及惯于自省的习惯,为他们的终身发展奠定基础。以上的案例中,笔者仅以英语版故事"孔融让梨"为引子,阐述教师培养学生批判性思维品格(七种意识)的若干方法。当然,在一节40分钟的课堂中,教师不可能面面俱到,但学生批判性思维品格的养成也贵在持之以恒和细水长流,教师只有在平时日常教学中潜移默化地培养学生的探究意识、开放意识、自信意识、全貌意识、坚持意识、怀疑意识和反思意识,才能促进他们批判性思维品格的良性发展。

(二)小学英语批判性思维品质培养的策略

批判性思维品质是批判性思维的一个重要组成部分。批判性思维起源于"质疑",是人们根据后天的客观经验和知识积累,依据客观的、真实的、有效的佐证材料,对信息的来源、背景、成因、性质、意义等的真实性、准确性、多样性、客观性等进行质疑、提问、分析、推理、解释、判断、验证,从而做出更为正确的、合理的、反省的、科学的、有理有据的评判的一种思维活动。

批判性思维包括批判性思维技能与批判性思维品质两方面。笔者认为批判性思维技能包括质疑(理解与提出疑问)、分析(分析问题、寻找论据与论证观点)、评价(评价对方观点与论据)、推理(质疑观点与论据、提出替代假设、得出适当推论)、解释(陈述结论、提供论据、说明方法、佐证观点)、自我调节(自我评估、自我反思、自我纠正)。批判性思维品质是指思维活动中独立分析和批判的程度,是思维活动中善于严格估计思维材料和精细地检查思维过程的智力品质。[1]它包括思维的主动性(具有好奇心与怀疑精神,能主动、大胆地质疑问难)、思维

---

[1] 林崇德.培养思维品质是发展智能的突破口[J].国家教育行政学院学报,2005(9):21-26+32.

的开阔性(多角度、多方位思考问题,确保批判性思维更为深入与全面)、思维的独立性(独立、理性、有个性地思考问题,不人云亦云)、思维的灵活性(对突发情况和问题保持清醒而敏锐的头脑,灵活应变,质疑、反驳等,客观、适时、适度自我反省)、思维的深刻性(体现思维的广度、深度和难度,即深入思考问题,善于概括,逻辑抽象性强)(见图4-14)。批判性思维的主动性、开阔性、独立性、灵活性、深刻性均不是孤立存在的,而是互相关联,存在于批判性思维技能之中。

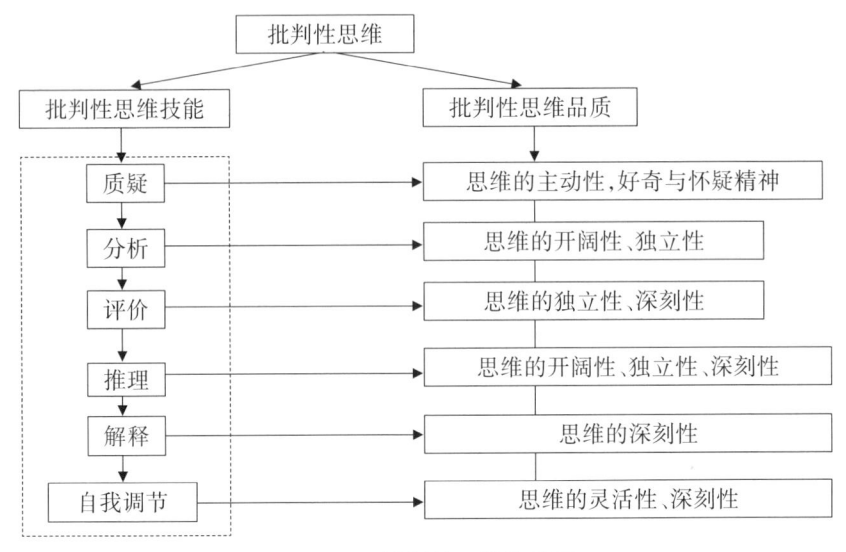

图4-14 批判性思维结构图

批判性思维是以理性的质疑、反思、评估等方式来审视问题,它不是简单的否定和质疑,而是在谨慎地思考和举证后的理性而客观地反思,能促进学生从多视角出发,全面、系统、细致、客观而富有个性地审视问题与探究问题,从而培养学生大胆质疑、独立思考、自主探究、理性分析、追求真理、张扬个性的精神品质。在小学英语课堂中,提升学生的批判性思维品质的具体措施如下:

1.质疑教材,培养思维的主动性

批判性思维的主动性是提升批判性思维品质的前提。批判性思维的主动性是指批判性思维是一种主动的、有个性的思考活动。它不是被动而消极地吸收别人的观点,而是大胆而积极地提出自己的质疑和困惑。它不是盲目相信权威(教师的话、专家的话、教材等),而是能查阅相关资料,提出有自我主见、有建设性的观点并主动佐证自己观点的主动的思维过程。教材是学生学习英语必备的教学资源。因而绝大部分教师和学生均视教材为"权威",认为它绝对不会出错,然而教材中多多少少会存在一些模棱两可、似是而非、不够全面和客观的语句,值得师生推敲。

例如,前述课例外研社版《英语》(一年级起点)四年级上册"Module 10 Unit 2 Eat vegetables every day.",该课主要谈论如何保持健康。教材中有这么几句话:Drink lots of water or juice. Do exercise every day. You can walk, run, swim or play ball games.这时教师可引导学生谈谈对这两个"健康贴士"的看法,并让学生回家收集资料加以佐证。有的学生对"lots of"提出质疑:"lots of"的度要如何把握? 该学生寻求当医生的家长的帮助,给出的观点是:每天适当的饮水对身体是有好处的,每天出汗、身体表面的蒸发、排便、排尿等,均会流失水分,所以要补水。但不能喝得过多,因为饮水过多会加重肾脏的负担(特别是有肾病的人,水得少喝),一般一天喝2000毫升左右的水是合适的,儿童可适量减少点,当然喝多少水因人而异,主要和每个人每天代谢的水分有关。有的学生对 juice 提出质疑:这里的 juice 是果汁饮料(juice drinks)还是鲜榨果汁(fresh juice)? 如果是果汁饮料,肯定不能多喝的,还得尽量少喝或不喝。即使是鲜榨果汁,也不能喝太多,可以适量喝点,但建议还是吃水果更好。因为喝果汁会减少人们对水果中富含的纤维素和维生素的摄取,会不知不觉摄取过多热量和糖分,会迅速提高血糖浓度,刺激胰岛素短时间内的分泌。有的学生对"Do exercise every day."提出质疑,他们觉得这句话太过于笼统,每天运动的量、运动的项目、运用的强度等都是因人而异的……

质疑问难是学生"自主、合作、探究"的前提,也是培养学生批判性思维能力的前提。"尽信书不如无书",无论是教师还是学生,都不能盲目相信教材。教师应该给学生提供质疑的机会和时间,激发他们的好奇心和怀疑精神,鼓励他们大胆开口阐述、解释、分析自己的观点,培养其批判性思维的主动性和积极性。

2.深剖文本,培养思维的开阔性

批判性思维的开阔性是批判性思维品质中的核心要素,它是指思维的开放性,即批判性思维是真实而全面的思维活动。它通常不一定只有一个正确的固定的答案,学生可以全方位地,从不同的视角、不同的维度、不同的立场、不同的片段出发,提出质疑与反思,对问题做出更合理的解释和思考。批判性思维的开阔性不是孤立存在的,而是与批判性思维的主动性、逻辑性、分析性、深刻性紧密相关。

例如,课例故事"Goldilocks and the Three Bears"描述的是金发姑娘迷路了,溜进三只熊的屋子里,她根据椅子的长短,选择合适的椅子坐;根据茶的热度,喝了温度最适宜的茶;并根据床的好坏,选择最合适自己睡的床睡觉。这个故事最浅显的道理就是"Just right",即做选择时,不要因为大小、长短、好坏等因素去选择,而是要选择最适合自己的。这几乎是所有学生都能悟出的道理。但教师可以鼓励学生从不同的角度出发,想想该故事是否还有其他的寓意,或者你还能从故事中悟出什么。学生的思考令人感到惊艳。有的学生从对立的角度提出质疑:金发姑娘怎么可以随便进三只熊的家呢?这会被误会是小偷吧?金发姑娘进去后怎么可以随便喝三只熊的茶,睡别人的床呢?太没礼貌了。有的学生从安全的角度提出观点:三只熊出门不锁门吗?这太危险了。金发姑娘就不怕熊回来会把她吃了吗?一点儿安全意识都没有。有的学生从延伸的角度提出观点:Goldilocks的另一个译文是金凤花,该故事也可以归纳出"金凤花原理",即"Just right"切适的原则。例如房价过高或过低都不好,房价符合大众消费水平即可。天气太热或太冷都不好,气温适中最宜人。买礼物买贵的还是便宜的,投其所好,适合就好……

批判性思维不是一味否定,而是深入地、全面地、从不同视角去分析问题的一种理性的思维活动,是一种开拓思路,探求多种解决方式的思维方法。教材文本是课程资源的最主要的核心部分,深入剖析教材文本,进行语篇研读是教师科学利用教材、整合教材和开发教材的前提。教师只有深入剖析文本,不局限于传统套路,不局限于教参教案,才能有效训练学生批判性思维的开阔性,培养学生更开放的、更富有个性的、更不拘一格的思维方式。

3.细品素材,培养思维的独立性

批判性思维的独立性是批判性思维品质的基础。它是指批判性思维不是人云亦云、随波逐流、盲目听从的思考过程,而是个体主动的、独立的、有个性的思维活动,是个体独立思考、提出个人主见、有独立的个人评判的思考过程。批判性思维的独立性并不否定团体协作,而是先有自己独立的思考、分析、推理与评判,然后再通过个人或同伴协作收集资料加以解释和佐证。

例如,课例外研社版《英语》(一年级起点第9册)五年级上册"Module 8 Unit 1

Chldren of ten sit around tables",该课主要从上学、放学时间,学校座位的摆放,学校晨练活动三方面描述在中国与英国学校生活的区别。其中文本中关于上学与放学的时间是这样描述的:In the UK, school of ten starts at 9 o'clock, and finishes at half past three. In China, we usually start school at 8 o'clock and finish at 4 o'clock.学生放学后的安排是学生比较感兴趣的焦点。教师鼓励学生以此为讨论点,上网收集资料并归纳如下:中国学生放学后,第一种情况,大部分是留在学校进行学校统一组织的延时活动。部分学校有进行兴趣小组和社团活动,但也仅限于参与该社团的小部分学生,大部分还是在教室参加辅导。第二种情况是家长让孩子去托班学习或者由家教辅导学习。第三种情况是回家自行安排。英国学生放学后,第一种情况是参与社团丰富的实践活动,这是较常见的。第二种情况就是回家自行安排,玩耍等。针对不同的放学后活动,教师鼓励学生谈谈自己的看法:有的学生赞成留在学校辅导,因为这样不仅能尽早完成作业,对不懂的作业,还能及时请教老师和同学。有的学生反对在校辅导,认为这样加课太累,应该适当地参与社团活动,特别是体育活动,强身健体。有的学生反对社团活动,认为目前学校的社团老师教得不好,社团活动的面也非常狭窄,选择空间不大。有的学生赞成社团活动,认为这样可培养多样的技能。有的学生赞成回家自行安排,觉得这样自主空间大,能锻炼自主学习能力和自主生活能力,又能劳逸结合……

批判性思维的独立性不是一味否定别人的观点,而是根据自己的立场和角度,从自己内心意愿出发,可以赞同与支持别人的观点,也可以否定与驳斥别人的观点,还可以提出自己与众不同的观点。而所有这些观点,均要体现"有我之境",并提供较客观的论据加以论证,否则就是空谈。教学素材可以从教材中、从学生资源中、从网络资源中等获取,教师要细品素材,善于捕捉教学素材中能激发学生批判性思维的"点",并给予学生充足的时间与机会去分析、讨论与辨析,这样才能适时培养学生批判性思维的独立性、分析性和逻辑性。

4.多维互动,培养思维的灵活性

批判性思维的灵活性是批判性思维品质中必不可少的要素。它是指批判性思维起点、思维过程的灵活程度,即能根据不同的问题,根据突发情况,从不同角度多层次地、灵活地、综合地分析、推理和解释问题,并采用多种方法灵活、有效地解决问题。每个学生的生活经历、学习体验、互动交流、情感碰撞、思维交锋之中都蕴藏着学习资源,这些都是教师培养学生批判性思维灵活性的来源。

例如,课例外研社版《英语》(一年级起点第9册)五年级上册"Module 8 Unit 2 There are lots of games."主要描述英国学校的生活。其中有这么一句话:The students can have fun at the break time. 在教授break time时,教师问学生:What do you know about this phrase? 学生们针锋相对地交流互动,极大地锻炼了他们思维的灵活性:

S1：We can have a rest at the break time. We can play at the break time too.

S2：We can't play and enjoy the time at the break time. In our school, when class is over, we often still have class in the classroom, because our teacher don't finish it. So we have no time to play. When we have the 30 minutes break time, we should always do some sports. These activities are designed by teachers, not by us. Even if we don't like it. We like games. But we can play games.

S3：Doing some sports is good for us. We can have a rest.

S4：We can have a rest. We will get more tired after we run for a long way.

S5：Some like sports.

S6：Some like games. Different children have different ways to have a rest.

S7：Maybe we can have lots of ways to have a rest at break time. Run, skip, play ball games, play clapping game...That's OK.

……

这些学生的互动,是课堂交流时现场生成的,没有预设,没有准备,但学生们能当场根据不同学生的发言,立刻梳理思路,组织语言,提供论据,提出有针对性(反对、赞成、扩展、总结)的意见和看法,这就是批判性思维的灵活性。课堂不是按部就班的程序,课程不是固定静态的文本,教材不是不可改变的课程资源,教案也不是一成不变的依据。教师要善于捕捉学生现场生成的资源,并给予较充足的交流互动的时间,这样才能有效锻炼学生批判性思维的灵活性、主动性和分析性。

批判性思维品质是批判性思维的重要组成部分,是当代学生英语学科核心素养发展的核心品质,是人类思维最重要的特征,其发展的质量决定个体思维发展的水平。教师只有从多个维度钻研教材、研究教学,才能实现课堂教学中批判性思维品质的潜移默化的培养和提升。

第三节 以"简·品"实现"品学之美"的策略

文化是一个国家和民族的灵魂,中华优秀传统文化是培养文化自信和爱国情感的重要基础。《义务教育英语课程标准(2022年版)》指出,文化意识体现英语学科核心素养的价值取向,教师要引导学生通过多种方式,实现将文化知识内化为具有正确价值取向的认知、行为和品格。文化知识(包括物质文化的知识和非物质文化的知识)的学习,不限于了解和记忆具体的知识点,更重要的是发现、判断其背后的态度和价值观,而文化意识的培育有助于学生增强家国情怀和人类命运共同体意识,涵养品格,提升文明素养和社会责任感。[1]因此,英语教学中渗透中华优秀传统文化,对增强学生的文化意识至关重要。

"简·品"指对文化知识的无痕感悟,指向小学英语核心素养"文化意识"的提升。"简·品"是减掉与主题无关的,或与主题意义无关的、贴标签的、肤浅的、或过于深奥的、生搬硬套的、刻意灌输的、纸上谈兵的、上纲上线的、道德绑架式的文化渗透,取而代之的是,以主题意义探究为引领,结合学生生活体验,通过比较与判断、调适与沟通、体验与感悟,引发学生的共情与共鸣,潜移默化地将文化知识内化于心而外化于行,建立正确的价值判断。在小学英语教学中潜移默化地渗透文化知识,笔者认为可以运用"走进生活""挖掘语篇""研析留白"等措施使学生无痕感悟文化知识。

一 走进生活,无痕感悟文化

语言、文化、生活三者紧密联系,互相依赖,缺一不可。语言离不开文化,文化包含和依赖语言;语言和文化离不开生活,生活即教育。语言、文化、生活三者相滋相养、互相渗透、有机融合是培育和提升英语学科核心素养的重要手段。

---

[1] 中华人民共和国教育部.义务教育英语课程标准(2022年版)[S].北京:北京师范大学出版社,2022:4,23.

语言、文化、生活三者相辅相成、相生相长。英语作为语言,是文化的重要载体,是思维和交流的工具;作为课程,具有保存文化、传递文化、筛选文化、创造文化的文化功能,具有以文化人的学科育人的功能,承担着立德树人的任务。文化包含语言,文化意识是英语学科核心素养的重要组成部分之一,体现核心素养的价值取向。文化意识的培养,有利于增强学生的家国情怀和国家认同感,有利于坚定文化自信,学会做人做事,培养文明素养和社会责任感。语言和文化来源于生活,生活是语言和文化的根基和源头,脱离了生活的语言和文化,则是无源之水、无本之木。语言、文化、生活三者有机融合,是实现英语学科工具性和人文性和谐统一的必备要素,也是实现英语学科核心素养的重要渠道之一。

如何将三者有机融合,笔者以外语教学与研究出版社出版的丽声北极星分级绘本 *Mimi the Superhero*(第二级上)绘本故事为例,阐述在小学英语教学中,引导学生综合运用所学,走进生活,感悟文化的具体举措。

(一)走入生活,谈已知,浅尝文化

苏格拉底说过:"教育不是灌输,而是点燃火焰。"走入生活,联系实际,是学生激发兴趣、激活旧知、复习所学的重要途径,是教师了解学生已有知识储备、文化储备、兴趣基础的必要环节。*Mimi the Superhero* 阐述了这样一个故事:Mimi是一个超级英雄迷。一天,她在笔记本上画了自己扮演成超级英雄的若干图片,然后兴高采烈地将笔记本带去与同学朋友们分享。出乎意料的是,当朋友们看了笔记本中的图片后,都在嘲笑 Mimi,说她一点儿都不像超级英雄,她不勇敢、不强壮,没有超能力。Mimi 很伤心,独自走到了一个没有人的墙后。突然她发现墙角里着火了,她立马通知大家疏散逃生,救了大家,这时大家才觉得她是一个超级英雄。

这个绘本故事以 Superhero 为故事的开端,笔者引导学生走进生活,谈论生活中所了解和喜欢的超级英雄。学生所喜欢的超级英雄是超人、蜘蛛侠、蝙蝠侠、绿巨人等,所总结出的超级英雄的特点都是高大、强壮、健硕、威猛、具有超能力。而这背后的文化则是美国电影中的个人英雄主义和救世主义。学生结合自己生活中观看美国超级英雄电影的观感,畅谈了对个人英雄主义和救世主义的看法,基本上学生都觉得,超级英雄都是靠自己的超能力拯救世界,上天入地无所不能,实现了个人价值,为国家做出巨大的贡献,都是正义、自由、善良的化身。

文化知识涵盖物质和精神两个方面。陶行知说过：生活含有教育的意义，教育以生活为中心。笔者紧扣Superhero的题眼，让学生综合运用已学知识，畅谈在生活中对超级英雄和对其背后文化的品悟，有利于学生形成对超级英雄的初步知识(外形、性格、能力、特点)的了解和其文化背景(个人英雄主义和救世主义)及文化体验(正义、自由、善良)的感悟，为对超级英雄的深入学习和不一样的理解与感悟奠定基础(见图4-15)。

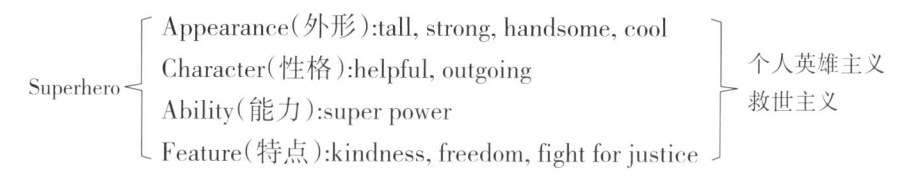

$$\text{Superhero}\begin{cases} \text{Appearance}(外形): \text{tall, strong, handsome, cool} \\ \text{Character}(性格): \text{helpful, outgoing} \\ \text{Ability}(能力): \text{super power} \\ \text{Feature}(特点): \text{kindness, freedom, fight for justice} \end{cases}\begin{matrix}个人英雄主义\\救世主义\end{matrix}$$

图4-15 超级英雄浅析图

(二)深入生活，析新知，感悟文化

深入生活，结合新知的学习，联系学生生活中的点点滴滴，有利于更深刻、更全面地理解语言知识和文化知识，并对绘本的内容做出有个性、批判性、创造性的思考和判断。

笔者将以该绘本中Mimi的心理变化和同学们对她的评价为主线，将故事分成三个部分。Part 1即Mimi在笔记本上画了自己扮演成超级英雄的若干图片的片段。以"What does she feel?"引出学生的思考，学生从故事中得出答案：She thinks she is brave, strong and super. 接着，笔者让学生联系生活，换位思考：If you are Mimi, what will you draw and what do you feel? 学生们从生活中遇到的真实的困难入手，幻想自己成为超级英雄，去解决这些困难，所以他们的回答真实而易引起共情和共鸣。例如S1：I will be a spider man. I can save the people in fire. I am strong and cool. S2：I will be the superwoman. I can help the policeman to catch the bad men. I feel I am super and helpful... Part 2是Mimi把笔记本带去与朋友们分享，却被嘲笑的片段。笔者以"What do her friends think? What does Mimi feel?"引出了"Her friends laugh at her. They think Mimi isn't strong, brave and super."以及"Mimi is so sad and inferiority. She wants to hide."。接着，笔者以两个问题"If you are Mimi's friend, what will you do?" "If you are Mimi, you are laughed at, what will you do?"引发学生站在生活中真实的角度思考，学生给的答案都比较正能量，例如，如果我是Mimi的朋友，我会夸她很有想象力；我会夸她画画得很棒；我会鼓励她成为超级英雄；我也会和她一起做超级英雄迷……而第二个

问题,学生的回答,更是他们内心的真实感受和性格的反映:如果我是Mimi,当我被嘲笑时,我会对他们的嘲笑嗤之以鼻;我会骂他们;我会伤心,觉得他们不懂我;我会告诉妈妈;我会生气,不和他们做朋友……这时,笔者适时引导学生总结出:朋友之间要友善和真挚,不要随意嘲笑他人。面对别人的嘲笑,不要自卑,要正视和正确处理。这是朋友之间和遇到嘲讽时的处事态度,是学生深入生活,换位思考,分析新知,深入感悟文化的体现。Part 3 是 Mimi 发现着火了,按警报器并帮助大家疏散逃生的片段。该片段的文眼是"Everyone is safe. Mimi really is a superhero."。笔者仍然以"What do the friends think?""What does Mimi feel?"两个问题引导学生进行更深层次的思考。学生们说:因为 Mimi 救了大家,因为 Mimi 不计前嫌,因为 Mimi 很勇敢、当机立断,所以她是超级英雄。因此,超级英雄不是以外表长相的强壮与否为评价标准的(见图4-16)。

	Part 1	Part 2	Part 3
Mimi's feeling (Mimi的感受)	brave, strong and super	sad, inferiority	happy, proud, excited
Friends' assessments (朋友的评价)		isn't brave, strong and super laugh at Mimi	brave, strong and super a superhero

Don't judge a book with its cover. 勿以貌取人。

图4-16　绘本三个部分的解析图

在小学英语教学中,教师要树立语言与文化相互促进、相互渗透的意识,并通过学生潜移默化的共情与共鸣,引导学生将文化知识内化为具有正确价值取向的认知态度、行为和个性品格。教育的本质是文化的传递,而文化的传递要结合生活并融入生活。新知学习的部分,笔者紧扣 Mimi 的心理变化和同学们对她的评价这一主线,始终以两个问题"What do the friends think? What does Mimi feel?"引导学生结合自身生活的经验和感受,换位思考,使文化的渗透由表层走向深刻,由绘本走进生活,由文本提示走向自我顿悟,最后实现文化知识的渗透,由分析与比较走向认知与赏析。

(三)高于生活,理脉络,品鉴文化

《普通高中英语课程标准(2017年版2020年修订)》指出,"文化知识的教学应以促进学生文化意识的形成和发展为目标。文化学习不仅需要知识的积累,还需要深入理解其精神内涵,并将优秀文化进一步内化为个人的意识和品行"[1]。《义务教育英语课程标准(2022年版)》指出,文化知识的学习不限于了解和记忆具体的知识点,更重要的是发现、判断其背后的态度和价值观。[2]语言和文化离不开生活,语言和文化要走进生活、深入生活,还要高于生活。

对于 Mimi the Superhero 的绘本故事,学生们结合生活经验,挖掘文本要素,感悟文化后,明白了不能以貌取人,不能仅通过外表来判断一个人是否是超级英雄。但笔者不满足于此。笔者以"What is the superhero?""Who is the superhero?"引发学生更多的思考:超级英雄是否都有健硕和强壮的外表与体魄? 是否都像电影里的一样,拥有超能力? 是否都做着拯救世界的大事? 是否都是遥不可及? 生活中谁是超级英雄? ……学生结合生活中的点滴,得出结论(见图4-17):真正的超级英雄不在乎外表,他们没有电影中的超能力,他们都是生活中真实的人,只是他们乐于助人,甘于奉献,帮助他人,不计得失。超级英雄可以是做大事的拯救万民于水火的英雄,如钟南山等防疫英雄、消防员等救火英雄,可以是见义勇为的人,可以是民警、交警等在平凡的岗位上保护我们的人,可以是在生活中帮助我们的人……这些都是真实生活中的超级英雄。接着,笔者追问:What can we learn from Mimi or the superhero in our daily life? 引导学生从感知、分析、理解文化,走向赏析、汲取、内化文化,并走向行为与表征,即我们要像Mimi一样,不一定要做轰轰烈烈的大事,但一定要在生活中永葆一颗善良与慈爱之心,乐于助人,不计回报,尽自己所能,讲究方式地见义勇为(例如像 Mimi 一样通过按警报器,打119通知消防员等方式救人)。生活中的超级英雄越多,社会才会越来越好,从而实现正确价值观的无痕渗透,也增强了学生们的社会责任感和使命感。

---

[1] 中华人民共和国教育部.普通高中英语课程标准(2017年版2020年修订)[S].北京:人民教育出版社,2020:34.
[2] 中华人民共和国教育部.义务教育英语课程标准(2022年版)[S].北京:北京师范大学出版社,2022:23.

Superhero		
	学习前	学习后
外形	tall, strong, handsome, cool	maybe tall, maybe short, maybe strong, maybe thin
性格	helpful, outgoing	helpful
能力	have the super power	not have the super power, but like to help people
特点	kind, free, fight for iustice	kind nice, helpful, honest...
出现地点	in the film, not real	in our daily life

虚幻的人物,不是现实生活具有的　　真实生活中存在的真实的人

图4-17　学习前后"超级英雄"对比图

　　文化是人类生活的反映。教育是一种有目的,有系统地传播文化的活动。英语教学亦是一种文化活动、文化现象,也是一种文化陶冶和文化历程。文化知识在英语教学中的渗透与传播,是一个内化于心、外化于行的过程,它需要经过感知中外文化知识—认同优秀文化—加深文化理解—形成文明素养的过程。因此,教师不仅要紧扣生活,挖掘文本的文化要素,引导学生浅尝和感知文化;还要跳出文本,深入生活,引导学生更全面地、更深入地理解和感悟文化;最后要高于生活,将语言、生活、文化高度融合,引导学生品悟、鉴别、赏析、内化文化。该过程就是引导学生分析与比较文化—赏析与汲取文化—认知与内化文化—将文化内化为行为与表征的过程,从而潜移默化地让学生在品悟文化的过程中,学会做人做事,形成正确的情感态度和价值观,增强社会责任感。

二　挖掘语篇,无痕融合文化

　　中华优秀传统文化指能体现中华民族健康、优秀的思想文化、观念形态、民俗风情等,能为今人带来正能量、具有普遍价值、涵盖物质和精神两个方面的各种文化样式和文化知识。《义务教育英语课程标准(2022年版)》指出,文化意识的培育有助于学生增强家国情怀和人类命运共同体意识,涵养品格,提升文明素养和社会责任感。[①]2014年教育部印发的《完善中华优秀传统文化教育指导纲要》就加强中华优秀传统文化教育的重要性和紧迫性、指导思想、基本原则和

[①] 中华人民共和国教育部.义务教育英语课程标准(2022年版)[S].北京:北京师范大学出版社,2022:5.

主要内容等提出了具体意见,强调在小学阶段要分学段对学生进行中华优秀传统文化的热爱之情和提高其感受力的启蒙教育和认知教育,把文化意识培养落实到每一门学科教学中。[1]因此,在小学英语教学中,挖掘和融合中华优秀传统文化是应然趋势。

小学英语教材中的语篇基本上以多模态形式呈现,其不同文体形式如文本、动画、插图、歌曲、歌谣、表格等都是中华优秀传统文化融合的载体。但是,在实际教学中,存在以下两个问题:一是部分教师过多关注语言知识与语言技能的培养,忽视了中华优秀传统文化在教学中的融合;二是部分教师虽然有融合中华优秀传统文化的意识,但是对融合的方法和策略不甚了解,导致融合的效果甚微,或偏离英语教学的本质。下面,结合英语教学中的若干案例,从多模态语篇的标题、文本、文眼和插图入手,分析如何在小学英语多模态语篇教学中融入中华优秀传统文化。

(一)着眼标题,了解文化背景

标题是语篇的眼睛。一般而言,标题直接或间接反映语篇内容、语篇风格或写作初衷。从标题入手,剖析语篇相关的文化背景知识,能使语篇理解和语言学习事半功倍。

【案例1】小学英语分级绘本《跟上兔子》系列六年级第三季 *The Old Dragon Has Nine Sons*。该故事描述的是龙生九子,各不相同的中国古老传说。由于标题中的 The Old Dragon 蕴含了中国龙的文化元素,教师可从标题入手,剖析文化背景。因此,教师从两个问题"Q1: Where can you see the Chinese dragon? Q2: What's the Chinese Dragon?"入手。第一个问题让学生明白,在中国,龙文化无处不在,它深深地融入了我国社会的各个方面。第二个问题阐明中国龙是中国文化的精华和中华民族的象征。龙是中国人的吉祥物,具有团结全民族的巨大凝聚力。龙的精神包括团结兼容、造福人类、开拓奋进、与天和谐。龙文化更具有凝聚力量、激励民众、教育自我、警示他人、振奋人心的作用。这两个问题引导学生通过标题了解其蕴含的文化背景,使他们在上课伊始就沉浸于文化氛围,为新知的学习打下更多文化方面的基础。学生深入了解龙文化的过程也是

---

[1] 完善中华优秀传统文化教育指导纲要[EB/OL].(2014-04-01)[2023-12-23].https://www.gov.cn/xinwen/2014-04/01/content_2651154.htm.

增强文化自信的过程(见图4-18)。

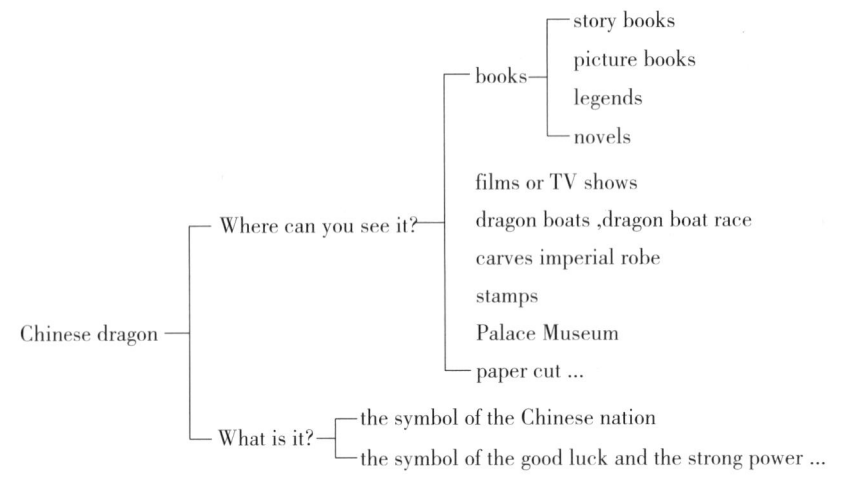

```
Chinese dragon ─┬─ Where can you see it? ─┬─ books ─┬─ story books
                │                         │         ├─ picture books
                │                         │         ├─ legends
                │                         │         └─ novels
                │                         ├─ films or TV shows
                │                         ├─ dragon boats, dragon boat race
                │                         ├─ carves imperial robe
                │                         ├─ stamps
                │                         ├─ Palace Museum
                │                         └─ paper cut ...
                └─ What is it? ─┬─ the symbol of the Chinese nation
                                └─ the symbol of the good luck and the strong power ...
```

图4-18　中国龙的文化解析图

(二)立足文本,挖掘文化元素

教材文本是多模态语篇中最核心的部分,也是实现教学目标的重要材料。因此,教师要引导学生细品和解析文本,使隐藏的文化元素外显。

【案例2】外研社版《英语》(一年级起点第11册)六年级上册"Module 9 Unit 1 Do you want to visit the UN building ?"主要通过Daming与Simon的对话,描述联合国大厦的若干特点和联合国的若干作用。文本中有以下两段对话:

【对话1】

Daming:Is China in the UN?

Simon:Yes. China is one of the 193 member states in the UN.

【对话2】

Daming:Wow! The UN building is beautiful. It's very big and very tall.

Simon:Haven't you got buildings like this in China?

Daming:Yes,we have. We have got lots of very tall and big buildings in China.

对话1,教师以问题"Do you want to know more about it?"引导学生查阅资料,使其了解更多信息,如"原则上只有主权国家才可以成为联合国会员国""中国不仅是联合国会员国,还是联合国五个安全理事会常任理事国之一,承担着维护世界和平的重任……"学生对这些文化知识的了解,能唤起自己作为中国人的民族自豪感。对话2,教师以问题"What are the tall and big buildings in China?"引导学生了解更多的中国建筑,如高达632米的上海中心大厦、高达600米的广州塔、高达592.5米的深圳平安国际金融中心等。此外,教师以问题"Do you want to know more about the famous buildings in China?"和自制的中国建筑文化微视频,深入浅出地渗透中国建筑文化,如中国传统园林建筑的最高境界是"虽由人作,宛自天开",体现"天人合一"的思想;中国传统建筑的"中轴对称"布局体现"居中为尊"的儒家"中和"美学思想……虽然中国建筑文化对小学生而言陌生且深奥,但是点滴的文化融入可以起到文化启蒙和唤醒认知的作用。

(三)紧扣文眼,延展文化关联

文眼是文本中最能体现作者写作意图、揭示文章中心和要旨、升华意境、反映主题意义的关键信息。从文眼入手,挖掘文化元素,是融合文化知识的关键。

【案例3】外研社版《英语》(一年级起点第8册)四年级下册"Module 5 Unit 2 He's drawing books and birds."主要以现在进行时的时态描述父亲节期间Daming正在为父亲做的事(见图4-19)。图4-19是Daming为父亲写的贺卡。不像母亲,也许不善言辞,也许很严苛,也许很直率和粗鲁……但这些都是父亲的特别之处。无论父亲有哪种特点,父亲对孩子的爱都是唯一的。因此,教师设计了画龙点睛的环节:Maybe your father is frank. Maybe he is able to do anything. Maybe he is thoughtless. Maybe he works hard. Maybe he is emotional and rough. But this is your father.(见图4-20,每个单词的首字母组合在一起就是father)Your father loves you. Your father is special. So we should thank him for Dad's everything. 只有抓住文眼,剖析文本内在的文化元素,才能让学生更多、更好地理解自己的父亲,体会到父爱如山。

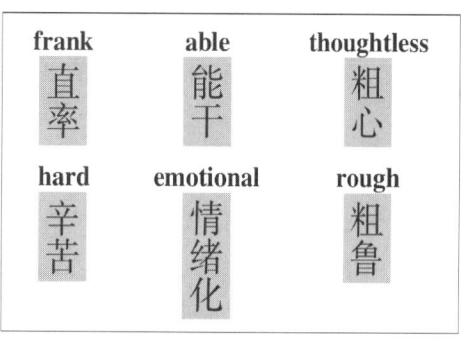

图 4-19 Daming 在父亲节写给父亲的贺卡　　图 4-20 Special Father

(四)关注插图,畅谈文化习俗

插图是小学英语多模态语篇中必不可少的一部分,是对语篇内容更直观和形象的解释和补充,是拉近学生与文本、与生活距离的"桥梁",是吸引其关注文本最直接的工具。《义务教育英语课程标准(2022年版)》指出,"语言技能分理解性技能和表达性技能,具体包括听、说、读、看、写等方面的技能及其综合运用。听、看、读是理解性技能,说、写是表达性技能。语言技能中的'看'通常指利用多模态语篇中的图形、表格、动画、符号,以及视频等理解意义的技能。理解多模态语篇,除了需要使用传统的阅读技能以外,还需要观察图表中的信息,理解符号和动画的意义"[①]。"看"插图,理解和深入挖掘插图的目的和意义,是扩展和融合中华优秀传统文化的有效手段。

【案例4】外研社版《英语》(一年级起点第5册)三年级上册"Module 1 Unit 1 Do you use chopsticks in the UK?"文本中主要运用"Do you use …?"描述中西方餐具的不同。在分析该多模态语篇时,教师不仅关注文本的内容,还关注插图(见图4-21)。

图4-21 Amy和Daming津津有味吃面条的图

通过观察图4-20发现,虽然Amy不会用筷子吃面条,但依然吃得津津有味;Daming也吃得特别香。由此可见,中国的面条非常美味。接着,教师提问:"View the pictures and say what you know from it."引导学生透过插图关注中国面食文化。以问题"What Chinese noodles do you like? Why?"引发学生对馒头、烧

---

① 中华人民共和国教育部.义务教育英语课程标准(2022年版)[S].北京:北京师范大学出版社,2022:25.

饼、沙茶面、热干面、重庆小面等中国经典面食的讨论;以问题"Chinese noodles are delicious. And do you know the culture or the background of the Chinese noodles?"并结合自制的绘本小故事,引导学生了解更多的中国面食文化,如中国人对面有特殊的感情,生日吃"长寿面",有长寿之意;过年吃"接年面",有岁月延绵之意;孩子第一天上学吃"记心火烧",有长学问的心眼之意。关注插图,适时、适度融入中华优秀传统文化,可以增进学生对中华优秀传统文化的了解,拓展知识维度。

以上阐述的是多模态语篇中融入中华优秀传统文化的策略。除此以外,还应该注意以下几个事项:第一,文化融入契机的适时。合适的融入契机可以使文化的融入起到润物细无声的功效。第二,文化融入内容的适度。中华优秀传统文化博大精深,源远流长,不是几堂英语课、几个英语活动、几个语篇就可以讲述清楚的。因此,在多模态语篇教学中,教师要紧扣教学目标和主题语境,设计适度和适量的文化内容,使文化融入起到激发兴趣、唤醒认知、感悟价值的作用,点到为止。第三,文化融入活动的适宜。文化融入的活动设计要求教师以英语学科核心素养的形成为导向,设计难度适宜、容量适宜、语言适宜的学习理解、应用实践、迁移创新类活动,使学生在学习语言的同时理解和感悟文化。第四,文化融入价值的适中。文化知识的学习是一个内化于心、外化于行的过程。中华优秀传统文化在小学英语教学中的融入是一个由了解、感知、理解、品鉴文化到赏析、认同、汲取、内化文化的过程,也是一个由此品悟出正确的价值观念、道德修养、审美情趣的过程,还是语篇主题意义的体现。文化价值的升华要紧扣语篇的主题语境和中心要旨。

中华优秀传统文化是培养学生文化自信和爱国情感的重要基础。因此,在多模态语篇的解读和分析中,教师要关注对中华优秀传统文化元素的挖掘和分析,并设计相应的文化意识目标,开发文化融入的微资源,寻找巧妙的文化融入切入点,设计相应的课堂活动,使中华优秀传统文化的融入真正落到实处。

三　研析留白，无痕渗透文化[①][②]

留白是艺术的表现手法之一，是在艺术作品中留下相应的空白，这是中国画的一种布局与智慧。小学英语课堂教学留白是指在小学英语课堂教学中教师适时、适当地在一些活动中，能留给学生相对充分的自己动手、独立思考、相互交流、相互合作、自主内化、自我反思等的时间与空间，以提供给学生更多的体验语言、实践语言、整合语言和运用语言的机会和平台，从而促进学生各项能力的发展。一幅国画，如果过满或者过实，在构图上就失去了灵动与飘逸，但如果有了留白，便给予观赏者以遐想和发挥的空间。课堂教学留白亦如此。教师若给予学生适当的教学留白，则能激发他们的学习欲望，点起他们的学习热情，培养他们的发散思维，训练他们的想象力。当学生的思维碰撞出火花，思考能力得到培养，交流动机得到驱动，合作意识被唤起，表达能力得到训练时，文化知识的渗透自然无痕。

小学英语课堂教学留白的理论基础是记忆系统和超限抑制。首先是记忆系统。心理学认为人的记忆系统分为"感觉储存""短时记忆"和"长时记忆"三个阶段。[③]感觉储存阶段是个非常短暂和直接感知的阶段。短时记忆阶段虽相对稳定，但信息处理容量小，持续时间非常短。之后信息通过一定的认知组织转移到长时记忆阶段（见图4-22）。[④]因此，要使学生的短时记忆转化为长时记忆，教师就不能毫无间歇地进行满堂灌，而应适当设计教学留白，让学生进行较为充足的分阶段的语言实践，这样才能激发学生大脑对语言的认知组织，促进学生长时记忆的形成，从而让学生理解语言和学会运用语言。其次是超限抑制。人的一切反射活动都是由兴奋过程和抑制过程相互关系决定的。超限抑制是抑制过程的其中一种表现形式。即当某类信息刺激过强、过多或作用过长时间时，大脑皮层神经细胞就会因兴奋过度而走向反面，降低了兴奋度而进入抑制状态，借以保护疲劳的脑细胞，使之免受损坏。[⑤]因此，课堂中教师长时间、大容量的语言输入，会使学生的大脑出现超限抑制状态，而适当的教学留白，则

---

① 黄芸.小学英语课堂教学留白设计探析[J].厦门广播电视大学学报,2018,21(4):86-92.
② 黄芸.从绘本留白谈优秀文化的渗透[J].校园英语,2022(23):145-147.
③ 黄均凤,程乐乐.论课堂教学中的教学留白[J].海外华文教育,2006(3):9-14.
④ 王初明.应用心理语言学:外语学习心理研究[M].长沙:湖南教育出版社,1990:139.
⑤ 徐子亮.汉语作为外语教学的认知理论研究[M].北京:华语教学出版社,2000:25.

为学生在语言输入与语言理解、语言输出与语言运用之间搭建了语言体验、语言训练、语言实践、语言交流的平台，把学生的大脑从抑制状态牵引回兴奋状态。

言语刺激 → 感觉储存 —注意→ 短时记忆 —认知组织→ 长时记忆

图4-22 记忆系统图

英语绘本中的留白延伸了绘本故事的审美想象、知识想象、生活想象和文化想象等，拓宽了儿童与绘本对话的空间，它蕴含大量的文化元素，是学生感知、了解、比较、品悟、内化中华优秀传统文化和升华其价值观念的重要载体，而挖掘绘本留白中的中华优秀传统文化的元素，是学生了解中华优秀传统文化的重要渠道之一。不同的绘本，有不同形式、不同内容、不同寓意的留白设计。以下，笔者以绘本留白为例，以故事"The Little Red Hen"和"Little Red Riding Hood"为具体案例，阐述绘本教学中，通过留白无痕渗透文化的具体措施。

（一）图片留白，明农耕之艰

图片留白是绘本中最常见和直观的留白方式，是通过图片上的空白或图片间的空白，揭示故事发展进程或揭示故事隐藏的内容的一种表现形式，有利于渲染绘本故事的意境氛围、提供想象空间、激发学生阅读兴趣以及进一步探究故事情节和故事寓意的欲望。

"The Little Red Hen"主要讲述了Little Red Hen从种玉米、收玉米，到做玉米饼，辛苦劳作，其间多次请求Mouse, Pig和Cat帮忙干活，但Mouse, Pig和Cat每次都以睡觉、看电视等各种理由拒绝帮忙。最后，当Little Red Hen做出香喷喷的玉米饼时，Little Red Hen也不让它们吃。该绘本在制作玉米饼的整个过程设计了图片留白，整个绘本中制作玉米饼的过程只出现了水、摘玉米、磨面、烘焙四幅图，而四幅图中的文字仅仅是"I'm working."的反复呈现，简单的图文隐藏了大量的文化信息。从图片上看，四幅图非常直观明了，但实际上从种玉米、收玉米，到做玉米饼，特别是种玉米的过程是很复杂，而且极其辛苦。做玉米饼的过程也并非只磨面和烘焙就能完成的。该绘本使用了图片留白，将具体的这些步骤隐去，留给学生想象空间。于是，笔者以"How to plant corns? How to make corn tortillas?"引导学生自主上网查询种植玉米和制作玉米饼的步骤，特别是从种植玉米的过程中,让学生明白种植玉米的不易和"春种一粒粟,秋收万颗子""锄禾日当午,汗滴禾下土。谁知盘中餐,粒粒皆辛苦"的深刻含义。

种植玉米是中华农耕的一种方式。中华农耕文化是中华民族在长期的农业生产劳作中所形成的一种文化形态,蕴含着劳动的奋斗之美、和谐之美、创造之美,是新时代开展劳动教育的重要资源。教师可以此为契机,以"You know how to plant corns. What other farm crops do you know? How to plant them?"适当渗透若干农作物种植的基本常识,引导学生从中感受到农业耕作中天时、地利、人和的和谐共赢;感受到长时间农业耕作的艰辛;感受到"一粥一饭,当思来之不易;半丝半缕,恒念物力维艰"的道理。此时的图片留白,没有详细的图片阐述,却给了学生更多查阅资料、了解知识、充分感悟的空间,起到无图胜有图的作用。

(二)文字留白,祈幸福之源

文字留白是指绘本中的语言文字,没有非常详尽和直白地讲明故事的意思,而是留给读者更多预测、联想、想象、推测、推理的空间,给人以意犹未尽的感觉。文字留白是学生由此及彼地延伸故事内容、梳理故事大意、分析故事寓意等的有效手段。

"The Little Red Hen"故事的结局部分,Mouse,Pig 和 Cat 想吃玉米饼,Little Red Hen 说"You can't have it. You are lazy animals."。这里的"You are lazy animals."就体现了文字留白。它只是点明 Mouse,Pig 和 Cat 是懒惰的动物,但事实上,这句话的寓意远不止于此。笔者以问题"What do you think of this sentence? Why can't they eat the corn tortillas at last?"引发学生更深刻的思考,让学生明白"No pains, no gains."的道理。

文化知识包括物质文化知识和非物质文化知识,而劳动意识属于非物质文化知识的范畴。劳动是奋斗的一种形式。通过诚实劳动创造美好生活,反对一切不劳而获、崇尚暴富、贪图享乐的错误思想是中国优秀的劳动传统文化之一,也是中小学生要树立的正确的劳动意识之一。故事中的文字留白,可引导学生明白"不劳无获"的道理和"尊重劳动、热爱劳动,自觉、不懈地参与劳动,养成劳动习惯"的正确观念。此时的文字留白,言已尽却意无穷。

(三)情节留白,悟安全之重

情节留白是指绘本故事没有呈现非常完整的故事情节,情节没有一一连续,而是存在断层或者跳跃性。情节留白,在故事情节方面,给予学生更多想象和补全的空间;在教学内容方面,给予教师更多渗透主题相关知识和文化知识(物质文化知识和非物质文化知识)的空间;在主题意义方面,给予师生更多挖掘情感内涵和价值观念的空间。

"Little Red Riding Hood"中文版的故事是大家耳熟能详的故事。由于篇幅简短和文字精简,"Little Red Riding Hood"英文版在故事情节上,有诸多的跳跃性留白。例如图4-23中小红帽走在森林里,有只大灰狼跟在她后面。图4-24中狼已经到了外婆家。这里存在情节留白,于是笔者提问:"Why does the wolf know the way to Grandma's home?"引导学生挖掘潜在的故事情节,学生们都回答:"Because Little Red Riding Hood tells the wolf the address."接着笔者追问:"Is it right for her to tell the wolf the address? Why?"从而得出结论,即小红帽缺乏安全意识,胡乱将地址等重要信息告诉陌生人。接着,图4-24与图4-25之间也存在着情节留白。图4-24中狼在外婆家门口,图4-25中外婆被关在衣柜里。中间发生了什么? 笔者以"How does the wolf come in?"引导学生充分想象,S1: "Grandma opens the door when the wolf knocks at the door." S2: "Grandma doesn't lock the door, so the wolf comes in." S3: "The wolf kicks the door and comes in..." 以上再次引出了关于安全意识的讨论,即不能随便给陌生人开门,开门时要问清楚,单独在家要锁紧门等。接着以"What other safety awareness do you know?"适时渗透更多安全意识的常识:遇到陌生人,不能随便和陌生人讲话;不能吃陌生人给的食物;不能轻信陌生人说的话;外出时,最好结伴同行;不走漆黑的小路等,以此让学生明白安全问题重于一切,要时刻保持安全意识。接着,在绘本的结尾,笔者以"If you are really in danger, what should we do?"将故事情节留白与真实生活相联系,学生的回答有:"We can call 110. We can ask the policemen for help. We can say 'Help!'. We can write SOS. We can run away..."与生活联系的情节留白,可以让学生学以致用,不仅明白故事的寓意,更明白故事与生活的联系,使"安全意识"的主题更具实用性和真实性。

图 4-23

图 4-24

图 4-25

(四)结尾留白,品因果之缘

美国著名小说家海明威说过:好的作品懂得怎样给欣赏者留下足够的心理空间,给读者留下再创造的余地,这就是故事的结尾留白。所谓结尾留白就是在故事的结尾处,设计开放性的结局,刻意留下留白和悬念,让读者自己去构思、改编、续编、创编故事结局,使故事更具有开放性和创造性。

"Little Red Riding Hood"故事的结尾(见图4-26)只提到了"A man helps Little Red Riding Hood."学生知道小红帽得救了,但小红帽得救后做了什么,大灰狼的结局怎样,作者留下了悬念。因此笔者设计"What will Little Red Riding Hood do when she is saved? What's the end of the wolf?"引导学生开放性地回答。针对问题1:"Little Red Riding Hood will say 'thank you' to the hunter. She will make some chocolate cakes for him. She will make a big dinner for him. She will give him a present..."由此可渗透感恩教育,引导学生懂得识恩、知恩、感恩和报恩,因为感恩是一种生活态度,是一种美德,是每个人应有的基本道德准则和最起码的个人修养。针对问题2:学生的答案更是多样:S1:"The hunter kills the wolf." S2:"The wolf falls into the river and die." S3:"The wolf is so scared. It can't do anything bad." S4:"The wolf becomes nice. It doesn't want to be the bad wolf again." S5:"The wolf runs away..."从猎人的施恩和小红帽的感恩,从狼的作恶到狼的报应,都体现了因果关系。原因和结果是揭示客观世界中普遍联系着的事物具有先后相继、彼此制约的一对范畴。从因果关系可以引导学生明白"种瓜得瓜、种豆得豆"和"种善因,结善果"的道理。而此时的结尾留白,更是体现了余意尽在不言中。

图 4-26　故事结尾图

霍尔说过:"文化所隐蔽之物大大甚于其所揭示之物",而且"隐蔽的东西最难为其自身的参与者所识破"。宋朝郭熙云:"山欲高,尽出之则不高,烟霞锁其腰则高;水欲远,尽出之则不远,掩映断其流则远矣。"教学留白的意义与此句不谋而合。在小学英语绘本教学中,教师要深入挖掘绘本中的图片留白、文字留白、情节留白、结尾留白所蕴含的文化元素,使学生从中认识、理解和热爱中华优秀传统文化,使学生不仅学习到相应的文化知识,还能从中理解其精神内涵,将中华优秀传统文化进一步内化为自己的文化意识和文明行为。

英语课程要以德育为魂、能力为重、基础为先、创新为上,注重在发展学生英语语言运用能力的过程中,帮助他们学习、理解和鉴赏中外优秀文化,培育中国情怀,坚定文化自信。[1]而英语课程中的文化知识不能靠教师的生搬硬套强压地给予;不能靠无主题、无序化的文化知识堆砌生成;不能靠胡乱拔高的说教直接执行;而是靠有主题的、有体系的、潜移默化的文化渗透,靠生活情境引起学生的共情与共鸣,从而不知不觉地、由心而发地领悟文化知识的内涵与价值,这就是"简·品"。"简·品"有利于教师从关注知识与技能的单维目标,转向知识与技能,过程与方法,情感态度与价值观等综合目标的考量;有利于学生在对不同文化润物细无声地比较、鉴赏、批判和反思的过程中,理解和包容不同的文化,拓宽视野;有利于学生增强文化自信,形成正确的价值观和道德情感,涵养品格,提升文明素养,从而让学生体会到"悟学之意"的"品学之美"。

---

[1] 中华人民共和国教育部.普通高中英语课程标准(2017年版2020年修订)[S].北京:人民教育出版社,2020:2.

第四节 以"简·评"实现"善学之美"的策略

教学评价是英语教学不可或缺的重要组成部分。科学、合理、有效的评价体系是实现英语教学目标的重要保障,也是提升学习能力的重要保障。教学评价应贯穿英语课程教与学的全过程,包括课堂教学评价、作业评价、单元评价和期末评价。"简·美"英语的教学评价指向一体化的主题评价。课堂评价是对课堂上学生一系列的学习行为、学习方式和学习表现的评价,是教师了解学生的学习过程、学习进步和学习困难的重要手段,是促进学生课堂上核心素养培育的重要渠道,有利于教师及时获取学生英语学习的反馈信息,及时合理地调整自己的教学行为和教学方法,提升教学效果,推进教学进程;有助于学生在英语学习过程中不断体验英语学习的进步与成功,有助于学生更全面地认识和发现自我,并提高和保持对英语学习较浓厚的兴趣、积极性和自信心;有助于学生适时、适当调整自己的学习方法和学习策略,提高自己的学习效率,提升自己的学习效果。

然而在现实的教学中,诸多教师的课堂评价出现了几种误区:误区1,评价维度和功能单一化。其表现形式为:一种是教师的课堂评价往往仅仅与激发学生的学习兴趣和激发学生的求知欲等联系到了一起。虽然有的教师设计了多样的课堂评价用语,有的教师利用了自评、互评、师评、家长评等评价手段,有的教师使用了小礼物激励的评价方式,有的教师设计了学习前、学习中、学习后的分段评价内容等,但几乎大部分的评价目标都是为了激发学生的学习兴趣和学习积极性,评价功能几乎都是关注学生在学习过程中的情感发展和学习行为等的变化。另一种是教师的课堂评价过多关注知识的掌握和技能的培养,忽略了评价内容的多维化,导致学生在评价活动中只关注知识,或者过多地关注知识,忽略语言能力以外的学习能力、文化意识、思维品质等的全面发展。误区2,评价浅层化和碎片化。部分教师的课堂评价,没有紧扣教学主题,评价无主线并碎片化呈现,杂乱无章,使得学生云里雾里,摸不着头脑;部分教师的评价工具浅层或随意,忽略了评价手段的深度化和体系化,削弱了以评促学、以评促教的效果。

英语课堂中的教学评价可以根据教学的需要,设计评价主体多元化、评价内容多样化、评价目标多维化的多维度评价,以体现评价功能的多样化。"简·评"就是减掉无主题的,或与主题无关的,或单维评价内容的,或单个评价功能的无序、杂乱、浅层的评价手段,取而代之的是,设计紧扣单元主题或课时主题的,融合多维度的评价内容(学习动机、学习过程、学习效果、个性发展)、多渠道的评价活动(学习理解性的评价活动、应用实践性的评价活动、迁移创新性的评价活动)、多方面的评价功能(激发学生兴趣的功能、凸显教学主题的功能、激活已学知识的功能、突出教学重点的功能、突破教学难点的功能、巩固所学知识的功能、再创教学素材的功能、调整教学策略的功能等)、多样化的评价方式(口头评价、书面评价、自我评价、同伴互评、师生互评、评价工具等)为一体的主题评价。"简·评"倡导体现融合评价主体的多元化、评价方式和内容的多样化、评价目标的多维化为一体的主题评价。评价的维度不仅只是评价学生在学习过程中的情感态度,评价的功能不仅只是激发学生的学习兴趣和动机、增强自信心。评价的维度还可以从"体现教学主题的角度""突破和解决教学重难点的角度""开发新的教学资源的角度""促进教学反思的角度"等方面设计具有多元维度的评价方式,从而发挥评价的"激励学习""监控教学的过程""反馈学生学习进展""调整教学策略""反思教学行为""分析教学问题并及时调整教与学的方法""促进人文思考与人文素养""促进学生心智发展"等多种功能,以促进学生语言能力、学习能力、思维品质、文化意识等核心素养的发展(见图4-27)。

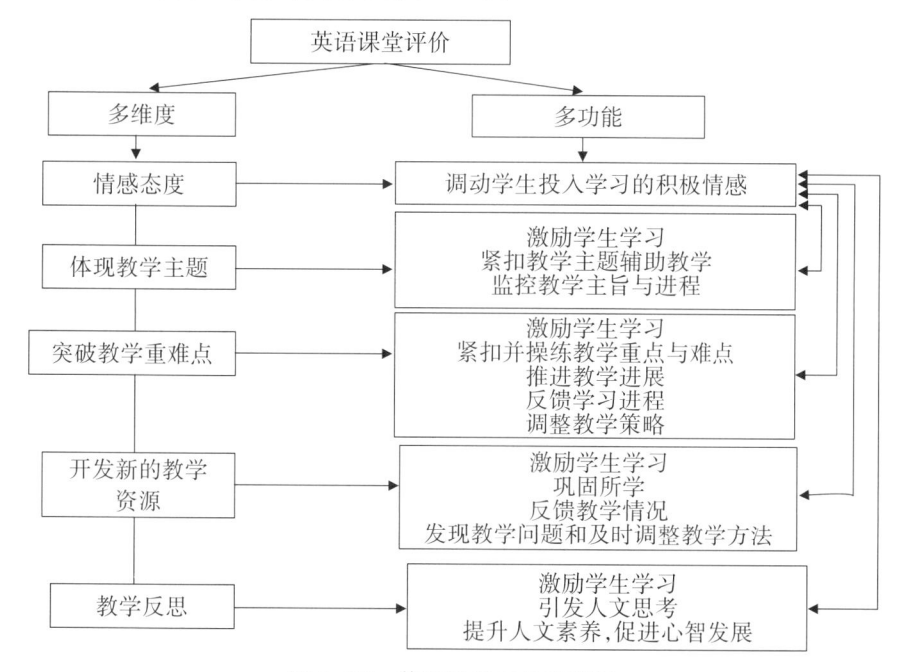

图4-27 英语课堂评价建模图

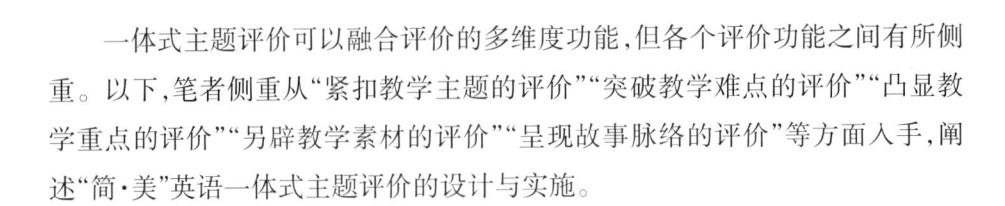

一体式主题评价可以融合评价的多维度功能,但各个评价功能之间有所侧重。以下,笔者侧重从"紧扣教学主题的评价""突破教学难点的评价""凸显教学重点的评价""另辟教学素材的评价""呈现故事脉络的评价"等方面入手,阐述"简·美"英语一体式主题评价的设计与实施。

(一)紧扣教学主题的评价

教学主题是一节课的核心,主题为语言学习提供主题范围或主题语境,主题是教师在文本分析、教材分析的基础上,研究、处理、提炼而形成的该文本的中心内容。它是一节课的主线,是一切教学活动的"主心骨"和"统帅",所有的教学活动均要围绕该教学主题有序开展。学生对主题意义的探究,直接影响学生语篇理解的程度、思维发展的水平和语言学习的成效。课堂教学评价是体现教师教学理念和师生与生生交际、互动、生成等因素在内的价值判断的教学活动,是英语课堂教学的重要组成部分,它必须围绕教学主题而开展,为教学服务。

【案例1】教学主题:Guide Dogs

文本分析:该课由Sam观看的电视节目(特殊犬种)导入有关导盲犬的学习内容,其主要文本内容是:导盲犬很聪明,可以帮助盲人过马路,而普通的宠物犬则只会玩耍,没有这种能力。通过两种犬能力的对比,学习can的句型,重点学习若干导盲犬的能力,并了解导盲犬的若干习性。

评价设计与分析:

该课的教学主题是"Guide Dogs"。围绕该主题,设计"导盲犬带盲人过马路"的评价(见图4-28):用白色的粉笔在黑板上画竖条,形成斑马线的图案,然后用卡纸制作两导盲犬,它们分别由一个女盲人和一个男盲人牵着。由女盲人牵的导盲犬代表女生队,由男盲人牵的导盲犬代表男生队,男女生队进行比赛,根据双方的比赛进程,导盲犬向马路对面一格一格地前进(例如,女生队的女生答对问题,其导盲犬向前走一格,女生队的女生发言语音、语调标准,其导盲犬再向前走一格),看哪只导盲犬可以带领盲人先过马路。

评价功能多元化是科学评价体系的表现之一。该评价发挥了其积极导向的作用,具有紧扣教学主题、激发学习兴趣、监控教学进程的功能。它紧扣本课"导盲犬"的教学主题,极大激发了两队的每一个学生积极参与学习活动的自主性和主动性,因为每一人的表现都将为自己的队加分。这样不仅调动了学生的学习热情,还监测和评价了学生在学习活动中的进展,他们对知识的掌握情况,如读新词朗朗上口,对句型的灵活运用等,每一样都可以为自己的队伍加分,促使导盲犬向前进。这样紧扣教学主题的评价活动,使评价与教学融为一体,让学生在这样的教学氛围中,在评价的激励下,以高昂的学习状态投入学习,实现以评价扣主题、以评价促兴趣、以评价促学习。

图4-28　紧扣教学主题的评价图

(二)突破教学难点的评价

教学难点是指新授内容与学生已有的认知水平之间存在的较大的落差,即学生不容易掌握的或不易理解的知识点或技能、技巧。搭建合适的平台,创设恰当的活动解决教学难点,是教学艺术性的反映。教学难点的妥善处理,是学生学习新授内容的必要环节,是学生顺利掌握新授内容的基础。科学的评价方式,有助于教师及时发现和分析学生学习中存在的具体问题,包括教学难点,并较有效地解决该问题,让学生在评价中既体验到学习的收获,又间接突破教学难点,一举两得。

【案例2】教学主题:Stonehenge

文本分析:该课主要描述两小朋友去英国的景点"巨石阵"的所见所闻。由用动词过去式描述"巨石阵"的旅游经历,从而学习有关"巨石阵"的相关知识,本课的教学重点是:学会用过去时描述两位小朋友去"巨石阵"旅游的见闻。而教学难点是文本中有关巨石阵描述的两句话:Some stones are in a circle. Some stones are on top of others.

评价设计与分析:

该评价设计如下(见图4-29):将全班四大组学生分为 Team Left, Team Right。当教授"You can see lots of stones in Stonehenge."时,教师先在两队中各贴一块石头图片,让学生明白stone的含义,理解新词的释义。然后呈现评价方式:两队比赛,根据两队学生的表现(包括学习的投入程度、知识的掌握程度、学习的进步情况等),教师逐步地在黑板上添加石头,看哪组得到的石头更多。当学生为了争取得到更多的石头而积极投入学习时,教师将贴上黑板的石头形状做了巧妙的处理,Team Left的石头是一圈圈摆放的。Team Right的石头是从下往上叠放的。这样当难点"Some stones are in a circle. Some stones are on top of others."出现时,教师不用生硬地用中文去解释,而是让学生观察评价图(结合教师贴石头的动作):Look, Team Left. Some stones are in a circle. And look here. Some stones are on top of others. 那么该难点很容易就被突破。

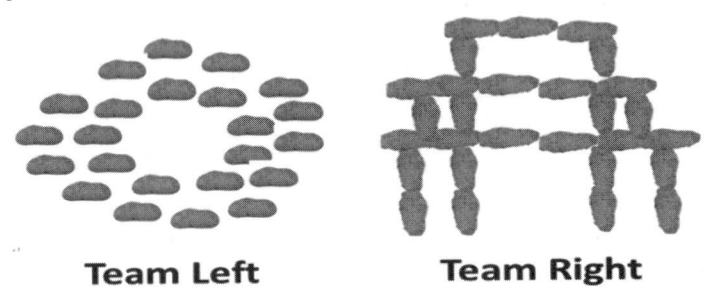

图4-29 突破教学难点的评价图

该评价设计具有激励学生、突破与操练教学难点、反馈教学信息、调整教学方法的功能。当学生观察不到位的时候,教师还可以重复贴石头的动作,形象地解释句型的意思,让学生更清晰地明了教师贴的形状。而在句型操练时,也可以通过教师评价的次数和石头形状产生的次数多次反复地操练。例如,在全班操练"Some stones are in a circle."之后,当Team Left的石头再次围成一个圆圈时,教师可再次引导学生操练此句型,以此类推。那么难点句型操练的复现率提高,达到扎实操练的目的,实现以评价促动机、以评价促释义、以评价促操练、以评价促巩固。

(三)凸显教学重点的评价

教学重点是依据教学目标,在精准分析教材文本和具体学情的基础上,确定的最基本、最核心、最主要的教学内容。教学重点是学生掌握该课教材的核心问题,对教学重点的妥善处理是学生顺利理解和掌握新知的关键。科学的评价可以为教学提供有益的帮助和反馈,帮助教师了解教学效果,改进教学方法。凸显教学重点的评价设计,可以利用评价这个平台,将评价作为一个教学手段和道具,在评价中教授教学重点。

【案例3】教学主题：Location

文本分析：本课描述了Daming要去Sam的家，却迷路了的小故事，从中学习"Turn left. Turn right. Go straight on."等指示方位的句子，从而学习方位的表达。其教学重点就是有关方位的三句话：Turn left. Turn right. Go straight on.

评价设计与分析：

在该评价中，教师将学生分为Team 1—4四个大组，用四辆小火车代表四组的学生。从最右下角的Station出发，根据各组成员的表现，在铁轨上一格一格前进，看哪组最先到达终点——公园。在这个评价图中，教师在铁轨旁画了动物园、图书馆、超市、学校，还用箭头画了路标。当代表Team 1—4的小火车根据学生的表现，每前进一格时，教师引导学生操练重点句型。例如，当小火车直走时，学生边说Go straight on，教师边移动小火车。当小火车要右转时，学生边说Turn right。这样，在小火车逐步移动格子的评价过程中，三句重点句型得到多次操练和运用，而且这个运用是非常直观、形象的。此外，当评价结束时，教师还可以利用该评价，问学生：Where is the zoo/library/supermarket...? 让学生再次用重点句型巩固，一举多得（见图4-30）。

科学而有效的评价活动是教学活动科学化的需要。该评价设计具有激发学生学习欲望，反映、操练和反馈教学重点，推进教学进度的功能。科学的评价方式要服务并融合于教学过程，对教学起到反馈和推进的作用。该评价设计不仅反馈了学生投入学习的状态，也反馈了学生对重点句型的掌握和运用情况，推进教学有序而顺利地开展，实现以评价促重点操练、以评价促教学进展。

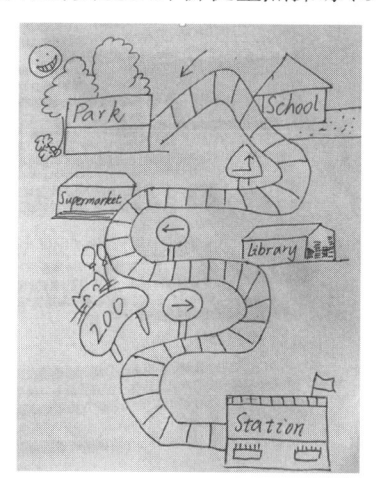

图4-30 凸显教学重点的评价图

(四)另辟教学素材的评价

《义务英语课程标准(2022年版)》指出:"课程资源的开发与利用应服务于课程改革,满足课程实施的需要,体现教育教学改革的理念。积极开发与合理利用课程资源是有效实施英语课程的重要保证。"[1]教学素材是教师为解决教学重难点,为达到教学目标所制作的教学辅助材料和工具,是一种教学资源。根据教学目标,根据具体的学情,合理开发、科学选择、积极利用、有效管理、巧妙处理教学素材是对教师教学能力的基本要求,也是课堂教学顺利开展的必要因素。巧妙的评价方式,不仅在评价过程中达到激励学生学习,帮助学生有效调控学习过程,获得学习成就感的目的,还可以在评价过后,另辟教学素材,利用评价后的素材,帮助学生再次巩固知识或者畅谈感悟。

【案例4】教学主题:Changes

文本分析:本课主要运用"They were...then. They are...now. She was...then. She is...now."描述玲玲及其祖父母外表的若干变化。它是学生运用过去时和一般现在时对比描述外形变化的第一次尝试。

评价设计与分析:

首先,教师各画了小男生和小女生的图片,分别代表男生队和女生队,两队比赛,根据双方的表现,教师在小男生图片和小女生图片旁一笔一笔地添画。看哪组添加的画作先完成。教师根据学生的表现在图片上一笔笔地添加,慢慢地,图片发生了变化:最后小男生旁的图片添画变成了中年男人或者老爷爷。小女生旁的图片可能添画变成个女士或者老奶奶。

德国教育家第斯多惠说过,教学艺术的本质不是传授本领,而在于激励、唤醒、鼓励。[2]该评价具有树立学生自信心,满足学生学习成就感,另辟教学资源,巩固所学,唤醒学生人文感悟与思考的功能。在评价的过程中,当学生看到因为自己的学习表现,教师的添画越添越多的时候,他们学习的自信心和成就感就油然而生。而且他们的好奇心被充分地调动,他们渴望知道,教师添画完之后最后的图片是什么。因此他们会更卖力地、更积极地投入学习活动。当学习

---

[1] 中华人民共和国教育部.义务教育英语课程标准(2022年版)[S].北京:北京师范大学出版社,2022:72.
[2] 陈方.简论小学英语教学反馈及评价的有效性[J].湖北师范学院学报(哲学社会科学版),2014(3):152-154.

活动结束了,评价过程结束了,教师添画的结果出来了,这时这张图片就是一个新的可利用的教学素材(见图4-31)。"学起于思",教师可以让学生围绕图片谈谈图片发生了什么变化,这和本课的主题Changes是一致的。学生们畅所欲言:He was a boy. He is a man. He was short then. He is tall now. He was cute then. He is handsome now…达到再次综合运用所学,用英语做事的目的。此外,还可以让学生谈谈对此图的感想,学生们开始会说:"人的外表随着年龄的增长会发生变化的""变化无处不在"等。这时学生们可能仅停留在对人的容颜从稚嫩童颜到岁月留痕的感触。此外,教师可以引导学生谈谈外表以外的变化。他们会说:"他们从小时候的幼稚变成熟了""他们从少不更事,变成事业有成的人"……并从中引导学生去思考:实现从幼稚到成熟的蜕变需要什么?自己需要为人生的每个阶段制订目标和计划,需要为自己的目标不懈努力,就像图片的变化也是大家努力的结果一样,从而实现了人文素养的润物细无声地渗透的功效。这样以评价另辟新的教学素材,可以成为帮助学生巩固所学的素材,也可以成为引发学生思考的素材,实现了以评价促学习自信、以评价促语言运用、以评价促发散思维、以评价促核心素养。

图4-31 另辟教学素材的评价图

(五)呈现故事脉络的评价

学生对主题意义的探究是学生学习语言最重要的内容,直接影响学生对语篇理解的程度、思维发展的水平和语言学习的成效。小学英语课堂教学中教与学的核心任务就是以探究主题意义为核心,整合相应的学习内容,从而引导学生语言能力、文化意识、思维品质和学习能力的融合发展。故事源自学生生活,故事是培育学生核心素养的重要载体之一。厘清故事脉络、梳理故事情节,并理解故事梗概是挖掘故事寓意和探究主题意义的基础。故事脉络是由一条或多条故事分支构成的表示事件间人物和事件演化关系的线索。故事脉络的梳理和呈现,有利于学生理解故事中人物之间、人物与事件发展的时间顺序、演化关系、内在逻辑关系、心理演变过程等,有利于学生更准确地推理和把握故事的内在核心寓意和推断作者写作的意图,从而感悟、梳理和提炼出故事的主题意义。

"呈现故事脉络的评价图"是一体化主题评价的一种表现方式,它将凸显故事主题、突出故事脉络、呈现故事重点、聚焦主题意义探究、激发学生学习积极性、巩固故事内容等功能融为一体,侧重于呈现故事脉络的评价功能,使学生通过评价不仅体会到故事学习的乐趣,体验到学习的成功,还更有效地理解故事发展进程,明白故事内容,同时复述故事内容,巩固所学,并深刻理解该故事的深层寓意,提炼出主题意义。

【案例5】教学主题:The PE Teacher

文本分析:该课是PEP教材中Story time中的一个故事。描述的是小动物在操场踢球,听说班级要来一个新的体育老师,小动物们就开始讨论这位体育老师长得什么样。Zip说老师足球肯定踢得很好。Zoom说老师一定又高又强壮。这时小兔子跑过来说想加入踢球。Zoom质疑道,你那么矮又那么瘦,你会踢球吗?结果兔子射了9个球,赢了,兔子才说,我就是你们新来的体育老师。

评价设计与分析:

该评价设计是一体化主题评价,将凸显故事情境、突出故事脉络(明线与暗线)、突出故事情节、呈现故事重点、聚焦主题意义探究、激发学习积极性、巩固故事内容等功能融为一体(见图4-32)。具体而言,评价图的第一个功能是凸显故事情境,故事是围绕一场足球赛而展开的,教师随着课堂教学的进度,将学生现场生成的内容一块一块地板书在黑板上,最后形成一个足球,凸显了故事的情境。评价图的第二个功能是突出故事的情节,评价图左右两边的足球框的内容,也是随着教学的进程一步步扮演上去的,与故事发展的情节吻合,同时这些内容也为学生复述故事提供了关键信息,促进对故事内容的巩固,这也是该评价图的第三个功能。评价图的第四、五个功能是突出故事脉络和聚焦主题意义。该故事分为明线和暗线。明线就是足球赛的情节的发展,这在图中左右故事情节中已体现。暗线则是小动物对体育老师的看法的变化。教师由"What kind of person can be the PE teacher?"引发学生讨论对体育老师的看法。学生的看法其实也和之前Zoom的一样,觉得体育老师要又高又强壮、严格、年轻、足球踢得好,也就是图中足球当中板书的文字,但后来发现,外表不重要,也就引出了"Don't judge a book with its cover."的主题意义。这个足球当中的板书不是事先写的,而是随着教师的提问,随着教学的进程逐渐生成的,体现了主题意义探究的过程,同时也梳理了故事的暗线,即对体育老师的看法由一开始的只看外表,到后面发现不能以貌取人。该评价图的第六个功能是激发学生学习的积极性。该评价图左上方有一个09:13的比分,这是学生分成两组竞赛的比分,激励了学生学习的主动性,同时紧扣了足球赛比分的情境。

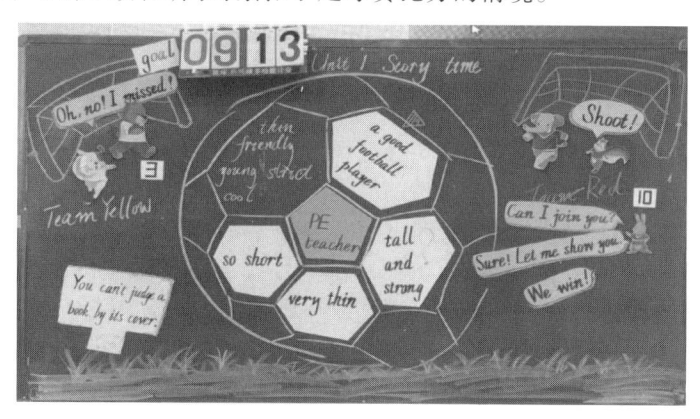

图4-32 呈现故事脉络的评价图

该评价图将凸显故事主题、突出故事脉络(明线与暗线)、呈现故事重点、聚焦主题意义探究、激发学生学习的积极性、巩固故事内容等功能融为一体,使学生在潜移默化的故事学习中,明白了故事的明线和暗线,知晓故事中人物和事件发生、发展的线索,为学生理解故事梗概、复述故事内容、梳理主题意义打下了坚实的基础。

以上所举的五种教学评价,"紧扣教学主题的评价""突破教学难点的评价""凸显教学重点的评价""另辟教学素材的评价""呈现故事脉络的评价"都是一体化主题评价的表现方式。每一个案例,都不是仅仅凸显一个评价功能,而是融多样评价功能于一体,但更侧重于教学主题的凸显、教学难点的突破、教学重点的呈现、教学素材的创造和故事脉络的展示。

第五章

"简·美"英语的实践案例

"简·美"英语在小学英语教学中的应用很广泛,在各种课型,如新授课、复习课、故事课、对话课、跨学科主题学习、项目式学习、单元整体教学等均可以采用。以下笔者提供"简·美"英语在部分课型实践的案例,分析和阐述"简·美"英语在小学英语教学中的具体实践。

第一节 故事教学中"简·美"英语的实践案例

一 课题

外研社版《英语》（一年级起点第3册）二年级上册 Reading for pleasure: Little Red Riding Hood

二 语篇研读

本课的主题属于"人与自然"的范畴，涉及"人身安全、灾害防范的基本常识"。

What：本课语篇讲述小红帽去外婆家的路上，被大灰狼尾随，跟踪到外婆家，把外婆关进衣柜后，大灰狼打扮成外婆的样子，想吃掉小红帽，最后小红帽被猎人救了的故事。故事分为三个部分。第一部分是小红帽去外婆家的路上发生的故事；第二部分是在小红帽外婆家发生的故事；第三部分是小红帽被猎人救了。

Why：作者描述小红帽遇险的故事，旨在使读者明白，要具备安全防范意识和懂得自我安全保护与自救。

How：语篇以故事的形式进行叙述，明线讲述了小红帽"没有遇险—遇到危险—被救的经历"，暗线则是小红帽和大灰狼情绪和感觉的变化，并由此表达了具备安全意识的重要性。

根据语篇研读，分析和梳理了语篇研读内容知识结构图（见图5-1）和故事明线与暗线的内容线索结构图（见图5-2），同时由于故事的第二部分，在小红帽外婆家发生的故事是需要学生表演，即语言输出的环节，因此，笔者还梳理了第二部分的知识结构图（见图5-3）。

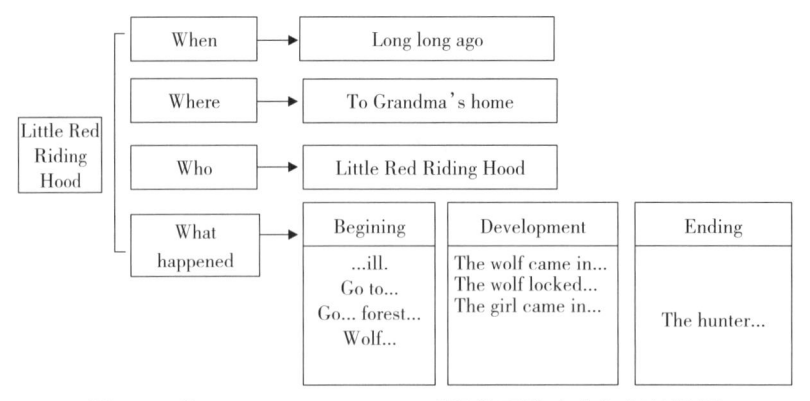

图 5-1 "Little Red Riding Hood"语篇研读内容知识结构图

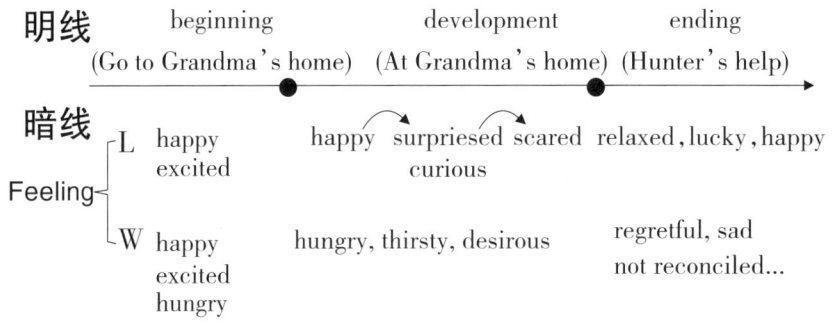

图 5-2 "Little Red Riding Hood"故事内容线索结构图

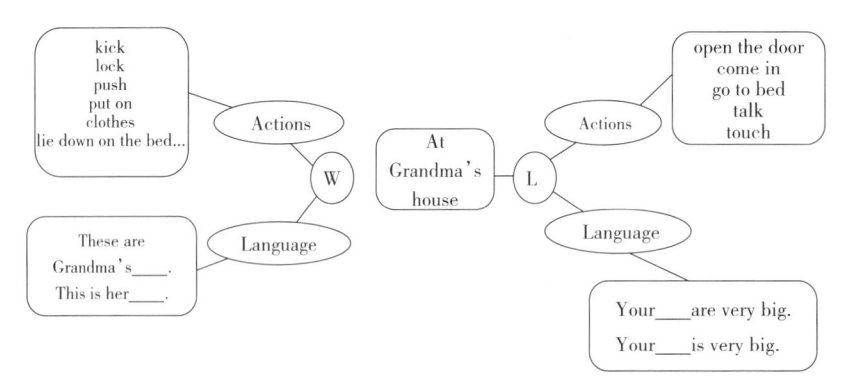

图 5-3 "Little Red Riding Hood"第二部分内容知识结构图

三 教学目标

通过本故事的学习,学生能够:

1. 通过故事的学习,理解故事大意;
2. 借助图片和导图的关键信息,描述和表演在小红帽外婆家发生的事;
3. 分析小红帽遇险的原因,并寻求解决方案;
4. 发挥想象,创编故事结尾。

四 教学过程

教学目标	学习活动	评价效果
1.在阅读活动过程中,获取、梳理故事中四位主人公的故事情节(学习理解)	1.学生根据封面图片和标题,基于已有经验畅谈对《小红帽》故事的了解,如 The little girl went to Grandma's house, because her grandma was ill. The little girl took some food to grandma's house. She met a wolf. The wolf is big and bad. The wolf died...	教师观察学生的描述情况,了解学生关于该故事的已知和未知
	2.学生阅读故事第一部分,通过观察图片和阅读理解故事大意和故事细节,回答 Why is she going to her grandma's house? Does she know the wolf following her? Why? 等问题。	教师根据学生回答问题的情况,给予指导和反馈
	3.学生阅读故事第二部分,通过观察图片和阅读理解故事大意和故事细节,回答"How does the wolf know the way to Grandma's house? How does the wolf come in Grandma's house? What happens in Grandma's house?"等问题。并学习"Your ears are very big...These are Grandma's...This is Grandma's ..."等句型	教师根据学生对词汇、句型、情节等的理解和掌握情况,发现问题并及时提供帮助
	4.学生阅读故事结局,完善补充故事结局	教师根据学生故事结局改编的情况,判断其对故事的理解程度,给予相应的提示和帮助
设计意图:本阶段的学习理解活动旨在激发学生对该故事的好奇心和求知欲,激活学生与故事之间的知识和经验的关联,帮助学生理解故事大意和细节,梳理故事的明线与暗线的脉络,体会语言、文化、思维的关联(感知与积累、比较与判断、观察与推断)。		

续表

教学目标	学习活动	评价效果
2.在教师的帮助下,在评价图的提示下,分角色表演故事第二部分的内容(应用实践)	5.学生表演故事的第二部分,有能力的学生可以适当拓展和补充	教师观察学生表演中语言运用的情况和肢体等展示的情况,给予指导与反馈
设计意图:本阶段学习活动旨在引导学生在整理核心语言的基础上,通过角色扮演,设身处地使每位学生深入体会角色,运用语言理解其意义。程度较好的学生可以尝试运用更多的语言充实自己的表演,促进语言内化,从学习理解过渡到应用实践,为后面的真实评价与表达做铺垫		
3.简要评价故事中主人公的行为(迁移创新)	6.学生对四位主人公(小红帽、妈妈、外婆、大灰狼)的行为进行评价,体会故事背后隐含的意义	教师根据学生的评价,引导学生进行合理的讨论和点评
4.拓展主题绘本阅读(迁移创新)	7.学生根据自己的兴趣,选择一本关于"安全意识"的绘本阅读,并谈阅读后的体会	教师根据学生所谈的体会,引导学生进一步加深对主题内涵的理解
5.在小组内交流自己在安全意识方面的小故事或小感想,并汇报(迁移创新)	8.学生描述自己关于安全意识方面以及应对危险和突发事件的做法的小故事 9.学习小结	教师根据学生描述的故事,引导学生深化对主题内涵的认知,适时进行安全意识的再教育
设计意图:本阶段学习活动旨在帮助学生在迁移的语境中,创造性地运用语言,交流自己关于安全意识方面以及应对危险等突发事件时的小故事,前面绘本的拓展阅读不仅横向拓展学生对安全意识的主题内涵的理解,同时也是为学生的交流进一步在语言知识、文化知识、生活知识等方面进行了铺垫。		

五 结合"简·美"的案例评析

(一)结构化研读分析语篇

以上三个结构图的梳理体现了"简·取"。首先,在语篇研读的基础上分析和梳理了语篇研读内容知识结构图,从该图中教师可以很清晰地明了故事的时间、地点、人物、发生的事情等故事梗概和梳理最基本的故事脉络,即故事的开端、故事的发展与故事的结局的相关内容,这是"简·取"教学内容结构化实施的必备前提。其次,在了解了故事梗概之后,笔者梳理了故事的明线和暗线,形成了故事内容线索结构图,把零散的故事内容通过简单的两条线索串联起来,为故事直观情节的发展和故事深层情感的发展建构逻辑关联;为通过故事直观情节的发展探究故事深层情感的发展,直至探究故事内在的寓意和文化内涵打下基础;为学生更直观、更有体系地理解故事提供支架;也为教学内容结构化的实施提供了教与学的主线。最后,由于二年级的学生年纪还小,根据其学情,他们尚无法完成将整个故事完整地用英语表演的任务,笔者只让学生表演第二部分,即在小红帽外婆家发生的故事,这也是故事最精华的部分,学生必须理解、描述、拓展该部分的内容。为此,笔者梳理和设计了第二部分内容知识结构图(见图5-3),该图里W表述大灰狼,L表述小红帽,为了让学生更好地表演故事,笔者梳理了Language和Action两个方面的内容,Language就是故事中的核心词汇和核心句型,体现故事明线的情节发展。Action是学生要在理解故事的基础上,通过肢体语言表演所呈现的内容。通过学生语言的表达和肢体动作的表演,将故事中的暗线,即小红帽和大灰狼心情的变化通过肢体表演展示出来。该结构图核心信息的提醒,为学生一目了然地明白第二部分故事内容和复述故事并描述主人公心理的变化提供了直观而又有逻辑的支撑,这也是教学内容结构化的重要核心。以上三个知识结构图的梳理,使教师和学生对故事的情节脉络、知识脉络和文化脉络有了整体性和逻辑性的认知。教学目标是一切教学活动的出发点和最终归宿,教学目标为教学内容结构化的实施指明了方向,教学内容结构化是为达成教学目标而服务的。

(二)开展无痕且有序的思维训练

开展无痕且有序的思维训练,特别是高阶思维的训练是故事教学中"简·思"常见的方法,包括锚定关键性问题,深入探究与评价;构思开放性问题,发散分析与综合;深挖具身性问题,共情评价与反思。它有利于教师从关注学生的低阶思维,更多地转向学生分析、综合、评价、问题决策、批判性思维和创造等高阶思维能力的发展,促进学生更积极主动地、批判性地思考与辨析问题,并创新地解决问题与完善问题。

1.锚定关键性问题,深入探究与评价

首先,锚定标题的联想探究。在上课伊始,教师以"What do you know about 'Little Red Riding Hood'?"引发学生对故事标题和小红帽的图片的思考,激活学生已有的对《小红帽》中文版故事的知识储备。

【分析】无痕地进行高阶思维的训练是"简·思"的重要内容,但"简·思"不是完全不要低阶思维,而是减少过多的低阶思维,而着重培育学生的高阶思维。该环节能锚定标题引导学生在联想探究中识记、理解和综合的思维激活已有的知识储备和生活储备。识记、理解属于低阶思维,综合属于高阶思维。

其次,聚焦留白,拓展思维。在故事的第一部分Part 1(见图5-4),笔者提出统领性问题"What do you know from Part 1?"引导学生探究留白,拓展思维。

T:What do you know from Part 1?(统领性问题)

Ss:The girl is going to Grandma. There is a big bad wolf.

T:Why is she going to Grandma?(追问)

Ss:Maybe her grandma is ill. Maybe she misses her grandma. Maybe She wants to have dinner with her grandma. Maybe today is Grandma's birthday. Maybe today is Double Ninth Day…

T:You imagine well. You know there is a wolf. And what's the wolf thinking?(继续追问)

Ss:I am hungry. Wow, so yummy dinner. So sweet. I want to eat you. I will eat you. My food, I like it. Where is she going? I should ask her. How can I eat her?…

T:The wolf is hungry and wants to eat the girl. But does she know that? Why?(第三次追问)

Ss:No, she is listening to the music.

T:Is it right for her to do that? Why?(第四次追问)

Ss:No. It's so dangerous.

图5-4 "Little Red Riding Hood"第一部分故事

【分析】利用故事情节的留白是培育学生发散思维和拓展思维的重要途径之一,也是"简·思"中无痕训练思维的重要方式之一。故事的第一部分存在大量的情节留白。情节留白1是小红帽为什么要去外婆家。学生需要运用理解、分析和综合的思维层次去回答该问题,而且学生的思维极具发散性,学生充分地发挥想象,而不仅仅局限在中文版《小红帽》故事之中。情节留白2是大灰狼的心理活动和对大灰狼的评价,这里锻炼了学生的理解、想象、运用、分析、综合与评价等思维能力。情节留白3是小红帽的心理活动,小红帽压根不知道后面有大灰狼,所以依然特别开心。教师以"But does she know that? Why?"和"Is it right for her to do that?"引导学生由衷而发地提出安全意识的讨论,这不仅锻炼了学生理解、运用、分析、综合与评价的思维能力,也第一次无痕地渗透和呈现了具备安全意识这个主题意义。

接着,是故事的第二部分(见图5-5)。

T: How does the wolf know the way and come in?

Ss: Maybe the girl tells him. Maybe the wolf follows her. Maybe the wolf heard their talking...

T: How does the wolf come in?(教师追问)

Ss: Maybe Grandma opens the door. Maybe the door is unlocked. Maybe the wolf breaks the door.

T: What does the wolf do in Grandma's home?

Ss: He ties grandma up. He locks grandma into the closet. He puts on grandma's clothes and dress. He puts on grandma's glasses. He lies on grandma's bed. He dresses up like grandma.

图5-5 "Little Red Riding Hood"第二部分故事

【分析】以上是故事中的图片留白,图片留白是教师有机、灵活地使用教材图片和教材资源的方法,引导学生根据隐藏在图片中的潜在线索,让他们结合自己的已有知识经验、生活经验、兴趣爱好和知识储备等,发挥联想或想象,充分激活思维,综合运用语言补充图片或者描述图片,达到想说、敢说、会说、自圆其说的目的。[①]利用故事中的图片留白提升高阶思维的发展是"简·思"的重要手段之一。图5-5是故事第二部分的开始部分。这三张图实际上是跳跃的,没有连贯性的,存在图片留白。教师以"How does the wolf know the way and come in? What does the wolf do in Grandma's home?"引导学生通过观察图片、联系上下文、发挥想象、激活已知等办法,综合运用所学回答问题,锻炼了理解、运用、分析、综合的思维能力。

"关键性问题"是针对碎片化的,与主题关联度不高的小问题提出的。关键性问题包括凸显主题的问题、激活已知的问题、过渡理解的问题、紧扣题眼的问题、凸显重点的问题、化解难点的问题、梳理结构的问题、运用结构的问题、拓展导悟的问题、留白反思的问题等。以上锚定标题的联想探究和聚焦留白的拓展思维训练都是关键性问题的设计,有利于学生聚焦教学中的关键点,在不知不觉的思维训练活动中提升思维能力、发展思维品质、深度理解故事,促进知识掌握。

---

① 黄芸.小学英语课堂教学留白设计探析[J].厦门广播电视大学学报,2018,21(4):86-92.

2.构思开放性问题,发散分析与综合

教师在故事中的两个环节设计了开放性问题。第一个环节是第一部分(见图5-5),Why doesn't the wolf eat the girl in the forest? 大灰狼为什么要多此一举呢? 学生的回答体现了他们合理想象和深入分析的结果,具体如下:

T:Why doesn't the wolf eat the girl in the forest?

Ss:Because he isn't hungry.Because he wants to eat her and her grandma together. Because there is a hunter in the forest...还有的学生说,狼确实应该先吃了小红帽,免得夜长梦多。

第二个环节是在故事的结尾处,图片上仅是猎人追着狼跑,并未看到狼的结局。教师提出开放性问题:What's the ending of the wolf? 引导学生补充故事的结局。

T:What's the ending of the wolf?

Ss:He runs away. He dies. He falls into the water. He says"I will come back". He says"Help,help! I don't dare to do it again"。

【分析】开放性问题,即具有多方思维指向、多个思维途径、多种思维结果的问题。教师给予学生相应解决问题的支架和方法,让学生从不同角度入手,畅所欲言,培养发散性思维、探究性思维和创新性思维。开放性问题的设计是"简·思"常见的方法。第一个环节教师以"Why doesn't the wolf eat the girl in the forest?""为何狼多此一举呢?"引导学生深入理解、合理分析并运用所学和综合已有经验对狼的做法进行个性化评价,通过创造性想象等思维能力回答该问题。学生的回答合情合理。还有的学生提出狼如果当场吃了小红帽,就没有后面那么多意外发生了,提出了更合理的个性化观点,体现了理解、运用、分析、综合、评价、创造等思维层次。结尾部分对故事结局的补充,学生提出了各种富有个性化的想法,体现了运用、分析、综合、评价的思维层次。同时,教师也提供了若干网上不同版本的小红帽结局的视频,拓宽学生的视野,促进他们发散思维的培育。

3.深挖具身性问题,共情评价与反思

笔者在故事内容教授完之后,以"What do you want to say to Little Red Riding Hood, her mum, her grandma and the wolf?"引导学生设身处地换位思考。学生给出了很多中肯的意见:

To Little Red Riding Hood: Don't tell strangers your address. Don't talk to strangers. The wolf is bad and dangerous. Be careful of the bad wolf and others...

To Mum: Tell your kid how to keep safe. Tell your daughter the harmfulness of telling strangers the address. Go to Grandma's home with her...

To Grandma: Don't open the door casually. You should lock the door. You shouldn't live lonely.

To the wolf: Evil is rewarded with evil.

接着教师追问:So what do you want to say to the girl and her family? 引出具备安全意识(Have the awareness of safety)的主题意义。接着,教师以"If you are in danger, what can you do?"引发学生更多的具身生活经验的分享,如打报警电话,找警察,找老师等。

【分析】"简·思"的第三个举措是深挖具身性问题,引发共情与共鸣,开展评价与反思。具身性问题,即结合自己的生活实际和实践体验,能引起共情与共鸣的问题。具身性问题对学生感悟文化知识和文化意识的增强有极大的促进作用,对高阶思维的发展有极大的推动作用。通过问题"What do you want to say to Little Red Riding Hood, her mum, her grandma and the wolf?"引导学生评价四位主人公的行为,并再次引出了应具备安全意识的主题意义,体现了理解、分析、运用、综合、评价的思维层次,使主题意义的呈现水到渠成,而不是生硬强塞。同时,为了强化对主题意义的理解,教师继续追问: If you are in danger, what can you do? 学生的回答都是具身认知的结果,是结合生活经验和学习经验的产物,深化了对主题意义的认知。此环节,学生的思维品质特别是高阶思维在无痕的引导中被训练和提升,同时在高阶思维的训练中,文化意识也潜移默化地得到了增强。

(三)开展关联且共情的文化渗透

开展共情且共鸣的文化渗透体现"简·品"的思想,即文化知识的渗透和文化意识的增强,不是靠教师的生搬硬套,不是靠上纲上线,也不是碎片化的文化知识的堆砌,而是聚焦主题下的有体系、有逻辑关联、潜移默化地融合,使学生在不知不觉中产生共情与共鸣,从而悟出文化内涵,增强文化意识。

本课中文化知识潜移默化地融合体现在四个环节。第一个环节是故事第一部分狼尾随在小红帽后面,小红帽却不知情,笔者以"Does the girl know that...? Why?"引出小红帽在唱歌,没有顾及后面,没有安全意识(这部分在前面的故事情节留白已阐述)。第二个环节是提问:What do you want to say to Little Red Riding Hood, her mum, her grandma and the wolf? 通过具身性问题引发学生对四位主人公的评价,由学生从内心深处体会到具备安全意识的重要性,接着以"What can you do if you are in danger?"强化了学生对具备安全意识的理解(在前面具身问题引发思考处已阐述)。随后,笔者播放一段关于"安全意识"的视频,让学生明白面对各种危险的处理方式,再次进一步强化了对"具备安全意识和应对危险"这个主题的认知。第三个环节是当故事表演结束之后,笔者提供了若干关于"安全意识"的绘本,如《警犬葛瑞雅》《汤姆走丢了》等,学生可根据自己的兴趣选择喜欢的绘本阅读,深度理解"具备安全意识和应对危险"这一主题。第四个环节,分享生活中"具备安全意识和应对危险"的具体小故事。

【分析】四个活动体现了文化知识无痕渗透的过程,即分析与判断、初步感知文化——认知与评价、深入理解文化——综合与拓展、横向理解文化——内化与行为、形成文化意识。四个活动由浅入深,由人及己(故事中的人物,到故事外的人物,再到真实自己),由虚拟到真实,由学生被引导到由衷感悟,潜移默化地引导学生认识和理解文化知识,领悟文化内涵,反思或评价他人和自己的文化行为,实现主题意义探究的目的。

(四)设计整体且体系的评价活动

整体且体系的评价设计是"简·评"的表现方式之一。该评价设计(见图5-6),将凸显故事主题、突出故事脉络(明线与暗线)、呈现故事重点、聚焦主题意义探究、激发学生学习的积极性、巩固故事内容等功能融为一体。具体而言,评价图中的第一个功能是呈现主题与主题意义。关键图片的呈现,以及当学生提炼出主题意义后,板书中间的"Have the awareness of safety"使故事主题和主题意义一目了然。第二个功能是突出故事脉络。体现在通过评价图中关键图片和关键信息的提供,呈现故事脉络,故事的脉络包括故事的明线和暗线。明线是Go to Grandma's home→At Grandma's home→Hunter's help,暗线是小红帽和大灰狼心情的变化。评价图中L表示小红帽,W表示大灰狼。当妈妈说去外婆家时,小红帽非常开心和激动。到了外婆家后,其心情由一开始的开心,变成好奇,到最后发现躺在床上的是大灰狼时,变得非常害怕。当她被猎人救了,她又感到幸运与放松。而大灰狼的心情则是由原来的激动变成后悔、伤心与不甘。第三个功能是呈现故事重点。体现在故事脉络和关键信息的提供,同时由于在外婆家的环节是需要学生进行表演的,因此"Your ears are very big. Your eyes are very big. Your mouth is very big. Your nose is very big."是学生要输出的语言内容,也体现在评价图中。第四个功能是巩固故事内容。学生可以利用评价图中的图片和脉络等关键信息,有效地复述故事内容。

Little Red Riding Hood

Hunter's help
L:relaxed, happy...
W:sad
　　regretful
　　...

Go to Grandma's home.
L: happy, excited...
W:happy, hungry

At Grandma's home
W: desirous, hungry...

Have the awareness of satety！！！
安全意识

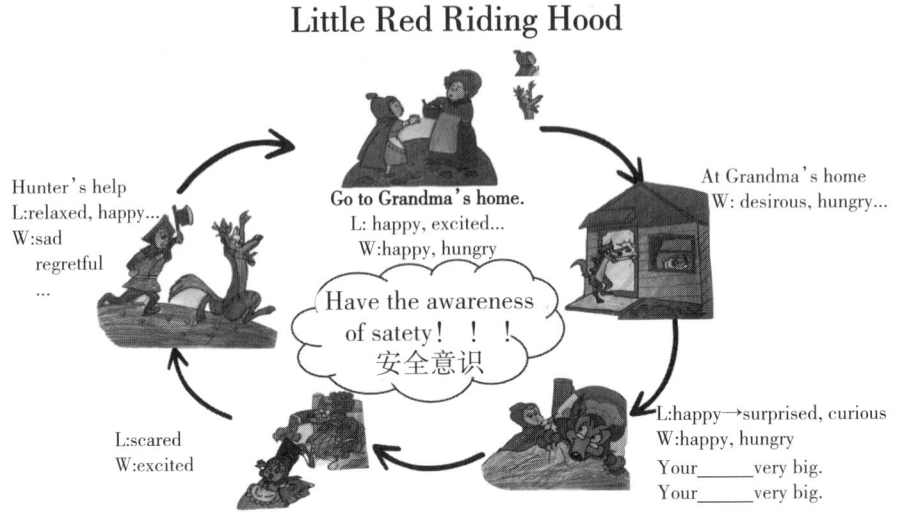

L:happy→surprised, curious
W:happy, hungry
Your_____very big.
Your_____very big.

L:scared
W:excited

图5-6 "Little Red Riding Hood"主题式课堂评价图

【分析】该评价图使学生在故事学习中,潜移默化地明白了故事的明线和暗线,知晓故事中人物和事件发生、发展的线索,为学生理解故事梗概、复述故事内容、梳理主题意义打下了坚实的基础。

第二节 对话课教学中"简·美"英语的实践案例

案例1

一 课题

北京版《英语》(一年级起点)五年级下册 Unit 3 How Do Seeds Travel? Lesson 9 Trees Help Us.

二 语篇研读

主题：The Role of Trees

What：该语篇为发生在果园里的对话。Miss Wang 和同学们在果园里，她询问同学们是否喜欢树木。Lingling 表示喜欢，因为她喜欢在森林里散步。Mike 也表示喜欢，因为树帮助了人类。Miss Wang 进一步提问"树有什么用途"，同学们结合实际举例说明了树木的多种用途，如可以从树木获取果实、可以用木头制造桌椅，可以用树木建房子，以表达对树木的喜爱。

Why：该语篇旨在让学生了解树木的基本作用和功能，意识到树木对人类的重要性，树立保护树木和植物的行为习惯和意识。

How：该对话是关于对树木的喜爱和对树木功能的谈论，涉及树木用途的相关词汇，如 make chairs and tables，get fruits from trees，build houses，以及表达树木用途时使用的核心句型，如"How can we make use of trees? We can make make chairs and tables with the wood. We can get fruits from trees. We can build houses."等。通过对树木功能的谈论，引导学生明白树木对人类的重要性。

根据语篇研读，分析和梳理了语篇研读内容的知识结构图(见图5-7)和文本内容结构图(见图5-8),由于最后需要学生根据所学和拓展进行汇报,因此,笔者还梳理了迁移创新部分的知识结构图(见图5-9)。

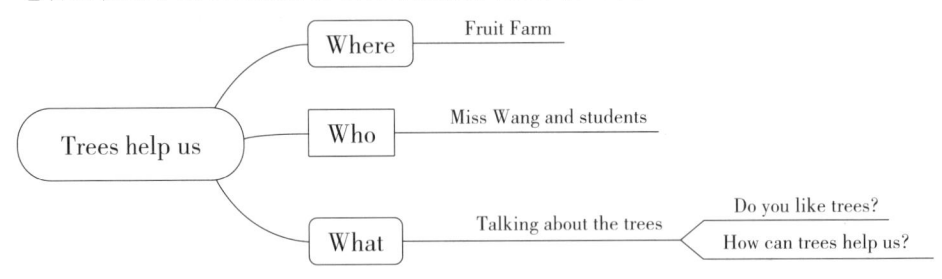

图5-7 Trees Help Us 语篇研读内容知识结构图

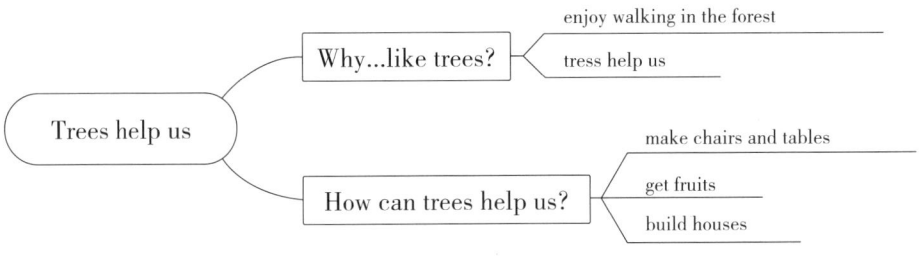

图5-8 Trees Help Us 文本内容结构图

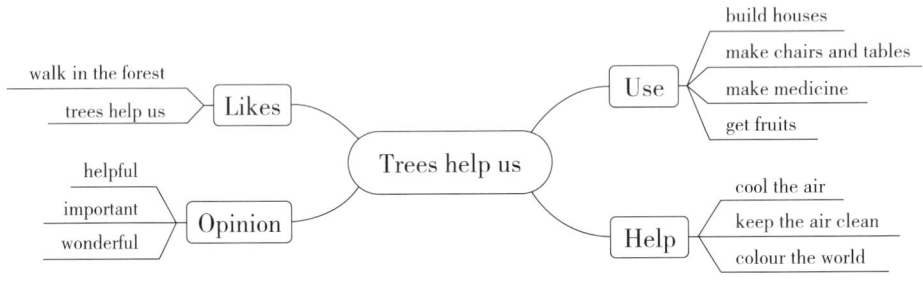

图5-9 TreesHelp Us 知识结构图

三、教学目标

通过本故事的学习,学生能够:

1. 在看、听、说的活动中,获取、梳理树木的用途(学习理解);
2. 在教师的帮助下,分角色表演对话(应用实践);
3. 联系生活实际了解树木的其他作用,进行简单表述(应用实践);
4. 制作手抄报,从不同方面介绍树木的用途,感受其重要性(迁移创新)。

四 教学过程

教学目标	学习活动	效果评价
1.在看、听、说的活动中，获取、梳理树木的用途（学习理解）	1.Think and say. 教师引导学生思考树木是否是植物，在哪里可以看到植物，为课题呈现做铺垫 Question：Is the tree a plant? （Yes. Trees are big and tall plants.） Question：Where can you see trees? 2.Discuss and say why we need trees，know the title and topic. 教师引导学生思考并分享为何人类需要树，引出本课课题和话题 Question：Why do we need trees? 3.Look and say. 教师引导学生看图猜测地点，并引出对话谈论的主题 Question：Where are they? （They are on a fruit farm. They are talking about trees.） 3.Watch and answer. 学生看视频，在教师的引导下回答两个小朋友是否喜欢树木，并思考原因。 Question：Do they like trees? Why? Do Lingling and Mike like trees? Yes I enjoy walking in a forest. Why? Trees can cool the air. Trees help us. How? We can make use of trees. 4.Read and answer. 教师引导学生细读课文，学习文中三个小朋友是如何谈论人类是如何使用树木的。 Question：How can we make use of trees?	教师观察学生是否能根据已知主动分享个人对于树木话题已有的知识和经验，并进行追问或给予鼓励 教师根据学生回答问题的情况，发现问题，及时提供帮助，并评价学生的回答 教师根据学生关于问题的回答情况，进行点评 教师根据不同能力水平学生朗读对话的情况，给予指导或鼓励

续表

教学目标	学习活动	效果评价
	Look and say. How can we make use of trees? - We can get fruits from trees. - We make chairs and tables with the wood from trees. - We can also build houses. 5. Think and say what else we can make with the wood. 教师引导学生结合生活实际说说树木还可以用来制作哪些东西 **Think and say.** We can make ...with the wood from the trees. newspaper paper books ... 6. Listen and imitate. 学生听录音跟读,关注语言、语调、节奏等	
设计意图:本阶段学习活动旨在帮助学生学习理解、梳理对话内容,学习核心词汇和句型。学生在教师的指导下,通过学习对话视频,从大意到细节逐步理解对话内容。学生通过跟读对话,进一步理解对话内容,内化语言,为语言输出奠定基础		
2.在教师的帮助下,分角色表演对话(应用实践)	7. Act in groups. 学生在教师的指导下,进行角色扮演,表演对话	教师观察学生能否借助板书呈现的语言支架完成角色扮演
3.联系生活实际了解树木的其他作用,进行简单表述(应用实践)	8. Think and discuss. 依托本课主题,学生在教师的指导下,联系生活实际,探讨树木的其他功能和使用价值 Question:How can trees help us? **Think and discuss.** How can trees help us? How can we use trees? What can trees do? We can: get food, build houses, make chairs, tables, make medicine ... Trees can: cool the air, keep the air clean, provide home for ..., colour the world ...	教师观察学生在语境中运用核心句型进行问答和交流的情况,根据学生的表现给予指导和反馈

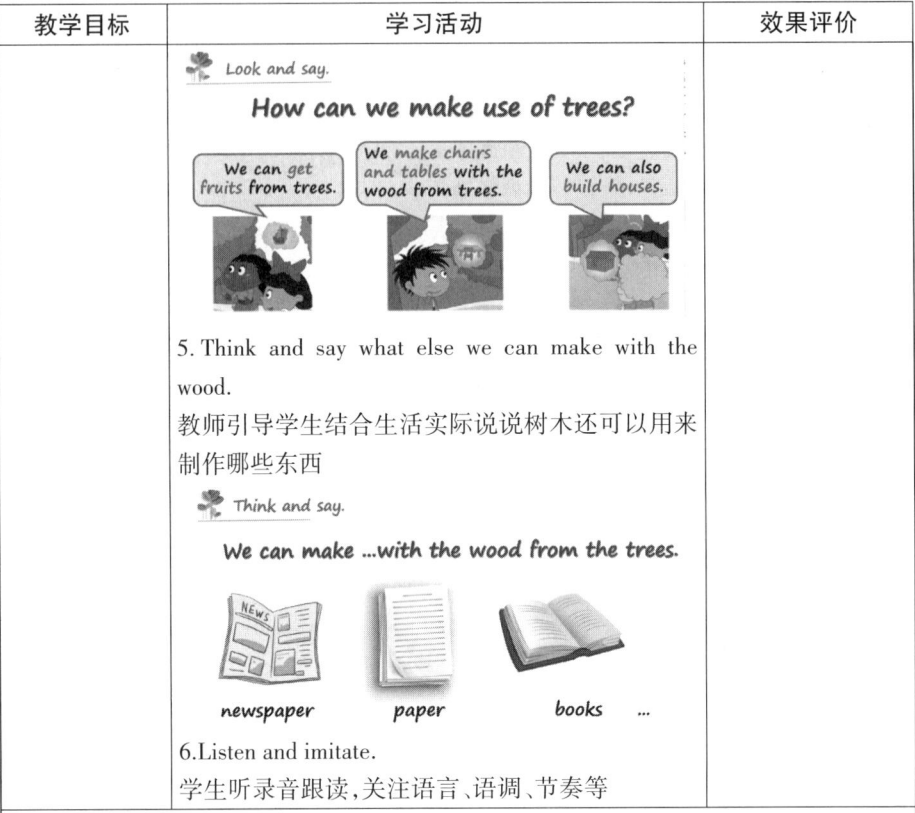

续表

教学目标	学习活动	效果评价
	设计意图:本阶段学习活动引导学生在归纳和整理核心句型的基础上,通过角色扮演并深入体会角色,运用语言,理解意义。同时,结合实际,探讨树木的其他功能和使用价值,促进语言内化,从学习理解过渡到应用实践,为后面的真实表达做准备	
4.制作海报,从不同方面介绍树木的用途,感受其重要性(迁移创新)	9.Make a poster——Trees help us. 通过小小播报员的活动,学生使用所学核心语言介绍树是如何帮助人类的,升华主题 Make a Poster. Trees help us. How can we make use of trees? What can trees do? What do you think of trees? Rules 1. Make an outline. 2. Introduce how trees help us. 3. Try to say more. 4. Talk in groups. 10.Think and say. 学生在教师的引导下思考如何保护树木 Qurstion:How to protect trees? 11.Assign the homework. 布置课后作业,延续课堂学习任务,并拓展树木相关知识	教师观察学生在小小播报员任务中运用语言汇报的情况,给予鼓励或帮助,并评价教与学的成效
	设计意图:本阶段学习活动旨在帮助学生在迁移的语境中创造性地运用所学语言,介绍树木在使用方面和环境方面的功能。学生从课本走向现实生活,尝试运用本课所学,感受树木之神奇,明白树木的重要性	

五 结合"简·美"的案例评析

(一)"简·取"——知识结构化

"简·取"倡导紧扣主题,实施结构化教学,提出要促进学生对知识结构的梳理、应用和迁移,让学生从根本上学会知识体系建构的关键能力。本课教师通过教学板书,将语篇知识进行了结构化、可视化呈现(图5-10)。首先,在学习理解环节,教师通过引导学生思考为什么我们需要树,引出本课主题。通过文本学习了解Lingling和Mike两个小朋友喜欢树木的原因,进一步阅读思考我们是如何使用树木的。在应用实践环节,学生在教师的指导下,共同梳理语篇知识,形成结构化板书"How can we use trees?"之后阅读绘本并联系生活实际,探讨树木的其他功能和使用价值,梳理出"What can trees do?"的结构化板书。在迁移创新环节中,通过小小播报员的活动,学生使用结构化板书中的核心语言介绍人类如何使用树木以及树木是如何帮助人类的,升华主题。

Lesson 4 Trees help us

Wonderful Plants

How can we use trees?
We can { get / build / make / make medicine }

What can trees do?
Trees can { cool the air / keep the air clean / provide home for / colour the world }

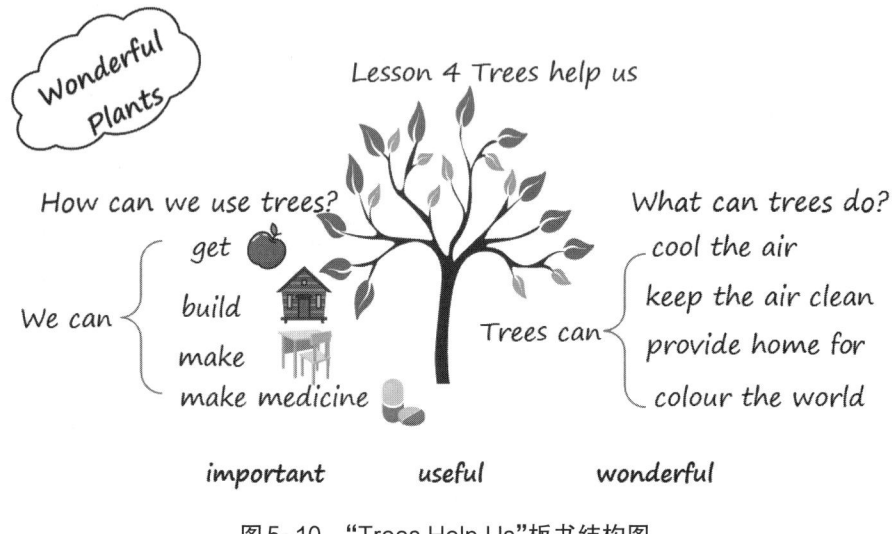

important　useful　wonderful

图5-10 "Trees Help Us"板书结构图

(二)"简·评"——评价贯穿始终

《义务教育英语课程标准(2022年版)》中指出,"课堂评价主要指对学生课堂学习行为、学习方式、学习表现的评价"[1]。要把评价镶嵌于教学之中,成为教学的有机组成部分,评价要发挥监控教与学过程和效果的作用,为促教和促学提供参考和依据。在本节课中,教师采用了学生自评、小组评价、同伴互评和教师评价,从各个方面评价学生的综合表现(见表5-1,表5-2)。特别是在表演环节引入了学生互评,台下的学生不再是被动的听众,而是主动评价的主体,通过同伴互评,来反思和提升自己的表演。最后的作品创作及展示环节亦是如此,学生通过评价他人作品,来提升自己的作品,真正做到教、学、评一体化的落地。

---

[1] 中华人民共和国教育部.义务教育英语课程标准(2022年版)[S].北京:北京师范大学出版社,2022:54.

表 5-1　自评表

评价维度	评价内容与标准	评价结果（得1分涂一片叶子）
学习成果	1.我能熟练掌握有关树木用途的单词和句型 ● 在老师或同学的帮助下,介绍树木的用途和功能(1分) ● 能根据提示,说出树木的用途和功能(2分) ● 能说出课内外所学的树木的用途和功能(3分)	🍃🍃🍃
学习成果	2.我能简单介绍树木的功能和用途 ● 在老师的帮助下,介绍树木的功能和用途(1分) ● 能根据提示,介绍树木的功能和用途(2分) ● 能介绍树木的功能和用途,及其对人类生活的影响(3分)	🍃🍃🍃
学习态度	3.我能主动积极参与小组活动 ● 参与1—2次小组合作学习和讨论(1分) ● 积极主动参与3—4次的小组合作学习中(2分) ● 积极参与4次小组合作学习,并积极发表自己的想法(3分)	🍃🍃🍃
学习态度	4.在活动过程中,我能主动为同伴提供帮助 ● 同伴遇到学习困难时,能主动帮助(1分) ● 同伴遇到学习困难时,能帮助其较好解决(2分) ● 关注同伴学习,积极主动提供帮助并解决(3分)	🍃🍃🍃

表 5-2　互评表

评价维度	评价内容与标准	互评	师评
学习成果	能运用所学语言介绍喜欢树木的原因	🍃	🍃
学习成果	能运用所学语言介绍树木的功能	🍃	🍃
学习态度	能主动积极参与小组活动	🍃	🍃
学习态度	在活动过程中,能主动为同伴提供帮助	🍃	🍃

除此之外,教师还采用了课堂的形成性评价。教师紧扣教学主题,通过学生的课堂表现,以"奖励"的方式,"奖励"学生喜欢的种子,这些种子可以让学生真实触摸不同的种子,为学习"种子的成长"这一课时做延伸,为学生搭建学习实践的桥梁。教师还采用了课外评价,即利用课堂上的这些种子,鼓励学生课

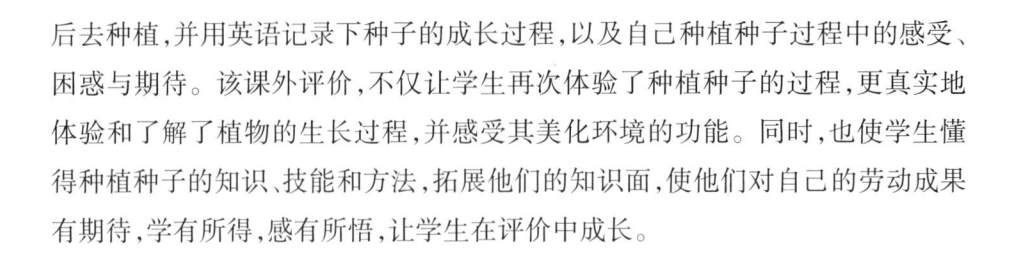

后去种植,并用英语记录下种子的成长过程,以及自己种植种子过程中的感受、困惑与期待。该课外评价,不仅让学生再次体验了种植种子的过程,更真实地体验和了解了植物的生长过程,并感受其美化环境的功能。同时,也使学生懂得种植种子的知识、技能和方法,拓展他们的知识面,使他们对自己的劳动成果有期待,学有所得,感有所悟,让学生在评价中成长。

(三)"简·思"——思维可视化

"简·思"强调不仅要训练学生的低阶思维,更要训练学生分析、综合、评价、创造、批判等高阶思维能力。本课以紧扣主题的开放性问题提升学生的高阶思维能力。

在学习理解环节的导入部分,教师以问题"Is tree a plant? Where can you see trees?"充分激活了学生已有的知识认知和生活认知,感受树木在生活中无所不在,锻炼学生记忆等低阶思维能力,进而通过问题"Why do we need trees?"引发学生思考。在文本学习过程中,学生观看视频后回答"Do Lingling and Mike like trees? Why?",阅读语篇并回答"How can we make use of trees?",锻炼学生的理解等低阶思维能力。在应用实践环节,通过对语篇内容的梳理和绘本补充问题"How can trees help us?",梳理出结构化板书,锻炼了学生的归纳与综合等高阶思维能力。在迁移创新环节,教师通过提问"What do you think of trees?"引导学生客观、合理地谈论对树木的看法,锻炼了分析、批判、评价等高阶思维能力。

(四)"简·品"——育人无痕化

"简·品"旨在引导探究主题意义的过程中,通过体验、感悟、共情与共鸣,潜移默化地培养品行。本节课中,教师根据教学目标,结合学生已有的知识和经验,基于英语学习活动观设计逻辑清晰、指向目标的探究性问题链及一系列层层递进、螺旋上升的教学活动,引导学生逐步加深对主题意义的理解,从学习探究树木在生活中的用途,到进一步了解树木在环境方面的作用,进而感受树木在人类生活中是不可或缺的,最后制作宣传海报(图5-11),并引发学生思考如何保护树木。学生在学习理解、应用实践和迁移创新的活动中丰富自然科学知识,从而激发探索自然世界的兴趣,拓展主题意义,达成本课育人目标。

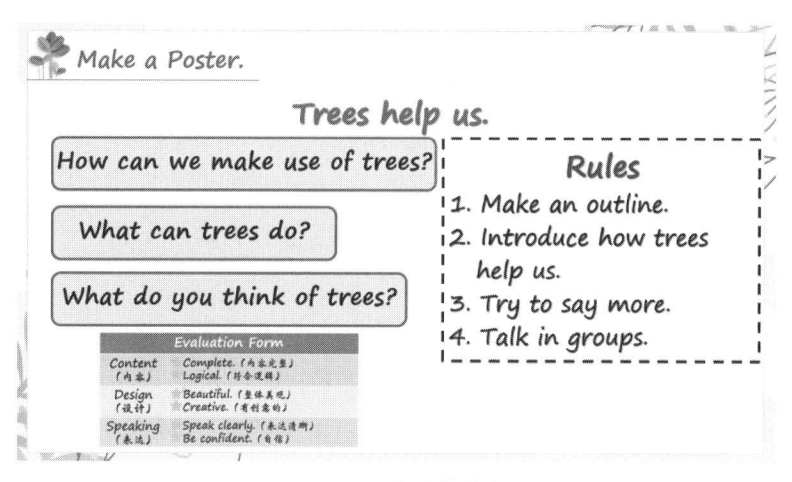

图 5-11　制作宣传海报图

案例 2

一　课题

人教版《英语》(三年级起点)四年级下册 Unit 3 Weather

二　单元主题

Healthy Life Different Weather

三　主题范畴

该主题属于"人与社会"和"人与自然"范畴。

四　单元内容分析

本单元内容围绕"Healthy Life in Different Weather"这一单元主题展开,涉及 6 个语篇,包括 4 组对话、1 篇配图明信片和 1 个配图故事。

225

语篇一(Part A Let's talk)是家人日常生活对话。一个雪天,Mike 询问 Mum 是否能去室外,想征求 Mum 的同意,Mum 认为外面太冷了,拒绝了他的请求。之后 Mike 询问已经做好午饭的母亲是否能喝些汤等。通过对话,学生初步了解身边的天气,能根据天气提出合理请求,并给予恰当回应。同时,从人物的语气中体会到 Mike 对 Mum 的敬爱、Mum 对孩子的细心关爱以及 Mike 一家的和谐融洽。

语篇二(Part A Let's learn)是一则天气预报。天气预报员播报中国主要城市的天气和气温,以及对着装的建议。通过该记叙文文本,学生能学会了解中国主要城市的天气情况,并能根据天气选择适宜的着装。

语篇三(Part B Let's talk)是小学生日常生活对话。在两个不同国家的 Chen Jie 和 Mark,通过电话询问对方城市的天气并进行问候,由于两地温度的计量单位不同,导致两人对同一个温度感受不同。小插曲让学生了解到各地天气的不同,体会天气带来的乐趣,并明白可以通过询问天气关爱他人。

语篇四(Part B Let's learn)是家人日常生活对话。John 的爸爸在打包出行的行李,询问妈妈当地天气,妈妈在听完天气预报员播报世界主要城市的天气情况之后,回复爸爸天气情况并提醒带好相应物品。通过该对话,学生能学会了解世界主要城市的天气情况,并能根据天气选择适宜出行携带的物品。

语篇五(Part B Read and write)是一封配图明信片。John 的爸爸从悉尼寄给 John 一封明信片,写了所在地的天气与能做的活动,享受天气带来的乐趣。信中,他还关心 John 所在地的天气与活动,体现了对 John 的关心。该文本特征有点儿类似于信件,学生第一次接触。通过学习该语篇,学生能学会了解天气,并懂得询问天气,表达问候,以示关爱他人。

语篇六(Part C Story time)是配图故事,讲述了 Zoom 从 Beijing 去 Dalian 看望感冒的 Zip,然而错听成了 Dali 的天气,导致计划出错,最后两人都感冒了的趣味故事。通过故事,学生能够学会细心观察天气,根据天气制订适宜、合理的出行计划。

以下为学生需要在本单元学习的核心语用知识和技能与策略(见表5-3)。

表 5-3　Healthy Life in Different Weather 核心语用知识和技能与策略

单元主题：Healthy Life in Different Weather			
语篇	核心词汇	核心句式	技能与策略 学习要点
1. Suitable activities for different weather （Part A Let's talk）	天气感受词： cold, warm, hot 活动词汇： go outside, play football, read a book, do homework, sing and dance, make a snowman...	询问请求： —Can I...? —Yes, you can. Be careful. /No, you can't. It's ... —OK./ Thanks.	●根据图片和标题，推测对话主题、语境及主要信息 ●在语境中，根据单词的音、形、义学习词汇
2. Suitable dressing for different weather （Part A Let's learn）	天气感受词： cool, cold, warm, hot 城市词： Beijing, Lhasa, Harbin, Hong Kong 衣服词汇： shoes, hat 温度单位：degree	天气播报词： This is the weather report. It's...in...today. Put on/ Take off your...	●根据图片和标题，推测对话主题、语境及主要信息 ●在语境中，根据单词的音、形、义学习词汇
3. Suitable weather cultures in different countries （Part B Let's talk）	城市词： Sydney, London, Moscow, Singapore 天气词： rainy	询问天气情况： —What's the weather like in...? —It's...and... —Is it...? —Yes, it is./ No, it isn't.	●根据图片和标题，推测对话主题、语境及主要信息 ●在语境中，根据单词的音、形、义学习词汇
4. Suitable packing for different weather （Part B Let's learn）	城市词： Sydney, London, Moscow, Singapore 天气词： rainy, snowy, cloudy, sunny 物品词： sunglasses, umbrella	询问天气情况： —What's the weather like in...? —It's...and... Take...with you.	●根据图片和标题，推测对话主题、语境及主要信息 ●在语境中，根据单词的音、形、义学习词汇
5.Suitable trips for different weather （Part B Read and write）	活动词汇： swim, fly your kite 情境词： Great	介绍并询问天气，给出建议： It's...and... I can... Is it...in...? Can you...?	●借助语言输出框架和语言提示，介绍天气并描述该天气下能做的活动

续表

单元主题:Healthy Life in Different Weather			
语篇	核心词汇	核心句式	技能与策略 学习要点
6. Suitable plans for different weather（Part C Story time）	情境词汇： Have a cold, tomorrow, terrible	表示将会如何： I'll... It'll... Tomorrow will be... 询问天气情况： —What's the weather like in ...? —It's...and...	● 根据图片和标题推测故事的主要信息 ● 推断故事的画面、色彩、声音等传递的意义 ● 借助图片和核心语言讲述故事的主要内容

本单元的六个语篇从不同视角谈论天气与日常生活，单元内各语篇与单元主题之间、各语篇之间相互关联，构成三个子主题，即"充分认识和了解各地天气及天气文化，根据天气选择适宜的活动、着装，并做好相应的出行准备""感受天气造成的环境的不同，享受当下的天气""根据天气，提前做好出行规划"。各课时围绕单元主题和子主题展开，课时之间既相对独立，又紧密关联。语言学习渗透在对语篇主题意义的探究中，学习活动由浅入深，理解性技能与表达性技能协同发展，有效帮助学生形成基于主题的结构化知识。(见图5-12)

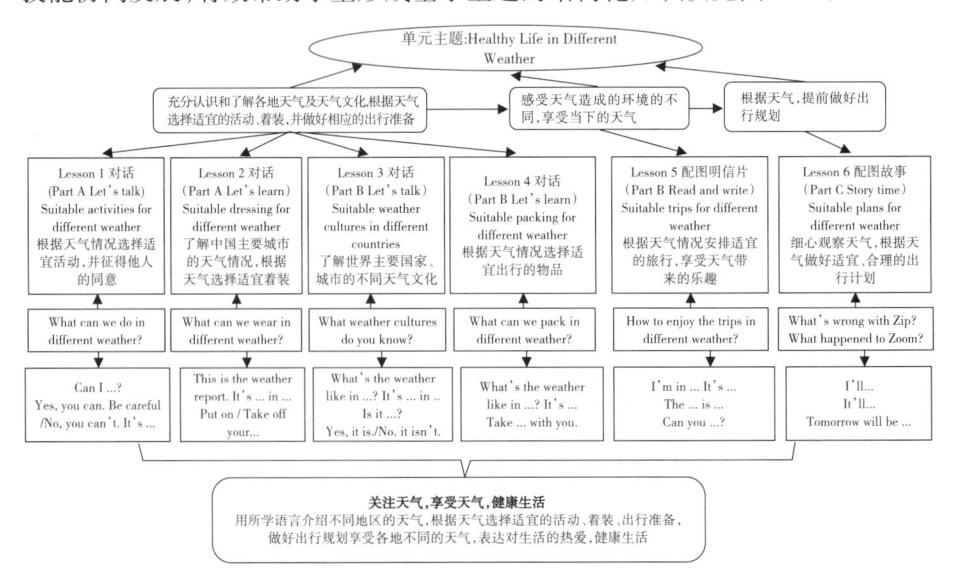

图5-12 Healthy Life in Different Weather 单元主题内容框架图

五 第一课时语篇研读

本案例是第一课时的对话课,主题是"Suitable Activities for Different Weather"。该课时的语篇研读如下:

What:本课语篇为家庭日常生活对话,讲述了一个寒冷的雪天,Mike想到室外活动,征求母亲的意见,但母亲因天气太冷,拒绝了他的请求。之后Mike询问是否可以喝热汤,母亲提醒汤很烫,要小心饮用。

Why:通过对话,明白不同的天气要选择不同的适宜活动,同时感受父母对孩子的关爱。

How:该对话涉及描述室内外天气的词汇,如cold,hot,warm;征求他人意见时使用的核心句型,如"Can I...? Yes, you can./ No, you can't."。

根据语篇研读,分析和梳理了语篇内容知识结构图(见图5-13)和对话明线与暗线的内容线索结构图(见图5-14)。"简取"也就是将知识结构化,通过梳理出的语篇研读内容知识结构图,教师对语篇结构有了清晰的认识;通过对话内容知识结构图的梳理,对话的语言知识、文化知识跃然纸上,也是对教学过程的微缩体现。

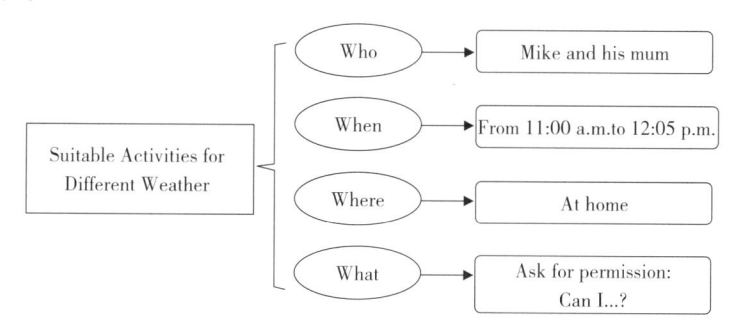

图5-13 "Suitable Activities for Different Weather"语篇内容知识结构图

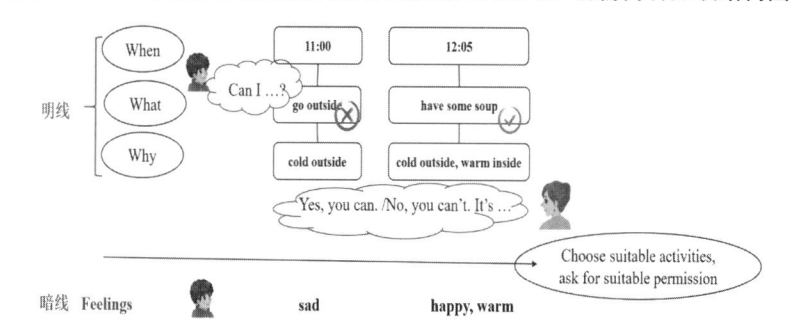

图5-14 "Suitable Activities for Different Weather"对话内容线索结构图

六 学情分析

(一)心理特征

本课的教学对象是四年级的学生。这一阶段的学生活泼好动,喜欢尝试新鲜事物,有着丰富的想象力,既好奇又好强,表现欲强。同时,这一阶段的学生开始有自己的想法,正在从被动学习向主动学习转变,辨别是非的能力有限,会因一些困扰影响学习兴趣。若对其进行正确引导,帮助他们消除困惑,走出迷茫,产生并增强求知欲,在学习的旅途中将会实现一次具有人生意义的深刻转折。

(二)认知特征

这一阶段是儿童成长的关键期,处于儿童期的后期阶段,大脑发育正好处在内部结构和功能完善的关键期,在小学教育中正好处于从低向高的过渡期,生理和心理变化明显,是培养学习能力、情绪能力、意志能力和学习习惯的最佳时期。

(三)知识储备

这一阶段的学生储备了一部分的英语知识,具备听懂简单的英语,模仿简单英语,参与英语简单活动、游戏及表演的能力。但对于本单元话题 Weather,学生的已有知识储备较少,具体如下表(表5-4):

表5-4　Weather核心词汇表

年级	单元	词汇	句型	与本主题的关联
三年级上册	Unit 5 Let's eat!	juice, water, milk, egg, bread, fish, rice	Can I have some..., please?	提出想吃饮食的请求,想要征得他人同意
四年级上册	Unit 4 My home	watch TV, read a book, have a snack, have a nap	Go to the...	复习常见室内活动,以便选择不同天气下的活动
四年级下册	Unit 1 My school	play football, water the flowers	Go to the...	复习常见活动,以便选择不同天气下的活动
四年级下册	Unit 2 What time is it?	drink some milk, have some chicken, eat some rice, jump and run...	Let's...	复习常见活动,以便选择不同天气下的活动

(四)生活储备

学生虽对Weather相关知识储备较少,但是知道天气与生活密切相关,积累了很多与天气相关的生活经验,明白天气时刻影响人们的衣食住行。本单元贴近学生的生活实际,易于激发学生的兴趣。

七、教学目标

通过本课时学习,学生能够:

1. 在看、听、说的活动中,获取、梳理对话中的天气情况、人物提出的活动请求,理解对话大意(学习理解);

2. 在教师的帮助下,分角色表演对话(应用实践);

3. 在情境中运用句型"Can I...? Yes, you can. Be careful./No, you can't. It's..."根据天气提出合理请求,并征询他人建议(应用实践);

4. 简要分析及评价对话中主人公的行为,体会家人之间彼此尊重和关爱(迁移创新);

5. 在小组内交流下个月的班级春游活动,并征求教师的意见,最终形成班级春游活动计划(迁移创新)。

八、教学过程

教学目标	学习活动	评价效果
1.在看、听、说的活动中,获取、梳理对话中的天气情况、人物提出的活动请求,理解对话大意(学习理解)	1.学生基于视频、图片和已有经验,畅谈对天气和活动的了解,如sunny, snowy, rainy, cold, read books, watch TV, play football等	教师观察学生的描述情况,了解学生关于该主题的已知和未知
	2.学生在教师的启发下,预测对话内容,并观看对话视频,验证预测,理解对话大意,回答"What's the weather like outside/ inside?"等问题,借助图片和动作理解生词cold, snowy, warm的含义	教师根据学生回答问题的情况,给予指导和反馈

续表

教学目标	学习活动	评价效果
	3. 学生再次观看对话视频，了解对话细节，如"Can Mike go outside? Why? What can Mike have for lunch?"并学习"Can I...? Yes, you can. Be careful! /No, you can't. It's..."等句型	教师根据学生词汇、句型等的理解和表达情况，及时发现问题并提供帮助
	4. 学生借助图片和动作理解 go outside, have some soup, be careful 以及形容词 hot 的多重意思，拼读单词和短语，拓展和丰富词汇，如 make a snowman, go skating 等	教师根据学生理解词汇、拼读单词和拓展词汇的情况，发现问题，及时提供帮助
	5. 学生听录音跟读，分角色朗读对话，关注语音、语调、节奏、连读、重读等	教师根据不同能力水平学生朗读对话的情况，给予指导和鼓励
设计意图：本阶段学习活动旨在帮助学生在语境中理解对话内容，学习对话中的词汇和核心句型。学生在教师的指导下，通过观看对话视频，从大意到细节逐步理解对话内容。学生通过跟读和分角色朗读对话，进一步理解对话内容，内化语言，为语言输出奠定基础		
2. 在教师的帮助下，分角色表演对话（应用实践） 3. 在情境中运用本课核心语言，根据天气提出合理请求，并征询他人建议（应用实践）	6. 基于对话内容，学生进行角色扮演	教师根据学生的表现给予必要的提示和帮助
	7. 学生在教师的指导下，梳理、归纳对话的核心语言，并根据教师的板书，围绕11:00—12:05 的活动选择，进行角色替换，开展同伴问答活动。 参考语言： It's warm inside. Can I ...? Yes, you can./ No, you can't. It's ...	教师观察学生在语境中运用核心语言进行问答和交流的情况，根据学生的表现给予指导和反馈
设计意图：本阶段学习活动引导学生在归纳和整理核心语言的基础上，通过角色扮演使每个学生都能深入体会角色，理解意义，运用语言并在补充情境下与同伴交流人物在11:00到12:05这个时段的室内活动选择，促进语言内化，从学习理解过渡到应用实践，为后面的真实表达与评价做铺垫		

续表

教学目标	学习活动	评价效果
4.简要分析及评价对话中主人公的行为,体会家人之间彼此尊重和关爱(迁移创新)	8.学生在教师指导下,就Mike在外出前先询问妈妈的意见,未经同意就没外出,以及妈妈不同意Mike外出这两件事进行分析和讨论,对两人的做法进行评价,体会对话语篇背后隐含的意义	教师根据学生对问题的回应与反馈,引导他们进行合理的讨论和正确的点评
5.在小组内针对下个月的班级春游活动进行交流,并征求老师的意见,形成最后的班级春游活动计划(迁移创新)	9.学生在小组内用对话中的核心语言对下个月春游想做的活动进行交流,询问组员的意见,组长在计划表上对同学的回答做好记录	教师观察学生在小组内运用所学语言交流春游活动的情况,及时给予鼓励和帮助
	10.组长根据组内制订的春游活动计划,征求老师的同意,最终形成班级出游活动安排 11.小结	教师观察和指导组长的任务完成情况,及时调整教学

设计意图:本阶段学习活动旨在帮助学生在新创设的语境中,创造性地运用所学语言,针对下个月的春游活动进行交流,并向老师征求意见,形成最终班级春游计划。学生从课本走向现实生活,在制订计划、沟通交流和向老师征求意见的过程中,发展语用能力,初步形成在不同天气下选择适宜活动的认识和理解

九 结合"简·美"的案例评析

(一)"简·取":整体梳理教材,教学内容结构化

"简·取"提倡建立单元内容与课时内容的逻辑性关联,实现教学内容的结构化。笔者经过深入解读和分析单元内各语篇及相关教学资源,并结合学生的认知逻辑和生活经验,对单元内容进行整合,建立单元内各语篇内容之间和语篇育人功能之间的联系,从而形成具有整合性、关联性、发展性的单元框架(见图5-12),本案例为该单元的第一课时,课型为对话课。基于前文对该语篇主题、内容、文体结构、语言特点和作者观点等的分析,形成了语篇内容知识结构

图(见图5-13)和对话内容线索结构图(见图5-14),读者能通过这三个图,清晰看到对话中的人物、核心语言、对话背后的意义——Choose suitable activities, ask for suitable permission。

以上的单元主题内容框架图、语篇内容知识结构图和对话内容线索结构图的梳理体现了"简·取"。首先,笔者从发展学生核心素养出发,在单元整体教学的理念之下,围绕"Healthy Life in Different Weather"这一单元主题,对单元内各语篇进行深入研读,挖掘出每个语篇蕴含的育人价值,在单元主题与各语篇子主题之间建立关联。每个课时分别围绕不同天气,主题涉及选择适宜的活动、选择适宜的着装、了解天气文化、物品选择、旅行选择、出行计划,六个课时主题明确,且课时与课时间层层递进。本课时为单元学习的起始课时,"取"的是"根据不同天气情况选择适宜的活动"。同时,为使学生在真实情境下达成"能根据不同天气选择适宜的活动"这一目标,笔者结合本校的实际工作安排,选取了"根据天气,为班级春游活动安排适宜的活动"这一真实任务,驱动学生的真实表达和交流。

(二)"简·思":聚焦关键问题,思维训练深度化

通过关键问题引领思维训练,是对话教学中"简·思"的重要方式。在小学英语课堂教学尤其是对话教学中,要以语言为表达的载体,通过问题引领,在感知、预测、分析、概括、推理、归纳、表达、应用和创新等思维活动中,将学生所学知识与技能融入语言理解与表达,从而发展语言能力,提升思维品质。

1.对话预测,激活思维

首先,笔者通过Weather相关歌曲导入,直观呈现本课的主题"Weather"。

T:What kind of weather do you know?

Ss:Snowy,sunny,rainy...

T:Do you like different weather? Why?

Ss:Yes.We can enjoy different views and do different activities.

T:What can we do in different weather?(本课核心问题)

Ss:(Think)

T:Look,what's the weather like?

Ss:It's cold and snowy.(教学cold和snowy)

T: In such cold weather, what can Mike do?(追问)

Ss: He can do homework. He can sleep. He can watch TV...(学生预测对话)

【分析】本环节围绕核心问题"What can we do in different weather?"进行讲解。笔者利用教材中的背景插图,提出两个关键问题:What's the weather like? In such cold weather, what can Mike do? 创设寒冷的室外情境,引入对话,在激活学生已知的同时,对文本进行大胆的预测和推测。紧接着,观看对话视频,学生验证自己的预测,并学习新语言"Can I ...? Yes, you can./No, you can't."。

2.对话解构,深化理解

学生进入对话文本的情境学习中,笔者采用多样化的途径、多模态的手段解读文本,帮助学生更好地理解对话内容,落实重点句型的结构表达,为最后的任务语言输出做好充足的语言储备。笔者通过有效的链式提问,引导学生根据所提问题提取信息,理解文本的语言结构,激发联想思维,提升思维品质。笔者在本课中的问题链如下:Can Mike go outside? Why? How does Mike feel? If he really want to go outside, what requests can he make? It's 12:05 p.m.What's Mike's requests? How does Mike choose suitable activities from 11:00 a.m.to 12:05 p.m.?

【分析】"简·思"下的问题设计,一定是与主题相关的问题。以上问题链紧扣"Different weather, different activities"这个话题展开,有利于学生聚焦教学中的关键点,在思维训练活动中不知不觉地发展语言能力,发展思维品质,深度理解对话,促进知识掌握。

3.真实输出,拓宽思维

对话教学的最终目的不是理解和朗读对话内容,而是引导学生能在语言实践活动中内化所学,并最终迁移到真实生活情境中,运用所学语言和文化知识创造性地解决现实生活中的问题。因此,笔者设计输出任务,即下个月即将到来的学生最喜欢的春游活动为载体,学生在组内做调查,根据春游的天气选择活动,其他组员对该活动的选择进行反馈,并说明原因,形成班级春游活动计划。

T: Choosing suitable activities is important for Mike in cold weather. What about us? What can you do in warm weather of school trip? Now, you can do a survey in your group.

　　S1：It's warm outside. Can I fly a kite?

　　Ss：Yes, you can. Be careful.

　　S2：Can I go running?

　　Ss：No, you can't. There are too many students. It's dangerous.

（组内调查结束后）

　　Group leader：Teacher, can we read books?

　　T：Yes, you can.

　　Group leader：Teacher, can we eat snacks?

　　T：Yes, you can.

　　Group leader：Teacher, can we...?

　　T：Yes, you can./ No, you can't.

【分析】创设真实的语言输出任务,是"简·思"对话教学的重要手段之一。笔者根据文本内容,做了适当迁移,创设了生活化的真实语境,链接了学生的实际生活(学校的春游活动),鼓励学生根据自己真实的喜好和真实的需求,结合真实的天气预报,选择合适的春游地点与活动。这样真实、自然的讨论,可以使学生更积极踊跃地畅所欲言,表达看法,同时也能使学生在与自己息息相关的真实情境中更有效地、更贴切地运用语言,完成任务。

(三)"简·品":围绕教学主线,深入文化体悟

围绕教学主线,深入文化体验,不知不觉地共情与感悟,体现"简·品"的思想。学生在围绕"Choose suitable activities for different weather"这一主线的学习、理解和内化中,一步步探究主题意义,潜移默化地深刻理解了"Suitable"这个关键词的含义。

本课"简·品"体现在四个部分。第一部分,上午11:00,Mike征求妈妈的意见,问询是否能去户外,妈妈拒绝了。这时教师提问：Do you agree with Mum? Why? 学生畅所欲言,表达自己的观点。赞同的学生表示：He can't go outside because it's cold and snowy outside. Mum cares about Mike. 还有学生说：He can't go outside because it's almost time for lunch. He can go after lunch. 也有不赞同妈妈做法的同学说：He can go outside if he wear warm clothes, and come back soon. 这时有学生反驳：But it's easy to have a cold... 学生能感受到妈妈的做法是出于

对孩子的关爱,但与此同时,学生们也提出了更好的两全其美的解决方案,即穿厚衣服,做好保护措施,短时户外玩耍即可。第二个部分,上午12:05用餐时间。Mike征求妈妈的同意是否能喝汤,妈妈同意了,在Mike想帮妈妈端汤的时候,妈妈提醒他小心烫,引导学生感受到妈妈对Mike的关爱。第三个部分,上午11:00—12:05这段时间的留白。教师设计活动:If you are Mike , what can you do? 让学生换位思考,亲自体验和安排活动,学生通过感同身受的切身体验,体会到"要根据不同的天气选择适宜的活动"的道理。第四个部分,为春游选择适宜的活动。同样,教师把主动权交给了学生,学生通过考虑天气情况、同学们的喜好、安全因素、出行时间、路程等多个因素,自然而然地在体验活动中深刻体会到了"Different weather, suitable activities"的含义。以上的文化意识的培育,不是教师的生搬硬套和强硬灌输,而是学生在亲身体验中自己感受、自己梳理、自己提炼出来的,体现了文化知识无痕渗透的过程。

(四)"简·评":关联学习活动,整体设计评价

"简·评"体现在教—学—评的一体化。该评价设计(见图5-15)将对话课的核心语言、核心问题、主题意义、输出框架、评价机制等功能融为一体。

具体而言,评价图中的第一个功能是呈现核心语言(It's cold/ warm /... Can I...? Yes, you can./No, you can't. It's...)和本课要解决的核心问题。通过梳理与整合,一步步呈现板书的核心语言和核心问题。第二个功能是凸显主题意义。体现在板块Weather和板块Activities中间的"Suitable"一词,以及Mike和妈妈之间的爱心,使对话的主题意义一目了然。第三个功能是提供任务输出支架,根据天气的不同、场地的不同,选择适宜的活动,板书语料的呈现,使学生能有更丰富的语言输出。第四个功能是通过"Weather"这一主题评价机制,将全班分为男女两组,根据学生课堂表现,依据课堂活动的评价标准,如Accuracy, Fluency, Emotion, Action等,给予对应的分值,看哪组分数更高,进而激发学生学习的积极性。

【分析】该评价图是"简·评"非常直观的表现,将呈现核心语言、呈现核心问题、凸显主题意义、搭建输出支架、建立评价机制等功能融为一体,使学生在对话学习、交流和评价中,潜移默化地发展了语言能力,提升了思维品质,感悟了主题意义,并创造性地运用语言解决了生活中的问题,落实了核心素养的达成。

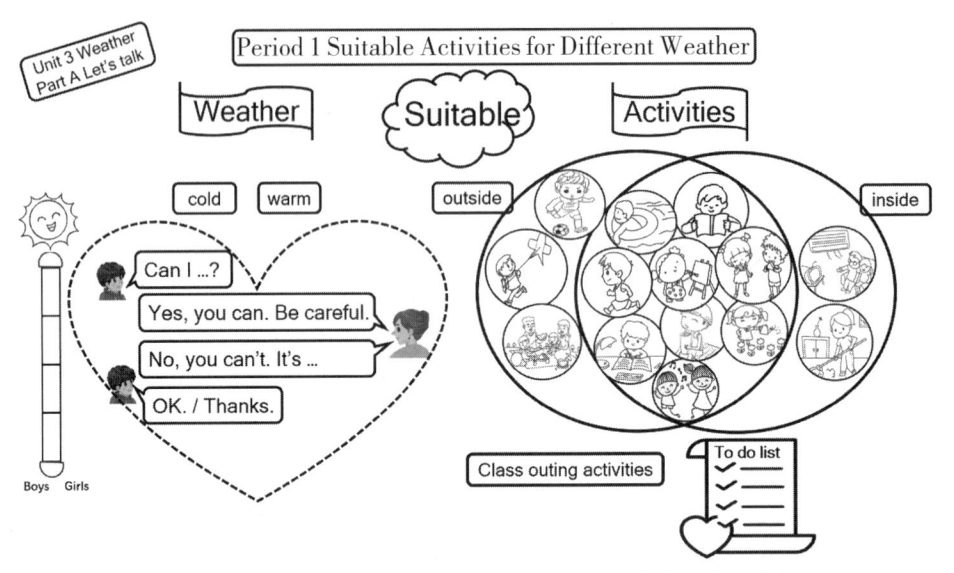

图 5-15 "Suitable Activities for Different Weather"主题式课堂评价图

第三节 跨学科主题学习中"简·美"英语的实践案例

案例1

一、课题

外研社版《英语》(一年级起点第8册)五年级下册 Module 8 Unit 2 I made the kite.

二、单元主题

Presents

三、主题范畴

该主题属于"人与社会"中人际沟通范畴。

四、单元内容分析

本单元内容围绕"Presents"这一单元主题展开,涉及3个语篇,包括2组对话和1个配图短文。单元目标是学生通过礼物的选择、制作和赠送,明白"小礼物,大意义"。该单元可分为三个课时展开教学,课时主题分别是"Presents Choosing""Presents Making"和"Presents Giving"。

语篇一的主题是"Presents Choosing",描述 Daming 与 Lingling 商量给远在纽约的表哥 Simon 挑选礼物,商量后最后挑选了有中国龙图案的风筝作为礼物的故事。

语篇二是配图短文,其主题是"Presents Making",用动词的过去时描述 Daming 制作风筝的过程(drew..., painted..., cut...with scissors, put sticks..., tied strings...)。

语篇三是第二课时、第三课时的拓展课时,是教师自编的教学内容,其主题是"Presents Giving"。教师补充材料,让学生更全面、更深入地了解中国更多的传统手工艺品,如窗花、剪纸、木雕、刺绣等,了解它们的历史文化、制作方法、用途等,并选择合适的礼物送给外国友人。

鉴于以上单元分析,笔者把第二、三课时设计为跨学科主题学习,而本章节的案例主要以第二课时"Presents Making"为例。"Presents"单元主题内容框架图设计如下(见图5-16):

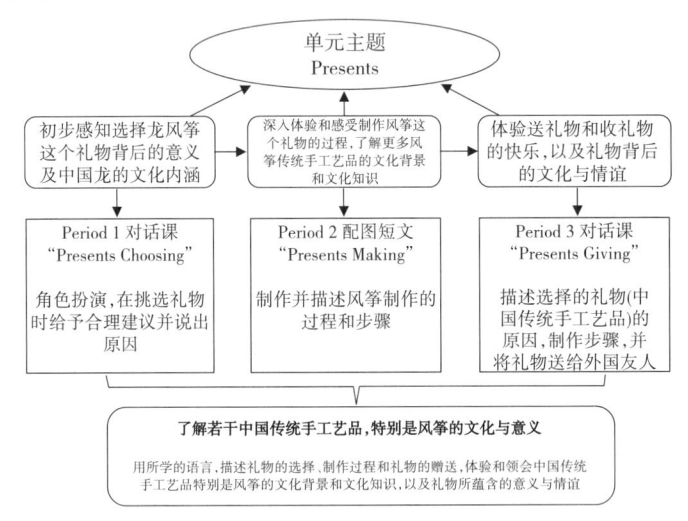

图5-16 "Presents"单元主题内容框架图

以下为学生需要在本单元学习的核心语言知识和技能与策略(见表5-5)

表5-5 Presents单元核心语言知识和技能与策略表

单元主题:Presents			
语篇	核心词汇	核心句式	技能与策略学习要点
Period 1 Presents Choosing	present; windy	What about...? —Will you ...? —Of course, I will	● 在挑选礼物中如何给建议 ● 在听、读活动中,梳理、归纳并了解Fangfang怎么就礼物选择给建议,及最终Daming选择龙形风筝的原因
Period 2 Presents Making	drew, a piece of paper; scissors; stick; string	I. ... Then I...	● 在听、读活动中,梳理、归纳Daming制作风筝的过程与步骤。
Period 3 Presents Giving	sent, flew, interesting	—I sent you...Did you ..it/them? —Yes, I...it/them.	● 询问是否收到礼物及感受。

五 单元教学目标

单元教学目标	语篇
通过本单元学习，学生能够： 1.运用所学，在教师的指导下，角色扮演，复述课文，挑选礼物	1.对话 Period 1:Presents Choosing（1课时）
2.制作风筝并描述制作过程及步骤	2.配图短文 Period 2:Presents Making（1课时）
3.为外国友人挑选合适的礼物（中国传统手工艺品），制作礼物并描述制作过程	3.对话 Period 3:Presents Giving（1课时）

六 第二课时"Presents Making"跨学科主题学习活动课的案例分析

（一）内容介绍

本课属于"人与社会"主题范畴，涉及中华优秀传统文化体验。本课主要学习风筝的制作步骤，跨学科的内容是美术学科、科学学科和语文学科的知识。美术学科中风筝制作知识是材料要选择轻、薄材料并注意骨架左右均衡，中心偏上，以及风筝制作的美工设计等。科学学科主要涉及风筝用纸的选择和裁剪、风筝支架的选择和摆放形状、风筝支架如何粘贴和风筝放飞的各种条件等，涉及三力（扬力、风力和牵力）作用。语文学科涉及与风筝相关的古诗词，引导学生在古诗词的诵读与品析中感悟风筝背后的文化内涵。

（二）活动目标

通过参与"风筝制作"的实践活动，学生能够：

1.阅读和介绍 Daming 制作风筝的具体步骤，理解大意，提取制作风筝的相关信息，如 drew..., painted..., cut..., put sticks..., tied strings...;

2.基于所提取的信息与同伴合作，介绍制作风筝的过程；

3.根据制作风筝的步骤及补充注意事项，与同伴合作现场制作风筝，体验和描述制作过程；

4.通过体验实践，理解和感悟中国传统手工艺品（风筝）的文化意涵。

(三)实施过程

阶段一:阅读和介绍 Daming 制作风筝的具体步骤,理解大意,提取制作风筝的相关信息。

1.通过一首歌,引出本课的主题"Kite"。回顾 Unit 1 中的内容,引导学生回顾课文情节,这个 kite 是 present kite。

2.师生围绕问题"What did you know about kite?"进行交流,学生激活关于风筝的已知经验,思考并表达进一步了解的信息。教师播放一段关于风筝的视频,补充关于风筝的更深层次的信息,如:风筝的寓意、功能、起源地、传统手工艺品之一等。学生被唤起了想做风筝的想法,开始进入课文学习。

3.通过"Watch, order and match"的看、听活动,学生带着问题"How did Daming make a kite?"完成活动单。学习了解 Daming 制作风筝的具体步骤"drew..., painted..., cut..., put sticks..., tied strings..."并在小组内进行自学,尝试用生生互助的方法学习描述制作风筝的过程。老师帮助和纠正发音。

4.学生借助信息和图片,尝试介绍如何制作风筝的步骤。

阶段二:根据制作风筝的步骤及补充注意事项,与同伴合作现场制作风筝,体验和描述制作过程。

1.师生交流,讨论在制作风筝前的注意事项有哪些。通过一段视频,要融合美术学科的制作风筝的知识,注意材料的选择和小木棍的摆放位置等。

2.学生在教师指导下与同伴合作设计、制作风筝,体验制作过程。

阶段三:通过体验实践,理解和感悟中国传统手工艺品(风筝)的文化意涵。

1.小组完成了风筝的制作后由组员描述制作风筝的步骤过程,并在全班展示。

2.学生带着完成的风筝作品走出教室,尝试放飞风筝,看是否能成功,融合科学知识补充风筝能飞起来的条件。

3.通过自己的小手完成了一件伟大的传统工艺品,感知中国传统手工艺品(风筝)的文化意涵。

(四)学习效果评价

教师在活动实施过程中,通过随时观察、提问及与学生交流,评价、反馈学生学习任务的完成情况。

检视学生听、看活动时完成课堂活动单的情况。

观察学生在四人小组中自学风筝制作步骤的情况。

观察并指导学生制作风筝的过程。

观察学生展示小组制作的风筝及描述他们怎么制作风筝的步骤。

教师通过对上述学习活动的观察,及时了解学生的学习收获与困难,从而进行具体的、有针对性的指导。在该实践活动的总结阶段,教师引导学生借助学习评价单进行自我反思,总结学习收获,发现自己的成长与进步。

七 结合"简·美"的案例评析

(一)整体架构的结构化教学

"简·取"强调对知识的整体建构和结构化教学。本课"简·取"体现在知识图谱,整体建构;三级目标,统筹指导;聚焦话题,精选内容;任务链条,系统搭建四个方面。

1.知识图谱,整体建构

笔者在语篇研读的过程中,设计了该课的知识图谱(图5-17)。通过查阅资料、向专科教师咨询以及总体设计,笔者在本课中适当融合了美术、科学和语文课程的知识与方法,对跨学科学习的主题、知识与方法、目的与时机等进行整体架构和综合考量,并梳理形成了跨学科主题学习知识图谱。

从知识图谱可以看出,在风筝制作前的头脑风暴环节,笔者在学生畅所欲言描述"How to make the kite?"的基础上,借助小学《美术》五年级下册第13课中"制作风筝"的内容(里面对风筝制作的材料选择、美工造型等做了较详细的介绍),激活学生已学的风筝制作的材料选择和美工造型等内容的旧知。在科学和物理学科方面,做风筝要涉及用最轻的材料撑起最大的面积的工程学知识;风筝能飞起来涉及风的方向和空气流动等力学知识。小学科学学科已学了部分力学和工程学的知识,初中的物理将对力学和工程学进一步地学习。本课的学习必须让学生对风筝制作的材料选择和放飞的基本原理有初步的了解。因此,笔者利用自制的视频材料,介绍更为详细的制作风筝的注意事项及其相关科学原理(风筝用纸的选择和裁剪、风筝支架的选择和摆放形状、风筝支架如何粘贴和风筝放飞的各种条件等),使学生初步了解如何制作和放飞风筝,并为学生的室外试飞和使用英语描述试飞效果做好跨学科知识上的铺垫。在复习环节,笔者引导学生诵读与赏析语文教材中关于风筝的古诗词以及观看双语视频,以此让学生了解更多关于风筝的由来、功能、起源地等文化知识,增加学生的英语语言输入,并借助"儿童散学归来早,忙趁东风放纸鸢"让学生明白古代纸鸢的含义和用途;借助"阶下儿童仰面时,清明妆点最堪宜"让学生了解春季多持续定向的东风,是最适宜放风筝的季节,了解放风筝是清明的传统活动等,以加深他们对中华优秀传统文化的理解。通过知识图谱,教师可以对跨学科主题学习进行整体建构,即对该课跨学科学习的主题、跨学科的学科与内容、跨学科的知识与方法、跨学科的目的、跨学科的时机等进行整体考量。

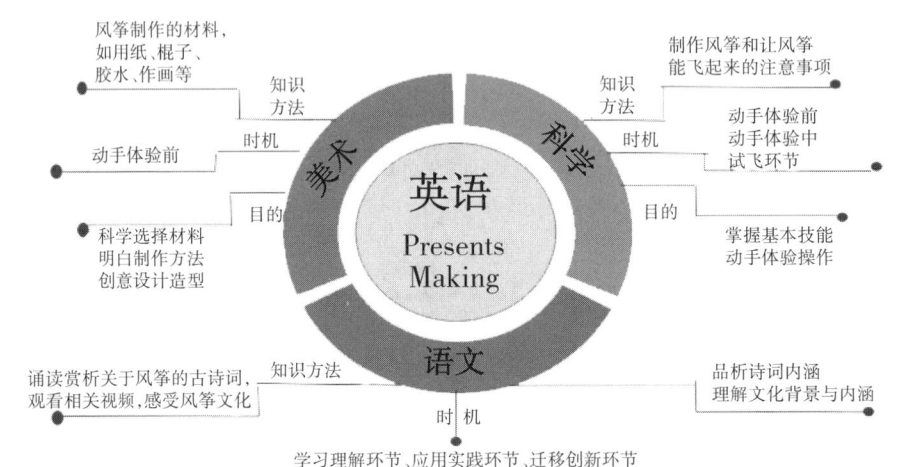

图5-17 "Presents Making"跨学科主题学习知识图谱

2.三级目标,统筹指导

教学目标是一切教学活动的出发点和最终归宿。培养学生的核心素养是上位目标,在小学英语跨学科主题教学中,教学目标可分解为单元目标—课时目标—跨学科目标三个层级。本课时的三个层级目标设计如下:

第一层级:单元目标

单元教学目标	语篇
通过本单元学习,学生能够: (1)运用所学,在教师的指导下,角色扮演,复述课文,挑选礼物	(1)对话 Period:1 Presents Choosing（1课时）
(2)制作风筝并描述制作过程及步骤	(2)配图短文 Period:2 Presents Making（1课时）
(3)为外国友人挑选合适的礼物(中国传统手工艺品),制作礼物并描述制作过程	(3)对话 Period:3 Presents Giving（1课时）

第二层级：课时目标

通过本课时的学习，学生能够：

(1)在自主查阅资料和小组讨论活动中，获取、梳理、总结和交流风筝的文化背景知识(学习理解)；

(2)在读、听、说的活动中，获取和梳理Daming制作风筝的步骤(学习理解)；

(3)介绍Daming制作风筝的具体步骤(应用实践)；

(4)评价Daming制作风筝的步骤是否合理(迁移创新)。

第三层级：跨学科目标

通过参与"风筝制作"的实践活动，学生能够：

(1)查阅资料，了解更为具体的风筝制作的知识与方法，如材料的选择、制作的方法、制作的步骤、放飞的条件等；

(2)同伴合作，学生现场制作风筝；

(3)体验、感悟和畅谈自己制作风筝的完整过程和制作后的心得，如风筝做得如何、风筝制作要如何改进、风筝不能飞的原因等；

(4)通过体验实践，理解和感悟送礼物和收礼物背后的文化和情谊。

学科单元目标是该单元教学的统领，为课时目标和跨学科目标指明了方向。课时目标是在单元目标的指导下，更聚焦于英语学科语言知识和文化知识的学习，以及学习能力、思维品质和文化意识的提升，为跨学科目标的达成提供了学科知识基础。跨学科目标是在立足英语学科知识的基础上，更侧重于跨学科的实践体验和共情感悟，更侧重于培养学生运用多学科知识与方法解决实际问题的能力，为课时目标和单元目标服务，三者环环相扣。

3.聚焦话题，精选内容

该课时"Presents Making"是第一课时"Presents Choosing"和第三课时"Presents Giving"的中间课时，具有承上启下的作用。因此，学生得厘清关于大单元"Present Kites"的相关内容(图5-18)，包括风筝的历史、风筝的发源地、风筝的用途、风筝的意义、风筝制作材料的选择、风筝的制作方法、风筝放飞的条件等。在该课时的开始阶段，复习风筝的历史、风筝的发源地、风筝的用途、风筝的意义等相关内容；在该课时的核心环节部分，学习如何制作风筝，包括风筝制作材料的选择、风筝的制作方法、风筝制作的步骤、风筝放飞的条件等。

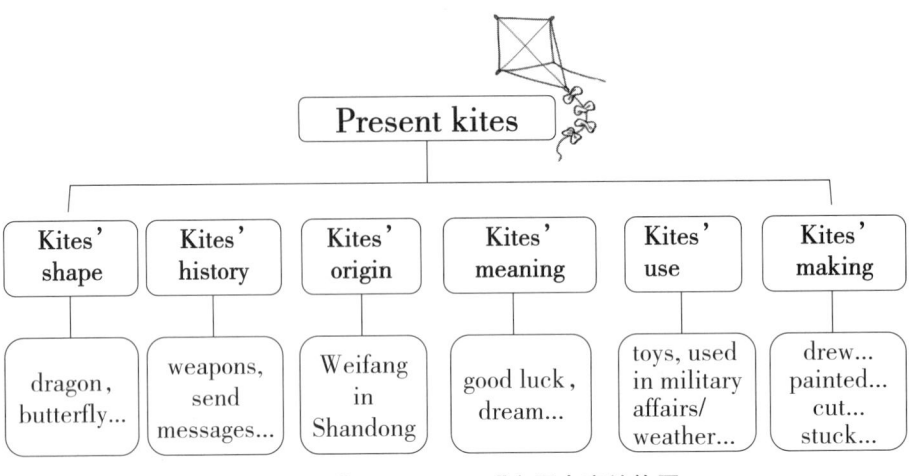

```
                    Present kites
    ┌──────┬──────┬──────┼──────┬──────┬──────┐
  Kites'  Kites' Kites' Kites' Kites' Kites'
  shape  history origin meaning  use   making

 dragon, weapons, Weifang good luck, toys, used  drew...
 butterfly... send    in     dream...  in military painted...
         messages... Shandong         affairs/   cut...
                                      weather... stuck...
```

图5-18 "Present Kites"主题内容结构图

4. 任务链条，系统搭建

"简·取"不仅体现在对教学目标和教学内容的结构化设计，还体现在教学活动的结构化设计。本课设计任务链（见图5-19），整体搭建学生学习活动和完成任务的链条。围绕大任务"Describe the steps of making kites and share the feeling about it."的达成，设计"Task 1: Share what you knew about kites."复习第一课时的内容和激活学生已有的知识经验、生活经验和社会经验，已知的激活是大任务实施的前提，是任务链的起始环节。Task 2: Know more about kites. 学生按小组用Ipad分类别查阅风筝的发源地、历史、用途、寓意、材料的选择、制作方法及注意事项、放飞的条件等内容，并将所查阅的内容有序梳理、汇报与交流。扩展与风筝这个话题相关的知识，补充和完善学生的已知，拓展多学科的知识、方法与技能，为新知学习和风筝的制作做铺垫，也为大任务的实施提供坚实的语言知识基础和文化知识基础，是任务链的基础环节。Task3: Know and describe how Daming made the kite. 了解和复述Daming做风筝的步骤。这是本课新知学习的部分，是大任务实施的重点，亦是学生亲身体验做风筝过程的基础，是任务链的中心环节。Task 4: Make the kite with partners. 四人小组合作，现场制作风筝。这是跨学科主题学习实践最核心的部分，是学生将网上收集的材料选择、制作方法、放飞条件等多学科的知识、方法、技能与语篇学习的内容（Daming制作风筝的过程）有机融合并付诸行动体验的过程，是任务链实施的核心环节。Task 5: Describe more steps and feelings after you made the kite. 完善制作风筝的步骤，并畅谈制作风筝这个礼物的体会和感受。这是实践体验后的交流与反馈，不仅交流了制作风筝的过程,还交流了制作过程和制作后的感受,引导学生从亲手制作礼物的过程中,体会到礼物的重要意义和如何精选礼物,如亲手制作的有中国龙图案的风筝等中国传统手工艺品,对外国友人的意义。整个任务链环环相扣,互相促进,为教学目标的达成奠定基础。

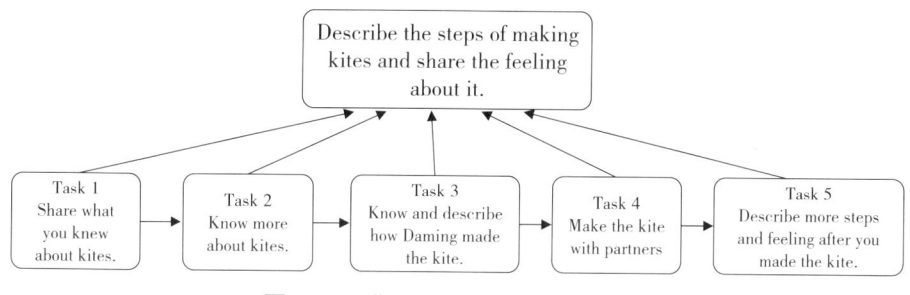

图5-19 "Presents Making"任务链

(二)聚焦任务的高阶思维训练

"简·思"强调不仅要训练学生的低阶思维能力,更要训练学生分析、综合、评价、创造、批判等高阶思维能力。本课以紧扣任务链的开放性问题提升学生的高阶思维。

首先,在"Task 1 Share what you knew about kites."中,笔者以"What did you know about kites? What do you think of kites?"激活学生的已知,包括对风筝的发源地、风筝的形状、风筝的历史背景、风筝的用途、风筝的寓意等的复习,归纳出"Present Kites"话题结构图(图5-18),该环节不仅充分激活了学生已有的知识和生活经验,锻炼了学生学习的记忆、理解和应用的低阶思维能力,更锻炼了学生的归纳与综合、分析与评价的高阶思维能力。而学生手绘的"Present Kites"话题结构图,形式多样,培养了他们的创新思维能力。

接着,在"Task 2 Know more about kites."中,教师以"Let's know more about kites."引导学生自主上网查阅资料,查询更多关于风筝制作的信息,如风筝制作材料的选择、风筝制作的方法、风筝制作的步骤、风筝放飞的条件和原理、风筝造型等信息。学生不仅要自己查阅资料,还要分类梳理和展示汇报这些信息,同时同伴间还要进行点评,并给出制作风筝的最佳方案,整个过程锻炼了学生分析、判断、分类、综合、评价、批判和创造的思维能力。

最后,在"Task 5:Describe more steps and feelings after you made the kite."中,教师以"What do you think of the kites you made and the kites your friends made?"引导学生客观、合理地评价自己的作品和别人的作品,找到差距,并找到解决的办法,锻炼了分析、评价、批判等高阶思维能力。

(三)无痕感悟"礼物"的寓意

《义务教育英语课程标准(2022年版)》指出:"要引导学生基于对各语篇内容的学习和主题意义的探究,建构和生成围绕单元主题的深层认知、态度和价值判断,促进核心素养综合表现的达成。"[1]"简·品"强调对学生文化意识的无痕培育。

本单元的主题意义是体验和了解若干中国传统手工艺品,特别是风筝的文化,领会礼物背后潜在的文化和情谊。本课主要学习和理解风筝的文化背景和礼物的寓意。风筝文化背景包括风筝的历史和用途、风筝的寓意、风筝的起源地等。学生通过自主查阅资料,梳理、分类、提炼出相应的信息。在风筝的用途方面,风筝在古代时是用于战争传递信息的工具,而在现代大部分供娱乐之用;在风筝的寓意方面,风筝有求吉呈祥和消灾免难的寓意,"福寿双全""龙凤呈祥""百蝶闹春""鲤鱼跳龙门"等风筝和风筝上的吉祥图案,无不表现人们对美好生活的向往和憧憬。在风筝的起源地方面,潍坊是世界风筝的发源地,潍坊又称潍都、鸢都,潍坊风筝是山东潍坊传统手工艺珍品,民间传统节日文化习俗,是非物质文化遗产之一。在礼物背后潜在的文化和情谊方面,Daming制作龙的风筝,不仅因为风筝是中国的传统手工艺品,具有浓厚的中国特色,同时中国龙更是中国文化的精华和中华民族的象征,是中国人的吉祥物,具有团结全民族的巨大凝聚力。中国龙风筝对于Simon这个外国人而言,是了解中华优秀传统文化的媒介,也体现了Daming的独具匠心。

本课所有关于风筝这个礼物的信息,均是学生自主查阅资料,梳理、分类、提炼而成的,不是教师生搬硬套强加的,学生是在不知不觉中理解、学习了风筝的背景文化知识,感受到Daming对选择礼物的用心。

(四)整体化的过程性评价

《义务教育英语课程标准(2022年版)》强调:坚持以评促学,以评促教,将评价贯穿英程课堂教与学的全过程。评价是对小学英语跨学科主题学习是否达成预期目标和结果进行的综合性评定的过程。"简·评"提倡制作证据群,将学生的过程性评价与任务链融为一体(图5-20)。

---

[1] 中华人民共和国教育部.义务教育英语课程标准(2022年版)[S].北京:北京师范大学出版社,2022:48.

本课任务1的评价活动是学生交流和汇报关于风筝主题的已知。学生明确自己的已知和未知，能更好地指导和调整自己后续的学习。任务2的评价活动是学生上网查阅风筝主题的资料，结合教师提供的音视频材料，完善、交流、汇报关于风筝主题的内容，包括风筝的发源地、历史、用途、意义，以及风筝制作材料的选择、风筝的制作方法、风筝放飞的条件等内容。通过该评价活动，学生能更全面、更深入地理解风筝的文化背景以及风筝中关于跨学科的知识、技能与方法，为学生体验做风筝的过程和畅谈做风筝的体会做铺垫。任务3的评价活动是了解Daming制作风筝的步骤，并在关键词的提示下复述。任务4的评价活动是展示已经做好的风筝。任务5的评价活动是展示和分享自己做风筝的步骤以及制作的感受，包括制作中的困惑、制作后的心得、制作后的反思（做得不好，如何改善？风筝飞不起来，如何改进等？）因此，证据群是任务链完成的检测手段，是评价跨学科主题学习目标达成的重要渠道。

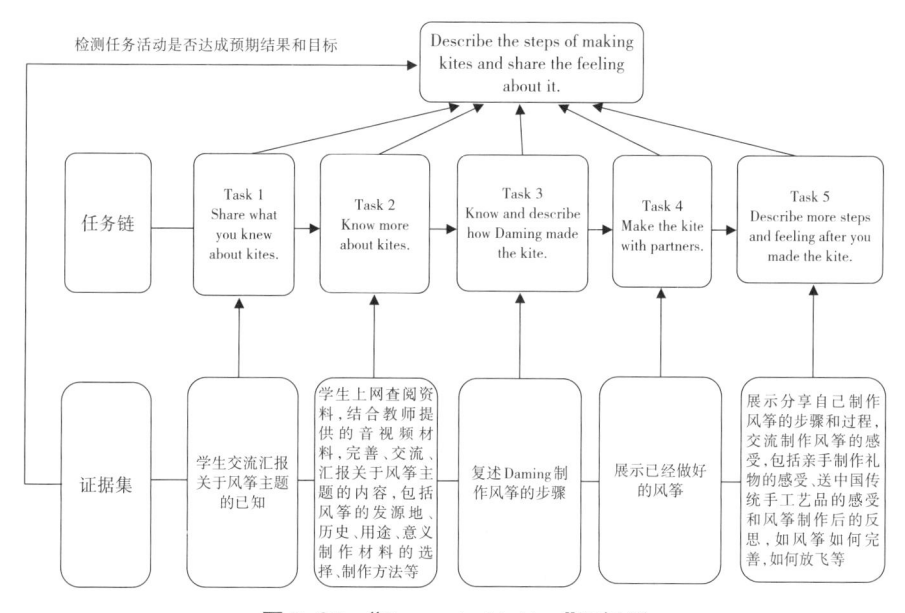

图 5-20 "Presents Making"证据群

案例2

一　课题：

沪教牛津深圳版《英语》(三年级起点第5册)五年级上册Unit 11 Water

二　单元主题

Water

三　主题范畴

该主题属于"人与自然"范畴,涉及人与自然相互依存,绿色生活的理念和行为。

四　单元内容分析

本单元内容围绕"Water"这一主题展开,共包含六个课时内容,包括一篇绘本故事、一篇配图故事、一篇说明文、两组对话和一次综合实践活动。

六个语篇从不同视角谈论水是什么、水循环、水的用途、水资源问题、保护水资源的重要性以及如何保护水资源,以此形成了逐步深化的三个子主题,即"Water Is Around Us——感知水的存在形态和自然变化""Water Is Important——思考并认识人与水的关系""Water Needs Protection——实施行动,保护水资源"(见图5-21)。各课时围绕单元主题展开,循序渐进,联系紧密。各课时语篇为学生深入理解主题意义起到良好的支撑作用,语言学习的过程也是学生对单元主题逐渐深入探究的过程。学生在积累语言知识、形成语言技能的同时,形成基于单元主题的结构化知识,以实现进一步的迁移和运用。

第五章 "简·美"英语的实践案例

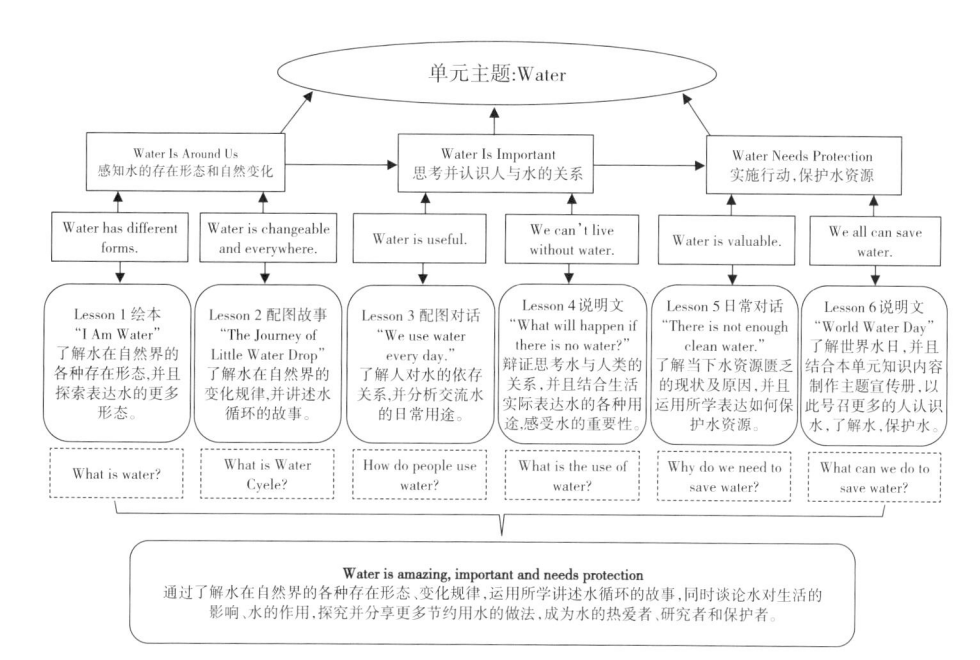

图5-21 "Water"单元主题内容框架图

以下为学生需要在本单元学习的核心语言知识和技能与策略（见表5-6）：

表5-6 Water 单元核心语言知识和技能与策略

语篇	核心词汇、短语	核心句式	技能与策略学习要点
1."I Am Water"	I am...	I am...for... ; I am all that..., and I am more...	● 在图片环游的过程中，获取、梳理水的各种存在形态 ● 借助板书和图片，讲述水的各种存在形态 ● 介绍水的更多存在形态
2."The Journey of Little Water Drop"	fall down, go up, get bigger and bigger, fly over	I live in ... It's...now. I am going up to the sky. I am falling down to the ground.	● 获取、梳理小水滴的旅行地点和旅行方式 ● 借助板书，通过故事的方式讲述水循环
3."We use water every day"	wash our hands, brush our teeth, make coffee/tea, take a shower	I use water to... My father/mother... uses water to...	● 在情境中，获取、梳理水的各种用途 ● 在图片的帮助下，运用核心短语和句式介绍水的各种用途

续表

语篇	核心词汇、短语	核心句式	技能与策略学习要点
4."What will happen if there is no water?"	wash clothes, wash dishes, cook food, put out fires, deliver, die, live	If there is no water, we will...; Cooks/Firefighters/ The Crops/ vegetables/...will...	● 获取、梳理水对家庭生活和工作的用途 ● 运用核心句式分享水的用途，表述水的重要性
5."There is not enough clean water."	Use water wisely, take shorter showers, water our plants and gardens, save water	We need water for many things; There is not enough water, because...; We can save water by...; We can ...	● 在听、读、看的过程中提前、梳理所学信息（当前的水资源缺乏问题、原因、可以采取的措施） ● 简单分析水资源匮乏的原因 ● 表达保护水资源的相关措施
6."World Water Day"	short on, save water	World Water Day is on Mar. 22nd; On World Water Day, we think...	● 结合生活实际，制作"Water"主题宣传册，介绍水的用途、重要性和保护措施等

五 单元教学目标

教学目标	语篇及课时安排
本单元学习后，学生能够： 1.感知理解水的各种存在形态、水的循环等，激发对水的知识与奥秘的探索	"I Am Water" （1课时）
	"The Journey of Little Water Drop" （1课时）
2.运用所学语言描述水循环过程、水的各种用途以及水的重要性	"We use water every day." （1课时）
	"What will happen if there is no water?" （1课时）
3.主动探究水资源现状，并且运用所学与同伴分享保护水资源的有效方法 4.与同伴合作设计、制作"Water"主题宣传册，介绍水的用途、重要性和保护措施等，号召人们爱水、惜水、护水	"There is not enough clean water." （1课时）
	"World Water Day" （1课时）

六 第六课时"World Water Day"跨学科主题学习活动课的案例分析

(一)语篇研读

What:3月22日是"世界水日"。这一天,人们思考水的用途和节约用水的方式。水很重要,人类、动植物都不能没有水。但是世界面临着水资源短缺的问题,在许多地方都没有足够的纯净用水。

Why:该语篇有助于引导学生回顾总结本单元内容:对水的认识以及保护水资源的意义。同时,推动学生实施行动,号召人们保护水资源。

How:本实践活动围绕"World Water Day"主题宣传册进行设计并制作。活动设计力求将语言学习与艺术教育、劳动教育融合,引导学生在体验和实践中发展综合素质。学生通过阅读短文,了解世界水日,包含该节日的时间、节日的意义。学生通过回顾本单元所学内容:对水的认识、如何节约水资源等,在小组内进行交流与分工,共同制作主题宣传册,最后在班级展示,以此体验参与节日文化活动的乐趣,树立节约用水的环保意识。

(二)教学目标

通过参与"世界水日"主题制作实践活动,学生能够:

1.阅读介绍"世界水日"的语篇,理解大意,提取有关世界水日的信息,如节日的时间、节日的意义等;

2.基于所提取的信息,总结回顾对水的认识、节约水资源的方法,完成相关学习单并进行分享等;

3.同伴自主分工、合作设计并制作主题海报或手册,体验实践活动的乐趣;

4.积极上台展示并分享宣传册内容,同时进行相互评价,评选"最佳主题宣传册"。

(三)教学过程

教学目标	学习活动	效果评价
1.阅读介绍"世界水日"的语篇,理解大意,提取有关世界水日的信息,如节日的时间、节日的意义等	1.学生阅读语篇,提取有关"世界水日"的信息,如:节日的时间,节日的意义等 (1)Enjoy a video:Water (2)Read and answer:When is World Water Day? What do people do on this day? (3)Watch a video and know more about World Water Day.观看今年的"世界水日"宣传视频,说一说从视频中了解的"世界水日"的知识	教师观察学生能否参与互动和交流,主动分享个人对"水"已有的知识、经验
2.基于所提取的信息,尝试介绍对水的认识,以及节约水资源的方法等	2.学生基于语篇和任务单,在教师的指导下,梳理、总结对水的认识,包括:水的形态、水循环、水的用途、水资源现状以及保护水资源的方法等	教师通过学生的回答,根据需要调整提问方式,进行追问或给予鼓励
设计意图:本阶段学习活动旨在通过师生交流,激活学生关于水的已有知识、经验。学生带着问题阅读语篇,借助信息图表提取、梳理核心信息,理解世界水日的意义,感知水资源使用现状,为后面的实践活动铺垫		
3.与同伴合作设计、制作主题宣传册	3.学生与同伴交流分工负责项目,以及主题海报的内容板块	教师观察学生在小组内的合作和交流情况,根据学生的表现给予指导和反馈
设计意图:本阶段学习活动引导学生归纳和整理核心语言,促进语言内化,从理解过渡到应用实践,为制作主题海报做好充分的前期准备		
4.上台展示并分享海报内容,同时进行相互评价,评选"最佳主题海报"	4.在教师指导下,学生以小组形式动手制作主题海报,并向全班汇报小组成果 5.小组之间进行相互评价,评选最佳作品 6.学习小结	教师观察学生向全班介绍自己的主题海报的情况,评价教与学的成效
设计意图:本阶段学习活动旨在引导学生进行超越语篇、联系实际生活的活动,通过实践、体验等活动,学生从课本走向现实生活。在制作主题宣传册、交流介绍的过程中,学生发展语用能力,学会节约用水的方法,树立保护水资源的环保意识		

七 结合"简·美"的案例评析

(一)研读文本,绘制知识图谱

跨学科主题学习强调从学习视角入手,找准学科知识融合点,形成需要共同解决的核心问题。同时,为了让学生更好地掌握所学知识和技能,还须围绕核心概念,形成横纵联结,使知识结构化和内容整合化,以促进学生构建认知体系,这与"简·取"的思想不谋而合。知识图谱有利于构建跨学科主题学习的课程框架,厘清不同学科领域之间的关系,以便更好地将不同学科的知识融合在一起,构建跨学科的学习内容。同时,知识图谱还有助于教师整合和筛选相关的学习资源,包括文章、视频、案例等,为学生提供定制化的学习路径和资源,支持跨学科主题学习的教学活动。

因此,笔者在语篇研读的过程中,设计了该课的知识图谱(图5-22)。从知识图谱可以看出,围绕该主题,可以融合科学、美术、综合实践等课程的知识与方法。在科学学科方面,学生学过关于水循环的基本概念,如水的循环过程、蒸发、凝结、降水等。他们还曾经通过简单的实验观察了解水循环过程中的各个环节,因此可以将所掌握的科学知识体现在主题宣传册中。在美术学科方面,学生则将基于自身所具备的美感进行美学设计,通过绘画、手工制作等方式来辅助完成他们的成果作品。在综合实践学科方面,学生要与小组成员共同调查当地水资源现状,并共同讨论保护水资源的有效方案。

图5-22 "World Water Day"跨学科主题学习知识图谱

通过知识图谱，学生在跨学科的知识体系中进行深入分析、比较，这有助于他们形成更具批判性和自我质疑的思考方式。知识框架的建构也有助于学生形成全面、系统的知识观和生活观，以全面的观点认识世界和解决问题。

(二)基于主题，发展多维思维

跨学科主题学习是一种综合性的学习方法，它鼓励学生将不同学科的知识和技能进行整合，以解决实际问题或探索复杂问题。这种学习方式注重学科之间的联系，并沿着综合育人和实践育人的路径，培养和发展学生的逻辑性思维、创造性思维、辩证思维等，体现了"简·思"的思想。

在上课伊始，教师通过问题"When is World Water Day? What do people do on this day?"引导学生自主查阅资料，获取、有序梳理和反馈有关"世界水日"的相关信息，同时鼓励学生提出问题，并引导他们通过跨学科的知识和方法寻找答案，由此培养了学生的识记、理解、运用的思维能力，这种过程有助于培养学生的好奇心和探究精神，促进他们主动思考和解决问题。

在跨学科主题学习中，教师应帮助学生建立不同学科之间的联系，促进知识的整合。通过整合不同学科的知识和方法，学生可以更全面地理解问题，形成更完整的思维框架。随后，基于对语篇的理解，教师指导学生利用思维导图、学习单等学习工具对本单元的学习内容——水的形态、水循环过程、水的用途、水资源问题、保护水资源的方法等进行总结、归纳（见图5-23和图5-24）。学生思考、梳理、总结、归纳的过程，是学生跨学科知识整合的过程，也是学生分析、理解、综合、运用、创新、评价等高阶思维能力培养的过程。学生思维导图制作的过程，更是促进他们创新思维能力的培养。最后，学生以小组为单位，自主探究合作，进行主题宣传册的设计、制作以及互相评价，又培养了他们的创新思维能力和批判思维能力。

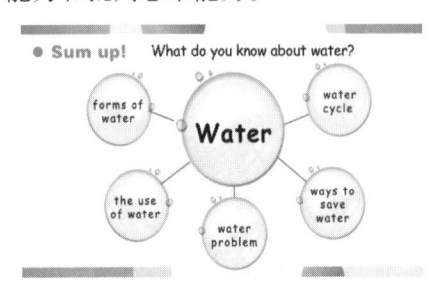

图5-23　"Water"单元知识总结 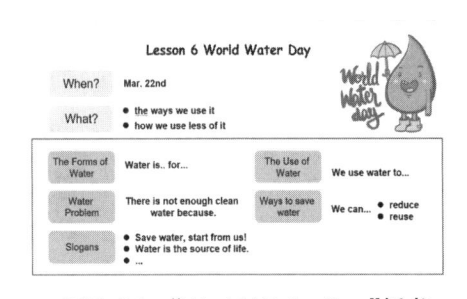　　图5-24　"World Water Day"板书

跨学科主题学习为学生提供了培养思维能力的良好平台。在总结、归纳了整个单元的内容,并构建了知识框架以后,教师号召学生采取行动来保护水资源:Let's call for more people to save water! How to make it? 由此调动了学生的积极主动性。学生以小组为单位,自主探究合作,进行主题宣传册的设计和制作。跨学科主题学习为学生提供了丰富的素材和灵感来源,有助于激发他们的创造性思维。在制作海报的过程中,教师还引导学生对所学内容进行深入思考,提出质疑,评价信息的可靠性,并尝试从多角度分析问题,如:How to make the poster more beautiful? What can we write in the poster? Do you think it is a good slogan, why? 除此之外,学生们根据自身兴趣和水平,分工与协作(图5-25),进行艺术创作有助于培养他们的合作能力、创新思维和想象力。

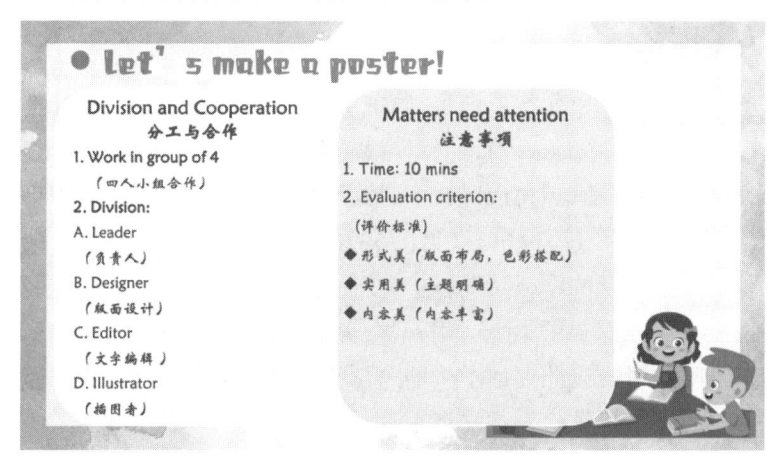

图5-25 小组分工与协作

(三)深入主题,渗透多元文化

英语课程不仅要关注学生语言能力和学习能力的培养,还要关注对社会生活、其他学科和人际交往方面的增值价值,进而促进学生的全面发展。本节课的跨学科主题学习,有助于学生回顾总结本单元内容:对水的认识以及保护水资源的意义。同时,推动学生实施行动,号召人们保护水资源,实现了文化知识的渗透和文化意识的增强,由此实现了"简·品"的思想。

本课中文化知识的渗透和文化意识的增强体现在三个环节。第一个环节是关于"世界水日"的认识,笔者以"What do you think of World Water Day? Is it important?"引发学生对节日存在意义的思考和评价,由此体会保护水资源的重要性。同时,利用视频,帮助学生了解了"中国水周"的相关科普知识,把中国文化和世界文化进行了有机融合。第二个环节是围绕主题，通过问题"What do you know about water?"对整个单元进行了水知识的回顾和水的相关知识网络的建构。由此进一步深化了学生对于当今水资源现状的认识，推动学生去采取行动保护水资源。第三个环节是交流分享主题宣传册，学生可根据自己的认识用所学语言介绍所学内容，其中包含保护水资源的口号（slogan），比如"Water is the source of life; Save water, save the earth"等，由此潜移默化地影响了学生对水的认识，帮助学生树立了正确的价值观。

（四）超越主题，开展多样评价

在跨学科主题学习中，过程评价同样重要。需要综合考虑多个因素，包括评价目标、评价任务、评价方式、评价手段、评价过程、评价效果等。"简·评"倡导融合多维度、多功能为一体的主题评价工具。

首先，笔者结合本单元学习内容，确定了本节课的评价目标，即能够与小组成员合作，结合各学科知识，设计与绘制"World Water Day"主题宣传册。同时，为了鼓励学生积极主动地对自己的学习情况进行评价与反思，结合目标设计了供学生使用的自我学习评价量表（见图5-26），以便于及时反馈评价结果给学生，帮助他们了解自己的学习状况，进一步促进他们的学习。其次，笔者通过设计综合性评价任务，即要求学生运用科学、美术、综合实践等多个学科知识来完成主题宣传册的制作，以此评估学生的跨学科学习成果。该评价任务不仅评价了学生的作品，还评价了他们在知识理解、技能应用、问题解决能力等方面的掌握情况。最后，笔者注重过程评价，根据学生回答问题、小组讨论、上台展示等环节的具体表现，以口头和书面反馈方式，使用量表等评价工具（见图5-27），帮助及时调整教学策略，更好地支持学生的学习。

自我学习评价表

Content 内容	Excellent 优秀	Good 良好	Need Improvement 需努力
1.我能读懂有关世界水日的语篇			
2.我能够结合本单元所学，从不同方面介绍对水的认识和了解			
3.我能够与同伴合作制作主题宣传册并简单介绍			
4.我能够积极参与活动			
5.在活动中，我能与同伴交流合作，相互帮助，互相协作			

图5-26　自我学习评价表

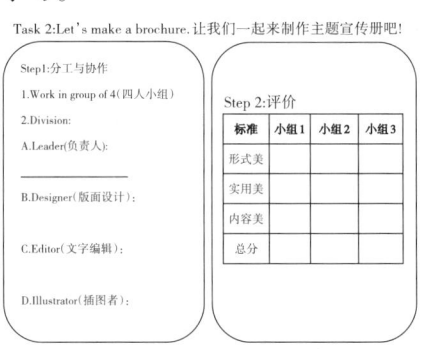

Task 2: Let's make a brochure. 让我们一起来制作主题宣传册吧！

Step1:分工与协作
1.Work in group of 4（四人小组）
2.Division:
A.Leader(负责人)：_____
B.Designer(版面设计)：_____
C.Editor(文字编辑)：_____
D.Illustrator(插图者)：_____

Step 2:评价

标准	小组1	小组2	小组3
形式美			
实用美			
内容美			
总分			

图5-27　学生学习任务单

第四节　大单元教学中"简·美"英语的实践案例

一　课题

闽教版《英语》(三年级起点第5册)Unit 3 Planning a Frip

二　单元主题

A_____Trip

三　主题范畴

该主题属于"人与自然"和"人与社会"范畴,涉及中国主要城市的地理位置和自然环境,也涉及中外名胜古迹的相关知识和游览体验。

四　单元内容解析

本单元内容围绕"A_____Trip"这一主题探索展开,涉及五个语篇和一个项目,包括两组对话、两个配图说明文、一个视频和一个项目。

第一课时(语篇一):语篇一是对话,Smart一家要到中国旅行,他们在讨论自己想去的地方,Sam想去上海,Amy想去桂林,而爸爸想去昆明。三个人还简要介绍了三个地方的不同特点、风光和评价等信息。该语篇旨在让学生了解中国不同城市的风光,尽可能多地了解中国不同城市的不同之美(现代美、自然美和历史美)。

第二课时(语篇二):语篇二是配图说明文,深入介绍了中国著名城市西安,其中包含西安的地理位置、悠久的历史、众多的旅游景点和文化古迹,也包含西安的特色小吃。该语篇旨在使学生深入了解西安的风土人情,从不同角度去认识一个城市并深入感受该城市的独特之处,引发对该城市的热爱和向往。

第三课时(语篇三):语篇三是对话,Daming关心Sam的旅行计划和出发前的准备。Daming询问其旅行前做了哪些准备,包含预订机票、酒店和景区门票等,还包含行李的准备和打包,也包含出发的时间和交通方式等信息。该语篇旨在让学生了解旅行前规划和准备包含哪些方面,引导学生思考规划和准备的重要性,为以后的旅行打下基础。

第四课时(语篇四):语篇四是视频材料,Sam介绍了自己在西安的旅行经历,包含自己乘坐飞机到西安,然后和家人一起参观兵马俑、华清池、大雁塔、小雁塔和陕西历史博物馆,品尝了西安的凉皮、油泼面和肉夹馍等。该语篇旨在引导学生感受旅行过程,感受旅行城市的风土人情,感受旅行的乐趣。

第五课时(语篇五):语篇五是配图说明文,Sam介绍自己旅游归来之后所做的事情。他首先整理了自己的行李,收拾房间,然后他整理旅行中的照片,制作了视频和手账。他收藏了自己的车票和各路景点的门票。最后,他发朋友圈分享自己的见闻,并把带回来的礼物和特产与朋友们分享。该语篇旨在让学生了解旅行后整理和分享的必要性及其乐趣。

第六课时:英语综合实践活动"制作一个城市的旅游攻略",梳理了Sam一家的旅行经历,包含了解不同城市、深入了解自己想去的城市、旅行前准备、旅行中经历和旅行后所做之事,形成完整的西安城旅游攻略(景点、打卡点、天气、出行准备、小吃、交通和避免"踩坑"点)。根据自己的旅行经历,与同伴合作制作一个城市的旅游攻略。该实践活动旨在引导学生完整地思考旅行经历,有逻辑、有创意地展示具有实用价值的旅游攻略和反思。

以下为学生需要在本单元学习的核心语言知识和技能与策略(见表5-7)。

表5-7 "A_____Trip"单元学习的核心语言知识和技能与策略

单元主题:A_____Trip			
语篇	核心词汇	核心句式	技能与策略学习要点
I want to go to Shanghai.	place, famous, mountains and lakes	I want to go to... It's a ...city/place. It's in... There is/ are... It's got...	●根据图片、视频等,了解中国不同的城市 ●在听、读活动中提取、梳理不同城市的信息,初步介绍不同城市 ●在语境中学习词汇的音、形、义

续表

单元主题：A_____Trip			
语篇	核心词汇	核心句式	技能与策略学习要点
The Mystical City, Xi'an	location, stand in, history, ancient, dynasty, scenic spot, tablet, cuisine, local snack	This is ... It stands in the ... of China. There is/ are... It's got... We can visit/eat/see...in... It's a/an ...city. I want to visit it.	●在读和看活动中理解、提取、梳理西安的风土人情 ●在语境中学习词汇的音、形、义 ●运用所学,尽可能全面地介绍自己向往的一个中国城市
Preparing for a Trip	ready, book, put, shuttle bus, leave	I'll go to...on... I'll go with... I booked... I put...in my bag. I'll leave at... I'll take...	●在听、读活动中理解、提取、梳理Sam旅行前的规划和准备 ●在语境中学习词汇的音、形、义 ●运用所学,介绍自己某次旅行前的准备
Experiencing a Trip	visit, try, taste	I went to ... I went there by... In this photo, we are... Look at this photo, we are... I had a ...trip.	●在听、读、看活动中理解、提取、梳理Sam的旅行经历 ●在语境中学习词汇的音、形、义 ●运用所学,介绍自己的某一次旅行经历
Sharing a Trip	tidy, clean, sort out, make a video, make a scrapbook, travel album, share, collect, calculate, have a rest	I tidied/cleaned/put... I made a... I shared ...with... I collected... I calculated...	●在阅读活动中理解、提取、梳理Sam的旅行之后所做之事 ●在语境中学习词汇的音、形、义 ●运用所学,介绍自己旅行之后的体验
Making a Trip Strategy	before the trip, during the trip, after the trip	I will...	●在复习活动中梳理旅行整个过程 ●运用所学,有逻辑地、创造性地制作旅行攻略

五 单元主题内容框架图

鉴于以上的单元内容分析,本单元的主题内容框架图(见图5-28)梳理如下。

单元主题:A_____Trip

- 初步了解中国不同城市的情况,了解不同城市的现代、自然和历史之美。
- 深入了解西安的信息,如位置、地位、特点、饮食、文化和景点等。
- 了解旅游前的准备和计划,并尝试谈论自己某次旅行前的准备。
- 了解旅游中的见闻和所感,分享自己的某次旅行经历。
- 了解旅游后的记录和分享方式,尝试用不同方式记录并分享自己的旅行经历。
- 梳理和总结旅行的整体规划、经历和后续,创造性地展示自己的旅游攻略。

Lesson 1 对话 "Knowing Cities in China" 讨论Smart一家到中国旅游时选择的几个城市,感受不同城市的美。

Lesson 2 说明文 "Knowing About Xi'an" 详细介绍西安,分享自己想去的城市的相关信息。

Lesson3 对话 "Preparing a Trip" 谈论旅行前的准备和计划,了解做出行前准备的重要性。

Lesson 4 视频 "Experiencing a Trip" 介绍自己旅行中的所见所闻所感,享受旅行的美好。

Lesson 5 说明 "Sharing a Trip" 介绍自己旅行之后所做的规整、分享和休息等事项。

Lesson 6 综合语言实践活动 "Making a Trip Strategy" 制订完整、可行的旅行攻略,体会旅行的意义。

感受城市之美,体验旅行之趣,体会分享之乐
用所学语言,描述介绍中国不同的城市,了解祖国秀美山河;介绍自己旅行之前的准备、旅行之中的见闻和旅行之后的感悟,感受旅行的意义,乐于与他人分享自己的见闻。

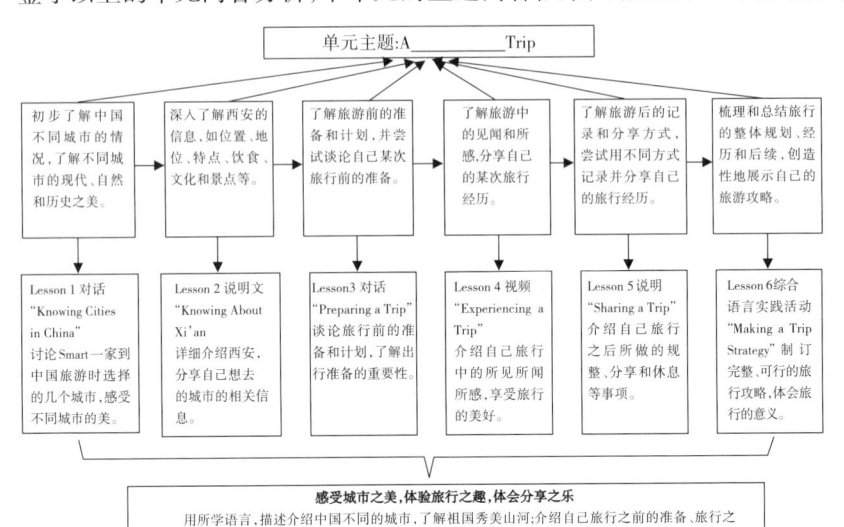

图5-28 "A_____Trip"主题内容结构图

六 单元教学目标

单元教学目标	语篇
本单元学习后,学生能够: 1.描述中国不同城市的信息	1.对话 "Do you want to go to Shanghai?" (1课时)
2.详细介绍自己向往的城市	2.配图短文 "The Mystical City, Xi'an"(1课时)
3.交流、讨论旅行前的规划和准备	3.对话 "Preparing for a Trip"(1课时)
4.制作相册集,交流、介绍一次旅途经历	4.视频 "Experiencing a Trip"(1课时)
5.谈论、总结旅行之后的整理、记录和分享感想	5.短文 "Sharing a Trip"(1课时)
6.梳理、归纳旅行的完整经历,包含旅行城市介绍、行前准备、途中经历和后期整理反思,形成完整攻略 7.探索旅行的意义	6.项目 "Making a Trip Strategy"(1课时)

七 课时教学设计

第一课时"Knowing Cities in China"教学设计

（一）主题：Cities in China

（二）语篇研读

What：Smart一家要到中国旅行，Sam想去上海，Amy想去桂林，而爸爸想去昆明。他们简要介绍了三个城市的地理位置、特点、景点等信息。

Why：通过Smart一家对中国三个城市的介绍，首先引导学生深入了解这三个城市的更多的信息。接着，更进一步了解中国更多城市的信息，使学生体会到中国不同的城市有不同的美。

How：该对话涉及介绍城市的词汇，如：famous，beautiful，modern，north，south，mountains and lakes；简要介绍中国城市所使用的核心句型，如：I want to go to... It's a ...place. It's in... It's got... There is/are... 这些句型学生已经学过，且对话较为简单，易于理解。

（三）教学目标

通过本课时学习，学生能够：

1.在听、读、看等活动中，获取、梳理上海、桂林和昆明三个城市的信息（学习理解）；

2.在教师的帮助下，尝试转述，简单介绍中国的不同城市（应用实践）；

3.感受不同城市的魅力，表达自己的感想（迁移创新）；

4.联系生活实际，运用所学语言描述自己喜欢的城市（迁移创新）。

【核心词汇】famous，beautiful，modern，north，south，mountains and lakes

【核心句型】I want to go to... It's a ...place. It's in... It's got... There is/are...

(四)教学过程

教学目标	学习活动	效果评价
1.在听、读、看等活动中，获取、梳理上海、桂林和昆明三个城市的信息（学习理解）	1.学生基于视频和已有经验，说说自己喜欢的中国城市及原因 What's the video about? Which city do you like? Why?	教师观察学生能否参与互动交流，主动分享个人对主题已有的知识、经验，并根据需要调整提问方式，进行追问或鼓励
	2.学生基于图片和已有经验，在教师的启发下预测对话内容，感知新语言，如： What are they talking about? Where do they want to go?	教师观察学生猜测情况，鼓励学生积极思考，分享个人想法，并进行追问或鼓励
	3.学生观看并连线，验证预测 Where do they want to go?	教师观察学生连线情况，根据学生表现给予指导和反馈
	4.学生带着问题再次听音阅读，并找出答案，理解对话细节，找出他们选择这几个城市的原因： Why do they want to go to these places?	教师检测学生学习理解的情况，发现问题，及时提供帮助
	5.学生借助图片和视频等理解词汇意思，学习上海的相关信息并介绍	教师根据不同分组学生阅读和分享的情况，给予指导或鼓励。教师根据不同能力水平学生朗读对话的情况，给予指导或鼓励
	6.学生进行分组拼图阅读，学习、讨论并分享昆明和桂林两座城市的相关信息	
	7.学生听录音跟读，分角色朗读对话，关注语音、语调、节奏、连读、重读等	
设计意图：本阶段学习活动旨在帮助学生在语境中理解对话内容，学习对话中词汇和核心句型。学生在教师的指导下，通过观看对话视频、听音和阅读，由大问题到细节问题逐步处理对话内容。在词汇学习中，学生在教师指导下理解、拓展词汇。学生通过跟读和分角色朗读对话，进一步理解对话内容，内化语言，为语言输出奠定基础		

续表

教学目标	学习活动	效果评价
2.在教师的帮助下,尝试转述,简单介绍中国不同的城市(应用实践)	8.学生在教师的指导下,梳理、归纳对话的核心语言,进行角色扮演。 ...wants to go to... It's in the ...of China. It's got... There is /are... We can... It's a / an ...place. It's very...	教师观察学生在语境中运用核心语言进行交流的情况,根据学生的表现给予指导和反馈
设计意图:本阶段学习活动引导学生在归纳和整理核心语言的基础上,通过角色扮演深入体会角色,运用语言,理解意义。从学习理解文本内容过渡到应用实践,为后面的真实表达做准备		
4.感受不同城市的魅力,表达自己的感想(迁移创新)	9.学生在拓展视频的帮助下,感受不同城市的魅力,表达自己感受到的不一样的美(现代美、自然美、人文美等)	教师根据学生的回应与反馈,引导讨论,并引导正面思考和发表感想
4.联系生活实际,运用所学语言描述自己喜欢的城市(迁移创新)	10.学生观看中国城市拓展视频,选择一个自喜欢的城市进行简单介绍。	观察学生介绍中国城市的情况,给予鼓励或帮助
设计意图:本阶段学习活动旨在帮助学生在真实情景中创造性地运用所学语言,介绍中国城市。学生从课本走向现实生活,发展语用能力,初步介绍中国的不同城市		

Homework:

1.Read the text at least 3 times.

2.Finish the exercise.

3.*Try to do some research on your favourite city in China.

第二课时 The Mystical City, Xi'an 教学设计

(一)主题:Knowing About Xi'an

(二)语篇研读

What:语篇二是配图说明文,深入介绍了中国著名城市西安,其中包含西安的地理位置,地处中国西部的陕西省,位于黄河流域中部关中平原,屹立于秦岭和渭河之间,占地面积超过一万平方千米,是中华文明的发源地之一;还介绍了西安悠久的历史,古老的西安曾是中国古代十三朝古都,是陆上丝绸之路的起点;也包括西安众多的旅游景点和文化古迹,如华清池、兵马俑、碑林和华山等;还包含西安的特色小吃,如凉皮、肉夹馍、油泼面等。

Why:该语篇通过呈现西安的地理位置、悠久历史、众多景点和特色小吃等不同方面的知识,引导学生深入了解西安的风土人情,从不同角度去认识一个城市并深入感受该城市的独特之处,引发对该城市的热爱和向往。

How:该配图说明文,涉及深入介绍西安风貌的词汇,如 location, stand in, history, ancient, dynasty, scenic spot, tablet, cuisine, local snack;以及全面介绍西安时使用的核心句型,This is ...It stands in the... of China. There is/ are...It's got... We can visit/eat/see...in... It's a/an ...city. I want to visit it.这些介绍涉及的时态都是一般现在时,学生较容易理解,且掌握较好,能灵活运用。

(三)教学目标

通过本课时学习,学生能够:

1.在读和看活动中理解、提取、梳理西安的风土人情(学习理解);

2.在教师的帮助下,尽可能从更多方面详细介绍西安的风土人情(应用实践);

3.简要评价西安,并说说自己对西安的印象,归纳谈论一个城市的不同维度(迁移创新);

4.运用所学,尽可能全面地介绍自己想去的一个中国城市(迁移创新)。

【核心词汇】location, stand in, history, ancient, dynasty, scenic spot, tablet, cuisine, local snack

【核心句型】

This is ...

It stands in the ...of China.

There is/ are...

It's got...

We can visit/eat/see...in...

It's a/an ...city.

I want to visit it.

(四)教学过程

教学目标	学习活动	效果评价
1.在读和看活动中理解、提取、梳理西安的风土人情(学习理解)	1.学生分四人小组,合作学习,谈谈自己想去的城市 I want to go to ... It's in the ...of China. It's got...and... There is /are... We can ... It's a ...place. 2.学生快速阅读课文,猜一猜 Ms Smart 想去的城市,提取文章主题信息 Where does Ms Smart want to go? 3.学生基于已有经验,在教师的启发下,进行头脑风暴,谈谈自己对西安的了解 What did you know about Xi'an? 4.学生独立思考,提问自己想知道的内容。 What do you want to know about Xi'an? 5.学生带着问题阅读课文,解决问题,理解短文大意 What do you know about Xi'an in the text? 6.学生借助视频、图片等,理解文本细节,学习理解词汇:location, stand in, history, ancient, dynasty, scenic spot, tablet, cuisine, local snack,并检测巩固 7.学生小组合作,自主学习,朗读文本,关注词义、语音、语调、节奏、连读、重读等	教师观察学生能否主动回忆上一课时相关的内容,调动已有的知识储备,给予反馈 教师观察学生交流情况,及时给予反馈和引导 教师观察学生能否参与互动,主动分享个人经验,根据需要调整提问方式,回收资源 教师观察学生能否积极提问,并根据需要调整引导学生从不同角度进行提问 教师整体呈现文本,鼓励学生自主感知,带着问题指导阅读,尝试小组解决问题,观察学生学习情况和效果,适时做出调整 教师观察学生学习理解词汇的情况,进行巩固和检测,根据学生表现给予指导和反馈 教师根据不同能力水平学生朗读的情况,给予指导和鼓励

续表

教学目标	学习活动	效果评价
设计意图:本阶段学习活动旨在帮助学生在语境中理解短文内容,学习词汇和核心句型。学生在教师的指导下,通过提问和阅读,理解课文情境,解决问题,积极思考,从大意理解到细节逐步理解对话内容。在词汇学习中,学生在图片等引导下发展了拼读能力,积累并拓展了词汇。在小组自学中,学生进一步理解文本内容,内化语言,为语言输出奠定基础,为后面的应用实践做铺垫		
2. 在教师的帮助下,尽可能从更多方面详细介绍西安的风土人情(应用实践)	8.学生在教师的指导下,梳理、归纳介绍西安的核心语言,并根据教师板书,介绍西安	教师关注学生在语境中运用核心语言进行交流的情况,根据学生的表现给予指导和反馈
设计意图:本阶段学习活动引导学生在归纳和整理核心语言的基础上,通过角色扮演深入体会角色,运用语言理解意义。程度较好的学生还可以尝试运用连续话语介绍西安,促进语言内化,从学习理解过渡到应用实践,为后面的真实表达做准备		
3. 简要评价西安,并说说自己对西安的印象,归纳谈论一个城市的不同维度(迁移创新)	9.学生根据已有经验和本课所学,谈谈自己对西安的印象 What do you think of Xi'an? 10.学生在四人小组中讨论,介绍一个城市,可以从哪些方面进行 What aspects can we talk about Xi'an? Scenic spots, Evaluation, Location, History, Food...	教师观察学生能否参与互动和交流,主动分享个人对西安这座城市的印象,并根据需要进行追问或鼓励 教师观察学生合作学习的情况和效果,适时给予鼓励,并根据学生反馈,形成主题词思维导图
设计意图:本阶段学习活动引导学生对西安进行合理评价,自主表达感受,并说明理由;引导学生积极思考,丰富和拓展城市介绍的维度,为任务的输出奠定基础		
4. 运用所学,尽可能全面地介绍自己向往的一个中国城市(迁移创新)	11.学生选择自己暑期想去的一个城市,进行资料查阅 12.制作海报,介绍自己向往的城市,并在全班展示	教师观察学生查阅资料的情况,给予帮助 教师观察学生表现,评价教与学的成效
设计意图:本阶段学习活动旨在帮助学生能够迁移、运用所学,从课本走向现实生活,创造性地运用所学语言,利用海报的形式,尽可能全面地介绍自己想去的城市,发展语用能力		

续表

教学目标	学习活动	效果评价
Homework： 1.Read the text for 3 times. 2.Finish the exercise. 3.* Watch some short video about preparations before a trip.		

第三课时"Preparing for a Trip"教学设计

（一）主题：Trip Preparations

（二）教材内容分析

What：语篇三是对话，关于旅行计划及出发前的规划和准备。Daming询问Sam旅行前做了哪些准备。Sam对此做出回答，他说制订了旅行准备的清单，包括机票、酒店和景区门票的预订、行李准备、交通方式等规划。

Why：本课通过Daming与Sam关于做旅行前准备的对话，引导学生明白如何做好旅行的各项准备，并明白做好旅行准备的重要性。

How：该对话涉及的词汇是ready，book，put，shuttle bus，leave等，核心句型涉及what，where，when，who，how等特殊疑问词的句式，用于询问行前准备，并根据实际情况回答关于行前的准备，如"I'll go to...on... I'll go with... I booked... I put...in my bag. I'll leave at... I'll take..."主要涉及特殊疑问句问答以及一般过去时和一般将来时两种时态，学生都已经学习过，有一定的了解。

（三）教学目标

通过本课时学习，学生能够：

1.在听、读活动中理解、提取、梳理Sam旅行前的规划和准备（学习理解）；

2.在板书设计和语言支架的帮助下，能够尝试转述Sam的旅行准备（应用实践）；

3.制作自己的旅行清单，并与同伴互相评价对方是否准备好（迁移创新）。

【核心词汇】what，where，when，who，how，ready，book，put，shuttle bus，leave

【核心句型】I'll go to...on... I'll go with... I booked... I put...in my bag. I'll leave at... I'll take...

(四)教学过程

教学目标	学习活动	效果评价
1.在听、读活动中理解、提取、梳理 Sam 旅行前的规划和准备(学习理解)	1.学生通过读图和已有知识经验,预测感知新语言:What are they going to do there? 2.学生观看课文视频,验证猜测,同时进一步理解 Daming 和 Sam 对话的大意 What should they prepare for their trips? Is Sam ready for the trip? 3.学生听音,寻找 Daming 询问的问题,在小组中合作学习,确认答案,并理解问题 What questions did Daming ask? 4.学生根据 Daming 提出的问题进行阅读,寻找问题的答案,提取对话细节信息 Read and answer When: start trip tomorrow / leave at 6:30 in the morning What: booked tickets & hotel / put shoes, T-shirt, shorts, sunglasses, cap, masks, tickets & passport, phone, medicine Where: airport by taxi / hotel by shuttle bus 5.学生听录音跟读对话,分角色朗读对话,关注语音、语调、重读和节奏等	教师通过学生的回答,了解学生是否初步理解课文信息,以及是否能将新旧知识建立联系 教师根据学生寻找问题的情况给予指导,观察学生合作学习的情况,适时给予帮助和反馈 针对旅行准备的回答情况,对学生的表现给予指导和反馈,引导学生加深对细节的理解 教师根据学生跟读和朗读的情况,给予指导和鼓励
设计意图:本阶段学习活动旨在帮助学生在语境中理解对话内容,学生在教师的指导下,通过看图、听音、阅读等形式,从理解对话大意到逐步理解和掌握 Sam 旅行前规划和准备		
2.在板书设计和语言支架的帮助下,能够尝试转述 Sam 的旅行准备(应用实践)	6.学生在教师的指导下,梳理和归纳旅行前准备的几个要素,并根据板书设计的语言框架,与同伴对话 Role play I don't know. / Are you ready for your trip? I booked... / What did you book? I put my... / What did you put...? We'll start... / When will you...? We'll leave at... / Where will you...? We'll go to the... 7.基于对话内容和生活常识,学生尝试归纳行前准备的内容	教师观察学生针对课文情境进行对话的情况,根据学生的表现及时纠正错误和反馈 教师观察学生能否通过同伴互助,梳理、归纳关键词

设计意图:本阶段学习活动引导学生梳理和归纳旅行前规划和准备的几大要素,并通过角色扮演进一步内化和掌握语言知识。同时,旅行前规划和准备的相关要素,从学习理解过渡到应用实践		
3.制作自己的旅行清单,并与同伴互相评价对方是否准备好(迁移创新)	8.针对即将到来的暑假和自己向往的城市的特点(天气、位置、景点等),学生制订旅行计划,制作旅行清单	教师观察学生在小组内运用梳理、归纳的语言支架进行交流的情况,给予指导或帮助
	9.向同伴介绍自己的旅行清单和行前准备,并互相评价对方是否准备好。感受行前规划和准备的重要性,树立未雨绸缪的意识	教师观察同伴的评价,给予指导或鼓励
设计意图:本阶段帮助学生在从语言的应用实践到语言的迁移创新,结合学生实际生活创造性地运用所学语言,在制作旅行清单和介绍行前准备的过程中,提升学生的综合语言运用能力		

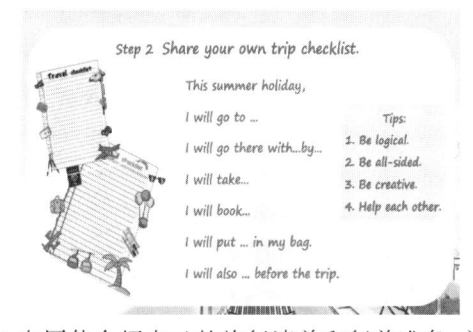

Homework:
1.Read the text for 3 times.
2.Finish the exercise.
3.*Collect some photos of your trip.

第四课时"Experiencing a Trip"教学设计

(一)主题:Trip Experience

(二)语篇研读

What:语篇四是视频,Sam展示自己去年夏天去西安旅行时拍摄的照片,介绍自己的旅行经历,包含自己乘坐飞机到西安,然后和家人一起游玩的照片,照片包括品尝西安的特色小吃凉皮、油泼面和肉夹馍等,还包括一家人参观兵马俑、华清池、大雁塔、小雁塔和陕西历史博物馆,观看大雁塔前广场的音乐喷泉。

Why:该语篇通过照片展示和文字介绍,讲述自己的旅游经历,包括乘坐的交通工具、品尝的特色美食、参观的名胜古迹。引导学生身临其境地体验西安的独特魅力,感受旅行过程,感受旅行城市的风土人情,感受旅行的乐趣。

How:该视频配文涉及介绍旅行照片需要的词汇,如 visit, try, taste,以及全面介绍旅行经历时使用的核心句型:I went to ... I went there by... In this photo, we were... Look at this photo, we were... I had a ...trip.这些经历介绍涉及的一般过去时和现在进行时,学生已经在之前的课程中接触过,较容易理解。

(三)教学目标

通过本课时学习,学生能够:

1.在听、读、看活动中理解、提取、梳理Sam的旅行经历(学习理解);
2.在教师的帮助下,介绍Sam的西安之旅(应用实践);
3.简要评价Sam的旅行经历,从描述旅行经历的多个维度进行归纳(迁移创新);
4.运用所学,介绍自己的某一次旅行经历和旅行中的照片(迁移创新)。

【核心词汇】visit, try, taste

【核心句型】I went to ... I went there by... In this photo, we are... Look at this photo, we are... I had a ...trip.

(四)教学过程

教学目标	学习活动	效果评价
1.在听、读、看活动中理解、提取、梳理Sam的旅行经历(学习理解)	1.学生通过回答问题,回忆上节课所学知识 What did Sam do for the trip? 2.学生观看视频,提取文章主题信息 What's Sam talking about? 3.学生再次观看视频,回答问题,理解课文细节 Where? When? Who? How? I went to Xi'an in Shaanxi Province last summer. I went there with my family. We flew there on the 16th of July. We took some photos in the trip. Do you want to enjoy? 4.学生带着问题阅读课文,在课文中找线索,理解短文大意,解决问题 What are they doing in the photos? 5.学生借助视频、图片等,理解文本细节,学习理解visit, try, taste等词汇,并检测巩固 6.学生听录音跟读课文,朗读课文,关注语音、语调、重读和节奏等	教师观察学生能否参与互动和交流,主动分享个人已有经验,并根据需要回收资源 教师观察学生提取信息的情况,进行指导和帮助 教师整体呈现文本,观察学生寻找线索和合作学习的情况及效果,适时做出调整 教师观察学生学习理解的情况,进行巩固和检测,根据学生表现给予指导和反馈 教师根据不同能力水平学生朗读的情况,给予指导和鼓励

续表

教学目标	学习活动	效果评价
设计意图:本阶段学习活动旨在帮助学生在语境中理解短文内容,学习词汇和核心句型。学生在教师的指导下,通过视频观看和文本阅读,理解课文情境,解决问题,积极思考,从大意理解到细节逐步理解文本内容。在小组自学中,学生进一步理解文本内容,内化语言,为语言输出奠定基础,为后面的应用实践做铺垫		
2.在教师的帮助下,介绍Sam的西安之旅(应用实践)	7.学生在教师的指导下,梳理、归纳介绍旅行经历的核心语言,并根据教师板书,进行介绍	教师关注学生运用核心语言进行交流的情况,根据学生的表现给予指导和反馈
设计意图:本阶段学习活动引导学生在归纳和整理核心语言的基础上,通过角色扮演能深入体会角色,运用语言、理解意义。运用连续话语介绍旅行经历和照片,促进语言内化,从学习理解过渡到应用实践,为后面的真实表达做准备		
3.简要评价Sam的旅行经历,从描述旅行经历的多个维度进行归纳(迁移创新)	8.学生根据已有经验和本课所学,评价Sam的旅行经历 What do you think of Xi'an? 9.学生在四人小组中讨论,介绍旅行经历可以从哪些方面进行。 What aspects can we talk about a trip experience? Let's think. How? What Where? Preparing visiting for A Trip photos eating When? playing Who? watching	教师观察学生能否参与互动和交流,并根据需要进行追问或鼓励 教师观察学生合作学习情况和效果,适时给予鼓励,根据学生反馈,形成主题词思维导图
设计意图:本阶段学习活动旨在引导学生对旅行经历进行合理评价,自主表达感受,并说明理由;同时引导学生积极思考,拓展旅行经历介绍的维度,为语言输出奠定基础		
4.运用所学,介绍自己的某一次旅行经历和旅行中的照片(迁移创新)	10.学生在小组内分享自己的旅行照片,介绍自己曾经的一次旅行经历。制作旅行照片集	教师观察学生表现,评价教与学的成效
设计意图:本阶段学习活动旨在帮助学生在迁移的语境中,从课本走向现实生活,创造性地运用所学语言,利用照片集的形式,整理自己的旅行经历,尽可能全面地介绍自己的旅行经历和感受,发展语用能力		
Homework: 1.Read the text for 3 times. 2.Finish the exercise. 3.* Share one of your trips on WeChat Moments.		

第五课时 Sharing a Trip 教学设计

(一)主题:Trip Sharing

(二)语篇研读

What:语篇五是配图说明文,Sam 介绍自己旅游归来之后所做的事情。首先,他整理了自己的行李,收拾房间,然后他整理旅程中拍摄的照片,制作了视频和手账。其次,他收藏了自己的车票和各路景点的门票。最后,他发朋友圈分享了自己的见闻,并把带回来的礼物和特产与朋友们分享。

Why:该语篇通过呈现 Sam 旅行归来后整理、记录、分享和休息等方面的信息,引导学生从不同角度归纳自己旅程归来后的做法,并认识了旅行后整理和分享的必要性及其乐趣,培养及时规整的好习惯。

How:该配图说明文涉及深入描述旅行后回家所做之事的词汇,如 tidy, clean, sort out, make a video, make a scrapbook, travel album, share, collect, calculate, have a rest;以及介绍规整过程时使用的核心句型:I tidied/cleaned/put... I made a... I shared ... with... I collected... I calculated... 这些都用一般过去时进行表达,学生在之前的课程中已经学习过,较容易理解。

(三)教学目标

通过本课时学习,学生能够:

1.在阅读活动中理解、提取、梳理 Sam 旅行之后所做之事(学习理解);

2.在教师的帮助下,介绍 Sam 旅行之后所做之事(应用实践);

3.简要评价 Sam 的做法,拓展归纳更多旅行之后的经历(迁移创新);

4.运用所学,分享自己旅行之后的体验(迁移创新)。

【核心词汇】tidy, clean, sort out, make a video, make a scrapbook, travel album, share, collect, calculate, have a rest

【核心句型】I tidied/cleaned/put... I made a... I shared ...with... I collected... I calculated...

(四)教学过程

教学目标	学习活动	效果评价
1. 在阅读活动中理解、提取、梳理 Sam 的旅行之后所做之事(学习理解)	1. 学生在小组内合作学习,介绍 Sam 的旅行经历	教师观察学生能否主动回忆上一课时的内容,调动已有知识,根据情况及时给予反馈
	2. 学生根据所给的图片和已有经验,在教师的启发下,预测文本内容,感知新语言 What may Sam do after the trip?	教师观察学生能否参与互动和交流,主动分享个人对该主题的已有知识、经验,并根据需要调整提问方式,进行追问或给予鼓励
	3. 学生阅读文本,验证预测,理解短文大意 What did Sam do after the trip?	教师整体呈现文本,观察学生完成阅读圈词的情况,根据学生表现给予指导和反馈
	4. 学生借助图片和动作等,理解文本细节,学习理解词汇 tidy, clean, sort out, make a video, make a scrapbook, share, collect, unfold, calculate, have a rest,并检测巩固	教师观察学生学习理解词汇的情况,进行巩固和检测,根据学生表现给予指导和反馈
	5. 学生听录音跟读,朗读对话,关注语音、语调、节奏、连读、重读等	教师根据不同水平学生的朗读情况,给予指导或鼓励
设计意图:本阶段学习活动旨在帮助学生在语境中理解短文内容,学习词汇和核心语言。学生在教师的指导下,通过阅读和观看视频,理解课文情境,解决问题,积极思考,从大意理解到细节逐步理解对话内容。在词汇学习中,学生在图片等引导下发展了拼读能力,积累并拓展了词汇。在小组自学中,学生进一步理解文本内容,内化语言,为语言输出奠定基础,为后面的应用实践做铺垫		
2. 在教师的帮助下,介绍 Sam 旅行之后所做之事(应用实践)	6. 学生在教师的指导下,梳理、归纳 Sam 介绍旅行结束后所做之事的核心语言,角色扮演 Sam,进行介绍	教师关注学生在语境中运用核心语言进行交流的情况,根据学生的表现给予指导和反馈

续表

教学目标	学习活动	效果评价
设计意图:本阶段学习活动引导学生在归纳和整理核心语言的基础上,通过角色扮演深入体会角色,运用语言,理解意义。运用连续话语介绍Sam旅行后所做之事,促进语言内化,从学习理解过渡到应用实践,为后面的真实表达做准备		
3.简要评价Sam的做法,拓展归纳更多旅行之后的经历（迁移创新）	7.学生根据已有经验和本课所学,评价Sam的做法 What do you think of Sam? 8.学生在四人小组中讨论,拓展更多规整的事情和维度 What others can we do after a trip? What are they about?	教师观察学生能否参与互动和交流,主动分享个人评价,并根据需要进行追问或鼓励 教师观察学生合作学习的情况,适时给予鼓励,并根据学生反馈,形成思维导图
设计意图:本阶段学习活动旨在引导学生对Sam及其做法进行合理评价,自主表达自己的感受,并说明理由;引导学生积极思考,拓展旅行后可做之事,为任务输出奠定基础		
4.运用所学,介绍自己旅行之后的体验（迁移创新）	9.学生根据自己曾经的旅行经历,描述自己旅行后所做的事情 Let's discuss. What did you do after the trip? Word banks: tidied, cleaned, collected, sorted out, put, calculated, sent, had, played… Tips: 1. Work in group of four. 2. Be logical and all-sided. 3. Say as more as you can.	教师观察学生的表现,评价教与学的成效
设计意图:本阶段学习活动旨在帮助学生在迁移的语境中,从课本走向现实生活,创造性地运用所学语言,尽可能全面、有逻辑地介绍自己旅行之后所做的事情		

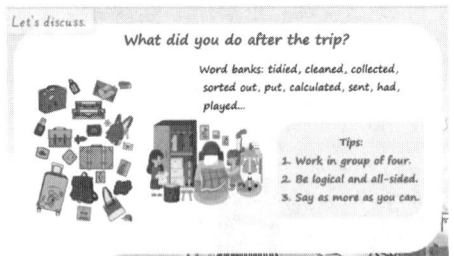

Homework:

1.Read the text for 3 times.

2.Finish the exercise.

3.* Do some research about trip strategy.

第六课时 "Making a Trip Strategy" 综合实践活动教学设计

(一)主题：Trip Strategy

(二)实践内容解析

本实践活动围绕"制作旅行攻略"这一主题展开。学生通过图片等回顾、梳理Sam一家的旅行经历，包含讨论不同旅行目的地、深入了解自己想去的城市、旅行前准备、旅行中经历和旅行后所做之事，制作完整的旅游攻略(景点、打卡点、天气、出行准备、小吃、交通和避免"踩坑"点)。学生根据旅行经历，梳理整个旅行过程，并就旅行中的所见、所闻、所感进行反思，反思是否有更好的旅行路线等，形成自己的旅行攻略。该项目旨在引导学生完整地回顾旅行经历，有逻辑、有创意地展示具有实用价值的旅游攻略和反思。

(三)活动目标

通过参与"制作旅行攻略"实践活动，学生能够：

1.在图片和复习活动中梳理、归纳旅行整个过程；

2.独立或与同伴合作设计、制作一个城市的完整旅行攻略，体验制作过程；

3.根据制作的旅游攻略，有逻辑地、全面地介绍旅行过程，探索旅行的意义。

(四)实施过程

阶段一：参与复习活动，与同伴合作，整合前五个课时信息，梳理旅行过程。学生在教师的引导下，在与同伴合作学习中，复习旅行的整个过程，包含旅行前(了解不同城市、选择并介绍一个城市、出发前规划和准备)、旅行中的体验和旅行后的整理与分享。学生独立或与同伴合作，展示自己前几个课时的收获，用海报或手账等介绍自己的旅行经历。

阶段二：学习制作旅游攻略，创意设计，实践体验。师生交流，讨论如何制作完整的旅行攻略，确定需要做的前期准备，包括材料准备、内容准备等。学生在教师和拓展视频的指导下，学习制作旅行攻略。学生在教师的指导下，与同伴合作，制作完整的旅游攻略，体验制作过程。

阶段三：分享合作完成的旅游攻略，整体感知，探索旅行的意义。同伴互助，谈论如何更完整地介绍自己设计并制作的旅行攻略，总结自己在旅行中的收获，探索总结该趟旅程的意义，并在全班范围内展示和介绍。学生可根据攻略内容，相互评价其他小组攻略，从内容、配图、色彩和创意四个方面进行评价。全班学生共同探索旅行的意义和价值，感受旅行的乐趣。全班学生相互交换彼此的旅行攻略,为今后的旅程做准备。

(五)学习效果评价

教师在活动实施过程中,通过随时观察、提问及与学生交流,评价、反馈学生学习任务的完成情况。

检视学生在图片和视频的引导下,完成复习的情况。

观察学生以同伴互助的形式介绍自己旅行整个过程的情况。

观察学生制作旅游攻略的过程,注意全面、逻辑和创意。

观察学生介绍自己旅行攻略的参与度和准确度。

教师通过对上述学习活动的观察,及时了解学生的学习收获与困难,进行具体的、有针对性的指导。在该实践活动的总结阶段,教师引导学生借助学习评价单进行自我反思,总结学习收获,发现自己的进步与成长。

八 结合"简·美"的案例评析

(一)"简·取":整体建构话题与知识框架

"简·取"在大单元教学中,不仅要梳理单元的整体思路,还要搭建单元主题与子主题之间、单元与课时内容之间、单元与课时知识之间、课时与课时的话题与内容之间等的关联和整体的思路框架,实现结构化教学的设计与实施。

1. 以学情为本整体谋划

本单元的学情分析采用SWOT分析法,SWOT分析法即态势分析法,是20世纪80年代初由美国旧金山大学的管理学教授韦里克提出的,常用于企业战略制定和竞争对手分析等,近年来也被引入其他领域。其中S代表strength(优势),W代表weakness(弱势),O代表opportunity(机会),T代表threat(威胁),通常用来分析事物的内在因素和外部条件,找出该事物的竞争优势、竞争劣势、可能存在的机会和威胁,并将这些内部优势和外部条件结合起来,从而将劣势转化为优势,将威胁转化为机会,以此找到最佳的解决策略。

S:Strength(学生优势)

(1)学生为六年级学生,学习英语五年多,有一定的英语听、说、读、写基础。多数学生乐于参与课堂,敢于开口表达,具有一定的书面表达能力。

(2)本单元主题"Trip",与生活关联较强,学生具有强烈的学习欲望。另外,学生具有一定的信息技术运用能力和美术、综合实践技能,在项目式学习中参与度高。

(3)学生在前面课程教学中,已经学习过一般过去时、一般现在时和现在进行时表达,课文的理解对于学生来说不难。

W:Weakness(学生劣势)

(1)学生在具体语境中灵活使用不同时态进行表达的能力不佳。

(2)对于旅行前、中、后的整理、总结,逻辑性和创造性表述不够。

(3)学生在项目式的探索中,创新、创造的意识仍比较薄弱。

O:Opportunity(学习机会)

(1)本单元主题Trip,引起学生强烈的学习欲望,参与度高。

(2)通过自主学习、合作学习,掌握课文内容。

(3)大部分学生能借助语言支架,运用所学,介绍旅程中的不同阶段;部分学生能在文本的基础上,结合生活实际,进行总结反思,充实项目内容和维度。

T:Threat(学生可能出现的不足)

(1)由于生活中缺乏整理行李的经验,或者联系现实生活不足,无法丰富旅行前准备和旅行后整理的表达。

(2)不能详细介绍中国的不同城市。

(3)不懂得主动与他人分享自己的礼物和旅行感受。

除了单元的学情分析,还有六个课时的学情分析(以下只截取第一课时的学情分析)。

第一课时的学情分析:

S:Strength(学生优势)

(1)本课时主题"Cities in China",与生活关联性较强,而且学生在道德与法治、语文课程中学过相关城市信息,学生具有强烈的学习欲望,学习中参与度高。

(2)学生在前面课程教学中,已经学习城市位置、评价人/事物、介绍某一景点的表达,课文的理解对于学生来说不难。

W:Weakness(学生劣势)

(1)学生对不同人想去不同城市的原因还仅限于课文内容,积极探索的意识仍不够。

(2)学生在整合信息的过程中,缺乏逻辑性、归纳、梳理意识仍然不够,因此在不同城市的介绍过程中,语言组织较零散和无逻辑。

（3）学生运用信息技术查询资料、整合信息的意识仍比较薄弱。

O：Opportunity（学习机会）

（1）本单元主题"Cities in China"，旨在让学生感受、表达中国不同城市的不同美，引起学生强烈的学习欲望，参与度高。

（2）大部分学生能借助语言支架，运用所学，介绍不同城市；部分学生能在文本的基础上，结合生活实际，进行融合，丰富城市介绍内容和维度。

T：Threat（学生可能出现的不足）

（1）部分学生由于生活中缺乏对相关城市的深入了解，或者联系现实生活不足，无法将已有经验与本课时学习结合起来。

（2）部分学生开口表达和书面表达能力比较有限。

（3）部分学生不懂得主动与他人分享自己对不同城市不同美的感受。

2.搭建单元与课时的关联

大单元教学中，"简·取"的重要特征就是搭建单元与课时主题和话题之间、教学内容之间、语言知识之间、方法与技能之间等的关联，整体化地布局与策划。

本课中，"简·取"首先体现整体筹划单元与课时的主题脉络。本课的单元主题是"A_____Trip"，其主题意义是"感受城市之美，体验旅行之趣，体会分享之乐"。为了实现这一单元的主题意义，将该单元分为六个课时，共四个子概念，即了解城市，选择旅行地点（Knowing Cities in China）；细心确认，准备旅行物品（Preparing for a Trip）；亲身经历，体验旅行过程（Experiencing a Trip）；整理反思、分享旅行之趣（Sharing a Trip）。子概念随着课时的推进而逐步深化。

其次，"简·取"体现在紧扣主题意义探究，整体搭建单元和课时之间话题、内容、知识等框架。通过该框架，教师可以整体把握单元与课时的主脉络，并设计整体指导之后的课时教学活动和教学评价活动。

3.紧扣话题梳理知识脉络

大单元教学中的"简·取"不仅要梳理单元的知识脉络，单元与课时之间的话题与知识的脉络，还要紧扣单元主题梳理课时知识脉络。本单元的六个课时，教师都紧扣课时主题，以板书随堂展示、梳理、提炼的方式，由学生自主生成课时的知识脉络（见图5-29），通过知识脉络，学生能紧扣主题，掌握知识的结构，并实现知识结构的应用和迁移。

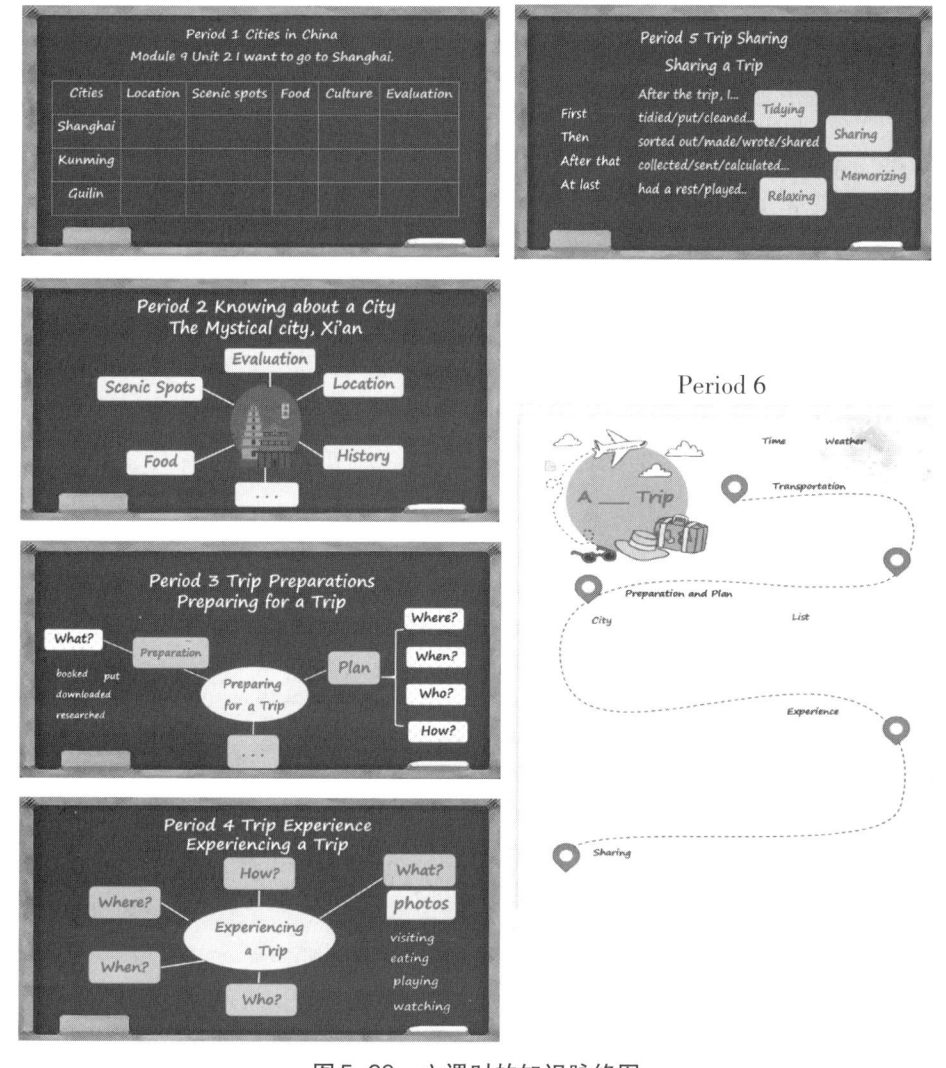

图 5-29　六课时的知识脉络图

（二）"简·思"：推进思维纵向与横向整体发展

在小学英语教学中，要注重培养学生在语言学习中发展思维，在思维发展中推进语言学习，初步从培养学生多角度观察和认识世界、看待事物，有理有据、有条理地表达观点；逐步发展逻辑思维、辩证思维和创新思维，使思维体现一定的敏捷性、灵活性、创造性、批判性和深刻性[1]。由此，本单元遵循"简·思"的教学理念进行设计。

---

[1] 中华人民共和国教育部.义务教育英语课程标准(2022年版)[S].北京：北京师范大学出版社，2022：6.

本单元的主题是"A＿＿＿＿＿＿＿Trip",在单元语篇研读时,紧扣该主题,教师围绕"Share the trip you had""Share the trip you want to have""Know more about the trip""Make a trip strategy"四个方面锻炼学生的思维,使学生在四个方面的教学活动演进中不知不觉地锻炼和提升了相应的思维能力,特别是高阶思维能力。第一课时中以"What did you know about the trip?"激活学生对"Trip"已有的知识经验、认知经验、生活经验,情感态度等。学生激活旧知的过程,是记忆、理解、应用等低阶思维能力培养的过程,而学生梳理后有序、有逻辑地表达是分析、综合等高阶思维训练的过程。同伴之间对对方发言的评价,更是评价和批判等高阶思维能力培养的过程。"How to describe the trip?"看似是很宽泛的问题,实际是在引导学生自主去梳理关于"Trip"的话题结构、知识结构等,充分放手,培养学生分析、综合、评价、归纳、批判等各种高阶思维能力。充分放手后是有意地聚拢,回到第一课时中语篇内容的学习、梳理和提炼知识结构,即旅行的第一步,选择旅行的城市。第二课时,聚焦对西安的学习,教师以"What do you know about Xi'an? How to talk about this city?"引导学生深入挖掘有关西安这个古城景点、美食、历史、文化等的知识,学生深入了解的过程是思维纵向拓展的过程。第三、四、五课时,旅行的准备、旅行的经历、旅行后的分享,教师以问题"How to make the preparation for your trip? What did you do in your trip? How to share the trip you had?"引导学生不仅对每个话题要纵向思考,同时也要横向思考,增加思维深度、宽度和广度。最后一课时的实践课,是前面五个课时话题内容和知识内容的融合,学生梳理、归纳旅行的完整经历,包含旅行城市介绍、行前准备、途中经历和后期整理反思,形成完整攻略的过程是问题求解能力、逻辑思维能力、批判思维能力、创新力、决策力等高阶思维能力潜移默化培养的过程。

在整个大单元教学中,以问题为导向、以活动为载体、以思维为主线,语言学习与思维培育融为一体,实现学生语言能力与思维能力的共同发展。

(三)"简·品":主题意义逆向推动文化意识养成

本单元以"感受城市之美,体验旅行之趣,体会分享之乐"为主题意义探究逆向设计教学目标、教学活动和教学评价。

第一课时,教师利用多个自制微课视频,充分调动学生的视听觉感官,在具体情境之中,身临其境地感受不同城市的"现代之美"和"自然之美",学生的民族自豪感油然而生。第二课时,通过对西安地理位置、历史沿革、著名景点和特色美食等全貌的了解,学生在充分感受西安的现代与历史融合之美后,加深了对西安这个城市的热爱。在迁移创新活动中,学生分组查阅不同城市的资料,在体验中了解更多城市的信息,体会分享之乐。第三课时,通过Sam旅行准备的内容,引导学生结合自己的经历,充分感受到做好旅行准备的重要性和必要性。第四课时的主要话题是谈论旅行的经历。利用Sam参观西安华清池这个契机,教师融合了"长恨歌"和唐明皇、杨贵妃的故事;利用Sam参观兵马俑的情境,教师拓展了兵马俑的历史背景、建造缘由等,激发了学生对中国历史和中华优秀传统文化的强烈好奇。在迁移创新活动环节,学生设计制作和介绍自己的旅行相册,构建语篇学习理解与生活情境的联系,引发学生探索的需求和欲望,让学生了解不同的旅行见闻,体验旅行之趣和分享之趣。第五课时,学生通过学习和体验分享旅行感受和经历,体会到旅行后的梳理、反思与分享的快乐。第六课时,教师与学生一起组织和实施任务,共同体验旅行的意义和与他人分享的乐趣。

六个课时的文化意识的培育,是以单元主题意义逆向推动后,学生在教师设计的教学活动中,通过学习、理解、拓展知识、设身处地、换位思考、亲身体验、共情共鸣等,不知不觉感悟出来的,这就是"简·品"的表现。

(四)"简·评":单元与课时评价融为一体

在小学英语教学评价中,教师要基于评价目标选择评价任务、评价内容、评价方式,设计语言活动方案,做到"教—学—评"一体化,这和"简·评"的理念是一致的。"简·评"提倡在大单元教学中,教师以主题意义探究逆向设计单元目标、教学活动和相应的教学评价活动,使整个单元的评价与课时的评价融为一体。首先,聚焦单元主题和单元目标,整体设计单元的评价标准和预测学生相应能提供和做到的任务(证据),使评价标准和相应的活动任务中取得的学习结果(证据)指向相应的单元主题和单元目标(见表5-8:单元教学评价表)。接着,以单元评价单的方式,整体预设学生单元学习的完成情况(见表5-9:学生单元学习内容自评表)。之后,在单元评价表和单元评价单的基础上,继续设计课时评价目标(见表5-10)和课时评价单(见图5-32),使课时的评价目标、评价任务、评价活动、评价标准等指向单元的评价目标,从而使单元评价与课时评价、单元主题与课时主题、课时活动与课时评价等不是孤立存在的,而是有机融合在单元主题这个整体之内。具体如下:

本单元的教学目标需要通过六个课时完成,六个课时对应六个子目标,每个目标对应不同的评价标准和相应的证据收集方法。设定单元及课时教学目标是实施评价的前提。评价标准与教学目标一致,为教学活动设计提供更具针对性的指导,并通过多元化的形式进行评价。

表5-8 单元教学评价表

教学目标	评价标准	证据方式
大概念(大项目): Students are able to know the joy and value of the trip and enjoy the trip.	Make a trip strategy and express their attitude to the trips.	Poster
子概念4: Students are able to introduce what they did after a trip.	Describe what they did after a trip from different aspects, like tidying, resting, sharing and recording.	Presentation
子概念3: Students are able to take part in a trip and introduce the trip.	Make a Vlog recording their trip experience.	Vlog
子概念2: Students are able to talk about trip preparation.	Create a dialogue; make a list.	Presentation (Role play) To do list
子概念1: Students are able to introduce cities in China they want to go.	Describe different cities in China simply and briefly. Introduce a city in China deeply and logically.	Presentation Poster

此外,本单元还设计了学生单元学习内容自评表(见表5-9),学生在学习整个单元之后,通过自评的方式,检测学习目标的达成情况、语言表达的准确性和流畅性、对问题思考的深度和广度、围绕单元内各语篇子主题所形成的知识结构和价值判断。

表5-9 学生单元学习内容自评表

评价内容	1.我能读懂关于中国城市介绍的语篇 2.我能介绍中国城市 3.我能谈论旅行前的规划和准备 4.我能借助相片,介绍旅行经历 5.我能介绍旅行后所做的事情 6.我能梳理、总结、反思整个旅行过程,制作详细的旅游攻略 7.在活动中,我能主动与他人合作、积极探索,并为同伴提供帮助	☆ ☆

此外，教师还设计了基于单元主题和教学内容的课时评价目标一览表(表5-10)：

表5-10　课时评价目标一览表

课时	课时评价目标
第一课时	描述中国不同城市的信息
第二课时	详细介绍自己向往的城市
第三课时	交流、讨论旅行前的规划和准备
第四课时	制作相册集，交流、介绍一次旅行经历
第五课时	谈论、总结旅行之后的整理、记录和分享感想
第六课时	梳理、归纳旅行的完整经历；探索旅行的意义

除了单元评价目标以外，教师还设计了六个课时的学习评价单(见图5-30)。学习评价单可以评估教学质量、促进教师的教学改进，建立良好的教学关系：一方面，通过评价单收集到的学生评价，教师可以了解学生对于课程内容、教学方法、教学效果等方面的反馈，从而有针对性地改进自己的教学方法和教学内容；另一方面，能帮助建立良好的师生关系，促进教师与学生之间的沟通和交流，增强教师的影响力和学生的参与性。

第一课时学习评价单

	评价内容	
	1.我能梳理上海、昆明和桂林三个城市的信息	☆☆☆
	2.我能用英语全面地介绍一个城市	☆☆☆
	3.我能与同伴共同讨论、进行拼图阅读，在小组内讨论，全班分享	☆☆☆
	4.我能感受不同城市的独特魅力，介绍自己喜欢的城市	☆☆☆
	5.在活动中，我能主动与他人合作、积极探索，并为同伴提供帮助	☆☆☆

第二课时学习评价单

	评价内容	
	1.我能全面地梳理西安的信息：地理位置、历史、评价、景点和食物等	☆☆☆
	2.我能感受西安的独特魅力，并用英语尽可能全面地介绍西安	☆☆☆
	3.我能与同伴共同讨论、在小组内讨论，梳理介绍一个城市的不同维度	☆☆☆
	4.我能运用查找的资料，全面详细地从不同维度(至少四个维度)介绍自己喜欢的城市	☆☆☆
	5.在活动中，我能主动与他人合作、积极探索，并为同伴提供帮助	☆☆☆

第三课时学习评价单

	评价内容	
	1.我能梳理并理解Sam的所有旅行前准备	☆☆☆
	2.我能独立介绍Sam的行前准备，并补充更多的准备	☆☆☆
	3.我能与同伴共同讨论、在小组内讨论，梳理旅行前准备的不同维度	☆☆☆
	4.我能思考并用英文介绍自己下次旅行前的准备	☆☆☆
	5.在活动中，我能主动与他人合作、积极探索，并为同伴提供帮助	☆☆☆
	6.我能体会旅行前准备的必要性和重要性	☆☆☆

第四课时学习评价单

	评价内容	
	1.我能梳理并理解Sam的旅行之后的经历并介绍	☆☆☆
	2.我能与同伴共同讨论、在小组内讨论，梳理旅行之后经历的不同维度	☆☆☆
	3.我能尽可能全面地用英文介绍自己某次旅行之后的经历	☆☆☆
	4.在活动中，我能主动与他人合作、为同伴提供帮助	☆☆☆
	5.我能体会旅行后记录、整理、分享的重要性并付诸实践	☆☆☆

第五课时学习评价单	
评价内容	1.我能梳理并理解Sam的旅行经历并介绍 ☆☆☆
	2.我能与同伴共同讨论、在小组内讨论。理解旅行经历的不同维度 ☆☆☆
	3.我能用英文介绍自己某次旅行经历 ☆☆☆
	4.在活动中,我能主动与他人合作,为同伴提供帮助,乐于与同伴分享旅行趣事和感受 ☆☆☆
	5.我能体会旅行中的乐趣,并乐于记录旅行过程 ☆☆☆

第六课时学习评价单	
评价内容	1.我能梳理旅行的整个过程 ☆☆☆
	2.我能用英语有逻辑地介绍西安旅游攻略 ☆☆☆
	3.我能与同伴共同设计、制作一个城市的旅游攻略 ☆☆☆
	4.根据制作的旅游攻略,有逻辑地、全面地介绍旅行过程,探索旅行的意义 ☆☆☆
	5.在活动中,我能主动与他人合作,积极探索,并为同伴提供帮助 ☆☆☆

图5-30　六个课时的学习评价单

第六章

"简·美"英语的教学保障

第一节 教师素养的提升

核心素养是课程育人价值的集中体现,是学生通过课程学习逐步形成的适应个人终身发展和社会发展需要的正确的价值观、必备品格和关键能力。英语课程要培养的学生核心素养包括语言能力、文化意识、思维品质和学习能力[1]。"简·美"英语就是以提升学生的核心素养为目标而产生的。"简·美"英语的实施,教师是第一要素,那么教师素养的提升则是首要环节。

教师核心素养的提升是落实新课标的内生动力,是教师专业行为的先决条件。教师的核心素养包含必备品格和关键能力两个层面,由思想政治素养、教学素养、课程创生素养、信息技术素养和学习反思素养五个核心要素构成(见图6-1,图6-2)。教师核心素养各构成要素既有自身独特的意涵,又彼此内在关联、相互影响、相辅相成。[2]

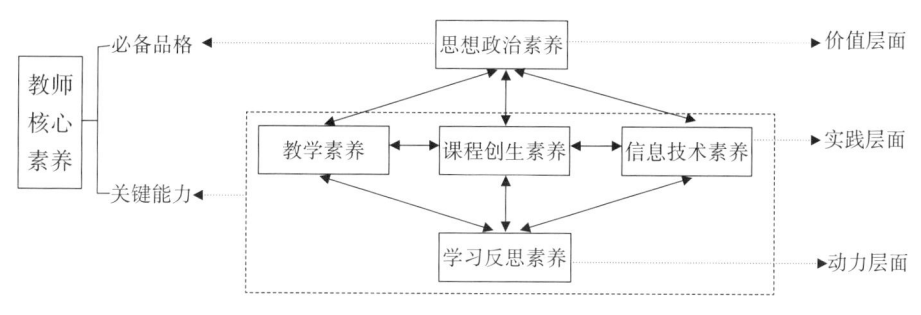

图6-1 教师核心素养构成图

---

[1] 中华人民共和国教育部.义务教育英语课程标准(2022年版)[S].北京:北京师范大学出版社,2022:4-5.
[2] 辛继湘,李瑞.新课标视野下教师核心素养的构成及发展路径[J].教育科学,2023,39(5):51-58.

```
┌─────────────────────┐                    ┌──────────────────┐
│      课程标准        │                    │   教师核心素养    │
└─────────────────────┘                    └──────────────────┘
```

培养目标：
- 体现国家意志，落实立德树人根本任务；
- 明确"培养什么人、怎样培养人、为谁培养人"；
- 落实有理想、有本领、有担当的时代新人培育要求；
- 树立共产主义远大理想和中国特色社会主义共同理想。

→ 思想政治素养 → 必备品格

教学活动：
- 跨学科主题学习、大单元教学、教—学—评一体；
- 强化学科实践；
- "做中学""用中学""创中学"；
- 用英语学习活动观组织教学；
- 开展语篇研读。

→ 教学素养

课程内容：
- 基于核心素养要求，遴选重要观念、主题内容和基础知识；
- 优化内容组织形式，加强学科间相互关联，带动课程综合化实施，强化实践要求；
- 对单元内容进行必要的整合或重组，形成具有整合性、关联性、发展性的单元育人蓝图；
- 注重课程内容与学生经验、社会生活整合。

→ 课程创生素养

技术支持：
- 将"互联网+"融入教学理念、教学方法、教学模式中，深化信息技术与英语课程的融合；
- 推动线上线下学习相结合，提高英语学习效率；
- 探索新技术背景下学习环境与方式的变革；
- 推动考试评价与新技术的深度融合；
- 有效利用信息技术，提高英语教学的智能化水平；
- 利用新技术，丰富教研活动的途径和方式。

→ 信息技术素养

教师培训：
- 坚持反思，促进自身专业可持续发展；
- 将教学与研究有机结合；
- 成为不断进取、具有反思意识和创新精神的英语教师。

→ 学习反思素养

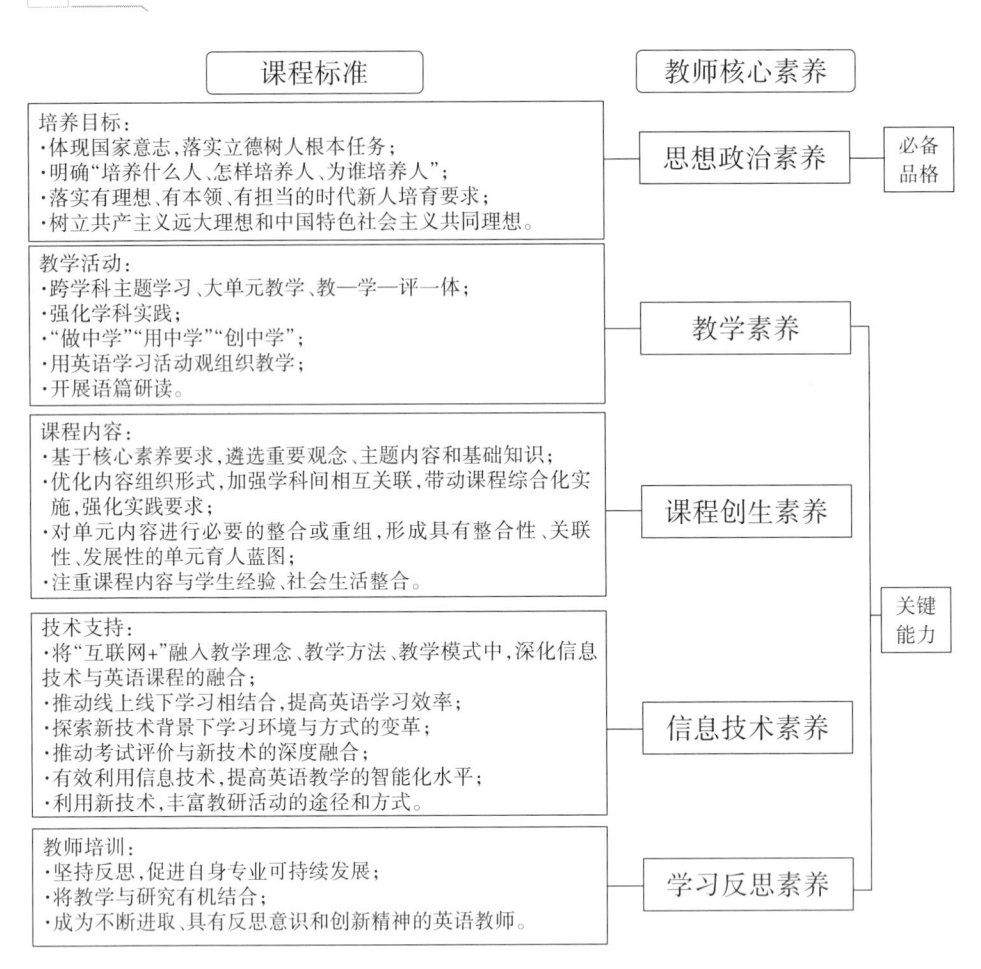

→ 关键能力

图6-2 基于课程标准的英语教师核心素养分析图

一、思想政治素养——教师担当育人使命的前提

新课程方案提出落实立德树人根本任务，全面落实培养有理想、有本领、有担当的时代新人培养要求，使学生懂得坚持走中国特色社会主义道路的道理，初步树立共产主义远大理想和中国特色社会主义共同理想；明确人生发展方向，追求美好生活，能够将个人追求融入国家富强、民族复兴、人民幸福的伟大梦想之中[①]。小学英语课程要坚持目标导向，增强课程的思想性。教师作为学

---

① 中华人民共和国教育部.义务教育课程方案(2022年版)[S].北京：北京师范大学出版社，2022：前言1-2，2.

生的引路人，肩负着培育时代新人的重任，需要具备思想政治素养。教师思想政治素养是指教师以习近平新时代中国特色社会主义思想为指导，在政治观、世界观、人生观、价值观等方面体现出来的基本素养，具体包括坚定的政治立场、正确的价值观念和崇高的理想信念。思想政治素养是教师最基本的必备品格，是教师职业道德素养的核心内容，对教师专业发展具有价值引领和导向作用[1]。教师的政治立场体现在教师是否能准确理解、把握和贯彻党中央关于教育改革的各项教育方针政策，是否能紧紧围绕"为谁培养人"这一根本问题展开相应的教育教学活动，引导学生形成对党的政治认同感和坚定对中华优秀传统文化的文化自信。教师正确的价值观念体现在教师对学生价值观、人生观、世界观形成的影响作用，使学生在习得知识和掌握技能的同时，关注道德修养、社会主义先进文化、中华优秀传统文化等重大主题教育的有机融入，加强教学的思想性，以实现课程育人的目的。教师的理想信念是教师自身素养发展的主要内驱力。教师只有树立崇高的理想信念，才能在教书育人的实践过程中凝聚智慧、更新理念、扎根课堂。

教师的思想政治素养的提升，在"简·美"英语实践中，体现为通过"简·品"实现学生的"品学之美"，即引导学生通过感知、理解、体验不同的文化，通过对不同文化的比较、分析、批判和反思，不知不觉中产生共情与共鸣，从而不仅拓宽国际视野，理解和包容不同文化，而且增强对中华优秀传统文化、革命文化和社会主义先进文化的认识，从而形成正确的价值观和道德情感。教师政治素养的提升，是"简·美"英语实施的核心要素。

二 教学素养——教师有效开展教学的根基

教学素养是教师核心素养的最为核心的重要组成部分，是教师以课程方案和课程标准的要求为指导，开展教育教学活动所必需具备的学科专业知识与技能。教师的教学素养要以支持学生的学习为导向，以提升学生的核心素养为根本目标。教师的教学素养包括学科专业素养、合作素养和评价素养。教师教学素养的提升，是"简·美"英语实施的必备前提。

---

[1] 王后雄,李猛.卓越教师核心素养的内涵、构成要素及发展路径[J].教育科学,2020,36(6):40-46.

教师的学科专业素养的构成要素与学生要掌握的核心素养语言能力、学习能力、思维品质、文化意识四个方面的内容具有内在一致性。具体指教师能设计紧扣主题、主线清晰、形式多样、情境丰富、学以致用、聚焦目标达成的促进学生语言能力培养、学习能力发展、思维品质提升、文化意识增强的学习活动。教师学科专业素养的提升,是"简·教"的具体体现。新课标尤其强调"学科实践",强调学生在教师的带领下,能够运用学科概念、学科思想与方法、知识与技能、工具和手段等解决真实生活情境中遇到的问题。这就要求教师的学科专业素养要以实践性知识为重要基础,要求教师在真实或模拟真实的语言情境中,将英语教材中的知识与学生的认知基础、生活经验、生活常识、亲身体验、思想感情等有机融合,并以此指导教师的教学实践活动。

教师的合作素养,提倡教师的多维合作。新课标提倡大观念、大单元、跨学科教学,倡导教师通过多种合作方式展开教学,同时发展学生的合作学习力。[1] 教师的合作素养体现在英语学科教师之间合作、学科教师与跨学科教师之间合作、不同学段教师之间的合作(不仅是高中低年级的跨学段,还有初小的跨学段和幼小的跨学段)、教师与学生之间的合作、教师与家长之间的合作、教师与同主题跨领域人员之间的合作等,旨在通过合作,更好地促进自己的教育教学工作顺利开展。

教师评价素养主要涉及教师对学生学习表现、对同行教学行为,以及对自己的教学决策、能力和态度等进行评判与反思的能力。[2]新课标强调改进结果评价,探索增值评价,健全综合评价,注重实现"教—学—评"三位一体的评价,实现以评促学、以评促教,促进学生的综合发展。[3]为了实现教学评价的目的,教师必须更新评价观念,发挥学生在评价中的主体和中心地位,以学生核心素养的发展为评价的根本出发点和落脚点,以关注学生的个性发展和可持续发展为重点,把握评价目标、拓展评价维度、丰富评价方式、拓宽评价渠道,学会利用评价结果改进教学。这正是以"简·评"实现"善学之美"的体现。"简·评"正是

---

[1] 徐冠兴,魏锐,刘坚,等.合作素养:21世纪核心素养5C模型之五[J].华东师范大学学报(教育科学版),2020,38(2):83-96.

[2] 刘旭.在技术与艺术之间:教师专业素质及其培养[M].长沙:湖南师范大学出版社,2019:47.

[3] 辛继湘,李瑞.新课标视野下教师核心素养的构成及发展路径[J].教育科学,2023,39(5):51-58.

"教—学—评"一体化设计的体现,将评价与教学活动融为一体,更整体地、更无痕地、更有针对性地促进学生的学和教师的教,从而使学生善于学习,并学之有方。

三 课程创生素养——教师追求专业成长的需要

教师不仅是课程的实施者,还是课程的创建者。课程创生素养是指教师一方面基于教材文本,另一方面又突破教材的束缚,通过有机合理整合教材内容、充分利用和开发教材资源、开发教材以外的素材资源等整合、拓展、延伸、补充、深化等方式,创建更凸显主题的、更具教育教学价值的新课程的意识与能力。课程创生素养一方面是教师追求更高的自我发展的内在需要,另一方面也是促进学生核心素养全面发展的必然趋势。

课程创生素养的两个基本要素是教师的课程意识和课程能力。教师的课程意识包括教师在课程理念与实施、课程评价与调整等方面的系统认识,是创生素养的基础。教师的课程能力是教师课程创生素养的核心要素,它是在个体知识经验和技能的基础上,将课程意识转化为课程行为时所表现出的个性心理特征。[1]具体而言,教师课程创生素养应该具备三种关键的课程能力。

第一,课程整合能力。课程整合能力是根据课程标准的要求和一定的教育教学规律,从学生的基本学情出发,紧扣学习主题,对学科教材文本、课程资源、跨学科知识内容等进行有主题的、有逻辑的、有针对性的删减、重组、整合、融合的能力。这正是"简·美"英语中"简·取"对教学内容的重要要求。新课标特别强调课程的综合性,建议小学英语教学应结合学生的认知逻辑和生活经验,对单元内容进行必要的整合或重组,因此,教师需要提升自身的课程整合能力,强化对学科内与学科间知识的整合,统筹设计综合课程和跨学科主题学习,搭建具有整体效应的课程结构。[2]

第二,课程设计能力。课程设计能力是教师根据课程方案、课标标准的要求和一定的教育教学规律,紧扣学生核心素养培养的核心要求,结合学生的认

---

[1] 辛继湘,李瑞.新课标视野下教师核心素养的构成及发展路径[J].教育科学,2023,39(5):51-58.
[2] 郭洪瑞,张紫红,崔允漷.试论核心素养导向的综合学习[J].全球教育展望,2022,51(5):36-48.

知基础、生活经验、学习经验等,对教学目标、教学内容、教学活动、教学方法、教学评价等进行合理规划与设计的能力。其中,教师的课程结构化设计和跨学科设计能力尤为重要,以实现学生学习的整体性、关联性、逻辑性和系统化,增强学生对生活世界的理解、认知和批判性的评价能力。

第三,课程研究能力。课程研究能力是教师开展与学科教育教学活动相关的各种项目、案例、课题等研究和创新的能力。《义务教育英语课程标准(2022年版)》在"课程实施"部分围绕"课程设计""教学活动""实施评价""课程资源开发与利用""教学研究与教师培训"等提供了诸多建议,无论哪一个方面的钻研都需要教师具备相应的研究能力,研究课程设计、课程实施、课程统整、课程创新、课程结构化教学等。

教师的课程整合能力、课程设计能力、课程研究能力均离不开对教材内容的结构化选取,对教学活动的结构化设计与实施,对思维品质,特别是对高阶思维的无痕训练,对文化知识潜移默化的渗透,对课堂评价的整体式设计与实施。教师的课程整合能力、课程设计能力、课程研究能力的提升是"简·美"英语实施的关键要素。

四 信息技术素养——教师适应技术赋能的保障

信息技术素养是教师应科学地利用现代信息技术,为学生的学习提供丰富的学习情境、学习素材、学习资源等,以生动、直观、交互的教学活动,促进教与学方式与方法的变革。教师的信息素养包括四个方面的内容,信息意识、信息技术知识、信息技术能力和信息技术伦理。[1]信息意识是教师对相关主题教学信息和资源的收集、处理、应用和传播等的敏感度,具体表现为教师能够认识到数字化时代科技信息对学生学习影响的重要性,信息技术在教与学方式方法变革中的意义,教师能够对多元的教学信息具有敏锐的洞察能力、逻辑的分析能力、科学的判断能力、系统的梳理能力、有效的应用能力等。信息技术知识是教师在利用信息技术工具、拓展信息传播途径、提高信息交流效率中所积累的认

---

[1] 辛继湘,李瑞.新课标视野下教师核心素养的构成及发展路径[J].教育科学,2023,39(5):51-58.

识与经验的总和。[①]信息技术能力是对信息的收集、选择、分析、处理、生成和输送的能力。它是教师信息技术素养的核心,直接决定技术在多大程度上提升教学的效益。[②]信息技术能力体现在教师能利用互联网技术、大数据和各种平台,针对具体教学现象和教学问题,有效且审慎地评估、引导、建构新信息,搜索、提取、整合、开发课程资源;能运用人工智能技术创建沉浸式教学环境;能将"互联网+"融入教学理念、教学方法、教学模式之中,推动信息技术与课程融合,推动线上线下学习结合,以实现技术与内容、方法、策略的高度融合。信息技术伦理是指教师在利用信息技术处理信息的过程中,自己要遵守的,同时也要引导学生遵守的相关信息技术规章制度和伦理道德准则,让信息技术成为教育教学改革的积极推动力。

五 学习反思素养——教师专业发展的内核动力

持续的学习反思素养是教师核心素养发展的内在驱动力。学习反思素养包括教师的主动学习能力和教学反思能力,指向"教得如何"和"如何改进"的问题。主动学习能力是教师发展的元能力,是发展其他能力的基础和前提。人民教育家于漪曾说过,要教得好首先自己要学得好,要给学生一杯水,教师要有活水长流。在学习型社会中,教师只有具备持续的主动学习能力,在面对复杂的教育教学困境时,才能通过自身的努力解决问题。教学反思能力是一种积极的思维活动和再学习方式,是教师持续性的教育教学过程,特别是对教学目标落实的过程进行理性监控、审视、分析、评价、调控、改进、发现问题并解决问题的能力。教学反思具有主动性、持续性和长期性的特点。反思能力与问题解决活动是密不可分的。教师要从教学的具体问题和教学实践中深入反思,一方面从实践中发现意义与价值,另一方面发现存在的问题并改进,最后解决问题,在持续的反思性实践中实现自身专业的可持续发展。

以上的五个素养是相互影响、相辅相成、互相促进的整体。思想政治素养是教师教书育人、担当使命的政治基础,具有培根铸魂、价值导向的作用,为其他四个素养的发展指明了明确的政治方向,并贯穿教师核心素养发展的始终,

---

[①] 赵可云.信息技术与课程整合[M].北京:中国社会科学出版社,2020:421-422.
[②] 荀渊.未来教师的角色与素养[J].人民教育,2019(12):36-40.

起到指挥棒的作用。教师的教学素养是教师有效开展教学的核心和根基,而课程创生素养是教师追求专业成长的内在需要。教学素养和课程创生素养是教师专业发展的直接体现和明显表征。信息技术素养是进入人工智能时代之后,教师适应教育变革的重要保障,它为教师创生课程和创新教学实践提供信息技术的支撑。持续的学习反思素养是其他素养发展的基础和前提,是教师专业发展的内驱力,是促进教师专业可持续发展的动力。

第二节 课程资源的开发

课程资源是课程设计与课程实施的重要补充要素,其合理开发与有效运用是顺利实现课程目标的必要条件。小学英语课程资源的合理开发是进一步扩充和完善"简·美"教学内容的必要环节,为学生思考能力的优化和知识维度的延伸提供多维化的、直观的呈现路径。

一、课程资源的内涵与分类

广义的课程资源是指教学中所利用的资源的总和,即课程创设、课程实施和课程评估等整个课程操作系统中涉及的人力、物力和自然资源;狭义的课程资源是指直接影响课程实施的资源。课程资源有多种分类方式,从功能的角度划分,课程资源可以分为条件性课程资源和素材性课程资源。条件性课程资源是为了课程能顺利实施的支撑条件,是课程资源的间接来源,为课程的实施提供时间、空间、设备、环境等条件。素材性课程资源对课程提供知识素材资源。条件性课程资源与素材性课程资源之间没有绝对的界限。图书室、互联网、博物馆等资源既是素材性资源,亦是条件性资源。从空间分布角度划分,课程资源可分为校内资源和校外资源,其划分点就是校内与校外。从存在形式的角度划分,课程资源可以分为显性课程资源和隐性课程资源。显性课程资源指的是教学中触手可及的、可以利用的所有资源。隐性课程资源指的是如学校的文化积淀、教师的素养以及那些无法在短时间内看到的但又真实存在,需要较长时间积累和挖掘的课程资源。[①]

二、课程资源开发的原则

笔者认为,开发"简·美"英语课程资源时应遵循有效性、整合性和适用性的基本原则。

---

① 张春利,李立群.课程资源开发的困境与对策[J].东北师大学报(哲学社会科学版),2014(5):283-285.

有效性原则是课程资源开发的根本。课程资源的设计与开发要以单元主题和课时主题为主线，以主题意义探究为引领，以教学目标的达成为目的，以学生的学情为基础，以突破教学难点和突出教学重点为重点，以创设体验情境、延展知识维度、消解认知盲区、加深知识理解、深化思维训练为核心，设计与开发课程资源。

整合性原则是"简·美"英语课程资源设计与开发的核心。"简·美"英语的四个维度中均涉及整合的策略。即整合教学内容，实施结构化教学，促使学生知识结构的应用迁移；整合教学活动，无痕促进高阶思维的发展和文化意识的增强；整合评价维度、评价内容、评价功能等，促进教—学—评一体化设计与实施，使学生在一体化主题评价中发展学习能力。整合课程资源要聚焦教学主题，以主题意义逆向整合资源，对于教材体系要纵向整合、梳理知识的基本脉络，同时还要根据教学需求，对接相关的话题维度和知识维度，横向整合相应的生活常识、知识技能、方法策略等，才能实现课程资源灵活、合理、有逻辑的整合。

适用性原则是"简·美"英语课程资源设计与开发的基础。适用性原则体现在是否适用于学生当前的学习状态和实际学情，是否适用于学生对教学知识的深化理解，是否适用于学生拓展认知和思维的发展，是否适用于学生走进情境体验和实践，是否适用于学生梳理总结或感悟提升，是否适用于满足不同学习程度的学生需求，是否适用于教师的教学环节和操作等。

三 课程资源开发的策略

（一）教师课程资源开发意识与能力的增强

教师只有有意识地发掘和合理使用课程资源，才能真正触及课程资源开发的实质，最终达到合理、有效、充分开发课程资源的理想目标。首先，教师应树立主动开发和利用课程资源的意识。教师开发和利用课程资源要坚持简便、实用、有效的原则。要主动关注教师、学生、家长身边的社会资源、生活资源、自然资源、人文资源、劳动资源等，从中寻找有价值的课程资源。此外，教师还可以把自己的情感态度、生活阅历、教学风格、个性特征进行适度加工和运用，形成相关的课程资源，这对拓宽课程资源内涵以及加速课程资源开发起着无法更替的主体作用。①此外,教师还要提高研发课程资源的能力。为此,一方面,学校可以聘请专家和技术人员深入一线教学实践,提供技术支持与指导;另一方面,在学校内部进行跨学科合作,让教师互相帮助开发资源。

(二)课程资源开发的系统规划

课程资源的开发,要从单元规划、单元主题、单元目标、课时目标、主题意义、任务设计、评价活动、话题知识点、教学重点、教学难点、学生学情、学生困惑点、学生学习理解活动、学生应用实践活动、学生迁移创新活动等系统地考虑后,再去开发,而不是盲目地进行无效的开发与利用。

(三)教材资源的合理使用

新课标倡导对教材科学合理地利用,即对教材资源进行有机的增加、删减与整合。首先,由于教材版面的限制,教材内容不是绝对完整的,增加和补充更为全面的知识内容、生活情境、文化素材等是教材资源开发的重点。其次,删减教材资源,不是完全删除教材知识点,而是根据教学主题进行取舍,或删减重复性的知识内容,将更有价值的素材资源作为补充重点学习,从而优化课程知识点的实用性占比,加强教材资源开发的有效性。最后,对课程资源整合,是教材资源开发的重中之重。当学生对教材的知识点不理解或觉得晦涩难懂时,当教材的知识维度呈现不全面时,当学生对新旧知识的融合运用不佳时,当学生对知识和文化的拓展不了解时,均需要利用其他辅助教材、辅助资源的补充,整合原有教材内容之后,为学生提供更为全面、深刻的学习素材,加深他们对知识的理解,帮助他们拓展认知。整合课程资源的模式包括主题内容整合模式和跨学科活动整合模式两种。"主题内容"是围绕某一特定的主题而确立的反映儿童经验世界和学科知识世界以及两者整合趋向的一种具体的知识联结形式。②小学英语的主题整合模式,就是紧扣单元主题和课时话题,以主题意义探究为引领,整合相关主题的话题内容、知识点等。跨学科活动课程资源整合方式,是利用

---

① 张春利,李立群.课程资源开发的困境与对策[J].东北师大学报(哲学社会科学版),2014(5):283-285.
② 高慧珠.课程统整中主题内容开发的内涵、模式及策略[J].教育科学研究,2010(2):45-47.

跨学科主题学习活动的契机,整合该活动主题下的各学科的话题内容、知识、技能与方法等。这一整合模式要求整合后的课程资源有较强的实践性和可操作性。

(四)生活资源的充分开发

语言、文化、生活三者紧密联系,互相依赖,缺一不可。语言离不开文化,文化包含和依赖语言;语言和文化离不开生活,生活即教育。"简·美"英语中课程资源的开发要充分开发生活资源。充分开发生活资源的途径有两种:第一种是参照教材中的单元主题,以单元主题为抓手,寻找生活资源;第二种是跳出教材,从课程本身出发设计出相关专题,如从"人与社会""人与自我""人与自然"的三大主题情境及其下面的若干子话题入手,寻找和开发生活资源。从教师操作的难易程度上看,笔者更建议使用第一种途径,更适合课堂教学,教师也更好驾驭。第二种途径,难度很大,但它无须考虑教材版本的问题,虽然在设计专题时跳出了教材,在应用时还是要与教材相结合,否则难以在目前的课堂教学中得到应用。

(五)网络资源的科学合理的使用

获取、筛选、运用、整合网络资源是课程资源开发的重要渠道。目前国内网络平台提供的小学英语教学资源类型较为丰富。教师可根据教学主题、教学重难点、教学需求等获取相关的资源与素材。但不是所有的网络资源与素材都能直接拿来使用,需要筛选、甄别、重组、整合、创新等,以满足不同课型的需求,满足不同教学的需求,以提升网络资源的适应性与契合度。

第三节 协同机制的运行

精神文化建设机制的构建、专业发展共同体机制的创建、互动共享反思机制的建立、校本培训机制的优化、课程评价机制的转变、教师评价机制的完善等协同机制的良性运行,是"简·美"英语实施的重要保障。

一 精神文化建设机制的构建

积极上进且和谐互助的学校文化氛围是发展教师核心素养的重要保障。学校文化氛围的营造包括物质方面、制度方面、精神方面等对教师核心素养的推动与发展产生显性或隐性的影响。物质方面,学校要给予教师鼓励与肯定。制度方面,学校给予教师一定刚性的规约与制度的保障。精神文化方面,会对教师的价值观念、精神面貌和思维方面产生积极的影响。学校要以服务功能取代管理职能,积极营造有利于教师共同发展的文化氛围,建立包容性机制,搭建各类教育教学研讨、展示、培训、研究等学习活动的机会和平台,鼓励教师踊跃参加,使教师在参与的过程中,增强参与活动的主动性、实效性和获得感。此外,每位教师在知识、经验、专长、兴趣、经历等方面都存在差异,这些差异不是阻力,而是教师之间互相促进并协同发展的丰富资源和最大动力。因此,学校要建立包容性机制,正确对待差异,并鼓励存在差异,宽容每位教师的个性,创造互相尊重与欣赏、彼此支持与鼓励的和谐的美美与共的学习和教研文化氛围,用情感、愿景、文化维系的学习氛围,才具有可持续发展性,能引导教师从被动走向积极、从封闭走向合作、从孤立走向互助、从独享走向共享、从专业茫然走向目标清晰、从教学困顿走向教学明朗、从实践型教师走向研究型教师、从青涩走向卓越。

二 专业发展共同体机制的创建

教师专业发展共同体是在学校推动下,基于教师共同的目标和兴趣形成的,旨在通过合作对话与分享性活动促进教师专业成长的教师团体,是以教育教学问题解决与自身发展为宗旨的成长型组织。[1]教师专业发展共同体有利于构建积极向上的教师群体文化,能更好地促进教师课程创生、教学合作等素养的发展。

教师专业发展共同体,可以根据教师成长的需求,成立青年教师自主成长共同体;根据追求卓越发展,成立骨干教师自驱性发展共同体;根据致力于高效教研,成立校本和校际专业性合作组共同体。青年教师自主成长共同体主要针对青年教师,他们面临相同或相似的教学问题,如课堂调控能力、作业设计等,是根据需求自主形成的经历相近、需求趋同、学习研讨的小团体。共同研修、教学相长,不仅有效缓解了青年教师职业成长中的孤独感,使青年教师在群体中找到心灵归属、发现自我价值,而且能够促使青年教师发挥个人才能及创造力,在团队共进中实现自我提升。[2]骨干教师自驱性发展共同体是针对骨干教师而言,旨在激发骨干教师的内驱力,发挥他们的示范引领作用,变"要我成长"为"我要成长"。校本和校际专业性合作组共同体是为了增强校本教研的实效,实现教研活动"真、实、深"的效果而设立的。如果单独的一所学校,无法很好地完成某一研究项目时,可以将几所空间距离较近的学校,或是具备某一共同特征的学校,或是共同研究某一项目、某一课题的学校组成校际专业性合作组,共同完成该研究项目。

民主管理和协作共进是构建教师专业发展共同体的多元运行机制。笔者认为学校要改变单一化、浅层次、表面性的合作模式,建立灵活高效的合作机制。首先,要秉持共建共享的原则,构建合作文化。教师专业发展共同体的发展愿景、规章制度和任务等,要通过成员民主协商产生,这样才能使成员形成对共同体文化的认同感。其次,要秉持互惠共赢的原则,实现深度合作。教师专业发展共同体的合作方式,可以是读书交流、集体备课、课堂教学、技术应用、科学研究等。成员们可以聚焦课题研究而合作,可以聚焦课堂困惑点而合作,可

---

[1] 王天晓,李敏.教师共同体的特点及意义探析[J].教育理论与实践,2014(8):25-27.
[2] 张红.教师专业发展共同体的模式探索与机制建设[J].中小学管理,2022(9):36-38.

以聚焦某个项目而合作……通过合作分享、思维碰撞、资源共享、协作研究,创造性地解决教育教学实践中教师个体难以解决的问题。

三 互动共享反思机制的建立

为了促进教师及时梳理教育教学智慧,改进提升教育教学实践,学校可建立互动共享的反思机制,进行反思性实践。"反思性实践"强调运用默会知识洞察问题,在和情境的对话中展开反省性思考,解决情境中的复杂问题。[1]教师反思性实践是指教师在教育理论指导下,以自己的教学过程为思考对象,对过去教学行为、教学结果进行回忆、思考、分析、评价,进而改进自己的教学,使教学实践更具合理性,在提高教学质量的同时获得核心素养的发展。[2]教师通过反思性实践,能更科学、客观、合理地审视自己的教学行为及其变化的原因,深刻探寻自己的教学能力与新课标要求的差距的原因,并努力找到解决问题的路径,不断超越自我,从而提升自己的课程创生素养、教学素养等。互动共享的反思机制的建立,能不断增加教师教育教学反思的宽度和深度,激励和引领教师养成敢于研究与创新、勇于实践与反思、乐于总结与分享的良好习惯。

四 校本培训机制的优化

教师的培训,首先是采用分阶型培训。分阶型培训是针对不同发展阶段的具有不同成长需求的教师开展的具有针对性的培训。教师的专业发展阶段可以分为青涩期(刚入职新手)、成长期(入职3—5年的教师)、成熟期(入职5年以上的教师)、娴熟期(专业过硬的骨干教师)、璀璨期(专业上具有示范作用的专家型教师)。例如,对于新入职的青涩期教师,可通过"师徒结对"、听评课活动、示范课研讨、撰写教学反思、磨课备课等活动着力提升他们的教学素养和信息技术素养中的基本功;对于入职3—5年的成长期教师,不仅要淬炼他们的基本功,还需要在学科性、专业性和研究能力等方面进行全方面的培训。对于入职5年

---

[1] 钟启泉.教育的挑战[M].上海:华东师范大学出版社,2019:221.
[2] 辛继湘,李瑞.新课标视野下教师核心素养的构成及发展路径[J].教育科学,2023,39(5):51-58.

以上的教师,要逐渐从实践型教师走向研究型教师。对于专业过硬的骨干教师和专家型教师,要自我突破,进行课程创生。其次是优化校本培训。校本培训的出发点要立足学校的校情、学生的生情、教师的师情,以及教师在教学过程中面临的真实困难、困惑去因校制宜地考虑。最后是建立跨学科教研机制。跨学科教研能够促进不同学科教师及学科系统之间的相互沟通与理解,形成更有助于学生整体把握课程内容的新教学方式,并激发各科教师在思想碰撞中获得课程创生与合作教学等素养水平的提升,实现教师专业的创新发展[①]。这为教师突破固有的学科思维范式,更好地整合课程资源,统筹设计综合课程,开展跨学科主题教学,实现课程协同育人打下了良好的基础。

五 课程评价机制的转变

"简·美"英语课程的实施要体现"开放""聚合""联动"的原则。"开放"指基于学生的个性发展需要,"简·美"英语的实施要面向学生的真实生活,并随其生活的变化而适时变化。因此,课程要素即学科知识、个体经验、培养目标等要动态开放。"聚合"指"简·美"英语的实施要实现资源的优化配置,在学科知识、个体经验、培养目标等动态开放的基础上,进行紧扣主题的结构化整合。一方面优化和整合适切的校内外资源,促进学习与生活、社会、自然的深度融合;另一方面,不仅加强英语学科教学的管理,还要聚合多学科教师协同教研,提升小学英语课程的综合育人的效度。"联动"指加强理念与行动的联结、学段与内容的统一。即加强英语学科理念和学科实践的联动,以学生的发展为中心,鼓励学生积极参与英语实践活动。同时,通过不同学段的教学内容与教学目标的纵向关联,形成递进式、体系化、关联性的育人体系和科学联动,强化学生需求与内容供给的内在逻辑关联。

鉴于以上分析,学校要转变课程评价机制,要充分发挥课程评价蕴含的育人导向与价值关怀,需要形成一种以"属人"和"为人"为价值取向的课程评价观,回到"向人、为人、利人"的价值原点和范畴体系。[②]因此,学校的课程评价机制要以过程性评价与增值性评价等多元评价方式,对学生英语学习中的行为表

---

① 陈金海.高中跨学科校本教研体系的构建与实践[J].教学与管理,2020(31):33-35.
② 罗生全,郭窈君,张雪.中小学综合课程的融通式构建与实践进路[J].现代远程教育研究,2024,36(1):46-53.

现进行适切的激励、点拨和引导,帮助其建构起适应学校、社会、生活和世界的素养体系。[1]转变课程评价机制首先要以学生个性化发展为核心,增强课程评价的个体针对性。尊重学生个体的个性化感受与需求,创设有利于学生个性化发展的平台与资源。关注学生个体的差异,强调多元价值取向和多元标准,引导学生精准把握自己的优缺点,鼓励学生"扬长补短",不断超越自己。其次,要坚持过程与结果并重,关注学生的全面发展。"简·美"英语的课程评价不仅要关注学生语言知识、语言能力、思维品质、文化意识的培育情况,还要注重学生在学习过程中的价值体认、责任担当意识、问题解决方式、创造性思维发挥等方面的表现,将形成性评价与终结性评价有机结合,全面覆盖学生在英语学习中的显性与隐性表现。最后,要实现多元主体参与评价。多元主体包括学生自己、学生同伴、家长、教师、学校、社会相关人员等,从而整体衡量学生的发展表现。

六 教师评价机制的完善

教师的考核评价制度是影响教师核心素养发展的重要机制。教师的考核评价机制要以发展性评价为引领,以主体多元化评价和过程性评价为手段和主要方式,以促进教师专业化水平提升为目的。首先,要把教师核心素养特别是思想政治方面、业务水平方面、工作态度方面、信息技术运用方面、工作成效方面纳入考核评价体系,重视对教师必备品格和关键能力的评价。其次,以多元主体评价为手段,充分发挥社会、学校、家长、学生、同行、教师自身等多元主体的评价作用,采用教师自评、同行评价、学生满意度评价、家长满意度评价、学校评价等综合评价的方式,帮助教师多维度、更全面地了解自身的专业发展情况。最后,通过过程性评价和发展性评价,激发教师自我提升的学习力与内驱力。学校需要设计和提供对教师教学实践的各个环节的评价维度和评价表,并组织评价者做出科学和客观的分析和判断,以帮助教师了解自身能力素质发展的变化过程。当然,还可以以信息技术赋能,借助人工智能、大数据分析等手段,实时观测教师在教学中的表现,为教师核心素养的全面发展提供客观依据。

---

[1] 罗生全.全面而有质量的人的发展:课程评价的价值归属[J].教育发展研究,40(10):3.

参考文献

一、中文文献

(一)专著类

[1]丁卫军.简约语文课堂:走向内在的丰富和诗意[M].南京:江苏凤凰教育出版社,2015.

[2]刘旭.在技术与艺术之间:教师专业素质及其培养[M].长沙:湖南师范大学出版社,2019.

[3]饶尚宽.老子[M].北京:中华书局,2006.

[4]施良方.学习论[M].2版.北京:人民教育出版社,2001.

[5]陶行知.中国教育改造[M].北京:东方出版社,1996.

[6]王初明.应用心理语言学:外语学习心理研究[M].长沙:湖南教育出版社,1990.

[7]吴毓江.墨子校注[M].孙启治,点校.北京:中华书局,1993.

[8]许卫兵.简约数学教学[M].南京:江苏教育出版社,2011.

[9]徐子亮.汉语作为外语教学的认知理论研究[M].北京:华语教学出版社,2000.

[10]薛永武.《礼记·乐记》研究[M].北京:光明日报出版社,2012.

[11]杨伯峻.孟子译注[M].北京:中华书局,2005.

[12]张春兴.教育心理学[M].杭州:浙江教育出版社,1998.

[13]赵可云.信息技术与课程整合[M].北京:中国社会科学出版社,2020.

[14]钟启泉.教育的挑战[M].上海:华东师范大学出版社,2019.

[15]钟启泉,崔允漷,张华.为了中华民族的复兴 为了每位学生的发展:《基础教育课程改革纲要试行》解读[M].上海:华东师范大学出版社,2001.

(二)标准类

[1]中华人民共和国教育部.高中教育英语课程标准(2017年版2020年修订)[S].北京:人民教育出版社,2020.

[2]中华人民共和国教育部.义务教育课程方案(2022年版)[S].北京:北京师范大学出版社,2022.

[3]中华人民共和国教育部.义务教育英语课程标准(2022年版)[S].北京:北京师范大学出版社,2022.

(三)译著类

[1]D.P.奥苏伯尔,等.教育心理学:认知观点[M].佘星南,宋钧,译.北京:人民教育出版社,1994.

[2]巴班斯基.论教学过程最优化[M].吴文侃,等译.北京:教育科学出版社,2001.

[3]布鲁纳.教育过程[M].邵瑞珍,译.北京:文化教育出版社,1982.

[4]加里·D.鲍里奇.有效教学方法[M].易东平,译.南京:江苏教育出版社,2002.

[5]夸美纽斯.大教学论[M].傅任敢,译.北京:人民教育出版社,1984.

[6]皮亚杰.发生认识论原理[M].王宪钿,等译.北京:商务印书馆,1981.

[7]尤·克·巴班斯基.教学教育过程最优化:一般教学论方面[M].张定璋,等译.北京:人民教育出版社,1984.

(四)报刊类

[1]徐长青.在返璞归真中见实效:基于"简约教学"模式与策略的研究[N].江苏教育报,2013-04-24(A3).

[2]曹艳.布鲁纳结构主义教学理论对我国基础教育课程改革的启示[J].湖北成人教育学院学报,2009,15(2).

[3]陈方.简论小学英语教学反馈及评价的有效性[J].湖北师范学院学报(哲学社会科学版),2014,34(3).

[4]陈金海.高中跨学科校本教研体系的构建与实践[J].教学与管理,2020(31).

[5]陈敏婕.大道至简:复习课教学的应然追求[J].中学数学教学,2023(5).

[6]陈言利.高中政治课堂中的简实教学探析[J].广西教育,2021(6).

[7]高慧珠.课程统整中主题内容开发的内涵、模式及策略[J].教育科学研究,2010(2).

[8]郭洪瑞,张紫红,崔允漷.试论核心素养导向的综合学习[J].全球教育展望,2022,51(5).

[9]洪宗相.简约化教学的三个维度[J].教学与管理,2015(10).

[10]胡红杏,祁宁宁.结构化教学的理论内涵、构成要素与实施策略:社会结构化理论的视角[J].西南大学学报(社会科学版),2023,49(5).

[11]胡晓燕.英语主题教学模式与自主建构认知结构[J].外语研究,2004(3).

[12]黄芸.牵建构主义之魂,议语言拓展之计[J].教师,2018(19).

[13]黄芸.小学英语课堂教学留白设计探析[J].厦门广播电视大学学报,2018,21(4).

[14]黄芸.小学生批判性思维品格的养成:以"孔融让梨"(英文版)为例[J].西部素质教育,2020,6(1).

[15]黄芸.从绘本留白谈优秀文化的渗透[J].校园英语,2022(23).

[16]江宗健.基于掌控教学的简约课堂样态[J].中学政治教学参考,2021(27).

[17]教育部.基础教育课程改革纲要(试行)[J].人民教育,2001(9).

[18]李勤.简约课堂:从简明目标入手——从一份教学目标设计说起[J].中学政治教学参考,2014(16).

[19]李勤.思想政治课简约教学摭谈[J].中学政治教学参考,2015(13).

[20]李勤.简实:思想政治课教学应有的样态[J].教学月刊(中学版),2019(9).

[21]李勤.简约教学研究的误区及矫正[J].江苏教育研究,2019(25).

[22]李勤.用"异课同构"探寻简实教学范式[J].江苏教育研究,2020(28).

[23]李勤.简实教学从研读教材起步[J].思想政治课教学,2020(7).

[24]林崇德.培养思维品质是发展智能的突破口[J].国家教育行政学院学报,2005(9).

[25]刘晨艳.课堂提问的结构化:内涵、价值与策略[J].教育理论与实践,2021,41(11).

[26]刘岳,康翠.初中数学简约课堂教学的探索与实践[J].教学与管理,2015(25).

[27]罗生全.全面而有质量的人的发展:课程评价的价值归属[J].教育发展研究,2020,40(10).

[28]罗生全,郭窈君,张雪.中小学综合课程的融通式构建与实践进路[J].现代远程教育研究,2024,36(1).

[29]吕立杰.课程内容结构化:教育现代化的议题[J].教育研究,2023,44(4).

[30]潘健.简约化教学探析[J].中小学教师培训,2010,(4).

[31]祁宁宁,胡红杏.社会结构化理论视角下的结构化教学模式:基于普通高中化学教学的案例研究[J].当代教育与文化,2023,15(6).

[32]孙天山,王良洪.简约教学的内涵解析[J].课程教材教学研究(中教研究),2017(Z4).

[33]王后雄,李猛.卓越教师核心素养的内涵、构成要素及发展路径[J].教育科学,2020,36(6).

[34]王天平,蒋花,杨玥莹.深度学习对布鲁姆认知教育目标认识的异化样态及其复归策略[J].教育与教学研究,2022,36(11).

[35]王天晓,李敏.教师共同体的特点及意义探析[J].教育理论与实践,2014(8).

[36]王薇.问题解决能力的课堂评价框架设计与实践范式[J].中国考试,2021(10).

[37]武宏志.论批判性思维[J].广州大学学报(社会科学版),2004(11).

[38]辛继湘,李瑞.新课标视野下教师核心素养的构成及发展路径[J].教育科学,2023,39(5).

[39]徐冠兴,魏锐,刘坚,等.合作素养:21世纪核心素养5C模型之五[J].华东师范大学学报(教育科学版),2020,38(2).

[40]许卫兵.简约:数学课堂教学的理性回归[J].课程·教材·教法,2009,29(5).

[41]许卫兵.你就是我心目中的棉花糖:简约课堂寻路[J].人民教育,2014(14).

[42]荀渊.未来教师的角色与素养[J].人民教育,2019(12).

[43]杨秀琴,白强.中学语文教学"返璞归真"实践路径论析[J].教学与管理,2021(33).

[44]余文森.布鲁纳结构主义教学理论评析[J].外国教育研究,1992,19(3).

[45]余文森.有效教学三大内涵及其意义[J].中国教育学刊,2012(5).

[46]张春利,李立群.课程资源开发的困境与对策[J].东北师大学报(哲学社会科学版),2014(5).

[47]张红.教师专业发展共同体的模式探索与机制建设[J].中小学管理,2022(9).

[48]张秋会,王蔷.浅析文本解读的五个角度[J].中小学外语教学(中学篇),2016,39(11).

[49]张紫红,崔允漷.论课程内容结构化:内涵、功能与路径[J].课程·教材·教法,2023,43(6).

[50]赵连杰.如何在英语学习活动中生成和应用结构化知识[J].中小学英语教学与研究,2020(7).

[51]赵文文.刍议新时期小学数学如何在简约教学中体现数学核心素养[J].课程教育研究,2019(35).

[52]周长凤.知识结构化:为何、是何与如何[J].福建教育,2023(24).

(五)学位论文类

[1]常思琪.教学之"简"及其意蕴[D].太原:山西大学,2021.

[2]李汇榛.基于结构主义课程观的语文课堂教学研究[D].西安:陕西师范大学,2019.

[3]李勤.高中思想政治简实教学实践研究[D].扬州:扬州大学,2018.

[4]邵志萍.高中思想政治课简约课堂的构建[D].济南:山东师范大学,2013.

[5]孙美虹.小学数学简约教学探究[D].福州:福建师范大学,2014.

[6]王紫薇.丁卫军"简约语文"教学观的辩证审视[D].信阳:信阳师范学院,2022.

[7]于严青.高中思想政治课简约化教学研究[D].扬州:扬州大学,2015.

[8]赵晨.高中化学简约化教学的理论和实践研究[D].福州:福建师范大学,2013.

[9]赵文静.小学数学简约课堂研究[D].西安:陕西师范大学,2020.

(六)网络文献类

[1]中华人民共和国教育部.完善中华优秀传统文化教育指导纲要[EB/OL].(2014-04-01)[2023-12-23].https://www.gov.cn/xinwen/2014-04/01/content_2651154.htm.

[2]中共中央 国务院关于深化教育教学改革全面提高义务教育质量的意见[EB/OL].(2019-06-23)[2022-07-24].http://www.gov.cn/zhengce/2019-07/08/content_5407361.htm.

[3]中共中央办公厅 国务院办公厅.关于进一步减轻义务教育阶段学生作业负担和校外培训负担的意见[EB/OL].(2021-07-20)[2023-07-24].https://www.gov.cn/zhengce/2021-07/24/content_5627132.htm.

二、英文文献

[1]BURDEN P R, BYRD D M. Methods for effective teaching[M]. Boston: Allyn & Bacon Inc., Simon & Schuster, 1994.

[2]SPADY W G. Outcome-based education: Critical issues and answers[M]. Arlington-Virginia: American Association of School Administrators, 1994.

[3]SPADY W G, MARSHALL K J. Beyond traditional outcome-based education[J]. Educational Leadership, 1991(2).

[4]SWELLER J. Cognitive load during problem solving: Effects on learning[J]. Cognitive Science, 1988, 12(2).

[5]VYGOTSKY L S. Thinking and speech[M]//RIEBER R W. The collected works of L. S. Vygotsky, Vol. 1. New York and London: Plenum Press, 1987.

后记

本书是我在厦门市卓越教师培训期间撰写的培训成果之一,也是2023年度全国教育科学规划教育部重点课题"重大主题教育融入小学跨学科主题学习的长效机制研究"(课题批准号:DHA230382)的研究成果之一。感谢厦门市教育局、厦门市教科院、西南大学教育学部的领导和专家在培训期间给予我的指导和支持。感谢西南大学艾兴教授和范涌峰教授对我的专著和教育部的课题的指导和帮助。

本书"简·美"英语是我的教学主张,是我从教24年,从实践中梳理和提炼出来的,希望通过本书的介绍,能为一线教师的教学和为学生实现真正的减负提质,提供实用而有效的建议。本书的部分结论来自本人已经发表的论文。本书第四章《"简·美"英语的实施策略》第二节《以"简·思"实现"思学之美"的策略》中第一部分"优化课堂提问,促思维品质的发展"的部分内容,如"基于思维维度拓宽的课堂提问内容的精选""基于高阶思维提升的课堂提问时机的把握""基于思维品质提升的课堂提问方式的优化""着眼教材整合,促高阶思维的发展""小学英语批判性思维品格养成的策略""小学英语批判性思维品质培养的策略"来自本人已经发表的论文《走向思维碰撞的英语课堂提问内容的优化设计》《指向思品质培养的小学英语课堂提问方式优化策略》《走向思维碰撞的英语课堂提问切入点的把握》《思维品质培养视角下的小学英语教材整合策略探究》《小学生批判性思维品格的养成——以"孔融让梨"(英文版)为例》《小学生英语批判性思维品质培养的多维度思考》。第三节《以"简·品"实现"品学之美"的策略》中"走进生活,无痕感悟文化""挖掘语篇,无痕融合文化""研析留白,无痕渗透文化"也来自本人已经发表的论文《浸生活千滋,品文化百味》《"中华优秀传统文化融合"视角下的小学英语多模态语篇教学探究》《小学英语课堂教学留白设计探析》《从绘本留白谈优秀文化的渗透》。第四节《以"简·评"实现"善学之美"的策略》部分内容选自本人已经发表的论文《小学英语课堂评价仅仅为了激发兴趣吗?——多维度、多功能课堂评价的路径与设计》。

本书中的部分案例，由厦门市黄芸名师工作室的成员们撰写，第四章《"简·美"英语的实施策略》第一节《以"简·取"实现"会学之美"的策略》中的第一部分"学情梳理：形成板块知识结构"中，外研社版《英语》（新标准）（一年级起点第10册）五年级下册Module 7的案例是厦门市滨北小学傅毅慧老师撰写的。第五章《"简·美"英语的实践案例》第一节《故事教学中"简·美"英语的实践案例》是本人曾经执教的一节课例；第二节《对话课教学中"简·美"英语的实践案例》中的案例1"Trees Help Us."是厦门市观音山音乐学校蔡王莹琪老师提供的执教课例，案例2"Weather"是厦门海沧华附实验小学叶羽老师提供的执教课例；第三节《跨学科主题学习中"简·美"英语的实践案例》中的案例1"Presents Making"是厦门市瑞景小学庄镁老师提供的执教课例，案例2"World Water Day"是厦门市第二实验小学周杰慧老师提供的执教课例；第四节《大单元教学中"简·美"英语的实践案例》是厦门市瑞景小学陈小香老师提供的比赛案例。感谢以上几位老师为本书提供的案例或课例。